국내 최다 2500 문장 수록!

어떤 문장이든 원하는 대로, 찾는 대로 다 나오는

CHINESE BUSINESS E-MAIL

중국어 비즈니스 이메일

김태순 지음

동양북스

중국어 비즈니스 이메일

초판 5쇄 | 2023년 4월 15일

지 은 이 | 김태순
발 행 인 | 김태웅
편집주간 | 박지호
편　　집 | 김상현, 김수연
디 자 인 | 남은혜
마 케 팅 | 나재승
제　　작 | 현대순

발 행 처 | (주) 동양북스
등　　록 | 제 2014-000055호
주　　소 | 서울시 마포구 동교로 22길 14(04030)
구입문의 | (02)337-1737　팩스 (02)334-6624
내용문의 | (02)337-1762　dybooks2@gmail.com

ISBN 979-11-5703-018-7　13720

* 본 책은 저작권법에 의해 보호를 받는 저작물이므로 무단 전재와 복제를 금합니다.
* 잘못된 책은 구입처에서 교환해 드립니다.

이 도서의 국립중앙도서관 출판시도서목록(CIP)은 서지정보유통지원시스템 홈페이지(http://seoji.go.kr)와
국가자료공동목록시스템(http://www.nl.go.kr/kolisnet)에서 이용하실 수 있습니다.
(CIP제어번호: CIP2014025740)

머리말

중국어로 일상회화를 능숙하게 구사하는 고급 수준의 실력자들에게도 비즈니스 이메일 쓰기는 어려운 작업입니다. 다양한 업무 상황에서 사용되는 전문용어도 까다롭거니와, 편지글이 갖춰야 하는 격식과 문체도 고려해야 하기 때문입니다. 특히, 중국어는 구어와 서면어의 차이가 큰 언어여서 비즈니스 이메일에서 필수적으로 요구되는 고급 서면어를 적절하게 구사하기는 결코 쉽지 않습니다.

중국어 비즈니스 이메일의 이러한 특성 때문에, 중국사람들도 따로 시간을 할애하여 연습을 합니다. 많은 중국 대학생들은 직장 생활을 시작하기에 앞서 실용문 작성법을 공부하고, 몇몇 공기업의 경우 신입사원들에게 한두 달 가량 집중적으로 비즈니스 이메일 쓰기 등의 문서 작성 연습을 시키기도 합니다.

상대방의 얼굴을 보지 않고 글만을 통해 업무를 진행하면서, 동시에 격식과 예의를 갖추는 것은 쉽지 않은 일입니다. 하고자 하는 말을 분명히 전달하면서도, 상대방에게 호감을 주는 중국어 비즈니스 이메일을 작성하기 위해서는, 격식 있는 서면어를 이용한 비즈니스 이메일 쓰기 방법을 배울 필요가 있습니다.

이 책은 바쁜 직장인들이 짧은 시간에 깔끔한 중국어 비즈니스 이메일을 작성하고, 아울러 최대한 효율적으로 중국어 비즈니스 이메일의 전반적인 특성에 관해 학습할 수 있도록 구성되었습니다. 이 책의 주요 특징은 다음과 같습니다.

■ 각종 업무 상황에서 빠르고 간편하게 이메일을 작성할 수 있도록, 내용을 여러 카테고리로 분류하여 40개의 샘플 메일과 2,500여 개의 예문을 실었습니다.

■ 중국어 비즈니스 이메일에서 자주 쓰이는 중요 표현들을 46가지로 분류하여 앞부분에 따로 정리하였습니다. 비즈니스 이메일에서는 일상회화에서 잘 쓰이지 않는 서면어 표현들이 많이 사용되므로, 이 부분은 특별히 따로 시간을 할애하여 공부하실 것을 권합니다. 하루에 한 가지 표현을 익히는 것으로도 많은 도움이 될 것입니다.

이 책은 최대한 실제 비즈니스 상황에서 자주 쓰이는 말들을 수록하였습니다. 중국의 대학 교수, 국영은행 직원, 외식 프랜차이즈 기업 직원, 다국적 기업 직원 등 여러 분야에서 근무하고 있는 저자의 지인들에게 조언과 검토를 부탁하였으며, 다양한 실무 이메일 자료를 활용하였습니다.

책의 출판과 관련하여 여러 아이디어를 제공해 주신 동양북스 관계자분들께 감사의 말씀을 올립니다.

여러분의 바쁜 업무 속에서 이 책이 든든한 조력자가 될 수 있기를 바랍니다.

지은이 김태순

이 책의 특징

《중국어 비즈니스 이메일》은 중국 회사와의 업무 시 발생할 수 있는 각종 상황, 예를 들어 회사 소개에서부터 주문 및 선적, 보험 등의 업무에 이르기까지 중국어로 이메일을 작성해야 할 때 유용하게 활용할 수 있도록 구성된 교재입니다. 중국어 비즈니스 이메일의 기본적인 특징 설명, 자주 쓰이는 46가지 주제별 서면어 표현 정리, 그리고 각종 상황별 샘플 메일 및 예문들을 수록하였습니다. 이 책은 고급스러운 비즈니스 이메일을 쉽고 빠르게 작성할 수 있도록 도와, 업무 효율을 크게 높여줄 것입니다.

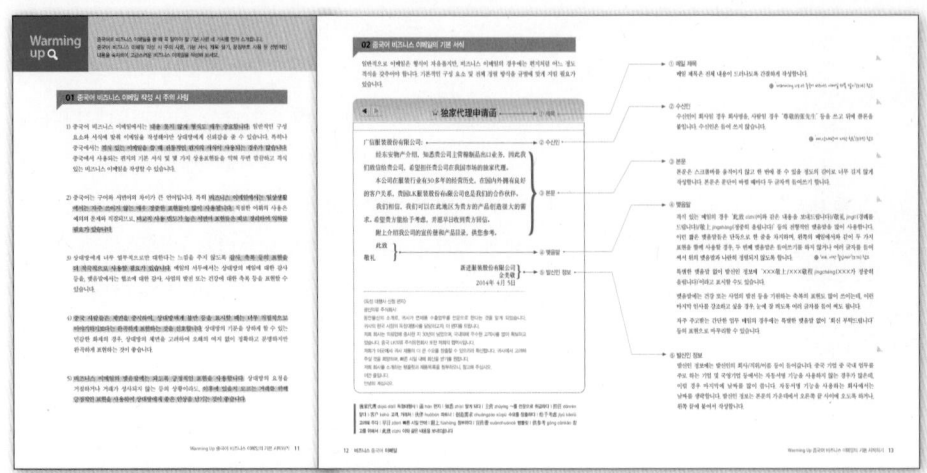

Warming Up. 중국어 비즈니스 이메일의 기본 시작하기
중국어 비즈니스 이메일 작성 시의 주의사항에서부터, 기본 서식, 제목 작성, 문장부호 쓰기까지!
가장 기본적인 내용을 전체적으로 정리하여 미리 훑어볼 수 있도록 하였습니다. 기초부터 꼼꼼하게 확인하세요!

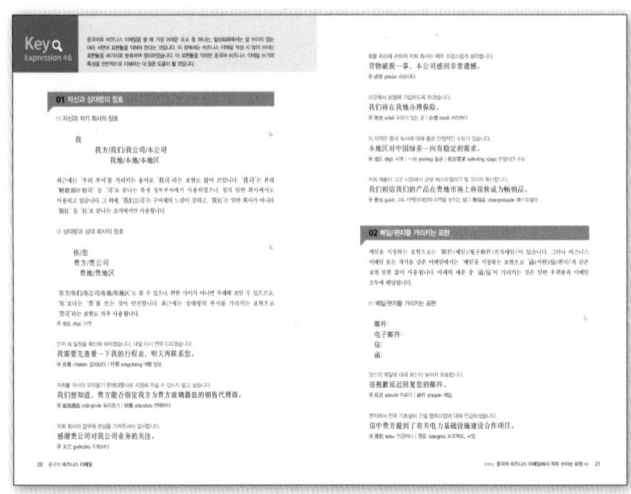

Intro. 중국어 비즈니스 이메일 쓰기에서 자주 쓰이는 표현 46
의미만 통하는 이메일이 아니라 고급스러운 이메일로!
중국어 비즈니스 이메일에서 자주 쓰이는 서면어 표현 46가지를 주제별로 정리하였습니다. 적절한 서면어 사용으로 비즈니스 이메일 쓰기 실력을 한층 높여보세요!

비즈니스 실무 상황에서 그대로 활용해 쓸 수 있도록, 각종 업무 상황별 이메일을 실었습니다. 전체적인 서식은 어떻게 작성하는지, 내용은 어떻게 전개하는지 등을 참고하시고, 응용해 보세요!

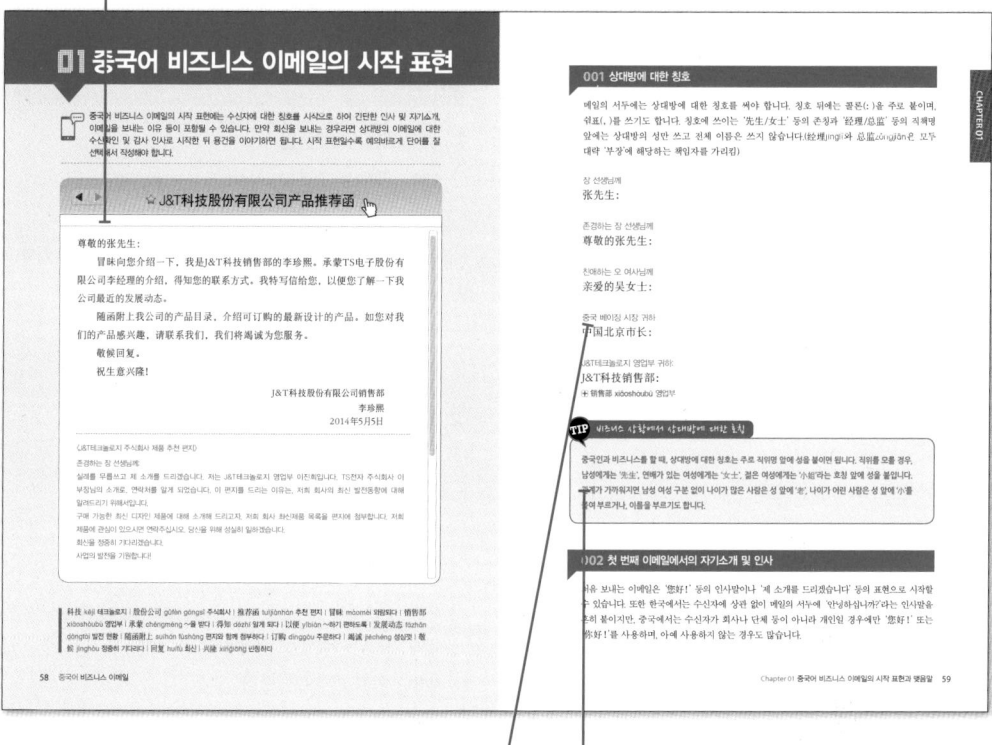

예문 몇 개만 고르면 이메일 하나 완성! 가장 적절한 표현을 골라 쓸 수 있도록, 주제별로 다양한 예문을 실었습니다. 어려운 단어는 활용에 편리하도록 병음과 뜻을 달아 놓았습니다.

중국 문화 및 업무별 전문용어 등, 비즈니스 이메일을 쓸 때 참고할 수 있는 내용을 Tip으로 묶었습니다. 학습시에 또는 활용시에 Tip을 참고하세요!

차례

머리말	3
이 책의 특징	4
차례	6
Warming Up. 중국어 비즈니스 이메일의 기본 시작하기	11
Intro. 중국어 비즈니스 이메일에서 자주 쓰이는 표현 46	20

Chapter 01
중국어 비즈니스 이메일의 시작 표현과 맺음말 57

1 중국어 비즈니스 이메일의 시작 표현

001	상대방에 대한 칭호	59
002	첫 번째 이메일에서의 자기소개 및 인사	59
003	메일을 쓰는 목적	61
004	상대방 메일 수신 확인 및 감사	61
005	상대방의 메일에 대한 회신	62
006	늦은 회신에 대한 사과 및 이유 설명	63
007	오랜만에 쓰는 메일	65
008	좋은 소식을 전할 때	65
009	좋지 않은 소식을 전할 때	66

2 중국어 비즈니스 이메일의 맺음말

010	'다시 연락 드리겠습니다'	68
011	안부 전하기	69
012	협조에 대한 감사	69
013	'다시 한 번 감사/사과/양해/축하의 말씀드립니다'	70
014	'이만 줄입니다'	72
015	회신 부탁	73
016	빠른 회신 부탁	74
017	마무리 축복 표현1 일반 인사	76
018	마무리 축복 표현2 사업 관련	78
019	명절 및 연휴 인사1 크리스마스 및 새해 인사	79
020	명절 및 연휴 인사2 설날(春节)	82
021	명절 및 연휴 인사3 추석(中秋节)	83
022	명절 및 연휴 인사4 국경절/노동절/단오절/청명절 등	84
023	계절 및 날씨 인사	86

3 첨부파일 및 이메일의 기술적 부분 관련

024	첨부파일 안내	89
025	메일 오류 설명 및 재발송 요청	90
026	메일 오류 설명 및 재발송 안내	91
027	메일 전달 및 기타	91

Chapter 02
비즈니스를 위한 관계 맺기 & 첫 거래 시작하기 93

1 시작 표현 및 맺음말

028	알게 된 경로 소개1 소개로 보내는 메일	95
029	알게 된 경로 소개2 박람회/광고/홈페이지 등	96
030	알게 된 경로 소개3 특별한 경로 없이 알게 된 정보	98
031	거래 희망 의사 전달	99
032	양사 간 거래 재개 요청/지속적인 거래 요청	101
033	상용 인사말	102

2 회사 소개

034	'저희 회사 소개를 하겠습니다'	105
035	영업 분야	106
036	연혁	108
037	회사 규모	110
038	본사 및 지사	111
039	주요 거래처 및 거래 국가	112
040	수상 경력/신용등급	113
041	최근 실적 및 전망	114
042	회사의 기타 특징	115
043	상대 회사 및 국가에 대한 관심	116
044	연락처 및 홈페이지 안내	117
045	회사 신용상황 자문 안내	118

3 거래 요청 메일에 대한 회신

046	메일 수신 알림 및 감사	121
047	거래 요청 수락	121
048	거래 요청 거절	122

Chapter 03
제품 문의 및 소개 125

1 제품 문의
- 049 제품에 대한 관심 표시 … 127
- 050 업무/서비스에 대한 관심 표시 … 128
- 051 제품 설명 요청 … 128
- 052 견본 및 카탈로그 발송 요청 … 130
- 053 시험 주문 … 131
- 054 맺음말 … 132

2 제품 문의에 대한 회신
- 055 상대방의 문의에 대한 감사 … 134
- 056 상대방의 문의에 대한 답변 … 135
- 057 목록/자료 첨부 안내 … 135
- 058 제품 특성 소개 … 137
- 059 가격 및 재고 소개 … 138
- 060 A/S 소개 … 140
- 061 할인혜택 및 가격 우대조건 제시 … 141
- 062 구매 독려1 제품 및 서비스에 대한 확신 … 142
- 063 구매 독려2 빠른 구매 요청 및 감사 인사 … 143
- 064 제품 공급 불가 이유 설명 … 144
- 065 대체 상품 건의 및 타회사 소개 … 146

3 제품 소개
- 066 제품 소개/신제품 출시 안내 … 149
- 067 제품 카탈로그 및 견본 첨부 안내 … 150
- 068 맺음말 … 151

4 가격 협상
- 069 견적 문의 … 154
- 070 (판매자) 오퍼 … 155
- 071 (구매자) 오퍼 수락 … 157
- 072 (구매자) 카운터오퍼 가격 재협상 … 157
- 073 (판매자) 카운터오퍼 수락 … 160
- 074 (판매자) 카운터오퍼 거절 … 162
- 075 주문서 및 견적서 유효기간 안내 … 164
- 076 가격 인상 공지 … 165
- 077 가격 인상 공지에 대한 답변 … 168
- 078 가격 인하 공지 … 168

Chapter 04
주문 171

1 주문
- 079 상대방 견적 메일 및 견본/카탈로그 발송에 대한 감사 … 173
- 080 구매할 물품 확정 … 173
- 081 주문 관련 요청 사항 … 174
- 082 빠른 처리 요청 … 175
- 083 주문 변경 … 176
- 084 주문 취소 … 177

2 주문에 대한 회신
- 085 주문 감사 및 주문 내용 확인 … 180
- 086 빠르고 정확한 처리에 대한 약속 … 181
- 087 판매확인서 및 계약서 발송 안내 … 182
- 088 납기 및 배송일정 안내 … 182
- 089 맺음말 주문에 대한 감사, 앞으로 지속적인 거래 부탁 … 183
- 090 기타 업무 진행 상황 안내 … 185

Chapter 05
결제 및 보험 187

1 결제
- 091 지불방식 문의 … 190
- 092 지불방식 문의에 대한 답변 … 190
- 093 지불방식 변경/특정 지불방식 사용 요청 … 192
- 094 지불방식 변경/특정 지불방식 사용 요청에 대한 답변1 동의 … 193
- 095 지불방식 변경/특정 지불방식 사용 요청에 대한 답변2 거절 … 194
- 096 지불기간 연장 요청 … 195
- 097 지불기간 연장 요청에 대한 답변 … 196
- 098 신용장 개설 관련 요청사항 … 197
- 099 신용장 개설 공지 … 199
- 100 신용장 수령 확인 … 200
- 101 신용장 내용 변경 요청 … 200
- 102 신용장 내용 변경 요청에 대한 답변 … 201
- 103 입금 완료 공지 및 입금 확인 … 202

2 신용장 오류 알림 및 수정 요청

- 104 오류 발견 알림   205
- 105 구체적인 오류 내용 전달 및 수정 요청   206
- 106 오류 수정 완료 통지   207

3 보험

- 107 보험 가입 관례 문의 및 위탁 요청   210
- 108 보험 가입 관례 설명   210
- 109 보험 금액 범위 관련 요청/답변   212
- 110 보험 항목 추가 및 금액 증액 요청   213
- 111 보험 항목 추가 및 금액 증액 요청에 대한 답변   214
- 112 보험 가입 완료 공지   215

Chapter 06
포장 및 선적   217

1 포장

- 113 포장 요구사항 문의   219
- 114 포장 상세 요청 및 답변   220
- 115 포장 관례 설명   222
- 116 포장 용량   223
- 117 포장 마크   224
- 118 포장 개선 완료 및 추가비용 발생 안내   225

2 선적

- 119 출고 예정 일자 문의/답변   229
- 120 수입업체의 선적 선박 및 날짜 지정   230
- 121 기한 내 선적 요청   231
- 122 납기가 늦을 경우에 대한 경고   232
- 123 빠른 납품 요청에 대한 답변   232
- 124 납기일을 앞당겨줄 것을 요청   233
- 125 납기일을 앞당겨 달라는 요청에 대한 답변   234
- 126 선적 및 출항 공지   235
- 127 선적 관련 서류 발송 안내   236
- 128 출고 지연 안내   237
- 129 선적 및 선박 출항 지연 안내   238
- 130 물건 도착 안내   239

Chapter 07
항의 및 배상 청구   241

1 항의

- 131 부드러운 어조의 항의   243
- 132 강한 어조의 항의   243
- 133 연락/보고 지연에 대한 항의   245
- 134 신용장 개설 지연에 대한 항의   246
- 135 지불 지연에 대한 항의   247
- 136 배송 지연에 대한 항의   249
- 137 배송 물품 착오에 대한 항의   250
- 138 제품과 견본품의 불일치에 대한 항의   251
- 139 품질 문제에 대한 항의   252
- 140 수량/중량 부족에 대한 항의   253
- 141 포장/운수 문제에 대한 항의   254
- 142 제품 고장에 대한 항의   255
- 143 서류 및 행정처리 착오에 대한 항의   256
- 144 피해 규모 설명 및 강조   257
- 145 증빙서류 첨부   258
- 146 원인 설명 요청   259
- 147 배상 요구1 해결 방법 제시   260
- 148 배상 요구2 손해 금액 배상   261
- 149 배상 요구3 물품 재발송 및 환불   262
- 150 배상 요구4 주문 취소   263
- 151 소송 제기 통보   263
- 152 맺음말   264

2 항의에 대한 회신

- 153 머리말   268
- 154 지불 지연에 대한 사과 및 해명   269
- 155 배송 지연에 대한 사과 및 해명   270
- 156 배송 물품 착오에 대한 사과 및 해명   272
- 157 품질 문제에 대한 사과 및 해명   273
- 158 수량/중량 부족에 대한 사과 및 해명   274
- 159 포장/운수 문제에 대한 사과 및 해명   275
- 160 서류 및 행정처리 착오에 대한 사과 및 해명   275
- 161 배상 동의   276
- 162 '다른 부서에 넘겼습니다'   277
- 163 구체적 배상1 손해 비용 부담   278
- 164 구체적 배상2 물건 반송 및 재발송   279
- 165 구체적 배상3 추가할인   280

166	구체적 배상4 환불	281
167	구체적 배상5 담당자 파견 및 고장난 물건 수리	281
168	배상 거절	282
169	보험사/해운사에 손해배상을 청구하도록 건의	284
170	부득이한 사정으로 인한 양해 부탁	285
171	맺음말1 신속한 처리 약속	286
172	맺음말2 사과 및 지속적인 거래 요청	287

Chapter 08
대행사 신청/사업 제안 291

1 대행사 신청

173	대행사 신청	293
174	회사 장점 소개	295
175	구체적 계약 조항	296
176	맺음말	297

2 대행사 신청에 대한 답변

177	메일 수신 알림 및 감사	300
178	'현재 고려 중입니다'	300
179	기획서 등 서류 제출 요구	301
180	대행사 신청 수락	302
181	조건부 수락	304
182	맺음말	305
183	대행사 신청 거절	305
184	대행사 신청 승낙에 대한 회신	307

3 사업 제안

185	업무 제휴/협력 제안	310
186	상담 및 회의 요청	311
187	맺음말	313

4 사업 제안에 대한 답변

188	제안에 대한 감사	315
189	제안 수락1 미팅 동의	315
190	제안 수락2 미팅 연기	316
191	제안 거절	318

Chapter 09
사내 회의 공지/행사 초대 319

1 사내 회의 공지

192	회의 공지	322
193	회의 안건 및 순서	323
194	준비사항 공지	324
195	회의시간 변경	324
196	맺음말	325
197	회의록 정리 발송	326

2 행사 초대

198	행사소식 알림 신제품 발표회/세미나/개업식	329
199	'참석해 주시면 감사하겠습니다'	330
200	참석 여부 확인	332
201	강연/사회 부탁	333
202	행사 관련 기타 안내사항	334
203	초대 수락	335
204	성공적인 개최 축원	336
205	초대 거절	337

Chapter 10
출장 341

1 출장

206	상대방에 방문 요청/방문 의사 밝히기	343
207	출장 주요업무 내용	343
208	출장 일정 조정	344
209	숙박 문의 및 안내	345
210	교통편 문의 및 안내	346
211	기타사항 안내	348

Chapter 11
안내 및 공지 349

1 안내 및 공지

212	연락처 및 담당자 안내	351
213	담당자 변경 안내	351
214	출장/휴가 등으로 자리 비움	352
215	사무실 이전 공지	354

216	이메일/전화번호 변경 안내	355
217	휴무 안내	356
218	기타 사항 공지	357

Chapter 12
신용 정보 문의 및 회신 359

1 신용 정보

219	은행/타회사에 거래처 신용 정보 문의	361
220	신용 정보 문의에 대한 답변1 긍정적인 답변	363
221	신용 정보 문의에 대한 답변2 부정적인 답변	364
222	신용 정보 문의에 대한 답변3 정확한 정보를 알지 못함	365
223	신용 정보 문의에 대한 답변4 기밀 처리 요구	366

Chapter 13
감사/축하/위로/사과/부탁/의사 표현 367

1 감사

224	도움 및 협조에 대한 감사1 회사	369
225	도움 및 협조에 대한 감사2 개인	370
226	환대에 대한 감사	372
227	행사 참석에 대한 감사	375
228	축하에 대한 감사	375
229	선물에 대한 감사	376
230	위로에 대한 감사	377
231	맺음말	380

2 축하

232	'축하드립니다'	383
233	승진 축하	383
234	개업 및 창립기념일 축하	385
235	결혼 축하	388
236	출산 축하	390
237	수상 축하	391
238	입학 축하	392

3 위로

239	병문안	394
240	자연재해/갑작스러운 사고	395
241	조문	397
242	맺음말	400

4 사과

243	사과	403

5 부탁 및 도움

244	도움 및 협조 요청	406
245	타회사에 자기 회사 소개 부탁	407
246	타회사 소개 부탁 및 소개	408

6 의사 표현

247	상대방 의견 물어보기	411
248	의견 제시	412
249	동의	413
250	거절	413
251	내용 확인 및 기존 내용 분명히 하기	415

Warming up

중국어로 비즈니스 이메일을 쓸 때 꼭 알아야 할 기본 사항 네 가지를 먼저 소개합니다.
중국어 비즈니스 이메일 작성 시 주의 사항, 기본 서식, 제목 달기, 문장부호 사용 등 전반적인 내용을 숙지하여, 고급스러운 비즈니스 이메일을 작성해 보세요.

01 중국어 비즈니스 이메일 작성 시 주의 사항

1) 중국어 비즈니스 이메일에서는 내용 못지 않게 형식도 매우 중요합니다. 일반적인 구성 요소와 서식에 맞춰 이메일을 작성해야만 상대방에게 신뢰감을 줄 수 있습니다. 특히나 중국에서는 격식 있는 이메일을 쓸 때 전통적인 편지의 서식이 사용되는 경우가 많습니다. 중국에서 사용되는 편지의 기본 서식 및 몇 가지 상용표현들을 익혀 두면 깔끔하고 격식 있는 비즈니스 이메일을 작성할 수 있습니다.

2) 중국어는 구어와 서면어의 차이가 큰 언어입니다. 특히 비즈니스 이메일에서는 일상생활에서는 자주 쓰이지 않는 매우 정중한 표현들이 많이 사용됩니다. 적절한 어휘의 사용은 예의의 문제와 직결되므로, 비교적 사용 빈도가 높은 서면어 표현들은 따로 정리하여 익혀둘 필요가 있습니다.

3) 상대방에게 너무 업무적으로만 대한다는 느낌을 주지 않도록 감사, 축복 등의 표현을 더 적극적으로 사용할 필요가 있습니다. 메일의 서두에서는 상대방의 메일에 대한 감사 등을, 맺음말에서는 협조에 대한 감사, 사업의 발전 또는 건강에 대한 축복 등을 표현할 수 있습니다.

4) 중국 사람들은 체면을 중시하여, 상대방에게 불만 등을 표시할 때는 너무 직접적으로 이야기하기보다는 완곡하게 표현하는 것을 선호합니다. 상대방의 기분을 상하게 할 수 있는 민감한 화제의 경우, 상대방의 체면을 고려하여 오해의 여지 없이 정확하고 분명하지만 완곡하게 표현하는 것이 좋습니다.

5) 비즈니스 이메일의 맺음말에는 되도록 긍정적인 표현을 사용합니다. 상대방의 요청을 거절하거나 거래가 성사되지 않는 등의 상황이라도, 이후에 있을지 모르는 거래를 위해 긍정적인 표현을 사용하여 상대방에게 좋은 인상을 남기는 것이 좋습니다.

02 중국어 비즈니스 이메일의 기본 서식

일반적으로 이메일은 형식이 자유롭지만, 비즈니스 이메일의 경우에는 편지처럼 어느 정도 격식을 갖추어야 합니다. 기본적인 구성 요소 및 전체 정렬 방식을 규범에 맞게 지킬 필요가 있습니다.

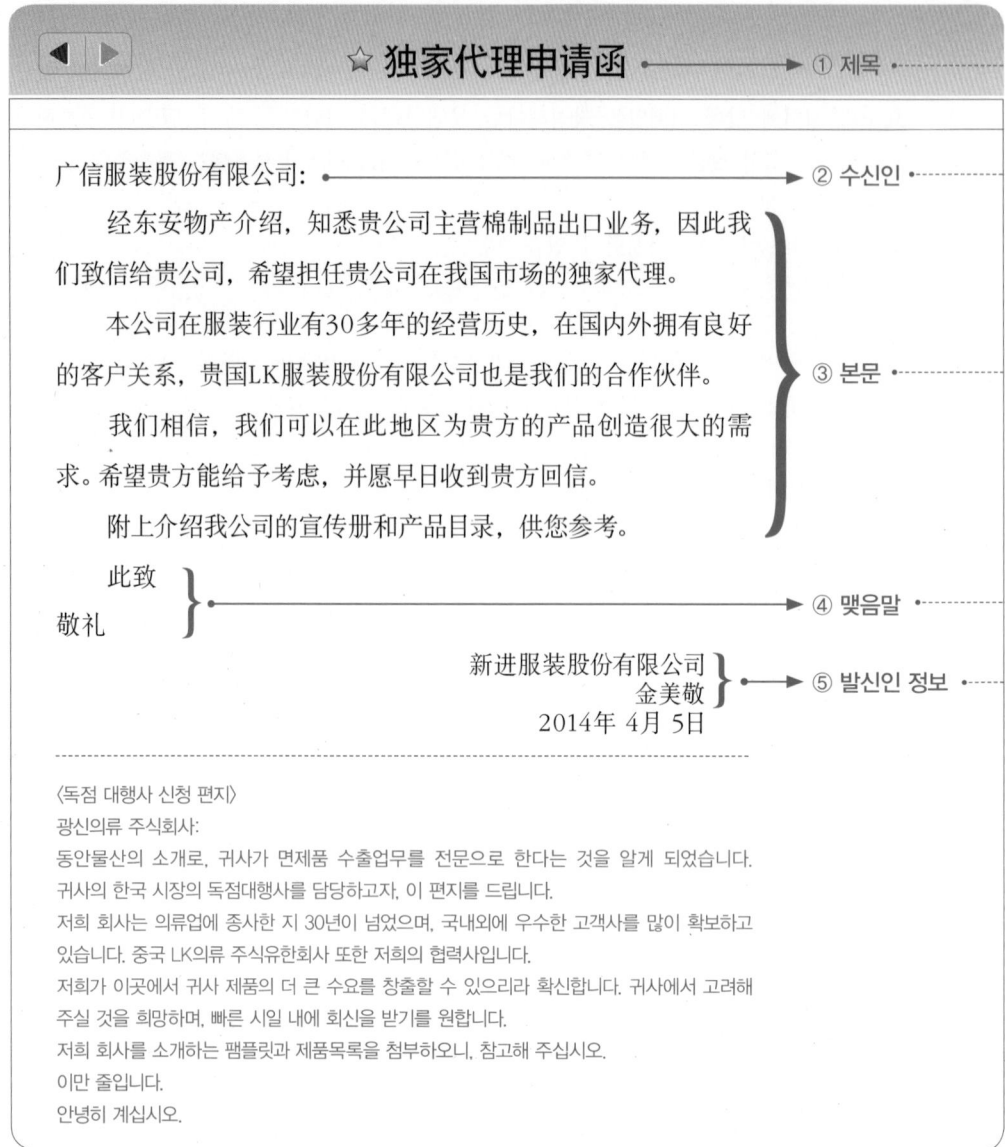

〈독점 대행사 신청 편지〉
광신의류 주식회사:
동안물산의 소개로, 귀사가 면제품 수출업무를 전문으로 한다는 것을 알게 되었습니다. 귀사의 한국 시장의 독점대행사를 담당하고자, 이 편지를 드립니다.
저희 회사는 의류업에 종사한 지 30년이 넘었으며, 국내외에 우수한 고객사를 많이 확보하고 있습니다. 중국 LK의류 주식유한회사 또한 저희의 협력사입니다.
저희가 이곳에서 귀사 제품의 더 큰 수요를 창출할 수 있으리라 확신합니다. 귀사에서 고려해 주실 것을 희망하며, 빠른 시일 내에 회신을 받기를 원합니다.
저희 회사를 소개하는 팸플릿과 제품목록을 첨부하오니, 참고해 주십시오.
이만 줄입니다.
안녕히 계십시오.

独家代理 dújiā dàilǐ 독점대행사 | 函 hán 편지 | 知悉 zhīxī 알게 되다 | 主营 zhǔyíng ~를 전문으로 취급하다 | 担任 dānrèn 맡다 | 客户 kèhù 고객, 거래처 | 伙伴 huǒbàn 파트너 | 创造需求 chuàngzào xūqiú 수요를 창출하다 | 给予考虑 jǐyǔ kǎolǜ 고려해 주다 | 早日 zǎorì 빠른 시일 안에 | 附上 fùshàng 첨부하다 | 宣传册 xuānchuáncè 팸플릿 | 供参考 gōng cānkǎo 참고를 위해서 | 此致 cǐzhì 이와 같은 내용을 보내드립니다

① **메일 제목**
메일 제목은 전체 내용이 드러나도록 간결하게 작성합니다.

⚙ 'Warming Up. 03 중국어 비즈니스 이메일 제목 달기'(P.14) 참고

② **수신인**
수신인이 회사일 경우 회사명을, 사람일 경우 '尊敬的张先生' 등을 쓰고 뒤에 콜론을 붙입니다. 수신인은 들여 쓰지 않습니다.

⚙ '001. 상대방에 대한 칭호'(P.59) 참고

③ **본문**
본문은 스크롤바를 움직이지 않고 한 번에 볼 수 있을 정도의 길이로 너무 길지 않게 작성합니다. 본문은 문단이 바뀔 때마다 두 글자씩 들여쓰기 합니다.

④ **맺음말**
격식 있는 메일의 경우 '此致 cǐzhì(이와 같은 내용을 보내드립니다)/敬礼 jìnglǐ(경례를 드립니다)/敬上 jìngshàng(정중히 올립니다)' 등의 전형적인 맺음말을 많이 사용합니다. 이런 짧은 맺음말들은 단독으로 한 줄을 차지하며, 왼쪽의 메일에서와 같이 두 가지 표현을 함께 사용할 경우, 두 번째 맺음말은 들여쓰기를 하지 않거나 여러 글자를 들여 써서 위의 맺음말과 나란히 정렬되지 않도록 합니다. ⚙ '014. 이만 줄입니다'(P.72) 참고

특별한 맺음말 없이 발신인 정보에 '×××敬上/×××敬程 jìngchéng(×××가 정중히 올립니다)'이라고 표시할 수도 있습니다.

맺음말에는 건강 또는 사업의 발전 등을 기원하는 축복의 표현도 많이 쓰이는데, 이런 마지막 인사를 강조하고 싶을 경우, 눈에 잘 띄도록 여러 글자를 들여 써도 됩니다.

자주 주고받는 간단한 업무 메일의 경우에는 특별한 맺음말 없이 '회신 부탁드립니다' 등의 표현으로 마무리할 수 있습니다.

⑤ **발신인 정보**
발신인 정보에는 발신인의 회사/직위/이름 등이 들어갑니다. 중국 기업 중 국내 업무를 주로 하는 기업 및 국영기업 등에서는 자동서명 기능을 사용하지 않는 경우가 많은데, 이럴 경우 마지막에 날짜를 많이 씁니다. 자동서명 기능을 사용하는 회사에서는 날짜를 생략합니다. 발신인 정보는 본문의 가운데에서 오른쪽 끝 사이에 오도록 하거나, 왼쪽 끝에 붙여서 작성합니다.

03 중국어 비즈니스 이메일 제목 달기

하루에도 많게는 수십 통씩 이메일을 받는 직장인들에게, 내용 파악이 되지 않는 불명확한 제목의 이메일은 그리 달갑지 않을 것입니다. 바쁜 업무 중에 있는 상대방의 상황을 고려하여, 이메일 제목은 핵심적인 내용이 드러나도록 간결하게 써야 합니다. 중국어 비즈니스 이메일 작성 시 자주 쓰이는 대표적인 제목 유형들은 다음과 같습니다.

(1) 핵심 내용을 간략한 구절로 요약

> **5月4日样品出货流程**
> 5월 4일 샘플 출고 과정
> ⊞ 样品 yàngpǐn 샘플 | 出货 chūhuò 출하하다 | 流程 liúchéng 과정

> **5月20日技术会议议程**
> 5월 20일 기술회의 순서
> ⊞ 议程 yìchéng 의사 일정

> **2014年春季系列产品价目表及图案**
> 2014년 봄 상품 가격표 및 도안
> ⊞ 系列 xìliè 시리즈 | 价目表 jiàmùbiǎo 가격표

> **第123号询价单**
> 제123호 견적의뢰서
> ⊞ 询价单 xúnjiàdān 견적의뢰서

(2) 완전한 문장으로 작성

> **望李老师手术顺利!**
> 이 선생님의 수술이 순조롭기를 바랍니다!
> ⊞ 望 wàng 바라다

> **祝贺TARA服装股份公司成立十周年!**
> TARA의류 주식회사 창립 10주년을 축하합니다!
> ⊞ 股份公司 gǔfèn gōngsī 주식회사 | 成立 chénglì 설립하다

⑶ (　)函: (　) 편지

한국에서는 메일 제목에 '~편지'라는 말을 쓰지 않지만, 중국에서는 이런 형식이 자주 쓰입니다.

邀请函
초청 편지

⊞ 邀请 yāoqǐng 요청(초청)하다 | 函 hán 편지

感谢函
감사 편지

道歉函
사과 편지

⊞ 道歉 dàoqiàn 사과하다

×××公司产品推荐函
×××회사 제품 추천 편지

⊞ 推荐 tuījiàn 추천하다

⑷ 关于(　)事宜: (　) 사안/건에 관하여
　关于(　)问题: (　) 문제에 관하여

'事宜'는 '사안/일' 등을 뜻하고, '问题'는 문제를 뜻합니다. 이 두 단어는 비슷한 용법으로 쓰이는데, '事宜'가 '问题'보다 조금 더 서면어적인 표현입니다.

关于库存事宜
재고 사안에 관하여

⊞ 库存 kùcún 재고 | 事宜 shìyí 일, 사안

关于4月份出差事宜
4월 출장 사안에 관하여

关于2014年财报事宜
2014년 재무보고 사안에 관하여

⊞ 财报 cáibào 재무보고

关于北京展览会展位问题
베이징전람회 부스 문제에 관하여

⊞ 展览会 zhǎnlǎnhuì 전람회 | 展位 zhǎnwèi 부스

关于订单内容修改问题
주문서 내용 수정 문제에 관하여
⊞ 订单 dìngdān 주문서 | 修改 xiūgǎi 수정하다

(5) 询问( ): ( ) 문의

询问贵公司2015年春季系列产品
귀사 2015년 봄 시즌 상품 문의
⊞ 询问 xúnwèn 문의하다

询问第345号订单的货物交货日期
345호 주문서 물건 납기일 문의
⊞ 订单 dìngdān 주문서 | 交货日期 jiāohuò rìqī 납품 날짜

(6) ( )通知: ( ) 공지/통지

第234号订单货物装船通知
제234호 주문서 화물 선적 통지
⊞ 装船 zhuāngchuán 선적

装运通知（第456号合同货物）
선적 통지(제456호 계약서 화물)
⊞ 合同 hétong 계약서

(7) 紧急—: 긴급—

紧急—修改后的信用证
긴급 — 수정된 신용장
⊞ 紧急 jǐnjí 긴급 | 修改 xiūgǎi 수정하다 | 信用证 xìnyòngzhèng 신용장

紧急—机器型号XA130系统出现问题
긴급 — XA130호 기계 시스템 문제 발생
⊞ 机器 jīqì 기계, 기기 | 型号 xínghào 모델 | 系统 xìtǒng 시스템

04 중국어 문장부호

중국어에서는 한국어에서 쓰이지 않는 문장부호가 사용되거나, 또는 동일한 문장부호가 조금 다르게 사용되는 경우가 있습니다. 더욱 깔끔한 이메일을 작성하기 위해, 중국어 문장부호의 기본적인 특성에 대해 알아두는 것이 좋습니다.

。	마침표 (句号 jùhào)	중국어 마침표는 속이 빈 원형입니다. 중국어 타이핑 프로그램을 설치하고 타이핑을 하면, 한국어 마침표가 중국어 마침표로 자동 변환됩니다. 중국어 마침표는 한국어 마침표와 쓰임이 비슷하지만 대략 두 가지 차이점이 있습니다. 첫째, 아주 간단한 구절로 이루어진 문장의 경우, 마침표를 생략하는 경우가 많습니다. 예를 들어, '敬上(정중히 올립니다)', '此致(이와 같은 내용을 보내드립니다)' 등의 짧은 맺음말 표현 뒤에는 마침표가 생략됩니다. 둘째, 한국에서는 주로 마침표를 사용하는 자리에, 중국의 경우 쉼표를 사용하여 문장을 잇는 경우가 있습니다.(아래 쉼표의 설명을 참조)
，	쉼표 (逗号 dòuhào)	중국어의 쉼표는 한국어와 쓰임이 거의 비슷합니다. 그러나 중국어는 한국어보다 문장의 호흡이 긴 편이어서, 쉼표가 한국어보다 많이 사용됩니다. 예 贵公司3月1日来函收悉, 对此次订货, 我公司表示感谢。 (3월 1일에 보내신 귀사의 메일을 받았습니다. 이번 주문에 대해 감사드립니다.) 이 문장의 경우, 한국어에서는 두 문장으로 나누는 것이 자연스럽지만 중국어에서는 한 문장으로 쓰는 것이 자연스럽습니다.
' ' " "	작은 따옴표/큰 따옴표 (单引号 dānyǐnhào/ 双引号 shuāngyǐnhào)	한국어에서는 글 가운데 대화를 쓰거나, 남의 말을 직접 인용할 때 큰 따옴표를 쓰고, 단어나 구절 등을 인용 또는 강조할 때 작은 따옴표를 씁니다. 하지만 중국어에서는 대화, 인용, 강조 등 많은 경우에 큰 따옴표를 사용하며, 작은 따옴표가 사용되는 경우는 주로 큰 따옴표 표시된 부분 안에 다시 따옴표가 들어가야 하는 경우입니다. 예 "先生, '怪哉' 这虫, 是怎么一回事?" ("선생님, '이상하다'라는 이 곤충은 어떻게 된 건가요?") 鲁迅《从百草园到三味书屋》

、	顿号 dùnhào	顿号는 세 개 이상의 단어를 병렬할 때 쓰는 기호입니다. 顿号를 사용하여 앞의 단어들을 나열한 뒤, 마지막 단어 앞에 '그리고/및'에 해당하는 '和/及/以及' 등을 붙입니다. 〔예〕请在每件货物上标明到货口岸、件号、每件毛重及净重。 　　(모든 화물 위에 도착 항구, 화물번호, 총중량 및 순중량을 표시해 주십시오.) 顿号는 한자를 이용하여 순서를 표현할 때도 쓰입니다. 〔예〕一、二、三、(첫째, 둘째, 셋째.) 顿号는 중국어 타이핑 프로그램을 설치하고, ⌊키를 누르면 입력됩니다.
： ；	콜론/세미콜론 (冒号 màohào/ 分号 fēnhào)	중국어에서는 콜론과 세미콜론이 많이 쓰입니다. 콜론은 '尊敬的张先生: (존경하는 장 선생님)'처럼 이메일의 첫 호칭 뒤에 많이 사용되며, '~는 다음과 같습니다'처럼 뒤에 설명이 이어질 경우에도 많이 사용됩니다. 〔예〕现我方做如下报盘： 　　(다음과 같이 견적을 내겠습니다.) 세미콜론은 대등한 구절이나 문장을 병렬할 때 주로 사용되며, 콜론과 함께 사용되는 경우가 많습니다. 〔예〕请按照如下要求修改信用证: 1.——；2.——；3.——。 　　(다음과 같은 요청에 따라 신용장을 수정해 주십시오. 1. ——, 2——, 3.——.)
《 》	双书名号 shuāng shūmínghào	双书名号는 《红楼梦》 등 책 제목을 표시할 때 가장 많이 쓰이며, 이외에도 노래, 영화, 편지 등의 제목, 프로젝트 또는 회의 이름 등을 표시할 때도 쓰입니다. 双书名号는 중국어 타이핑 프로그램을 설치하고, 시프트키와 함께 [ ] 키를 누르면 입력됩니다.

INTRO

중국어
비즈니스
이메일에서
자주 쓰이는
표현

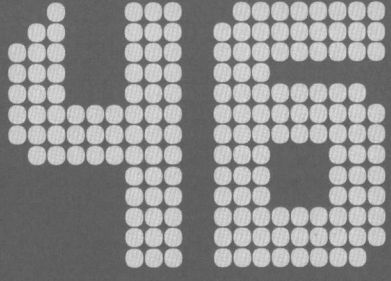

중국어로 비즈니스 이메일을 쓸 때 가장 어려운 요소 중 하나는, 일상회화에서는 잘 쓰이지 않는 여러 서면어 표현들을 익혀야 한다는 것입니다. 이 장에서는 비즈니스 이메일 작성 시 많이 쓰이는 표현들을 46가지로 분류하여 정리하였습니다. 이 표현들을 익히면 중국어 비즈니스 이메일 쓰기의 특성을 전반적으로 이해하는 데 많은 도움이 될 것입니다.

01 자신과 상대방의 칭호

(1) 자신과 자기 회사의 칭호

> 저/나: 我
> 저희(우리) 회사: 我方/我们/我公司/本公司
> 저희(우리)가 있는 지역: 我地/本地/本地区

최근에는 '우리 부서'를 가리키는 용어로 '我司'라는 표현도 많이 쓰입니다. '我司'는 본래 '财政部计划司' 등 '司'로 끝나는 특정 정부부처에서 사용하였으나, 점차 일반 회사에서도 사용되고 있습니다. 그 외에, '我们公司'는 구어체의 느낌이 강하고, '我社'는 일반 회사가 아니라 '报社' 등 '社'로 끝나는 조직에서만 사용합니다.

(2) 상대방과 상대 회사의 칭호

> 당신: 你/您
> 귀사: 贵方/贵公司
> 그 지역: 贵地/贵地区

'你方/你们/你公司/你地/你地区'도 쓸 수 있으나, 편한 사이가 아니면 무례해 보일 수 있으므로, '你'보다는 '贵'를 쓰는 것이 안전합니다. 최근에는 상대방의 부서를 가리키는 표현으로 '贵司'라는 표현도 자주 사용됩니다.

⊞ 地区 dìqū 지역

먼저 제 일정을 확인해 봐야겠습니다. 내일 다시 연락 드리겠습니다.
我需要先查看一下我的行程表，明天再联系您。
⊞ 查看 chákàn 살펴보다 | 行程 xíngchéng 여행 일정

저희를 귀사의 유리용기 판매대행사로 지정해 주실 수 있는지 알고 싶습니다.
我们想知道，贵方能否指定我方为贵方玻璃器皿的销售代理商。
⊞ 玻璃器皿 bōli qìmǐn 유리용기 | 销售 xiāoshòu 판매하다

저희 회사의 업무에 관심을 가져주셔서 감사합니다.
感谢贵公司对我公司业务的关注。
⊞ 关注 guānzhù 주목하다

화물 파손에 관하여 저희 회사는 매우 유감스럽게 생각합니다.
货物破损一事，本公司感到非常遗憾。
⊞ 破损 pòsǔn 파손되다

이곳에서 보험에 가입하도록 하겠습니다.
我们将在我地办理保险。
⊞ 我地 wǒdì 우리가 있는 곳 | 办理 bànlǐ 처리하다

이 지역은 중국 녹차에 대해 줄곧 안정적인 수요가 있습니다.
本地区对中国绿茶一向有稳定的需求。
⊞ 地区 dìqū 지역 | 一向 yíxiàng 줄곧 | 稳定需求 wěndìng xūqiú 안정적인 수요

저희 제품이 그곳 시장에서 금방 베스트셀러가 될 것이라 확신합니다.
我们相信我们的产品在贵地市场上将很快成为畅销品。
⊞ 贵地 guìdì 그쪽 지역[상대방의 지역을 높이는 말] | 畅销品 chàngxiāopǐn 베스트셀러

02 메일/편지를 가리키는 표현

메일을 지칭하는 표현으로는 '邮件(메일)/电子邮件(전자메일)'이 있습니다. 그러나 비즈니스 이메일 또는 격식을 갖춘 이메일에서는 '메일'을 지칭하는 표현으로 '函(서한)/信(편지)'과 같은 표현 또한 많이 사용됩니다. 아래의 예문 중 '函/信'이 가리키는 것은 일반 우편물과 이메일 모두에 해당됩니다.

(1) 메일/편지를 가리키는 표현

> **邮件**: 메일
> **电子邮件**: 이메일
> **信**: 편지
> **函**: 서한 [*매우 서면어적인 표현]

당신의 메일에 대해 회신이 늦어져 죄송합니다.
很抱歉延迟回复您的邮件。
⊞ 延迟 yánchí 미루다 | 邮件 yóujiàn 메일

편지에서 전력 기초설비 건설 협력사업에 대해 언급하셨습니다.
信中贵方提到了有关电力基础设施建设合作项目。
⊞ 提到 tídào 언급하다 | 项目 xiàngmù 프로젝트, 사업

귀사의 의견이 어떠신지 모르겠습니다. 편지로 알려주십시오.
不知贵方意见如何，请函告。
⊕ 如何 rúhé 어떠하다 | 函告 hángào 편지로 알리다

(2) 메일/편지 발송 관련 표현

> 发邮件: 메일을 보내다
> 发电子邮件: 이메일을 보내다
> 写信: 편지를 쓰다
> 去函: 서신을 보내다 ⎤
> 发函: 서신을 발송하다 ⎬ [*매우 정중한 표현]
> 致函: 서신을 드리다 ⎦

이번 주 내로 메일 드리겠습니다.
本周之内，我们会给您发邮件。

의향이 있으시면 jh_lee@jptech.com으로 이메일을 보내주십시오.
如有意向，请发电子邮件至jh_lee@jptech.com。
⊕ 至 zhì ~로

죄송합니다. 오랫동안 편지를 쓰지 못했습니다.
十分抱歉，很久没有给您写信。

귀사와 업무관계를 맺고자 실례를 무릅쓰고 편지를 드립니다.
现冒昧去函，希望同贵公司建立业务关系。
⊕ 冒昧 màomèi 외람되다 | 去函 qùhán 편지를 보내다 | 同 tóng ~와 함께 | 建立业务关系 jiànlì yèwù guānxi 업무관계를 맺다

사장으로 승진하신 것을 축하드리고자 특별히 이 편지를 드립니다.
祝贺您晋升为公司的总经理，特发此函。
⊕ 晋升 jìnshēng 승진하다

이 편지를 드려 귀사의 한국 대행사를 맡는 일을 제안 드립니다.
现致函提议担任贵方在韩国的代理。
⊕ 致函 zhìhán 편지를 보내다 | 提议 tíyì 제안하다 | 担任 dānrèn 맡다

(3) 메일/편지 수신 관련 표현

> 来信: 편지를 보내오다, 보내온 편지
> 来函: 서신을 보내오다, 보내온 서신

이번 달 4일에 보내주신 편지 잘 받았습니다. 감사합니다.
贵方本月4日的来信已收悉，我们非常感谢。
⊞ 来信 láixìn 보내온 편지 | 收悉 shōuxī 받아보다

6월 6일에 보내신 편지 감사합니다.
感谢贵方6月6日的来函。
⊞ 来函 láihán 보내온 편지

8월 7일에 메일로 저희 회사 컨설팅서비스 건에 대해 문의해 주신 것 감사드립니다.
感谢贵公司8月7日来函询问有关我公司的咨询服务一事。
⊞ 询问 xúnwèn 문의하다 | 咨询服务 zīxún fúwù 컨설팅 서비스

> 收到: (편지를) 받다
> 收悉: (편지를) 받다
> 承蒙: (편지를) 받다 [*매우 정중한 표현]

4월 5일에 보내신 편지 받았습니다. 감사합니다.
贵方4月5日来函已收到，谢谢。
⊞ 收到 shōudào 받다

보내주신 메일 확인하였습니다. 다음과 같이 답변을 드리겠습니다.
贵方的邮件已收悉，现答复如下：
⊞ 收悉 shōuxī 받아보다 | 答复 dáfù 답변하다

3월 19일에 보내신 편지 받았습니다. 대단히 감사합니다.
承蒙贵方3月19日来函，甚表感谢。
⊞ 承蒙 chéngméng ~를 받다 | 甚 shèn 매우

(4) 메일/편지 회신 관련 표현

答复: 답변(하다), 회신(하다)
回复: 답변(하다), 회신(하다)
回信: 회신(하다)
回函: 회신(하다)

이 일과 관련하여 빨리 답변해 주시길 부탁드립니다.
有关此事，敬请尽快答复。
⊞ 敬请 jìngqǐng 정중히 청하다 | 尽快 jǐnkuài 되도록 빨리 | 答复 dáfù 답변/회신(하다)

빨리 회신해 주셔서 매우 감사합니다.
非常感谢您的及时回复。
⊞ 及时 jíshí 즉시, 때맞춰 | 回复 huífù 회신

귀사의 회신을 기대하겠습니다.
期待贵公司的回信。
⊞ 期待 qīdài 기대하다

빠른 시일 내에 회신하시기를 기대하겠습니다.
期待贵方早日回函。
⊞ 早日 zǎorì 빠른 시일 안에 | 回函 huíhán 회신하다

03 이 편지를 쓰는 이유는~

편지를 쓰는 목적을 나타내는 표현에는 크게 세 가지가 있습니다. ① '이 편지를 쓰는 것은 ~'이라고 직접 목적을 밝히며 시작할 수가 있고, ② '지금 편지를 드려 (~하려고 합니다)'처럼 표현할 수 있으며, ③ 먼저 용건을 밝힌 후에 '(~와 같은 이유로) 이 편지를 드립니다'와 같이 마무리할 수도 있습니다.

写这封信是(　　　　). 이 편지를 쓰는 것은 ~
写这封信的目的是(　　　　). 이 편지를 쓰는 목적은 ~

오늘 이 편지를 드리는 이유는 당신께 부탁을 드리기 위해서입니다.
我今天写这封信是要请您帮忙。

이 편지를 쓰는 이유는 장 선생님이 어제 오전에 이미 저희에게 연락하셨다는 것을 알려드리기 위해서입니다.
我写这封信的目的是想告诉您，张先生昨天上午已与我们联系。

现写信，(　　　　　)。 지금 편지를 드려 ~
今写信，(　　　　　)。 지금 편지를 드려 ~

지금 편지를 드려, 귀사에서 주문하신 화물의 구체적인 포장방식에 대해 상의하고자 합니다.
现写信，要商讨贵公司所订货物的具体包装方式。
⊞ 商讨 shāngtǎo 논의하다 | 包装 bāozhuāng 포장

지금 편지를 드려, 저희 회사의 일부 제품이 가까운 시일 내에 가격이 할인될 것임을 특별히 알려드립니다.
今写信，特告知贵方，我公司的一些产品将在近期内降价。
⊞ 特 tè 특별히[공지 등에 상투적으로 쓰이며, 따로 해석하지 않아도 될 때가 많음] | 告知 gàozhī 알리다 | 降价 jiàngjià 가격을 내리다

(　　　　　)，特发此函。 ~를 위해/~때문에 특별히 이 편지를 보냅니다.

사장님으로 승진하신 것을 축하드리기 위해 특별히 편지를 드립니다.
祝贺您晋升为公司的经理，特发此函。
⊞ 祝贺 zhùhè 축하하다 | 晋升 jìnshēng 승진하다 | 函 hán 편지

04 (~의 추천/소개)를 받아

누군가의 추천이나 소개로 상대방에 대해 알게 된 경우, 다음과 같은 표현을 사용할 수 있습니다.

从: ~로부터

TS전자 주식회사로부터 귀사가 저희 제품에 관심이 있다는 것을 알게 되어 기쁩니다.
我们很高兴从TS电子股份公司知悉贵方对我们的产品感兴趣。
⊞ 知悉 zhīxī 알게 되다

经/因…(的)介绍: ~의 소개로
经/因…(的)推荐: ~의 추천으로

동안무역회사의 소개로, 귀사가 면제품 수출 업무를 전문으로 하신다는 것을 알게 되었습니다.
经东安贸易公司介绍，知悉贵公司主营棉制品出口业务。
⊞ 主营 zhǔyíng 전문으로 취급하다

TS전자 주식회사의 추천으로 귀사의 명칭과 연락처를 알게 되었습니다.
经TS电子股份有限公司的推荐，我们得知了贵公司的名称和联系方式。
⊞ 推荐 tuījiàn 추천 | 得知 dézhī 알게 되다 | 名称 míngchēng 명칭

J&T테크놀로지 주식회사의 추천으로 귀사의 명칭과 연락처를 알게 되었습니다.
因J&T科技股份有限公司的推荐，我们知悉了贵公司的名称和联系方式。

> 承蒙…(的)介绍: ~의 소개를 받아 [*감사한 마음을 담은 정중한 표현]
> 承蒙…(的)推荐: ~의 추천을 받아 [*감사한 마음을 담은 정중한 표현]

TS전자 주식회사의 소개를 받아 귀사의 명칭과 주소를 알게 되었습니다.
承蒙TS电子股份有限公司的介绍，我们得知了贵公司的名称和地址。
⊞ 承蒙 chéngméng ~를 받다 | 地址 dìzhǐ 주소

05 ~를 알게 되었습니다

'~를 알게 되다'라는 뜻을 나타낼 때, 상황에 따라 다양한 표현을 사용하여 정중함을 나타낼 수 있습니다.

> 得知/得悉/知悉/获悉: 정보를 얻다, 소식을 알게 되다

지배인으로 승진하셨다니 매우 기쁩니다.
我很高兴得知您晋升为经理。
⊞ 得知 dézhī 알게 되다 | 晋升 jìnshēng 승진하다 | 经理 jīnglǐ 사장, 지배인

귀사가 중국 최대 대두 수출업체 중 하나라는 것을 알게 되었습니다.
我们得悉贵公司为中国最大的大豆出口商之一。
⊞ 得悉 déxī ~알게 되다 | 大豆 dàdòu 대두 | 出口商 chūkǒushāng 수출업체

신화무역 유한회사의 소개로 귀사가 대행사를 물색하고 있다는 것을 알게 되었습니다.
承蒙新华贸易有限公司的介绍，知悉贵公司正在物色一家代理商。
⊞ 承蒙 chéngméng ~을 받다 | 知悉 zhīxī 알게 되다 | 物色 wùsè 물색하다

동안무역회사로부터 귀사가 면제품 수출업무를 전문으로 하신다는 것을 알게 되었습니다.
我们从东安贸易公司获悉贵公司主营棉制品出口业务。
⊞ 获悉 huòxī 알게 되다 | 主营 zhǔyíng ~를 전문으로 취급하다 | 棉制品 miánzhìpǐn 면제품

敬悉: 정중히 알게 되다 [*상대방을 높이는 표현]

동안무역회사로부터, 귀사가 각종 디자인의 면직물을 생산한다는 것을 알게 되었습니다.
从东安贸易公司敬悉贵公司生产各种款式的棉布。
⊕ 敬悉 jìngxī 정중히 알게 되다 | 款式 kuǎnshì 디자인 | 棉布 miánbù 면직물

欣悉: 기쁘게 알게 되다

동안무역회사의 추천으로 귀사가 한국 가전제품을 수입할 의향이 있다는 것을 기쁘게 알게 되었습니다.
因东安贸易公司的推荐，欣悉贵方有意进口韩国家电。
⊕ 欣悉 xīnxī 기쁘게 알게 되다 | 有意 yǒuyì ~할 의향이 있다 | 进口 jìnkǒu 수입하다

惊悉: 놀랍게 알게 되다 [*주로 좋지 않은 일에 사용]

이 선생님께서 불행히 소천하셨다는 소식에 비통함을 견디지 못하겠습니다.
惊悉李先生不幸逝世，不胜悲痛。
⊕ 惊悉 jīngxī 놀랍게 알게 되다 | 逝世 shìshì 서거하다, 작고하다 | 不胜悲痛 búshèng bēitòng 비통함을 견디지 못하다

'~를 알게 되다'와 비슷한 표현으로, '听闻(tīngwén, 듣다)'이 있습니다.

귀사의 가구가 매우 좋은 평가를 받고 있다는 것을 익히 들었습니다.
贵公司的家具颇受好评，对此我们早已听闻。
⊕ 颇 pō 아주 | 受好评 shòu hǎopíng 호평받다 | 早已听闻 zǎoyǐ tīngwén 일찍이 듣다

06 (제가) 알기로는~

확실한 사실이 아니라 자신의 의견을 표현하는 경우, '(제가) 알기로는 ~'에 해당하는 다음의 표현들을 사용할 수 있습니다.

据(我)了解，(　　　). (제가) 이해하기로는, ~
据(我)所知，(　　　). (제가) 알기로는, ~
根据(我)所知，(　　　). (제가) 알기로는, ~

귀사가 면제품 수출 업무 분야에 풍부한 경험이 있다고 알고 있습니다.
据了解，贵公司在棉制品出口业务领域有丰富的经验。
⊞ 据了解 jù liǎojiě 알기로는 | 棉制品 miánzhìpǐn 면제품 | 出口 chūkǒu 수출

저희가 아는 바로는, 그 회사의 재무상황은 양호합니다.
据我们所知，该公司的财务状况良好。
⊞ 财务 cáiwù 재무, 재정

저희가 현재 아는 바로는, 그 회사는 업계에서 평가가 매우 높습니다.
根据我方目前所知，该公司在业界的评价很高。
⊞ 目前 mùqián 현재 | 业界 yèjiè 업계

07 아시는 것처럼

'아시는 것처럼'이라는 표현을 사용하면, 자신의 말에 조금 더 설득력을 실을 수 있습니다. '众所周知(zhòngsuǒ zhōuzhī 모두 잘 알듯이)'도 자주 쓰입니다.

> 如(您)所知，(　　　　)。 아시는 것처럼 ~
> 正如(您)所知，(　　　　)。 아시는 것처럼 ~

아시는 것처럼, 저희는 주방용품 분야에 경험이 많습니다.
如您所知，我方在经营厨房用品业务方面很有经验。
⊞ 经营 jīngyíng 경영하다, 취급하다 | 厨房用品 chúfáng yòngpǐn 주방용품

아시는 것처럼, 저희 회사의 슬리퍼 판매량은 아시아에서 1위입니다.
正如贵方所知，我公司的拖鞋销量在亚洲地区排名第一。
⊞ 拖鞋 tuōxié 슬리퍼 | 销量 xiāoliàng 판매량 | 排名 páimíng 순위

08 감사합니다/감사를 표합니다

어떤 일에 대해 감사를 표할 때, 크게 세 가지 방법을 사용할 수 있습니다. ① '감사합니다'라는 표현을 문장의 앞이나 뒤에 쓰거나, ② '~에 대해 감사를 표합니다', ③ '감사를 받아주십시오' 같은 형식을 사용할 수 있습니다.

> 谢谢(　　　　)。 ~해 주셔서 감사합니다.
> 感谢(　　　　)。 ~해 주셔서 감사합니다.
> (　　　　)，谢谢。 ~에 감사합니다.

저희에게 피드백을 주셔서 감사합니다.
谢谢贵方给我们的反馈。
⊞ 反馈 fǎnkuì 피드백

4월 3일에 보내주신 메일에 감사드립니다.
感谢贵方4月3日的来函。
⊞ 来函 láihán 보내온 편지

귀사에서 4월 5일에 보내신 메일 잘 받았습니다. 감사합니다.
贵方4月5日来函已收到，谢谢。
⊞ 收到 shōudào 받다

对(　　　)表示感谢。 ~에 대해 감사를 표합니다.
对(　　　)表示谢意。 ~에 대해 사의를 표합니다.
对(　　　)深表感谢。 ~에 대해 깊이 감사를 표합니다.
对(　　　)深表谢意。 ~에 대해 깊이 사의를 표합니다.

3월 1일에 보내신 편지 받았습니다. 이번 주문에 대해 감사를 표합니다.
贵公司3月1日函已收悉，对此次订货，我公司表示感谢。
⊞ 收悉 shōuxī 받아보다 | 订货 dìnghuò 주문

먼저 귀사가 이제껏 저희에게 믿음과 지지를 보내주신 데 대해 진심으로 감사드립니다.
首先对贵公司一直以来给予我们的信赖与支持深表谢意。
⊞ 给予 jǐyǔ 주다 | 信赖 xìnlài 신뢰 | 支持 zhīchí 지지 | 深表谢意 shēnbiǎo xièyì 깊이 감사를 표하다

请接受(　　　)的感谢。 ~한/~의 감사를 받아주십시오.
请接受(　　　)的谢意。 ~한/~의 사의를 받아주십시오.

저희의 감사의 마음을 받아주십시오.
请接受我们的谢意。
⊞ 谢意 xièyì 사의, 감사의 뜻

저희의 깊은 감사의 마음을 받아주십시오.
请接受我们深深的感谢。
⊞ 接受 jiēshòu 받다 | 深深的 shēnshēn de 깊은

09 ~해 주시면 감사하겠습니다

완곡하게 부탁을 할 때 '~해 주시면 감사하겠습니다'라는 표현을 사용할 수 있습니다. 이 때 '감사'에 해당하는 표현으로, '感激(감격)'라는 단어를 사용해도 되는데, '感激'는 매우 정중한 표현입니다.

(　　　　），将非常感谢。 ~, 매우 감사하겠습니다.
(　　　　），将十分感谢。 ~, 매우 감사하겠습니다.
(　　　　），将非常感激。 ~, 대단히 감사하겠습니다.
(　　　　），将十分感激。 ~, 대단히 감사하겠습니다.
(　　　　），将不胜感激。 ~, 대단히 감사하겠습니다.
[*'감격스러운 마음을 이기지 못하겠습니다' 정도의 표현]

이 일을 즉시 처리해 주실 수 있다면 대단히 감사하겠습니다.
如果贵方能立即办理此事，我们将非常感谢。
⊞ 立即 lìjí 즉시 | 办理 bànlǐ 처리하다

만약 7월 1일(월요일)에서 7월 5일(금요일)에 서울에 출장을 오실 수 있다면 대단히 감사하겠습니다.
您若能安排7月1日(周一)至7月5日(周五)来首尔出差，我将十分感激。
⊞ 若 ruò 만약 | 出差 chūchāi 출장 | 感激 gǎnjī 감격하다, 감사하다

귀사를 위해 일할 수 있는 기회가 있다면 대단히 감사하겠습니다.
我方如有机会为贵方效劳，将不胜感激。
⊞ 效劳 xiàoláo (~를 위해) 힘쓰다 | 不胜感激 búshèng gǎnjī 매우 감사하다

10 부탁의 표현

상대방에게 무언가를 부탁하는 것은 매우 조심스러운 일이므로, 상황에 따라 적절한 표현을 선택해야 합니다. 아래에는 여러 가지 부탁 표현들을 문법적으로 비슷한 표현끼리 네 가지로 분류하였습니다.

请(　　　　）。 ~해 주십시오.
敬请(　　　　）。 ~해 주시기를 정중히 청합니다.
恭请(　　　　）。 ~해 주시기를 정중히 청합니다.
烦请(　　　　）。 번거로우시겠지만 ~해 주십시오.

주문을 즉시 취소할 수 있는지 알려주십시오.
请告知可否立即取消我们的订单。
⊞ 告知 gàozhī 알리다 | 可否 kěfǒu ~할 수 있는지 없는지 | 立即 lìjí 즉시 | 订单 dìngdān 주문서

이 일을 되도록 빨리 처리해 주시기를 정중히 청합니다.
敬请尽快处理此事。
⊞ 敬请 jìngqǐng 정중히 청하다 | 尽快 jǐnkuài 되도록 빨리

참석하시어 가르침을 주시기를 정중히 청합니다.
恭请您莅临指导。
⊞ 恭请 gōngqǐng 공손히 청하다 | 莅临 lìlín 왕림하다

이 분야 업체들에 대한 정보를 갖고 계시면, 죄송하지만 저희가 찾아볼 수 있도록 연락처를 가르쳐주십시오.
若贵公司有这类公司的信息，烦请告知其联系方式，以便我方查询。
⊞ 若 ruò 만약 | 烦请 fánqǐng 번거로우시겠지만 ~해 주십시오 | 以便 yǐbiàn ~하는 데 편리하도록 | 查询 cháxún 조회하다

希望您能(　　　　)。 ~해 주실 수 있기를 희망합니다.
如(果)您能(　　　　)，将非常感谢。 ~해 주실 수 있다면, 매우 감사하겠습니다.

이 일에 대해 다시 한 번 고려해 주시기를 바랍니다.
希望贵方能再次考虑此事。
⊞ 考虑 kǎolǜ 고려하다

귀사에서 관련 자료를 제공해 주신다면 대단히 감사하겠습니다.
如果贵方能给我们提供有关资料，我们将非常感谢。

* 비즈니스 편지에서 '만약'이라는 표현은 '如/如果/若'를 주로 사용하며, '要是'는 구어체적인 표현이므로 잘 사용하지 않습니다.

可否请您(　　　　)? ~해 주시기를 부탁드려도 되겠습니까?
您能否(　　　　)? ~해 주실 수 있겠습니까?
麻烦您(　　　　)。 죄송하지만 ~해 주십시오.

미팅을 10일(목요일) 동일한 시간으로 조정할 수 있겠습니까?
可否请您将会面安排至10日(周四)的同一时间?
⊞ 可否 kěfǒu ~할 수 있는지 없는지 | 会面 huìmiàn (정식으로) 만나다, 회견

저희에게 3%의 할인을 해 주실 수 있나요?
贵方能否给予我方3%的降价?
⊞ 能否 néngfǒu ~할 수 있는지 없는지 | 给予降价 jǐyǔ jiàngjià 할인해 주다

죄송하지만 작업일정표를 한 부 보내주십시오.
麻烦您提供给我们一份工作日程表。
⊞ 份 fèn 문서를 세는 양사 | 日程表 rìchéngbiǎo 일정표

```
敬劝(        )。 ~해 주시기를 정중히 권해 드립니다.
务必(        )。 반드시 ~해 주십시오.
```

최대한 빨리 주문해 주시기를 정중히 권해 드립니다.
敬劝贵方尽快下订单。
⊞ 敬劝 jìngquàn 정중히 권하다 | 下订单 xià dìngdān 주문하다

제가 도움이 될 만한 일이 있으면, 꼭 알려주십시오.
如有需要效劳之处，务必告知。
⊞ 效劳 xiàoláo (~를 위해) 힘쓰다 | 务必 wùbì 반드시 ~해야 한다

11 사과 표현

공식적인 서신 또는 업무상의 서신에서 사과를 표할 때는, 다음과 같은 여러 가지 표현을 사용합니다.

```
(很/非常)抱歉，(        )。 (대단히) 죄송합니다. ~
(        )，(很/非常)抱歉。 ~, (대단히) 죄송합니다.
```

죄송합니다. 저희는 귀사에서 요청하신 기한 내에 물건을 납품할 수 없습니다.
很抱歉，我们不能在贵方要求的期限内交货。
⊞ 抱歉 bàoqiàn 죄송하다 | 期限 qīxiàn 기한 | 交货 jiāohuò 납품하다

저희 회사는 귀사의 요구를 받아들일 수 없습니다. 대단히 죄송합니다.
本公司无法接受贵公司的要求，非常抱歉。

```
对(        )表示歉意。 ~에 대해 죄송한 마음을 표합니다.
对(        )表示道歉。 ~에 대해 사과를 표합니다.
对(        )深表歉意。 ~에 대해 깊이 죄송한 마음을 표합니다.
对(        )深表道歉。 ~에 대해 깊이 사과를 표합니다.
```

귀사의 주문서를 받지 못한 것에 대하여 깊이 죄송한 뜻을 표합니다.
对于未能接受贵公司订单，我们深表歉意。
⊞ 订单 dìngdān 주문서 | 深表歉意 shēnbiǎo qiànyì 깊이 죄송한 마음을 나타내다

이번 문제에 대하여 다시 한 번 사과드립니다.
对此次问题，我们再次表示道歉。
⊞ 道歉 dàoqiàn 사과하다

불편을 끼쳐드린 점, 다시 한 번 깊이 죄송한 마음을 표합니다.
对给您带来的不便，我们再次深表歉意。
⊞ 带来不便 dàilái búbiàn 불편을 끼치다 | 深表歉意 shēnbiǎo qiànyì 깊이 죄송한 마음을 나타내다

请接受(　　)的歉意。 ~한/~의 죄송한 마음을 받아주십시오.
请接受(　　)的致歉。 ~한/~의 사과를 받아주십시오.
请接受(　　)的道歉。 ~한/~의 사과를 받아주십시오.

저희의 죄송한 마음을 받아주십시오.
请接受我们的歉意。
⊞ 接受 jiēshòu 받다

이 일에 대한 저희의 사과를 받아주십시오.
请接受我们对此事的致歉。
⊞ 致歉 zhìqiàn 사과(유감)의 뜻을 표하다

저의 진심 어린 사과를 받아주십시오.
请接受我真诚的道歉。
⊞ 真诚 zhēnchéng 진정한 | 道歉 dàoqiàn 사과하다

向(　　)致歉: ~께 사과드립니다.
向(　　)道歉: ~께 사과드립니다.

다시 한 번 당신께 사과드립니다.
再次向您致歉。

다시 한 번 당신께 사과드립니다.
再次向您道歉。

请求原谅(/谅解): 양해를 구합니다.
敬请原谅(/谅解): 정중히 양해를 구합니다.

다시 한 번 양해를 구합니다.
再次请求您的原谅。
⊞ 请求 qǐngqiú 요청하다 | 原谅 yuánliàng 양해

이로 인해 불편을 끼쳐 드린 점, 정중히 양해를 구합니다.
由此造成的不便，敬请谅解。
⊞ 敬请 jìngqǐng 정중히 청하다 | 谅解 liàngjiě 양해

12 진정한/마음에서 우러나오는

감사/사과/축하/위로 등의 정도를 표현할 때, 예의와 정중함을 나타내기 위해 다음과 같은 표현을 많이 사용합니다.

由衷的: 진심에서 우러나오는
衷心的: 진심에서 우러나오는
深深的: 깊은
诚挚的: 진심 어린
真诚的: 진정한

당신의 관심과 위로에 대해 진심 어린 감사를 표합니다!
我对您的关心和慰问，表示由衷的感谢！
⊞ 慰问 wèiwèn 위문하다, 위로하고 안부를 묻다 | 由衷 yóuzhōng 진심에서 우러나오는

당신의 승진에 대해 진심 어린 축하를 표합니다.
我对您的晋升表示衷心的祝贺。
⊞ 晋升 jìnshēng 승진하다 | 衷心 zhōngxīn 마음에서 우러나오는

이로 인해 끼친 불편에 대하여 깊이 사과드립니다.
对由此造成的不便表示深深的歉意。
⊞ 造成不便 zàochéng búbiàn 불편을 끼치다 | 深深的 shēnshēn de 깊은 | 歉意 qiànyì 죄송한 마음

삼가 귀사에 열렬한 축하와 진심 어린 문안을 보냅니다!
谨向贵公司致以热烈的祝贺和诚挚的问候！
⊞ 谨 jǐn 삼가 | 致以 zhìyǐ ~를 나타내다, 보내다 | 热烈 rèliè 열렬한 | 诚挚 chéngzhì 진심 어린 | 问候 wènhòu 문안

귀사의 노력과 진심 어린 협조에 감사드립니다.
感谢贵方的努力及真诚的合作。
⊞ 真诚 zhēnchéng 진정한

13 ~하기를 바랍니다/~를 기대하겠습니다

'~하기를 바라다'라는 표현에는 다음의 몇 가지가 있는데, 그 중에서 '希望'과 '期待'가 가장 많이 쓰입니다.

> 希望: ~를 바라다/희망하다
> 望: ~를 바라다/희망하다
> 期待: ~를 기대하다
> 期盼: ~를 기대하다/바라다
> 盼望: ~를 간절히 바라다
> 期望: ~를 기대하다/바라다

빠른 시일 안에 당신의 회신을 받을 수 있기를 바랍니다.
希望能早日收到您的回复。
⊞ 收到 shōudào 받다 | 回复 huífù 회신

저희 회사 소개 팸플릿을 첨부하오니 자세히 읽어봐 주십시오.
随信附上介绍我公司的宣传册，望您细读。
⊞ 随信附上 suíxìn fùshàng 편지와 함께 첨부하다 | 宣传册 xuānchuáncè 팸플릿 | 细读 xìdú 자세히 읽다

다음에 당신을 뵐 기회가 있기를 기대하겠습니다.
期待下次有机会与您会面。
⊞ 期待 qīdài 기대하다 | 会面 huìmiàn (정식으로) 만나다

귀사와 더 깊게 협력할 수 있기를 기대하겠습니다.
期盼与贵公司进一步合作。
⊞ 期盼 qīpàn 기대하다 | 合作 hézuò 협력하다

빠른 시일 내에 귀사의 답신을 받을 수 있기를 간절히 바라겠습니다.
盼望早日收到贵方的来函。
⊞ 盼望 pànwàng 간절히 바라다 | 来函 láihán 보내온 편지

바쁘신 중에도 시간을 내시어 참석해 주시길 기대하겠습니다.
期望您能百忙之中抽出时间光临。
⊞ 百忙之中 bǎimáng zhīzhōng 바쁜 중에 | 抽出时间 chōuchū shíjiān 시간을 내다

14 ~하게 되어 기쁩니다/영광입니다

좋은 소식을 전할 때, '~하여 기쁩니다/영광입니다'라는 표현으로 시작하면 좋습니다.

很高兴(　　　)。~하게 되어 기쁩니다.
很荣幸(　　　)。~하게 되어 영광입니다.

저희 회사 가을 남성셔츠 신상품 라인을 소개해 드리게 되어 대단히 기쁩니다.
很高兴向您介绍我公司秋季最新男式衬衫系列。
⊞ 衬衫 chènshān 셔츠 | 系列 xìliè 시리즈, 라인

귀사와 거래하게 되어 영광입니다.
我们很荣幸将与贵方建立业务关系。
⊞ 荣幸 róngxìng 영광스러운 | 建立业务关系 jiànlì yèwù guānxi 업무관계를 맺다

15 ~하기를 빕니다/축원합니다

비즈니스 이메일의 맺음말에는 건강 또는 사업의 발전 등을 축복하는 표현이 자주 쓰입니다. '축복/축원합니다'에 해당하는 표현 중, '祝'는 어느 때나 사용할 수 있는 표현이며, '顺祝'는 평소 업무 메일을 보낼 때, '메일을 드리는 김에 ~을 축복합니다'라는 정도의 의미로 쓰이고, '预祝'는 어떤 일을 앞에 두고 '미리 축복합니다'라는 의미로 쓰입니다.

祝: 축원하다
顺祝: ~하는 김에 축복하다
预祝: 미리 축복하다

사업이 발전하시길 기원합니다!
祝事业发达!

사업이 번영하시길 기원합니다.
顺祝生意兴隆!
⊞ 顺祝 shùnzhù ~하는 김에 축복하다 | 生意 shēngyi 사업 | 兴隆 xīnglóng 번영하다

귀사가 더욱 큰 성취를 이루실 것을 미리 축복합니다!
预祝贵公司取得更大的成就！
⊞ 预祝 yùzhù 미리 축원하다 | 取得 qǔdé 얻다 | 成就 chéngjiù 성취

16 유감스럽게도

'遗憾'은 안타까움을 표현하거나, 불만/항의/사과/거절 등을 완곡히 표현할 때 주로 쓰입니다.

很遗憾，(   )。 ~해 유감스럽습니다.
我们很遗憾地(   )。 유감스럽게도 ~합니다.

유감스럽지만 저희는 귀사의 요구에 동의할 수 없습니다.
很遗憾，我方不能同意贵方的要求。
⊞ 遗憾 yíhàn 유감스러운

유감스럽게도 귀사의 요청을 거절할 수밖에 없다는 것을 알려드립니다.
我们很遗憾地通知贵方，我们只能拒绝贵方的要求。
⊞ 通知 tōngzhī 통지하다 | 拒绝 jùjué 거절하다

17 알리다/공지하다

공식적인 문서에서는 '알리다'를 뜻하는 표현으로 '告诉'보다 '告知'를 많이 사용합니다. 또한 '공지하다'에 해당하는 표현으로는 '通知'와 '通告'가 있는데, 그 중 '通知'가 더 많이 쓰입니다.

告诉: 알려주다 [*일상생활에서 주로 사용]
告知: 알려주다 [*업무상황, 공문서 등에서 주로 사용]
通知: 통지/공지하다
通告: 통지/공지하다

만약 제가 당신에게 도움이 될 수 있다면, 언제든 알려주십시오.
如果我能对您有所帮助，请随时告诉我。
⊞ 随时 suíshí 언제든

해당 제품의 현금 결제 최저가를 알려주시기 바랍니다.
请告知该笔货物以现金支付的最低价格。
⊞ 告知 gàozhī 알리다 | 该 gāi 해당 | 笔 bǐ 화물 등의 무리를 나타내는 양사 | 以现金支付 yǐ xiànjīn zhīfù 현금으로 지불하다

중국은행을 통해 신용장을 개설하였다는 것을 기쁘게 알려드립니다.
很高兴通知贵方，我方已通过中国银行开具了信用证。
⊞ 通知 tōngzhī 통지하다 | 开具信用证 kāijù xìnyòngzhèng 신용장을 개설하다

관련 사항에 대하여 특별히 다음과 같이 공지합니다.
现特将有关事项通告如下：
⊞ 事项 shìxiàng 사항 | 通告 tōnggào 공지하다

18 '일/사항'을 가리키는 표현

비즈니스 상황에서 사용되는 '일/사항'을 가리키는 표현으로 다음의 몇 가지가 있습니다.

> 事: 일 [*앞에 주로 '此/一' 등 수식하는 성분이 붙음]
> 事情: 일상에서 일어나는 여러 가지 일들을 가리킴
> 事件: 일상에서 일어나는 비교적 큰 일, 또는 특별한 사건을 가리킴
> 事宜: 공문에서 주로 사용되어 '사안/~건' 등을 가리킴
>   [*'事宜' 앞에는 주로 '事宜'가 구체적으로 지칭하는 '보험/결제/포장' 등 구체적인 업무 내용이 나옴]
> 事项: 사항

이 일을 신속히 처리해 주시기 바랍니다.
望贵方迅速处理此事。
⊞ 望 wàng 바라다 | 迅速 xùnsù 신속하게

동안물산에서 자전거 수입 관련 일과 관련하여 귀사와 연락하라고 소개해 주었습니다.
东安物产介绍我们就进口自行车一事与贵方联系。
⊞ 进口 jìnkǒu 수입

가능한 한 수시로 일의 진전상황을 알려드리겠습니다.
我将尽量随时告知您事情的进展。
⊞ 尽量 jǐnliàng 가능한 한 | 随时 suíshí 수시로 | 告知 gàozhī 알리다 | 进展 jìnzhǎn 진전

이 일에 대한 저희의 사과를 받아주십시오.
请接受我们对此事件的致歉。
⊞ 接受致歉 jiēshòu zhìqiàn 사과를 받아들이다

귀사에서 제기하신 배상사안에 대해 이미 자세히 조사해 보았습니다.
我们已经就贵方提出的索赔事宜做了详细的调查。
⊞ 提出索赔 tíchū suǒpéi 배상을 요구하다 | 事宜 shìyí 일, 사안 | 详细 xiángxì 상세한

관련 사항을 다음과 같이 공지합니다.
现将有关事项通知如下：
⊞ 事项 shìxiàng 사항 | 如下 rúxià 다음과 같다

19 확인/검토하다

어떤 사실이나 문서 등에 대한 확인/검토를 나타내는 표현은 상황에 따라 다음의 몇 가지로 나뉩니다.

> 确认 : (사실인지/정확한지) 확인하다
> 核对 : 대조하여 확인하다
> 核查 : 대조하여 검사하다
> 查收 : (편지, 문서 등을) 확인하고 받다

확인하고 되도록 빨리 연락 드리겠습니다.
确认后，会尽快与您联系。
⊞ 确认 quèrèn 확인하다

죄송하지만 해당 제품이 재고가 있는지 확인해 주십시오. 저희는 200상자가 필요합니다.
烦请确认该产品是否有库存，我们需要两百箱。
⊞ 烦请 fánqǐng 번거로우시겠지만 ~해 주십시오 | 库存 kùcún 재고

귀사의 요청에 따라 이미 신용장 조항을 수정하였으니 대조해 보십시오.
按照贵方的要求，我方已修改了信用证条款，请核对一下。
⊞ 按照 ànzhào ~에 따라 | 修改 xiūgǎi 수정하다 | 条款 tiáokuǎn 조항 | 核对 héduì 대조확인하다

저희는 이미 검사를 마치고 필요한 수정을 완료하였습니다.
我们已经核查并进行了相应的修改。
⊞ 核查 héchá 검사하다

첨부파일은 저희 회사의 최신 제품목록입니다. 확인해 주십시오.
附件是我方最新产品目录，请查收。
⊞ 附件 fùjiàn 첨부문서 | 目录 mùlù 목록 | 查收 cháshōu 살펴보고 받다

20 ~한 이유로 ~할 수밖에 없습니다

상대방의 요청을 거절하거나 자신의 상황에 대해 변명할 때, 부득이한 사정으로 인해 어쩔 수 없음을 설명하는 표현입니다.

> 由于/因为(　　　), 只能(　　　)。
> 由于/因为(　　　), 不得不(　　　)。

견적요청이 많아, 귀사에 물건을 100상자밖에 드릴 수 없습니다.
由于询盘非常多，我们只能分给贵方一百箱货。
⊞ 询盘 xúnpán 가격문의

화물이 이미 1개월 지연되었으므로, 부득이하게 다른 곳에서 구매할 수밖에 없습니다.
因为货物已经延误一个月，我们不得不从他处购买。
⊞ 延误 yánwù 지연되다 | 购买 gòumǎi 구매하다

21 ~하는 대로, 즉시 ~하겠습니다

'~하는 대로, ~하겠습니다'라는 표현은 '一/一旦…, 就…'라고 하고, '즉시'라고 강조하고 싶을 경우에는 '就'와 함께, 또는 '就' 대신에, '马上/立即/立刻' 등의 부사를 사용할 수 있습니다.

> 一(　　　), (就)马上/立即/立刻(　　　)。
> 一旦(　　　), (就)马上/立即/立刻(　　　)。

관련 자료를 받는 즉시 전화 드리겠습니다.
一收到相关资料马上打电话给您。
⊞ 收到 shōudào (우편물 등을) 받다

귀사의 명세서를 받는 즉시 보험비용을 돌려드리겠습니다.
一收到贵方寄来的账单，我方会立即把保险费付还给贵方。
⊞ 寄来 jìlái 보내오다 | 账单 zhàngdān 명세서 | 立即 lìjí 즉시 | 付还 fùhuán (정산한 나머지를) 되돌려주다

새로운 물건이 들어오는 대로 공지해 드리겠습니다.
一旦有了新的供货，我们将立刻通知您。
⊞ 供货 gōnghuò 공급 물품 | 立刻 lìkè 즉시

만약 4월 말까지 기다리실 수 있다면, 물건이 들어오는 즉시 연락 드리겠습니다.
如果贵公司能等到4月底，我们一旦进货，就马上跟贵方联系。

⊞ 月底 yuèdǐ 월말 | 进货 jìnhuò 입하하다

22 ~에 용이하도록/~하기 편하도록

'~에 용이하도록/~하기 편하도록'에 해당하는 표현은 다음과 같이 네 가지로 나뉩니다.

> 以便…
> 以便于…
> 为便于…
> 为方便…

빠른 처리를 위해, 4일에 보내신 메일을 이미 TS전자 주식회사에 넘겼습니다.
我已将您4日的来信转交给TS电子股份有限公司，以便尽快处理。

⊞ 来信 láixìn 보내온 편지 | 转交给 zhuǎnjiāogěi (메일, 문서 등을) ~에게 전달하다 | 以便 yǐbiàn ~에 편리하도록 | 尽快 jǐnkuài 되도록 빨리

결정하는 데 도움이 되도록, 귀사의 최신 업무 안내책자를 보내주십시오.
请寄送一份贵公司最新服务手册，以便于我们做决定。

⊞ 服务手册 fúwù shǒucè 서비스 안내책자 | 以便于 yǐbiànyú ~에 편리하도록

양사가 앞으로 더욱 잘 협력할 수 있도록, 영업계획서를 한 부 제공해 주십시오.
为便于我们双方今后更好地合作，请贵公司给我们提供一份销售计划书。

⊞ 便于 biànyú ~하는 데 편리하도록 | 份 fèn 문서를 세는 양사 | 销售 xiāoshòu 판매

귀사의 건의를 더 깊이 고려하는 데 도움이 되도록, 상술한 자료를 되도록 빨리 보내주십시오.
为方便我方更深入考察贵方的建议，请把上述资料尽早寄给我方。

⊞ 深入 shēnrù 깊이 | 考察 kǎochá 고찰하다 | 尽早 jǐnzǎo 최대한 빨리

23 ~하지 않기 위해서

'~하지 않기 위해서'라는 표현에는 다음의 세 가지가 있습니다.

> 以免…
> 以避免…
> 为避免…

선적 및 운송 과정에서 파손되지 않도록 화물 포장에 주의해 주십시오.
请注意货物的包装，以免装运时受损。
⊞ 以免 yǐmiǎn ~하지 않도록 | 装运 zhuāngyùn 선적하여 운송하다 | 受损 shòusǔn 손상되다

저희가 법적인 조치를 취하지 않을 수 있도록, 3월 7일 전에 저에게 연락 주십시오.
请于3月7日前跟我联系，以避免我们采取法律行动。
⊞ 以避免 yǐ bìmiǎn ~을 피하기 위해 | 采取法律行动 cǎiqǔ fǎlǜ xíngdòng 법적인 조치를 취하다

이후에 수정하는 일이 없도록, 신용장을 계약규정과 엄격히 일치하도록 해 주십시오.
为避免以后修改，请务必使信用证与合同条款严格保持一致。
⊞ 为避免 wèi bìmiǎn ~을 피하기 위해 | 修改 xiūgǎi 수정하다 | 务必 wùbì 반드시 ~해야 한다 | 条款 tiáokuǎn 조항 | 严格保持 yángé bǎochí 엄격히 유지하다

24 다음과 같은/다음과 같이

'~는 다음과 같습니다/다음과 같이 ~'라는 표현과 함께 몇 가지 사실을 열거할 때, '如下'와 '以下'가 쓰입니다. '如下'와 '以下'는 의미가 비슷하지만 용법상에서 차이가 있는데, 바로 뒤에 수식을 받는 동사나 명사가 나올 경우에는 '如下'와 '以下'가 모두 쓰이고, 뒤에 나오는 피수식어가 없을 경우에는 '如下'만 쓰입니다.

> 如下
> 以下

제123A호 주문서를 다음과 같이 수정하고 싶습니다.
我们希望将第123A号订单作如下(/以下)修改：
⊞ 订单 dìngdān 주문서 | 修改 xiūgǎi 수정하다

이 제품은 다음과 같은 다섯 가지 뚜렷한 특성을 지니고 있습니다.
这一产品具有以下(/如下)五个显著特点：
⊞ 具有 jùyǒu 가지다 | 显著 xiǎnzhù 현저한

관련 사항을 다음과 같이 공지합니다.
现将有关事项通知如下：

⊞ 事项 shìxiàng 사항 | 如下 rúxià 다음과 같다

> 몇 가지 설명을 열거할 때 자주 쓰이는 표현으로 또한 '上述/下述'가 있습니다.

창고 정리를 위해, 상술한 가격으로 품질 좋은 제품을 판매하고 있습니다.
为了便于清仓，本公司以上述价格促销优良的货品。

⊞ 便于清仓 biànyú qīngcāng 창고 정리에 편하도록 | 上述 shàngshù 상술한 | 促销 cùxiāo 판촉하다 | 优良 yōuliáng (품질이) 우수하고 좋은

다음 자료를 보내주실 것을 요청해도 되겠습니까?
能否请您惠寄下述资料：

⊞ 能否 néngfǒu ~할 수 있는지 없는지 | 惠寄 huìjì '우편으로 보내주다'의 정중한 표현 | 下述 xiàshù 아래에 서술하는

25 이 기회를 빌어/~을 계기로

처음 거래를 제안하거나 또는 특정 사실을 강조하려고 하는 경우, '이 기회를 빌어'와 같은 표현을 사용할 수 있습니다.

> 借此机会， 이 기회를 빌어
> 借机， 기회를 빌어
> 以(　　)为契机， ~을 계기로

이 기회를 빌어 다시 한 번 강조합니다. 이런 일이 다시는 발생하지 않기를 바랍니다.
我们借此机会再次强调，希望这样的事情不再发生。

⊞ 借此机会 jiècǐ jīhuì 이 기회를 빌어 | 强调 qiángdiào 강조하다

기회를 빌어 다시 한 번 다음과 같은 내용을 상기시켜 드리고자 합니다.
我们借机再提醒您一下：

⊞ 借机 jièjī 기회를 빌다 | 提醒 tíxǐng 상기시키다

이번 거래를 계기로 양사가 장기적인 무역관계를 맺길 원합니다.
希望我们以此次交易为契机，建立长久的贸易关系。

⊞ 契机 qìjī 계기

26 최선을 다하여/최대한

'尽'이 '力/努力/可能' 등 명사 앞에 쓰일 때는 '~을 다하다'라는 뜻으로 쓰여 'jìn'으로 읽고, '快/早' 등 형용사 앞에 쓰일 때는 '최대한'이라는 뜻으로 쓰여 'jǐn'으로 읽습니다.

> 尽力: 힘을 다하여
> 尽最大(的)努力: 최대한 노력하여
> 尽一切可能: 할 수 있는 모든 것을 다하여

최선을 다해 귀사를 위해 힘쓰겠습니다.
我方将尽力为贵方效劳。
⊞ 尽力 jìnlì 힘껏 | 效劳 xiàoláo (~를 위해) 힘쓰다

최선을 다하여 고객님들께 최고의 서비스를 제공하겠습니다!
我们将尽最大努力为我们的客户提供最优质的服务!
⊞ 尽最大努力 jìn zuìdà nǔlì 최선을 다하여 | 客户 kèhù 고객, 거래처 | 优质 yōuzhì 품질이 우수한

이번 주 내로 물건을 발송하도록 최선을 다하겠습니다.
我们将尽一切可能争取本周内发货。
⊞ 尽一切可能 jìn yíqiè kěnéng 할 수 있는 모든 것을 다하다 | 争取 zhēngqǔ ~하려고 힘쓰다 | 发货 fāhuò 물품을 발송하다

> 尽快: 최대한 빨리
> 尽早: 최대한 빨리/일찍

이 일과 관련하여 되도록 빨리 답변해 주시길 정중히 부탁드립니다. 감사합니다.
有关此事，敬请尽快答复，非常感谢。
⊞ 敬请 jìngqǐng 정중히 청하다 | 尽快 jǐnkuài 되도록 빨리 | 答复 dáfù 답변하다

가능한 한 빨리 답변 및 처리를 해 주시기 바랍니다.
希望贵公司尽早回复并做出处理。
⊞ 尽早 jǐnzǎo 되도록 빨리 | 回复 huífù 회신하다

27 참고를 위해/참고하시라고

자료를 첨부하였음을 설명할 때, 문장의 앞뒤에 다음 표현들을 씁니다.

作为参考，(　　　)。 참고로, ~
(　　　), 供(您)参考。 ~를 참고하시라고 드립니다.
(　　　), 供参。 ~를 참고하시라고 드립니다.

참고하시라고, 칭다오 상품 검사국에서 발급한 검사 증명을 첨부합니다.
作为参考，现附上青岛商品检验局所签发的检验证明。
⊕ 附上 fùshàng 첨부하다 | 检验 jiǎnyàn 검사하다 | 签发 qiānfā 서명하여 발급하다

참고하시라고, 소개장과 저희 회사의 상품목록을 첨부하였습니다.
附上介绍书和本公司的产品目录，供您参考。
⊕ 供参考 gōng cānkǎo 참고를 위해서

28 보장해 주십시오/보장합니다

상대방에게 보장을 요청할 때는 '确保'를, 자신이 보장하겠다고 약속할 때는 '保证'을 사용합니다.

请确保(　　　)。 ~를 보장해 주십시오.
我们保证(　　　)。 ~를 보장합니다.

제품이 샘플과 완전히 일치하도록 보장해 주십시오.
请确保货物与样品完全一致。
⊕ 确保 quèbǎo 확실히 보장하다 | 样品 yàngpǐn 샘플

귀사의 주문을 빨리 처리해 드릴 것을 약속드립니다.
我们保证及时处理贵公司订单。
⊕ 保证 bǎozhèng 보증하다 | 及时 jíshí 즉시, 때맞춰 | 订单 dìngdān 주문서

29 꼭 알려드려야 하는 점은 ~/분명히 해 두어야 할 것은 ~

어떤 사실을 강조하여 짚고 넘어가야 할 때, 다음과 같은 표현들을 사용할 수 있습니다.

> 我们想指出，(　　)。 ~를 지적하고(/말씀드리고) 싶습니다.
> 我们必须指出，(　　)。 ~를 반드시 지적해야(/말씀드려야)겠습니다.
> 我们要强调，(　　)。 ~를 강조해야겠습니다.
> 我们必须强调，(　　)。 ~를 반드시 강조해야겠습니다.
> 我们认为有必要讲明，(　　)。 ~를 분명히 말씀드릴 필요가 있다고 생각합니다.
> 尤其值得一提的是(　　)。 더욱이 언급할 만한 것은 ~.

우리의 장기적인 업무관계를 감안하여 이 예외적인 일을 받아들이는 것임을 말씀드리고 싶습니다.
我们想指出，鉴于我们之间长期的业务关系我们才接受这个特例。
⊞ 指出 zhǐchū 지적하다 | 鉴于 jiànyú ~을 감안하여 | 特例 tèlì 특별한 예

주문을 취소하는 것밖에는 다른 방법이 없다는 것을 알려드리지 않을 수 없습니다.
我方必须向贵方指出，我们除了取消订单别无选择。
⊞ 订单 dìngdān 주문서 | 别无选择 biéwú xuǎnzé 선택의 여지가 없다

다음 세 가지를 강조하려고 합니다.
我要强调以下三点：
⊞ 强调 qiángdiào 강조하다

납기 연기가 양사의 협력에 영향을 미칠 것이라는 것을 분명히 강조할 필요가 있습니다.
我们必须强调延迟交货会影响我们之间的合作。
⊞ 延迟交货 yánchí jiāohuò 납품 연기 | 影响 yǐngxiǎng 영향을 미치다 | 生意 shēngyi 사업

규정에 의하면 귀사가 저희에게 계약금액의 10%를 배상해야 한다는 것을 분명히 말씀드릴 필요가 있다고 생각합니다.
我们认为有必要讲明，按规定，贵公司应赔偿我方合同金额的10%。
⊞ 讲明 jiǎngmíng 분명히 말하다 | 赔偿 péicháng 배상하다 | 合同 hétong 계약서 | 金额 jīn'é 금액

더욱이 언급할 만한 것은 이번이 벌써 세 번째 납기 연기라는 것입니다.
尤其值得一提的是这已经是第三次延迟交货。
⊞ 尤其 yóuqí 더욱, 더구나 | 值得 zhídé ~할 만하다 | 提 tí 언급하다

30 (필요한 사항이 있으면), 연락 주십시오

'연락 주십시오'에 해당하는 표현은 연락 방식에 따라 아래의 몇 가지로 나눌 수 있습니다. '연락 주십시오' 앞에는 '尽管(얼마든지, 언제든지)/随时(언제든지)/直接(직접)' 등의 수식어를 붙일 수 있습니다.

( ), 请与我联系。 ~, 저에게 연락 주십시오.
( ), 请告知。 ~, 알려주십시오.
( ), 请函告。 ~, 메일로 알려주십시오.
( ), 请致电。 ~, 전화 주십시오.

기타 정보가 필요하시면 언제든지 저에게 연락 주십시오.
如您还需要其他信息，请随时与我联系。
⊞ 信息 xìnxī 정보 | 随时 suíshí 언제든지

저희가 도울 일이 더 있다면, 알려주십시오.
如果还有我们可以帮忙的，请告知。
⊞ 告知 gàozhī 알리다

귀사의 의견이 어떠신지 모르겠습니다. 메일로 알려주십시오.
不知贵方意见如何，请函告。
⊞ 如何 rúhé 어떠하다 | 函告 hángào 편지로 알리다

제가 도와드릴 일이 있으면, 전화 주십시오.
如果有什么事要我帮忙，请致电我。
⊞ 致电 zhìdiàn 전화하다

31 (다음에) 연락 드리겠습니다

업무를 빨리 처리하지 못할 때, '나중에 연락 드리겠습니다'라고 얘기하는 것도 좋은 방법입니다. '연락하겠다'라는 표현으로, 다음과 같은 표현들이 자주 쓰입니다.

( ), 再联系您。 ~, 다시 연락 드리겠습니다.
( ), 将与您联系。 ~, 연락 드리겠습니다.
( ), 将再与您联系。 ~, 다시 연락 드리겠습니다.
( ), 容日后联系。 ~, 나중에 연락 드리겠습니다. [*매우 정중한 표현]

먼저 제 일정표를 확인해 봐야겠습니다. 내일 다시 연락 드리겠습니다.
我需要先查看一下我的行程表，明天再联系您。
⊞ 查看 chákàn 살펴보다 | 行程 xíngchéng (여행) 일정

저희 부서 부장님의 승인을 받은 후 연락 드리겠습니다.
得到我部总监批准后，将与您联系。
⊞ 总监 zǒngjiān 총감독, 책임자 | 批准 pīzhǔn 비준, 승인

공급 상황이 호전되면 다시 연락 드리겠습니다.
如果供应情况有了好转，我将再与您联系。
⊞ 供应情况 gōngyìng qíngkuàng 공급 상황 | 有好转 yǒu hǎozhuǎn 호전되다

자세한 사안은 나중에 연락 드리겠습니다.
具体事宜，容日后联系。
⊞ 事宜 shìyí 일, 사안 | 容 róng 받아들이다 | 日后 rìhòu 훗날, 나중

32 ~을 고려하여/~을 감안하여

주로 협상 등의 상황에서, 요청을 하거나 요청에 대한 답변을 할 때 많이 사용되는 표현입니다.

> 考虑到… ~을 고려하여
> 鉴于… ~에 비추어보아, ~을 감안하여

귀사가 현재 처한 어려움을 고려하여, 특별한 케이스로 귀사의 지불 연장 요청에 동의합니다.
考虑到贵方目前所处困境，作为一个特例，我们同意贵方延期付款的要求。
⊞ 考虑到 kǎolǜdào ~을 고려하여 | 目前 mùqián 현재 | 困境 kùnjìng 곤경 | 延期付款 yánqī fùkuǎn 지불 연기

두 회사 간의 오랜 업무관계를 감안하여 1%의 할인을 더 해 드리겠습니다.
鉴于我们之间长期的业务关系，我方会再降价1%。
⊞ 鉴于 jiànyú ~을 감안하여 | 降价 jiàngjià 값을 내리다

33 现/兹 : 지금/이에

'现'은 '지금', '兹'는 '지금/이에/이렇게' 등의 뜻으로, '现'과 '兹'는 주로 공식적인 문서에서 '지금 ~합니다/이에 ~합니다' 등의 용법으로 쓰입니다. 한국어로는 해석되지 않을 때가 많습니다.

귀사와 업무관계를 맺고자 (이에) 실례를 무릅쓰고 메일을 드립니다.
现冒昧去函，希望同贵公司建立业务关系。
冒昧 màomèi 외람되다 | 去函 qùhán 편지를 보내다 | 同 tóng ~와 함께 | 建立业务关系 jiànlì yèwù guānxi 업무관계를 맺다

저희는 2014년 1월 5일에 새로운 주소로 옮기게 되었습니다. 관련사항을 다음과 같이 공지해 드립니다.
我们将于2014年1月5日迁往新址。现特将有关事项通告如下：
迁往新址 qiānwǎng xīnzhǐ 새주소로 옮겨가다 | 有关事项 yǒuguān shìxiàng 관련사항 | 通告 tōnggào 통지하다

귀사의 샘플과 가격 모두 매우 만족스럽습니다. 이에 아래와 같은 물품을 구입하고자 합니다.
贵方样品及价格都非常令人满意，兹订购下列货物：
样品 yàngpǐn 샘플 | 兹 zī 이에, 지금 | 订购 dìnggòu 구매하다

부득이하게 제667호 주문서의 제품을 취소해야 함을 알려드립니다. 이에 대해 매우 유감스럽게 생각합니다.
兹通知贵方我们不得不取消第667号订单下的货物，对此我方深表遗憾。
通知 tōngzhī 통지하다 | 订单 dìngdān 주문서 | 深表遗憾 shēnbiǎo yíhàn 깊이 유감을 표하다

34 该 : '이/그/저' 등에 해당하는 대명사

공문서 등에서는, 바로 앞에 나온 사람이나 사물을 가리킬 때, '이/그/저' 등에 해당하는 대명사로 '该 gāi'를 주로 사용합니다.

이 제품의 수요가 많으니, 가능한 한 빨리 주문하실 것을 제안합니다.
由于该产品需求量大，我们建议贵方尽快订货。
由于 yóuyú ~로 인하여 | 需求量 xūqiúliàng 수요량 | 尽快 jǐnkuài 되도록 빨리 | 订货 dìnghuò 주문하다

저희 고객이 이 물건을 급히 필요로 하므로, 최대한 빨리 운송해 주실 수 있기를 바랍니다.
因为我方客户急需该货，希望贵方能尽快装运。
客户 kèhù 고객, 거래처 | 急需 jíxū 급히 필요로 하다 | 货 huò 물품, 화물 | 装运 zhuāngyùn 운송하다

귀행에서 그 회사의 상술한 상황에 대한 정보를 제공해 주시면 대단히 감사하겠습니다.
如贵行能提供该公司的上述情况信息，我们将不胜感激。
⊕ 贵行 guìháng 귀행[상대방 은행에 대한 존칭] | 提供 tígōng 제공하다 | 信息 xìnxī 정보 | 不胜感激 búshèng gǎnjī 대단히 감사하다

35 명사 + 所 + 동사 + (的): ~한 바의, ~한

바로 뒤에 나오는 명사를 수식하는 앞부분의 동사 앞에 '所'를 붙이면, '~한 바의'에 해당하는 서면어적인 표현이 됩니다.

귀사에서 필요하신 제품은 재고가 있어 공급 가능합니다.
贵方所需的产品有现货可供。
⊕ 所需 suǒxū 필요로 하는 | 现货 xiànhuò 현재 있는 물건 | 可供 kěgōng 공급할 수 있다

죄송합니다. 문의하신 제품은 이제 생산하지 않습니다.
很抱歉，我方不再生产贵方所询的产品。
⊕ 抱歉 bàoqiàn 죄송하다 | 所询 suǒxún 문의한

유감스럽게도 귀사의 견적을 받아들일 수 없습니다.
非常遗憾，贵方所报价格，我方不能接受。
⊕ 遗憾 yíhàn 유감스러운 | 报价格 bào jiàgé 견적을 내다

저희가 드릴 수 있는 최대 할인은 7%입니다.
我们所能给的最高折扣是7%。
⊕ 折扣 zhékòu 할인

귀사가 제공하신 모든 정보는 기밀처리할 것임을 보장합니다.
我们保证，贵方所提供的所有信息，我方都将保密。
⊕ 保证 bǎozhèng 보증하다 | 提供 tígōng 제공하다 | 信息 xìnxī 정보 | 保密 bǎomì 비밀을 지키다

36 在此: 지금/이 자리에서

'在此'는 '지금/이 자리에서'라는 의미로, 공식적인 감사/사과/축하/초대 등의 상황에서 상투적으로 쓰이는 표현입니다. 한국어로는 따로 해석을 하지 않아도 됩니다.

귀사의 주문서를 받지 못하는 것에 대하여 사과를 드립니다.
对于未能接受贵公司的订单，我们在此表示歉意。
⊕ 接受 jiēshòu 받아들이다 | 订单 dìngdān 주문서 | 表示歉意 biǎoshì qiànyì 유감의 뜻을 나타내다

저희는 줄곧 귀사의 특별한 관심을 받았습니다. 이 자리를 빌어 감사를 표합니다.
本公司一向承蒙贵公司格外关照，在此表示谢意。
⊕ 一向 yíxiàng 줄곧 | 承蒙 chéngméng ~을 받다 | 格外 géwài 특별한

시간을 내어 참석하시기를 열렬히 요청드립니다.
在此热情邀请您抽空出席。
⊕ 热情 rèqíng 열렬히 | 邀请 yāoqǐng 요청(초청)하다 | 抽空 chōukòng 시간을 내다 | 出席 chūxí 출석(참석)하다

이 자리를 빌어 저와 저희 가족들에게 정성 어린 도움을 주신 데 대해 특별히 감사드립니다.
在此，我要特别感谢您给了我和我们全家人悉心的帮助。
⊕ 悉心 xīxīn 온 마음으로, 정성을 다하여

37 特此: 특별히 ~합니다

공지/보고 등의 상황에서 끝부분에 덧붙이는 상투적인 표현입니다. '特此'는 '지금 특별히 ~하다'라는 의미이지만, 그 뜻이 특별히 강조되지는 않을 때가 많습니다.

( ), 特此通知。 ~를 특별히 공지합니다.
( ), 特此告知。 ~를 특별히 알려드립니다.
( ), 特此奉告。 ~를 특별히 알려드립니다.
( ), 特此报告。 ~를 특별히 보고합니다.
( ), 特此说明。 ~를 특별히 설명드립니다.
( ), 特此申请。 ~를 특별히 신청합니다.

상술한 물품대금을 오늘 오전 중국은행을 통해 이체하였음을 알려드립니다.
我方已于今日上午将上述货款通过中国银行电汇贵方，特此通知。
⊕ 上述 shàngshù 상술한 | 货款 huòkuǎn 물품대금 | 电汇 diànhuì 이체하다 | 通知 tōngzhī 통지하다

저희의 신제품이 이미 출시되었음을 알려드립니다.
我们的新产品已上市，特此告知。
⊞ 上市 shàngshì 출시되다 | 告知 gàozhī 알리다

주문하신 화물이 이미 선적되었음을 알려드립니다.
贵方所订货物已装船，特此奉告。
⊞ 装船 zhuāngchuán 선적하다 | 奉告 fènggào 알려드리다

38 值(　)之际: ~하는 때에

'~를 맞은 이 때/~가 다가오는 이 때' 등의 의미로, 특별한 행사나 명절 등을 앞둔 때에 매우 공식적이거나 정중한 편지에서 쓰는 표현입니다. '值'와 '之际'를 하나씩 따로 사용해도 같은 의미를 나타냅니다.

> 值(　)之际,
> 值(　),
> (　)之际,

귀사 창립 10주년을 맞은 이 때, 삼가 J&T테크놀로지 주식회사를 대표하여 진심 어린 축하를 드립니다!
值此贵公司成立十周年之际，我谨代表J&T科技股份有限公司致以衷心的祝贺！
⊞ 值…之际 zhí…zhījì ~할 때에 | 谨 jǐn 삼가 | 致以 zhìyǐ ~를 표하다 | 衷心 zhōngxīn 마음에서 우러나오는 | 祝贺 zhùhè 축하하다

귀사의 베이징 지사가 설립된 이 때, 삼가 축하를 드립니다.
值贵公司的北京分公司开业，谨此祝贺。
⊞ 值 zhí ~할 때에 | 分公司 fēngōngsī 지사, 계열사 | 开业 kāiyè 개업, 창업

새해가 다가오는 지금, 가족 모두 즐거운 새해 맞으시고, 건강하시고 모든 일이 뜻대로 이루어지길 바랍니다!
新年来临之际，祝您全家新年快乐，身体健康，万事如意！
⊞ 来临之际 láilín zhījì 다가오는 때에

39 谨: 삼가

한국어의 '삼가'에 해당되며, 아주 공식적이거나 정중한 편지에서 쓰이는 표현입니다. 한국어의 '삼가'는 사과/위로/애도 등 부정적인 상황에서 주로 사용되지만, 중국어의 '谨'은 감사/축하/사과/위로/애도 등의 상황에 모두 사용할 수 있습니다.

적극적으로 협조해 주신 데 대해 삼가 사의를 표합니다.
对于您的积极合作，我谨表示谢意。
⊞ 积极 jījí 적극적인 | 谨 jǐn 삼가 | 表示谢意 biǎoshì xièyì 사의를 표하다

저와 제 부인이 삼가 당신과 가족들을 축복합니다.
我与我夫人谨此祝福您和您的家人。
⊞ 谨此 jǐncǐ 삼가 여기서

삼가 J&T테크놀로지 주식회사 전체 임직원을 대표하여 이 선생님의 소천에 대해 깊은 애도를 표합니다.
我谨代表J&T科技股份有限公司全体员工对李先生的逝世表示深切的哀悼。
⊞ 员工 yuángōng 직원 | 逝世 shìshì 작고하다, 서거하다 | 深切 shēnqiè 깊은 | 哀悼 āidào 애도

40 定于~: (언제)로 정해지다

회의 및 각종 행사를 공지할 때, '×××가 ××월 ××일 ×××에서 개최되기로 정해졌습니다'라는 전형적인 문구가 많이 사용됩니다. 이 때 '(언제)로 정해지다'에 해당하는 표현이 '定于'입니다. '定于' 앞에는 '谨'이나 '兹'가 붙기도 합니다.

> 定于…
> 谨定于…
> 兹定于…

다음 팀미팅은 다음 주 수요일에 14층 회의실에서 열립니다.
我们下次的小组会议定于下周三在14F会议室召开。
⊞ 定于 dìngyú ~로 정해지다 | 召开 zhàokāi (회의를) 열다

2014버전이 5월 10일에 발행됩니다. 2014버전의 기능에 대해 소개해 드리고자 메일을 드립니다.
2014版本定于5月10日发行，现特写信介绍2014版本的功能。
⊞ 版本 bǎnběn 버전 | 功能 gōngnéng 기능

4월 5일 오전 10시에 서울국제호텔에서 노트북 전시판매회가 열리오니, 귀하의 참석을 정중히 부탁드립니다.
谨定于4月5日上午10时在首尔国际大酒店召开笔记本电脑展销会，敬请大驾光临。
- 谨 jǐn 삼가 | 展销会 zhǎnxiāohuì 전시판매회 | 敬请 jìngqǐng 정중히 청하다 | 大驾 dàjià 귀하 | 光临 guānglín 왕림하다

프로그램 개발 작업을 위해, 2014년 3월 9일에 2103호에서 기술회의를 열겠습니다.
为做好软件开发工作，兹定于2014年3月9日在2103室召开技术会议。
- 软件 ruǎnjiàn 프로그램, 소프트웨어 | 兹 zī 이에, 지금

41 届时: 그 때가 되면

'届时'는 '그 때가 되면', '그 때' 등의 의미를 나타내는 표현으로, 행사나 미팅 등을 앞두고 '그 때 뵙겠습니다'와 같은 인사를 할 때 주로 사용됩니다. 경우에 따라 한국어로 번역을 하지 않아도 됩니다.

그 때 뵐 수 있기를 바랍니다.
希望届时能与您会面。
- 届时 jièshí 때가 되면 | 会面 huìmiàn (정식으로) 만나다

금요일 3시 회의가 목요일 3시로 변경되었으니, 모두 참석해 주십시오.
星期五3点的会议改为星期四3点，请大家届时参加。

23일 저녁 7:00-9:00 베이징호텔에서 신춘완후이를 거행하오니, 참석 부탁드립니다.
兹定于23日晚7:00-9:00在北京饭店举行迎新春晚会，届时敬请光临。
- 兹 zī 지금, 이에 | 敬请 jìngqǐng 정중히 청하다

42 截至/截止: ~까지/(~에) 끝나다, 마감하다

'截至'와 '截止'는 기한을 나타낼 때 자주 쓰이는 서면어입니다. '截至'는 '~까지'라는 의미로, 바로 뒤에 시간을 나타내는 표현이 나와야 하며, '截止'는 '끝나다'라는 의미로, 바로 뒤에 시간을 나타내는 표현이 나오지 않습니다. '截止到'는 '截至'와 같은 용법으로 쓰입니다.

두바이 프로젝트는 올해 12월 말까지입니다.
迪拜项目截至今年12月底。
- 截至 jiézhì ~까지

아직까지 이에 대해 결정을 내리지 못했습니다. 다음 주 내로 공지해 드리겠습니다.
截至目前仍未就此作出决定，下周之内我将通知贵方。
⊞ 目前 mùqián 현재 | 通知 tōngzhī 통지하다

두바이 프로젝트는 올해 12월 말에 끝납니다.
迪拜项目到今年12月底截止。
⊞ 迪拜 Díbài 두바이 | 项目 xiàngmù 프로젝트 | 月底 yuèdǐ 월말 | 截止 jiézhǐ 끝나다

5월 말까지 프로젝트가 60% 완성되었습니다.
截止到5月底，项目已经完成60%。
⊞ 截止到 jiézhǐdào ~까지

43 予以: ~해 주다

'予以'는 '~해 주다'라는 서면어적인 표현으로, 주어가 상대방이든 자신이든 모두 사용할 수 있습니다.

이번 주문을 신속히 처리해 주시기 바랍니다.
望贵方对此订单予以及时办理。
⊞ 望 wàng 바라다 | 订单 dìngdān 주문서 | 予以办理 yǔyǐ bànlǐ 처리해 주다 | 及时 jíshí 즉시, 때맞춰

귀사의 D/P 방식 지불 요청에 대해 고려해 보았습니다.
贵方以付款交单方式付款的要求，我方已予以考虑。
⊞ 付款交单 fùkuǎn jiāodān 지불인도조건(D/P) | 予以考虑 yǔyǐ kǎolǜ 고려하다

저희의 새로운 지불방식에 대해 긍정적인 답변을 해 주시기를 바라겠습니다.
盼望贵公司对我们新的支付方式能予以肯定的答复。
⊞ 盼望 pànwàng 간절히 바라다 | 答复 dáfù 답변

44 给予: ~를 주다/~해 주다

'给予'는 '给'의 서면어적인 표현으로, 'gěiyǔ'가 아니라 'jǐyǔ'라고 읽습니다.

저희 고객들은 저희의 신제품에 대해 항상 좋은 평가를 내리고 있습니다.
我们的客户对我公司的新产品不断给予好评。
⊞ 客户 kèhù 고객, 거래처 | 不断 búduàn 부단히 | 给予好评 jǐyǔ hǎopíng 좋은 평가를 주다

귀사의 카운터오퍼에 동의하여 2%의 할인혜택을 드리기로 결정하였습니다.
我方同意贵方的还盘，决定给予2%的折扣优惠。
⊞ 还盘 huánpán 카운터오퍼 | 给予优惠 jǐyǔ yōuhuì 혜택을 주다 | 折扣 zhékòu 할인

수년 동안 저희 회사에 협조해 주시고, 관심을 가져주셔서 감사합니다.
感谢贵公司多年来给予我公司的协助和关照。
⊞ 协助 xiézhù 협조하다 | 关照 guānzhào 돌보다

45 难以: ~하기 어렵다

'~하기 어렵다'라는 표현으로, 서면어에서는 '很难'보다 '难以'를 많이 사용합니다.

이 제품들은 이제 막 판매되기 시작하였는데 이렇게 갑자기 가격을 올리시면 저희는 받아들이기 어렵습니다.
这些产品才刚刚推出，如果立即提价，我方难以接受。
⊞ 推出 tuīchū 판매되다 | 立即 lìjí 즉시 | 提价 tíjià 가격을 올리다 | 难以接受 nányǐ jiēshòu 받아들이기 어렵다

죄송합니다. 귀사에서 요청하신 지불방식은 고려하기 어렵습니다.
很抱歉，贵方要求的付款方式，我们难以考虑。
⊞ 付款 fùkuǎn 지불하다 | 难以考虑 nányǐ kǎolǜ 고려하기 어렵다

46 进行: ~하다/진행하다

'进行'이 동사와 결합하여 쓰일 때에는, '진행하다'라는 의미보다는 공식적이고 정중한 표현을 위해 사용됩니다.

귀사와 거래를 할 기회가 있다면 매우 감사하겠습니다.
如果有机会能和贵公司进行交易，我们将不胜感激。
⊞ 不胜感激 búshèng gǎnjī 매우 감사하다

다음의 문제에 대해 답변해 주신다면, 구매 결정을 빨리 할 수 있겠습니다.
贵公司如能就以下问题进行答复，我们将能够尽快决定是否购买。
⊞ 进行答复 jìnxíng dáfù 답변하다 | 尽快 jǐnkuài 최대한 빨리 | 购买 gòumǎi 구매하다

TV 화면에 대해 신중히 연구해 본 결과, 생산 단계에서 문제가 발생한 것 같습니다.
我方对电视屏幕进行了慎重的研究，我们认为问题似乎出在生产阶段。
⊞ 屏幕 píngmù 스크린 | 慎重 shènzhòng 신중하다 | 生产阶段 shēngchǎn jiēduàn 생산 단계

CHAPTER

01

중국어 비즈니스 이메일의 시작 표현과 맺음말

01 중국어 비지니스 이메일의 시작 표현
02 중국어 비지니스 이메일의 맺음말
03 첨부파일 및 이메일의 기술적 부분 관련

01 중국어 비즈니스 이메일의 시작 표현

 중국어 비즈니스 이메일의 시작 표현에는 수신자에 대한 칭호를 시작으로 하여 간단한 인사 및 자기소개, 이메일을 보내는 이유 등이 포함될 수 있습니다. 만약 회신을 보내는 경우라면 상대방의 이메일에 대한 수신확인 및 감사 인사로 시작한 뒤 용건을 이야기하면 됩니다. 시작 표현일수록 예의바르게 단어를 잘 선택해서 작성해야 합니다.

 ☆ J&T科技股份有限公司产品推荐函

尊敬的张先生：

　　冒昧向您介绍一下，我是J&T科技销售部的李珍熙。承蒙TS电子股份有限公司李经理的介绍，得知您的联系方式。我特写信给您，以便您了解一下我公司最近的发展动态。

　　随函附上我公司的产品目录，介绍可订购的最新设计的产品。如您对我们的产品感兴趣，请联系我们，我们将竭诚为您服务。

　　敬候回复。

　　祝生意兴隆！

J&T科技股份有限公司销售部
李珍熙
2014年5月5日

〈J&T테크놀로지 주식회사 제품 추천 편지〉

존경하는 장 선생님께：

실례를 무릅쓰고 제 소개를 드리겠습니다. 저는 J&T테크놀로지 영업부 이진희입니다. TS전자 주식회사 이 부장님의 소개로, 연락처를 알게 되었습니다. 이 편지를 드리는 이유는, 저희 회사의 최신 발전동향에 대해 알려드리기 위해서입니다.

구매 가능한 최신 디자인 제품에 대해 소개해 드리고자, 저희 회사 최신제품 목록을 편지에 첨부합니다. 저희 제품에 관심이 있으시면 연락주십시오. 당신을 위해 성실히 일하겠습니다.

회신을 정중히 기다리겠습니다.

사업의 발전을 기원합니다!

科技 kējì 테크놀로지 | 股份公司 gǔfèn gōngsī 주식회사 | 推荐函 tuījiànhán 추천 편지 | 冒昧 màomèi 외람되다 | 销售部 xiāoshòubù 영업부 | 承蒙 chéngméng ~을 받다 | 得知 dézhī 알게 되다 | 以便 yǐbiàn ~하기 편하도록 | 发展动态 fāzhǎn dòngtài 발전 현황 | 随函附上 suíhán fùshàng 편지와 함께 첨부하다 | 订购 dìnggòu 주문하다 | 竭诚 jiéchéng 성심껏 | 敬候 jìnghòu 정중히 기다리다 | 回复 huífù 회신 | 兴隆 xīnglóng 번창하다

001 상대방에 대한 칭호

메일의 서두에는 상대방에 대한 칭호를 써야 합니다. 칭호 뒤에는 콜론(:)을 주로 붙이며, 쉼표(,)를 쓰기도 합니다. 칭호에 쓰이는 '先生/女士' 등의 존칭과 '经理/总监' 등의 직책명 앞에는 상대방의 성만 쓰고 전체 이름은 쓰지 않습니다.(经理jīnglǐ와 总监zǒngjiān은 모두 대략 '부장'에 해당하는 책임자를 가리킴)

장 선생님께
张先生:

존경하는 장 선생님께
尊敬的张先生:

친애하는 오 여사님께
亲爱的吴女士:

중국 베이징 시장 귀하
中国北京市长:

J&T테크놀로지 영업부 귀하:
J&T科技销售部:
⊞ 销售部 xiāoshòubù 영업부

> **TIP** 비즈니스 상황에서 상대방에 대한 호칭
>
> 중국인과 비즈니스를 할 때, 상대방에 대한 칭호는 주로 직위명 앞에 성을 붙이면 됩니다. 직위를 모를 경우, 남성에게는 '先生', 연배가 있는 여성에게는 '女士', 젊은 여성에게는 '小姐'라는 호칭 앞에 성을 붙입니다. 관계가 가까워지면 남성 여성 구분 없이 나이가 많은 사람은 성 앞에 '老', 나이가 어린 사람은 성 앞에 '小'를 붙여 부르거나, 이름을 부르기도 합니다.

002 첫 번째 이메일에서의 자기소개 및 인사

처음 보내는 이메일은 '您好!' 등의 인사말이나 '제 소개를 드리겠습니다' 등의 표현으로 시작할 수 있습니다. 또한 한국에서는 수신자에 상관 없이 메일의 서두에 '안녕하십니까?'라는 인사말을 흔히 붙이지만, 중국에서는 수신자가 회사나 단체 등이 아니라 개인일 경우에만 '您好!' 또는 '你好!'를 사용하며, 아예 사용하지 않는 경우도 많습니다.

실례를 무릅쓰고 제 소개를 드리겠습니다. 저는 동양전자 영업부 김민철입니다.
冒昧向您介绍一下，我是东洋电子销售部的金敏哲。
⊞ 冒昧 màomèi 외람되다

실례를 무릅쓰고 자기소개를 하게 된 점 양해해 주십시오. 저는 한동수라고 하며, 3월 12일에 J&T테크놀로지 영업부 책임자로 임명되었습니다.
请允许我冒昧地向您作个自我介绍，我叫韩东秀，自3月12日起被任命为J&T科技销售部总监。
⊞ 允许 yǔnxǔ 허락하다 | 被任命为 bèi rènmìng wéi ~로 임명되다 | 总监 zǒngjiān 총감독, 책임자

저는 이진희라고 합니다. 지난 주에 J&T테크놀로지 베이징 지사로 발령을 받았습니다.
我是李珍熙，我于上周调到了J&T科技北京分公司。
⊞ 调到 diàodào 발령받다 | 分公司 fēngōngsī 지사

저는 3월 2일에 이동철 주임의 직위를 넘겨받아 저희 작업장의 주임이 되었습니다.
我已在3月2日接任李东哲主任的职位，成为本车间的主任。
⊞ 接任 jiērèn 직무를 넘겨받다 | 主任 zhǔrèn 대리, 주임 | 车间 chējiān 작업장

안녕하십니까? 지난 번 전람회에서 뵈었던 동양전자 영업부 김민철입니다.
您好！我是上次在展览会上与您见过面的东洋电子销售部的金敏哲。
⊞ 展览会 zhǎnlǎnhuì 전람회 | 销售部 xiāoshòubù 영업부

TIP 중국 회사 직위명

중국 회사의 직위 체계는 한국 회사와 달라서, "'과장'이나 '차장'은 중국어로 뭐라고 하나?"라는 질문에 정확히 답하기는 어렵습니다. 그래도 대략 다음과 같이 직급을 대응해 볼 수 있습니다.

- 董事长 dǒngshìzhǎng 대표이사 ['董事长'이 '总经理'를 겸하기도 함]
- 总经理 zǒngjīnglǐ / 总裁 zǒngcái 사장, 최고경영자 ['总裁'는 대만에서 주로 사용]
- 副总经理 fùzǒngjīnglǐ 부사장
- 总监 zǒngjiān 총감독, 책임자
- 经理 jīnglǐ / 总监 zǒngjiān 부장
- 副经理 fùjīnglǐ 차장
- 主管 zhǔguǎn 과장
- 主任 zhǔrèn / 工程师 gōngchéngshī 대리, 주임
- 职员 zhíyuán / 专员 zhuānyuán / 助理 zhùlǐ 사원
- 厂长 chǎngzhǎng 공장장
- 副厂长 fùchǎngzhǎng 부공장장

003 메일을 쓰는 목적

🔅 Intro. 중국어 비즈니스 이메일에서 자주 쓰이는 표현 02(P.21) 참조

이메일을 지칭하는 표현으로는 邮件/电子邮件/信/函 등이 있습니다.

이 메일을 드려, 저희가 귀사의 한국 독점대행사를 맡기 원한다는 것을 알려드립니다.
今写信，特告知贵方，我们愿意担任贵方在韩国的独家代理。
⊞ 告知 gàozhī 알리다 | 担任 dānrèn 맡다 | 独家代理 dújiā dàilǐ 독점대행사

신약 개발 건과 관련하여 귀사와 협력을 하고자 메일을 드립니다.
我们写信给贵公司，希望就研发新药品一事能与贵公司合作。
⊞ 研发 yánfā 연구개발하다 | 合作 hézuò 협력하다

귀사와 업무관계를 맺고자 실례를 무릅쓰고 메일을 드립니다.
现冒昧去函，希望同贵公司建立业务关系。
⊞ 冒昧 màomèi 외람되다 | 去函 qùhán 편지를 보내다 | 同 tóng ~와 함께 | 建立业务关系 jiànlì yèwù guānxi 업무관계를 맺다

귀사와 무역을 할 수 있을지 알고 싶어 메일을 드립니다.
我们现致函贵方以了解可否与贵方建立贸易关系。
⊞ 致函 zhìhán 편지를 보내다 | 可否 kěfǒu ~할 수 있는지 없는지

부장으로 승진하신 것을 축하드리기 위해 메일을 드립니다.
祝贺您晋升为公司的经理，特发此函。
⊞ 祝贺 zhùhè 축하하다 | 晋升 jìnshēng 승진하다

부산호 선박에 선적된 화물이 오늘 오전에 발송되었음을 알려드립니다.
贵方由"釜山"号油轮装运的货物今日上午已运出，特此告知。
⊞ 油轮 yóulún 기선 | 装运 zhuāngyùn 선적하다 | 告知 gàozhī 알리다

004 상대방 메일 수신 확인 및 감사

상대방의 메일을 수신하였다고 알릴 때는 간단한 감사 인사로 시작하는 것이 좋습니다.

4월 5일에 보내신 메일 잘 받았습니다. 감사합니다.
贵方4月5日来函已收到，谢谢。
⊞ 来函 láihán 보내온 편지

3월 4일에 보내신 메일, 감사합니다.
多谢贵公司3月4日的来信。
⊞ 来信 láixìn 보내온 편지

귀사의 메일을 받아 기쁩니다. 저희 제품에 관심을 가져주셔서 감사합니다.
很高兴收到贵方的来函，感谢贵方对我方产品感兴趣。

이번 달 3일에 보내신 메일 잘 받았습니다. 감사합니다.
贵方本月3日的来信收悉，我们非常感谢。
⊞ 收悉 shōuxī 받아보다

포장과 운송 마크에 대한 귀사의 메일에 대해 감사드립니다.
感谢贵方关于包装和运输唛头的来信。
⊞ 包装 bāozhuāng 포장 | 运输 yùnshū 운수 | 唛头 màtóu 마크

3월 19일에 보내신 편지 받았습니다. 대단히 감사드립니다.
承蒙贵方3月19日的来函，甚表感谢。
⊞ 承蒙 chéngméng ~를 받다 | 甚 shèn 매우

귀사의 관련 제품목록과 가격표를 포함한, 3월 4일에 보내신 메일 받았습니다. 회신해 주셔서 매우 감사합니다.
我方已收到贵方3月4日的来信，内含贵方相关产品目录及价目表。非常感谢贵方的回复。
⊞ 收到 shōudào 받다 | 内含 nèihán 포함하다 | 价目表 jiàmùbiǎo 가격표 | 回复 huífù 회신

005 상대방의 메일에 대한 회신

귀사의 메일에 대한 답장을 드립니다. 귀사와 무역을 하게 되어 매우 기쁩니다.
兹复贵方来函，很高兴我们能与贵方进行贸易业务。
⊞ 兹复 zīfù 지금 답장을 하다 | 来函 láihán 보내온 편지

10월 8일에 보내신 견적문의 메일에 대한 답변으로, 남성셔츠 1,000벌에 대한 인천 CIF 가격 견적을 드립니다.
现回复贵方10月18日询价，报一千件男式衬衫CIF仁川价。
⊞ 回复 huífù 회신하다 | 询价 xúnjià 가격문의 | 报…价 bào…jià ~에 대한 견적을 내다 | 衬衫 chènshān 셔츠

4월 5일에 보내신 녹차 견적에 대한 답변으로, 녹차 10상자를 시험 구입하고자 하오니, 자세한 사항은 첨부한 주문서를 봐주십시오.
兹回复贵方4月5日绿茶报价，现试订购十箱绿茶，详见所附订单。
⊞ 报价 bàojià 견적 | 试订购 shì dìnggòu 시험 주문하다 | 详见 xiángjiàn 자세한 내용은 ~을 보십시오 | 所附 suǒfù 첨부한 | 订单 dìngdān 주문서

13일에 메일을 주셔서, 구매하신 컴퓨터의 배터리에 문제가 있다고 하신 일에 대해, 지금 답변 드립니다.
对13日贵公司来信通知贵方所订购的电脑电池有问题一事，现作出答复。
⊞ 来信 láixìn 편지를 보내오다 | 订购 dìnggòu 구입하다 | 答复 dáfù 답변하다

귀사의 메일을 받고 관련 상황에 대해 적극적으로 알아보았습니다. 그에 대해 다음과 같이 답변 드리겠습니다.
收到贵方来信后，我们积极核实了相关情况，现答复如下：
⊞ 积极 jījí 적극적으로 | 核实 héshí 사실을 확인하다

5월 4일에 보내신 메일에 대한 답변으로, 제123호 주문서를 첨부해 드립니다.
现回复贵方5月4日来函，随函附上我方第123号订单。
⊞ 随函附上 suíhán fùshàng 편지와 함께 첨부하다

지난 번 메일에서 재고가 부족하여 100대 밖에 공급할 수 없다고 하셨습니다. D-2형과 유사한 제품을 저희에게 추천해 주실 수 있습니까?
贵方来信告知：由于存货不足，只能供应一百台。贵方可否向我们推荐与D-2型类似的产品？
⊞ 告知 gàozhī 알리다 | 存货 cúnhuò 재고 | 供应 gōngyìng 공급하다 | 推荐 tuījiàn 추천하다 | 类似 lèisì 유사한

006 늦은 회신에 대한 사과 및 이유 설명

빨리 회신을 드리지 못한 것에 대해 사과드립니다.
未能及时回复您的邮件，对此表示歉意。
⊞ 及时 jíshí 즉시, 때맞춰 | 回复 huífù 회신하다 | 邮件 yóujiàn 메일 | 歉意 qiànyì 죄송한 마음

회신이 늦어서 죄송합니다.
很抱歉延迟回复您的邮件。
⊞ 抱歉 bàoqiàn 죄송하다 | 延迟 yánchí 늦다

죄송합니다. 때맞춰 회신을 드리지 못했습니다.
很抱歉，没能及时回复您的邮件。

죄송합니다. 때맞춰 회신을 드리지 못했습니다.
很抱歉，没有及时给您回复邮件。

죄송합니다. 이제야 회신을 보내게 되었습니다.
很抱歉，现在才回复您的邮件。

죄송합니다. 이렇게 늦게서야 회신을 드리게 되었습니다.
很抱歉，这么晚才回复您的邮件。

죄송합니다. 이제서야 회신을 드리게 되었습니다.
很抱歉，直到现在才回复您的邮件。

죄송합니다. 회신이 좀 늦었습니다.
很抱歉，我回复邮件有点晚了。

죄송합니다. 회신이 너무 늦었습니다.
很抱歉，回复邮件太晚了。

회신이 늦어진 점, 다시 한 번 사과드립니다.
再次抱歉耽误回信。
⊞ 耽误 dānwu 지체하다

때맞춰 회신을 드리지 못하여 매우 죄송합니다.
未能及时回复您，我感到非常抱歉。

회신이 늦은 것에 대해 죄송하다는 말씀을 드립니다.
发信已晚，顺致歉意。
⊞ 顺致 shùnzhì ~하는 김에 같이 나타내다 | 歉意 qiànyì 죄송(유감)스러운 마음

지난 주에 출장을 가서 회사에 없었습니다.
上周我出差了，所以不在公司。
⊞ 出差 chūchāi 출장 가다

어제 휴가를 내었습니다. 때맞춰 회신을 드리지 못해 죄송합니다.
昨天我请假，很抱歉没能及时回复。
⊞ 请假 qǐngjià 휴가를 내다

저희 회사가 추석 연휴에 쉬었습니다. 일찍 회신을 드리지 못해 죄송합니다.
我公司中秋节放假，很抱歉没能早点回复。
⊞ 中秋节 Zhōngqiū Jié 중추절 | 放假 fàngjià (기관 등이) 휴가로 쉬다

되도록 빨리 답변을 드리려고 했는데, 요즘 업무가 바빠서 계속 시간을 내지 못했습니다.
我本打算尽快回复您，但最近工作繁忙，一直抽不出时间。
⊞ 尽快 jǐnkuài 되도록 빨리 | 繁忙 fánmáng 바쁜 | 抽不出时间 chōubuchū shíjiān 시간을 내지 못하다

계속 회신을 드리고자 생각하고 있었는데, 요즘 업무가 너무 바빠 시간을 내지 못했습니다. 이 점, 매우 죄송하게 생각합니다.
我一直想给您回复邮件，但是最近工作太忙，没能抽出时间。对此，表示歉意。
⊞ 抽出时间 chōuchū shíjiān 시간을 내다

007 오랜만에 쓰는 메일

매우 죄송합니다. 오랫동안 메일을 드리지 못했습니다.
十分抱歉，很久没有给您写信。
⊞ 抱歉 bàoqiàn 죄송하다

지난 번 연락 드린 이후로 오랜 시간이 지났습니다.
自从上次联系您，隔了好长时间。
⊞ 自从 zìcóng ~한 후 | 隔 gé 간격을 두다

지난 번 연락 드린 후로 지금까지 시간이 꽤 흘렀습니다.
自从上次跟您联系到现在已经有很长一段时间了。

오랫동안 메일을 드리지 못했습니다. 요즘 잘 지내십니까?
好久没有给您发邮件，近来过得好吗?

오랫동안 당신의 소식을 듣지 못했습니다. 혹시 어떤 의견이나 필요한 것이 있으시면 연락주십시오.
已经很长时间没听到您的消息，如果有什么想法或需要请跟我联系。
⊞ 消息 xiāoxi 소식

오랫동안 당신의 소식을 듣지 못하였습니다. 특별히 메일을 드려, 저희 회사의 최신제품에 대해 알려드리고자 합니다.
我们有很长时间没听到您的消息，现特写信给您，以便您了解一下我公司的最新产品。
⊞ 以便 yǐbiàn ~에 편리하도록

008 좋은 소식을 전할 때

저희 회사가 중국은행을 통해 신용장을 개설하였다는 것을 기쁘게 알려드립니다.
很高兴通知贵方，我方已通过中国银行开具了信用证。
⊞ 通知 tōngzhī 통지하다 | 开具信用证 kāijù xìnyòngzhèng 신용장을 개설하다

가전제품 무역과 관련하여 저희가 귀사와 협력하고자 한다는 것을 기쁘게 알려드립니다.
我们很高兴通知贵公司，我们愿意在家电贸易方面与贵公司合作。
⊞ 家电贸易 jiādiàn màoyì 가전제품 무역 | 合作 hézuò 협력

양사의 협력과 관련하여 좋은 소식이 있습니다.
关于我们之间的合作事宜，我有一些好消息。
⊞ 事宜 shìyí 일, 사안

당신께 알려드릴 좋은 소식이 있습니다.
我有一个好消息要告诉您。

009 좋지 않은 소식을 전할 때

유감스러운 소식을 전해 드립니다. 귀사에서 보내신 234호 신용장에서 계약서 조항과 맞지 않는 조항을 몇 가지 발견하였습니다.
很遗憾地通知贵方，在贵方寄来的234号信用证上，我方发现了一些与合同条款不符之处。
⊞ 遗憾 yíhàn 유감스러운 | 寄来 jìlái 보내오다 | 合同 hétong 계약서 | 条款 tiáokuǎn 조항 | 不符 bùfú 일치하지 않다

화물 파손 건에 관하여 매우 유감스럽게 생각합니다.
货物破损一事，本公司感到非常遗憾。
⊞ 破损 pòsǔn 파손되다

대단히 죄송하지만, 저희는 귀사의 요구에 동의할 수 없습니다.
非常抱歉，我方不能同意贵方的要求。
⊞ 抱歉 bàoqiàn 죄송하다

유감스럽게도 귀사의 요청을 거절할 수밖에 없음을 알려드립니다.
我们很遗憾地通知贵方，我们只能拒绝贵方的要求。
⊞ 拒绝 jùjué 거절하다

저희 업무에 관심을 가져주셔서 감사합니다. 그러나 유감스럽게도 저희는 현재 다른 회사와 협력할 계획이 없습니다.
感谢贵方对我公司业务的关注。不过很遗憾，我方目前没有计划与别的公司合作。
⊞ 关注 guānzhù 주목하다 | 目前 mùqián 현재 | 合作 hézuò 협력하다

02 중국어 비즈니스 이메일의 맺음말

 중국어 비즈니스 이메일에서 맺음말 부분은 가장 정중한 표현이 요구되는 부분입니다. 맺음말에는 도움 및 협조에 대한 감사, 회신 부탁, 마무리 축복 표현, 명절 및 날씨 인사 등이 자주 쓰입니다. 맺음말 표현들은 주로 전형적인 격식을 갖추고 있는 경우가 많기 때문에, 이 책에 나오는 다양한 표현들을 익혀두시면 좋습니다.

 ☆ 感谢信

尊敬的李先生：

　　我已于周六顺利返回家中。谢谢您在此次出差中对我的招待和帮助。承蒙您的盛情款待，我才完成了工作任务。而且您还在百忙之中抽出时间，陪同我游览北京的名胜古迹。再次感谢您的热情款待，以及您周详的安排。

　　欢迎您有机会来首尔参观我公司，我也将热情地招待您。

　　献上最诚挚的祝福！

东洋科技股份有限公司
朴敏静
2014年5月19日

〈감사의 서신〉

존경하는 이 선생님께:

저는 토요일에 무사히 집에 돌아왔습니다. 이번 출장 기간 동안 대접해 주시고 도움을 주신 것에 감사드립니다. 선생님의 따뜻한 환대를 받아 업무를 완성할 수 있었습니다. 또한 바쁘신 중에 시간을 내어 베이징의 관광지를 안내해 주셨습니다. 따뜻한 환대와 세심한 배려에 다시 한 번 감사드립니다.
서울에 오셔서 저희 회사를 참관하시는 것을 환영하며, 저도 최선을 다해 모시겠습니다.
가장 진실한 축복을 보냅니다!

| 返回 fǎnhuí 돌아오다 | 招待 zhāodài 접대 | 承蒙 chéngméng ~을 받다 | 盛情 shèngqíng 따뜻한 | 款待 kuǎndài 환대 | 百忙之中 bǎimáng zhīzhōng 바쁜 중에 | 抽出时间 chōuchū shíjiān 시간을 내다 | 陪同 péitóng 동반하다 | 名胜古迹 míngshèng gǔjì 명승고적 | 周详 zhōuxiáng 세심한 | 参观 cānguān 참관하다 | 献上 xiànshàng ~을 바치다 | 诚挚 chéngzhì 진실한

010 '다시 연락 드리겠습니다'

확인하고 되도록 빨리 연락 드리겠습니다.
确认后，会尽快与您联系。
⊕ 确认 quèrèn 확인하다 | 尽快 jǐnkuài 되도록 빨리

자세한 내용은 나중에 연락 드리겠습니다.
具体事宜日后联系。
⊕ 具体 jùtǐ 구체적인 | 事宜 shìyí 일, 사안 | 日后 rìhòu 훗날

귀사의 주문서는 현재 처리 중입니다. 빠른 시일 내에 연락 드리겠습니다.
贵方订单正在处理中，不日将与贵公司联系。
⊕ 订单 dìngdān 주문서 | 不日 bùrì 며칠 안에

구체적인 일은 아직 확정되지 않았습니다. 다음 주 내로 공지해 드리겠습니다.
具体事宜尚未确定，下周之内我将通知您。
⊕ 尚 shàng 아직 | 确定 quèdìng 확정되다

저희 부서 부장님의 승인을 받은 후 연락 드리겠습니다.
得到我部总监批准后，将与您联系。
⊕ 总监 zǒngjiān 총감독, 책임자 | 批准 pīzhǔn 비준, 승인

김 선생님의 답변을 받는 대로, 즉시 연락 드리겠습니다.
一旦得到金先生的答复，我将立即与您联系。
⊕ 答复 dáfù 답변 | 立即 lìjí 즉시

물건이 도착하는 대로 바로 알려드리겠습니다.
一旦收到货物，将立即通知贵方。
⊕ 收到 shōudào 받다 | 货物 huòwù 물품

공급상황이 호전되면 다시 연락 드리겠습니다.
如果供应情况有了好转，我会再与您联系。
⊕ 供应情况 gōngyìng qíngkuàng 공급상황 | 有好转 yǒu hǎozhuǎn 호전되다

이번 주 내로 메일 드리겠습니다.
本周之内，我们会给您发邮件。

011 안부 전하기

가족들께 안부 전해 주십시오.
请代我向您的家人问好。
⊞ 代 dài ~를 대신하다 | 问好 wènhǎo 안부를 묻다

당신 부모님께 안부 전해 주십시오.
请替我向您的父母问好。
⊞ 替 tì ~를 대신하다

가족들께 안부 전해 주십시오.
请向您的家人带去我的问候。
⊞ 问候 wènhòu 문안

012 협조에 대한 감사

✿ '업무상의 도움 및 협조'와 관련된 표현들은 '225 도움 및 협조에 대한 감사 2 - 개인' 아래의 용어 설명(P.372) 참고

부탁, 공지, 업무 요청 등의 메일은 협조에 대한 감사로 마무리하는 것이 좋습니다.

협조해 주셔서 감사합니다.
谢谢您的合作。
⊞ 合作 hézuò 협력

귀사의 협조에 감사드립니다.
感谢贵方的合作。

저희 회사에 대한 신임과 지지에 감사드립니다.
感谢您对我公司的信任和支持。
⊞ 信任 xìnrèn 신임 | 支持 zhīchí 지지

당신의 지지와 협력에 감사드립니다!
感谢您的支持与配合！
⊞ 配合 pèihé 협력

귀사의 지지와 도움에 감사드립니다.
感谢贵方的支持和帮助！

귀사의 협조에 대해 감사를 표합니다.
对贵方的协助，我们表示感谢。
⊞ 协助 xiézhù 협조

적극적으로 협조해 주신 데 대해 삼가 사의를 표합니다.
对您的积极合作，我谨表示谢意。
⊞ 积极 jījí 적극적인 | 谨 jǐn 삼가 | 表示谢意 biǎoshì xièyì 사의를 표하다

제공해 주신 자료가 저희에게 많은 도움이 되었습니다. 이에 대해 깊은 감사를 표합니다.
贵方提供的资料对我们很有帮助，对此我们深表谢意。
⊞ 提供 tígōng 제공하다 | 深表谢意 shēnbiǎo xièyì 깊이 감사의 뜻을 표하다

귀사의 협조 덕분에 이번 프로젝트를 무사히 마칠 수 있었습니다. 이에 대해 삼가 진심 어린 감사를 표합니다.
承蒙贵方的合作，我们很顺利地完成了此次项目。为此，谨表示最诚挚的感谢。
⊞ 承蒙 chéngméng ~을 받다 | 项目 xiàngmù 사업, 프로젝트 | 诚挚 chéngzhì 진심 어린

* '谨 jǐn/承蒙 chéngméng'은 매우 정중한 표현에 쓰입니다.

013 '다시 한 번 감사/사과/양해/축하의 말씀드립니다'

이번 유쾌했던 방문에 대해 다시 한 번 감사드립니다.
对此次愉快的访问再次表示感谢。
⊞ 访问 fǎngwèn 방문

다시 한 번 진심에서 우러나오는 사의를 표합니다.
我再次向您表示由衷的谢意。
⊞ 由衷 yóuzhōng 진심에서 우러나오는

귀중한 의견을 제시해 주신 것에 대해 다시 한 번 감사드립니다.
再次感谢您给我们提出宝贵的意见。
⊞ 提出 tíchū 제시하다 | 宝贵 bǎoguì 귀중한

이용해 주신 것에 대해 다시 한 번 감사드립니다.
再次感谢您的惠顾。
⊞ 惠顾 huìgù 보살핌, 애용[고객에게 쓰는 표현]

적극적인 협조에 다시 한 번 감사드립니다.
再次感谢您的积极合作。
⊞ 积极合作 jījí hézuò 적극적인 협력

다시 한 번 사의를 표합니다.
再次向您致谢。
⊞ 向…致谢 xiàng…zhìxiè ~에게 사의를 표하다

이에 대해, 다시 한 번 귀사에 진심 어린 감사를 표합니다.
为此，我们再一次向贵公司表示诚挚的感谢。
⊞ 诚挚 chéngzhì 진실한

불편을 끼쳐 드린 점, 다시 한 번 사과드립니다!
再次对给您造成的不便表示歉意！
⊞ 造成不便 zàochéng búbiàn 불편을 끼치다 | 歉意 qiànyì 죄송(유감)스러운 마음

다시 한 번 유감의 뜻을 표합니다.
再次向您致歉。
⊞ 致歉 zhìqiàn 사과(유감)의 뜻을 표하다

불편을 끼쳐 드린 점, 다시 한 번 깊이 사과드립니다.
对给您带来的不便，我们再次深表歉意。
⊞ 带来不便 dàilái búbiàn 불편을 끼치다 | 深表歉意 shēnbiǎo qiànyì 깊이 죄송한 마음을 나타내다

저희의 부주의로 귀사에 불편을 끼쳐드린 점, 다시 한 번 사과드립니다.
对因疏忽带给贵方的麻烦，再次表示歉意。
⊞ 疏忽 shūhu 부주의

다시 한 번 양해를 구합니다.
再次请求您的原谅。
⊞ 请求 qǐngqiú 요청하다 | 原谅 yuánliàng 양해

다시 한 번 축하드립니다.
再次祝贺您。
⊞ 祝贺 zhùhè 축하하다

다시 한 번 진심 어린 축하를 드립니다.
再次向您表示由衷的祝贺。

014 '이만 줄입니다'

아래 표현들은 직접 대응하는 한국어 표현이 없어 '이만 줄입니다'라는 제목으로 묶었습니다. 이 표현들은 격식 있는 서신의 맺음말로 주로 쓰입니다. 이 표현들에는 마침표를 붙이지 않으며, 다른 문장에 이어서 쓰지 않고 단독으로 한 줄을 차지합니다. '敬礼/敬祝/顺祝' 뒤에는 추가로 맺음말을 더하지 않습니다.

이와 같은 내용을 보내드립니다.
此致
致以
谨致
⊞ 致 zhì 주다, 보내다 | 谨 jǐn 삼가

정중히 올립니다.
谨上
敬上
敬呈
⊞ 呈 chéng 드리다, 올리다

장리잉이 정중히 올립니다.
张丽英敬上
张丽英敬呈

경의를 표합니다.
敬礼

정중히 축복합니다.
敬祝

편지를 마무리하며 축복합니다.
顺祝
⊞ 顺祝 shùnzhù ~하는 김에 축원하다

015 회신 부탁

귀사의 회신을 기대하겠습니다.
期待贵公司的回信。
⊕ 期待 qīdài 기대하다

귀사의 회신을 받을 수 있기를 바랍니다.
盼望能收到贵公司的回信。
⊕ 盼望 pànwàng 간절히 바라다 | 收到 shōudào 받다

회신을 받을 수 있기를 바랍니다.
希望能够得到您的回复。
⊕ 回复 huífù 회신

귀사의 회신을 간절히 기다리겠습니다.
急切等候贵方的回音。
⊕ 急切 jíqiè 간절히 | 等候 děnghòu 기다리다 | 回音 huíyīn 회신

긍정적인 답변을 기대하겠습니다.
期待您肯定的答复。
⊕ 肯定 kěndìng 긍정적인 | 答复 dáfù 답변

회신을 정중히 기다리겠습니다.
敬候回复。
⊕ 敬候 jìnghòu 정중히 기다리다

회신을 정중히 기다리겠습니다.
敬待回复。
⊕ 敬待 jìngdài 정중히 기다리다

회신 기다리겠습니다.
候复。
⊕ 候 hòu 기다리다

좋은 소식 기다리겠습니다.
恭候佳音。
⊕ 恭候 gōnghòu 공손히 기다리다 | 佳音 jiāyīn 좋은 소식

회신 기다리겠습니다.
恭候回音。

좋은 소식 기다리겠습니다.
敬候佳音。

> * '敬候…(정중히 기다리겠습니다)' 등의 단어 뒤에 들어갈 수 있는 '회신'을 뜻하는 단어로는 '回信(회신)/回函(회신)/回复(회신)/答复(답변)/回音(회답, 회신)/佳音(좋은 소식)' 등이 있습니다.

016 빠른 회신 부탁

빠른 회신 기다리겠습니다.
盼早复。

⊞ 盼 pàn 바라다 | 早复 zǎofù 빠른 회신

> * '盼早复'처럼 짧은 표현일 경우, 마침표를 생략해도 됩니다.

빠른 회신 기다리겠습니다.
盼速回复。

⊞ 速 sù 빨리 | 回复 huífù 회신하다

빠른 시일 내에 회신하시기를 기대하겠습니다.
期待贵方早日回函。

⊞ 早日 zǎorì 빠른 시일 안에 | 回函 huíhán 회신하다

가능한 빠른 시일 내에 회신하실 수 있기를 기대하겠습니다.
期待贵方能尽早回复。

⊞ 尽早 jǐnzǎo 되도록 빨리

빨리 귀사의 답신을 받을 수 있기를 기대하겠습니다.
盼望早日收到贵方的来函。

⊞ 盼望 pànwàng 간절히 바라다 | 收到 shōudào 받다 | 来函 láihán 보내온 편지

빠른 시일 내에 회신을 받을 수 있기를 기대하겠습니다.
希望近期内能够得到您的回复。

⊞ 近期内 jìnqī nèi 가까운 시일 내에

귀사의 회신을 빨리 받아볼 수 있을까요?
是否能很快收到贵方的回函?

귀사의 회신을 빨리 받을 수 있기를 기대하겠습니다.
期盼能很快得到贵方的回音。
⊞ 期盼 qīpàn 기대하다 | 回音 huíyīn 회신

빨리 회신해 주시기를 바라겠습니다.
殷盼您早日回信。
⊞ 殷盼 yīnpàn 간절히 바라다 | 回信 huíxìn 회신하다

4일(목요일) 전에 회신을 주십시오.
请于4日(周四)前给予回复。
⊞ 给予回复 jǐyǔ huífù 회신하다

가능한 한 빨리 답변을 해 주신다면 매우 감사하겠습니다.
如果贵方能尽早答复，我们将不胜感激。
⊞ 答复 dáfù 답변하다 | 不胜感激 búshèng gǎnjī 매우 감사하다

귀사의 빠른 회신을 정중히 기다리겠습니다.
恭候贵公司的尽快回复。
⊞ 恭候 gōnghòu 공손히 기다리다 | 尽快 jǐnkuài 되도록 빨리

이 일과 관련하여 빨리 답변해 주시길 정중히 부탁드립니다. 감사합니다.
有关此事，敬请尽快答复，非常感谢。
⊞ 敬请 jìngqǐng 정중히 청하다

일찍 회신을 받을 수 있다면 정말 감사하겠습니다.
承蒙贵方早日答复，不胜感激。
⊞ 承蒙 chéngméng ~을 받다

빨리 회신해 주신다면 정말 감사하겠습니다.
如蒙速复，不胜感激。
⊞ 速复 sùfù 빨리 회신하다

017 마무리 축복 표현1 - 일반 인사

마무리 인사에서는 건강과 평안을 기원하여 상대방에 대한 경의를 표하는 것이 좋습니다. 마무리 축복 표현 뒤에는 주로 느낌표(!)를 붙입니다.

평안하시고 건강하십시오!
安康！
⊞ 安康 ānkāng 평안하고 건강하다

평안하시고 행복하십시오!
平安幸福！

삼가 경의를 표합니다!
谨致敬意！
⊞ 谨致 jǐnzhì 삼가 표하다 | 敬意 jìngyì 경의

가장 진실한 경례를 드립니다.
致以最诚挚的敬礼。
⊞ 致以 zhìyǐ ~을 드리다 | 诚挚 chéngzhì 진심 어린 | 敬礼 jìnglǐ 경례

숭고한 경의를 표합니다.
致以崇高的敬意。
⊞ 崇高 chónggāo 숭고한

가장 숭고한 경의를 표합니다.
顺致最崇高的敬意。
⊞ 顺致 shùnzhì ~하는 김에 같이 나타내다

진심 어린 경례를 드립니다!
致以诚挚的敬礼！
⊞ 致以 zhìyǐ ~를 나타내다

모든 일이 순조롭기를 빕니다!
祝一切顺利！

행운을 빕니다.
祝您好运。

* '祝您好运'은 어떤 일이 잘 이루어지기를 기원하는 표현으로 주로 쓰입니다.

기쁨이 함께 하시길 빕니다.
祝您愉快。

평안하시길 빕니다.
祝您平安。

행복하시고 즐거우시길 빕니다!
祝您幸福快乐!

가장 아름다운 축복을 보냅니다!
献上最美好的祝愿!
⊞ 献上 xiànshàng ~을 바치다 | 祝愿 zhùyuàn 축원

가장 아름다운 축복을 올립니다!
献上最美好的祝福!

저와 제 부인이 삼가 당신과 가족들을 축복합니다.
我与我夫人谨此祝福您和您的家人。
⊞ 谨此 jǐncǐ 삼가 여기서

다시 한 번 축복을 보냅니다.
再次为您送上我的祝福。

건강하시고 가정이 행복하시며, 모든 일이 잘 되시기를 진심으로 축복합니다!
衷心祝福您身体健康，家庭幸福，万事如意!
⊞ 衷心 zhōngxīn 진심으로 | 万事如意 wànshì rúyì 모든 일이 뜻대로 이루어지다

가정이 화목하시고 생활이 평안하시길 바랍니다!
祝家庭和睦，生活平安!
⊞ 和睦 hémù 화목한

건강하시고 행복하시며, 모든 일이 뜻대로 되시길 바랍니다!
祝您身体健康，美满幸福，吉祥如意!
⊞ 美满 měimǎn 아름답고 원만하다 | 吉祥如意 jíxiáng rúyì 운이 좋고 뜻대로 되다

사업이 발전하고, 건강하시길 빕니다!
祝您事业发达，身体健康!
⊞ 发达 fādá 발달하다

018 마무리 축복 표현2 - 사업 관련

공식적인 비즈니스 이메일의 경우에는 사업과 관련된 축복의 표현으로 마무리하는 것이 좋습니다. 특별히 축하할 이벤트가 없는 경우에는, '顺祝…'라는 표현을 사용하고, 어떤 일을 앞두고 있는 경우라면 '预祝…'라는 표현을 사용하는 것이 좋습니다. '祝…'는 어느 경우에나 사용할 수 있습니다. 아래의 표현 중, 돈과 관련된 노골적인 표현은 친한 사이일 때, 또는 작은 업체 등의 개업식을 축하할 때 많이 쓰입니다.

사업이 번영하시기를 빕니다!
祝君商祺！
⊕ 君 jūn 그대, 당신[문어체 표현] | 商祺 shāngqí 사업이 잘 되다[문어체 표현]

* 주로 고위 임원 사이에 오가는 편지에서 사용되는 점잖은 표현입니다.

사업이 번영하시기를 바랍니다!
预祝商祺！
⊕ 预祝 yùzhù 미리 축원하다

* 祺: 고대에 편지 끝에 쓰인 축복의 말로, '祺' 바로 앞에 쓰인 말이 잘 이루어지기를 바란다는 뜻입니다. 상대방의 지위나 직업에 따라 다양한 표현으로 사용되었는데, 황제나 왕에게는 '台祺 táiqí/安祺 ānqí', 스승에게는 '教祺 jiāoqí', 학자나 문인에게는 '文祺 wénqí', 상인에게는 '财祺 cáiqí' 등을 사용하였습니다. 최근에는 격식을 갖춘 비즈니스 편지에서 '商祺 shāngqí'라는 표현이 자주 사용되고 있습니다.

사업이 융성하시길 기원합니다!
顺祝生意兴隆！
⊕ 顺祝 shùnzhù ~하는 김에 축복하다 | 生意 shēngyi 사업 | 兴隆 xīnglóng 번영하다

사업이 발전하고, 재물이 끊임없이 들어오길 기원합니다!
祝事业发达，财源滚滚！
⊕ 财源滚滚 cáiyuán gǔngǔn 재원이 끊임없이 들어오다

귀사의 사업이 번창하고 발전하시길 바랍니다!
祝贵公司事业兴旺发达！
⊕ 兴旺 xīngwàng 번창하다

하시는 일 순조로우시기를 바랍니다!
祝工作顺利！

베이징 공장의 사업이 번창하고, 날마다 수입이 늘며 하루가 다르게 번영하시기를 바랍니다!
祝北京工厂生意兴隆，日进斗金，蒸蒸日上！
⊕ 日进斗金 rìjìn dǒujīn 날마다 막대한 수입이 들어오다 | 蒸蒸日上 zhēngzhēng rìshàng 날로 번영하다

베이징에서의 업무가 순조로우시기를 미리 축원드립니다!
预祝您在北京工作顺利！
⊞ 预祝 yùzhù 미리 축원하다

귀사가 더욱 큰 성취를 이루실 것을 미리 축복합니다!
预祝贵公司取得更大的成就！
⊞ 取得 qǔdé 얻다 | 成就 chéngjiù 성취

성공을 기원합니다!
祝您成功！

귀사가 갈수록 더욱 잘 되고, 더욱 좋은 실적을 거두시기를 빕니다!
希望贵公司越办越好，再创佳绩！
⊞ 创 chuàng 이루어내다 | 佳绩 jiājì 우수한 성적

우리의 협력이 유쾌하기를 빕니다!
预祝我们的合作愉快！

우리의 협력이 성공하기를 바랍니다!
希望我们的合作成功！

귀사가 더욱 왕성히 발전하고 나날이 성장하기를 바랍니다!
祝愿贵公司蓬勃发展，日胜一日！
⊞ 蓬勃发展 péngbó fāzhǎn 왕성히 발전하다 | 日胜一日 rìshèng yírì 날마다 더 좋아지다

019 명절 및 연휴 인사1 – 크리스마스 및 새해 인사

명절 인사에는 절기와 관련된 표현과 안부를 묻는 표현이 있습니다. 안부를 묻는 표현은 모든 절기에서 공통적으로 사용되므로, '019~022(p.79~p.86)'에 나오는 표현들을 다양하게 참고하시면 됩니다. 양력 1월 1일은 '元旦 Yuándàn', 음력 1월 1일은 '春节 Chūn Jié'로 나뉘지만, 둘 다 '新年 Xīnnián'으로 표현할 수 있습니다.

즐거운 성탄절 보내십시오!
愿您圣诞节快乐！
⊞ 圣诞节 Shèngdàn Jié 성탄절, 크리스마스

즐거운 성탄절 보내십시오!
祝您圣诞快乐！

평안과 기쁨, 건강과 행복을 빕니다!
祝您平安快乐，健康幸福！

즐거운 성탄절 보내시고, 온 가족이 행복하시기를 진심으로 축원합니다!
衷心地祝愿您圣诞节快乐，阖家幸福！
⊞ 衷心 zhōngxīn 진심으로 | 祝愿 zhùyuàn 축원하다 | 阖家 héjiā 온 가족

즐거운 성탄절과 새해 맞으세요!
祝您圣诞和新年快乐！
⊞ 新年 Xīnnián 신년, 새해

즐거운 성탄절과 행복한 새해 맞으세요!
祝您圣诞快乐，新年幸福！

당신과 당신의 가족들께 가장 진심 어린 성탄 축복을 보내드립니다.
我为您和您家人送上最衷心的圣诞祝福。
⊞ 送上祝福 sòngshàng zhùfú 축복을 보내다

성탄절의 기쁨과 축복이 가득하시길 빕니다!
愿圣诞节的喜庆祝福来到您身边！
⊞ 喜庆 xǐqìng 기쁨 | 身边 shēnbiān 신변, 곁

기쁘고 행복한 성탄절 보내십시오!
祝您有个欢乐、幸福的圣诞节！
⊞ 欢乐 huānlè 기쁨

즐거운 새해 보내십시오!
元旦快乐！
⊞ 元旦 Yuándàn 양력 1월 1일

즐거운 새해 보내십시오!
新年快乐！

새해에는 모든 일이 뜻대로 되시길 빕니다!
新年万事如意！
⊞ 万事如意 wànshì rúyì 모든 일이 뜻대로 이루어지다

즐거운 새해 보내시고, 가족 모두 행복하시길 빕니다.
祝您新年快乐，阖家幸福。

모든 일이 순조로우시길 빕니다! 즐거운 새해 보내십시오!
万事顺利！新年快乐！

즐거운 새해 보내시길 미리 축복합니다!
提前祝您新年愉快！

⊞ 提前 tíqián 미리

새로운 한 해 동안, 기대하는 모든 일이 이루어지길 바랍니다!
祝您在新的一年里，所有的梦想都能实现！

⊞ 梦想 mèngxiǎng 꿈, 소원

건강하시고, 하시는 일마다 순조롭기를 정중히 빕니다!
恭祝身体健康，事事顺利！

⊞ 恭祝 gōngzhù 공손히 축원하다

행복하고 즐거운 새해 보내시길 빕니다!
愿您拥有一个幸福快乐的新年！

⊞ 拥有 yōngyǒu 지니다, 가지다

새해가 다가오는 지금, 가족 모두 즐거운 새해 맞으시고 건강하시고, 모든 일이 뜻대로 이루어지길 바랍니다!
新年来临之际，祝您全家新年快乐，身体健康，万事如意！

⊞ 来临之际 láilín zhījì 다가오는 때에

새로운 한 해가 당신에게 새로운 성공, 새로운 발전을 가져오길 빕니다!
愿新的一年给您带来新的成功，新的进展！

지난 일 년 동안의 성원과 협조에 감사드리며, 친절한 문안과 명절의 축복을 전해드립니다.
感谢您过去一年来的支持与合作，致以亲切的慰问和节日的祝福。

⊞ 支持 zhīchí 지지 | 合作 hézuò 협력 | 致以 zhìyǐ ~를 나타내다 | 亲切 qīnqiè 친밀한 | 慰问 wèiwèn 문안 | 节日 jiérì 명절

* '慰问'이라는 단어에는 '위로하다'라는 의미만 있는 것이 아니라, '안부를 묻다'라는 의미도 있습니다.

건강하시고, 하시는 일이 잘 되시며, 평안하고 행복하시고, 모든 일이 뜻대로 되시길 빕니다!
祝您身体健康，工作顺利，幸福安康，万事如意！

⊞ 安康 ānkāng 평안하고 건강하다

새로운 한 해 동안 우리의 협력이 유쾌하고, 모든 일이 뜻대로 이루어지기를 미리 축원합니다.
预祝我们在新的一年中，合作愉快，万事如意。

⊞ 预祝 yùzhù 미리 축원하다

020 명절 및 연휴 인사2 – 설날(春节)

음력 설인 '春节' 인사에는 '새 봄의 문안'이라는 표현이 많이 쓰입니다. '春节'와 '元旦' 인사말은 거의 비슷하므로, '019 명절 및 연휴 인사1 – 크리스마스 및 새해 인사(p.079)'를 참고해 주세요.

즐거운 새해 보내십시오!
春节快乐！
⊞ 春节 Chūn Jié 설날, 음력 1월 1일

다시 한 번 새 봄의 문안과 아름다운 축복을 전합니다!
再次向您致以新春的问候和美好的祝福！
⊞ 致以 zhìyǐ ~를 표하다 | 新春的问候 xīnchūn de wènhòu 새봄의 문안

새로운 한 해가 다가오는 때에 즐거운 명절 보내시고 하시는 일 순조로우며, 모든 일이 뜻대로 되시길 기원합니다!
在新的一年即将来临之际，祝您节日快乐，工作顺利，万事如意！
⊞ 即将来临之际 jíjiāng láilín zhījì 곧 다가오는 때에

설날이 다가오는 지금, 진심 어린 문안과 숭고한 경의를 표합니다.
在春节即将来临之际，我向您致以亲切的问候和崇高的敬意。
⊞ 亲切 qīnqiè 친밀한 | 崇高 chónggāo 숭고한 | 敬意 jìngyì 경의

마지막으로, 건강하시고 가정이 화목하시며, 즐거운 설날 보내시기를 바랍니다!
最后，祝您身体健康，家庭和睡，春节愉快！

TIP 중국의 설날(春节) 인사말

春节 인사말에는 '春节' 또는 '新年' 대신, 그 해에 해당하는 12지(支) 동물의 이름 뒤에 '年'을 붙인 '~의 해'라는 표현을 넣기도 합니다.
예) **祝大家马年快乐！** 여러분, 즐거운 말의 해 맞이하세요!
　　祝龙年身体健康！ 용의 해에는 건강하세요!
또한 해당 동물의 특성을 살린 인사말을 나누기도 합니다.
예) **马到成功！** (말의 해에) 성공이 빨리 찾아오길 바랍니다!
　　祝牛年牛气冲天！ 소의 해에는 일마다 번성하고 대단해지시기를 바랍니다!

〈12지 동물의 이름〉

쥐 鼠 shǔ	소 牛 niú	호랑이 虎 hǔ	토끼 兔 tù	용 龙 lóng	뱀 蛇 shé
말 马 mǎ	양 羊 yáng	원숭이 猴 hóu	닭 鸡 jī	개 狗 gǒu	돼지 猪 zhū

⊞ 牛气 niúqì 실력이 있고 기세가 대단한 모습 | 冲天 chōngtiān 하늘 높이 오르다, 가득하다

> **TIP** 春节 기간 전에 급한 업무를 마무리 지으세요!
>
> 한국의 설날에 해당하는 春节는 중국 최대의 명절입니다. 春节 연휴에는 많은 사람들이 일을 쉬고 고향을 찾습니다. 중국 업체와 거래를 할 때에는 이 春节 연휴 기간에 주의해야 합니다. 전국적으로 몇 억의 인구가 이동하는, 그야말로 '대이동'이 이루어지기 때문에, 연휴 기간 또한 매우 깁니다. 공식 휴일은 음력 1월 1일부터 7일간이지만, 업체에 따라 1월 15일까지 영업을 쉬거나 단축 영업을 하는 경우도 있습니다. 작은 가게들은 아예 春节 전후로 한 달 이상 문을 닫기도 합니다. 급한 업무는 되도록 春节 기간 전에 마무리 짓는 것이 좋으며, 거래처가 언제부터 정상 근무를 하는지 미리 확인해 둘 필요가 있습니다.

021 명절 및 연휴 인사3 – 추석(中秋节)

中秋节 인사에는 둥근 달의 특징에 비유하여 '圆满 yuánmǎn' 또는 '圆 yuán'이라는 표현이 많이 쓰입니다. '圆满'이라는 표현은 '顺利 shùnlì'와 더불어, 어떤 일이 무사히 끝나기를 기원할 때 자주 쓰이는 표현입니다.

즐거운 추석 보내세요!
中秋节快乐！
⊞ 中秋节 Zhōngqiū Jié 중추절, 추석

즐거운 추석 명절 보내시길 기원합니다!
祝福中秋佳节快乐！
⊞ 佳节 jiājié 좋은 명절

가족 모두 행복하시고, 온 가족이 화목하고 기쁨이 넘치기를 바랍니다!
祝全家幸福，和气满堂，阖家欢乐！
⊞ 和气满堂 héqi mǎntáng 온 집안이 화기애애하다 | 阖家 héjiā 온 가족

즐거운 추석 보내시고, 둥근 달처럼 (모든 일이) 원만하시길 바랍니다!
祝中秋快乐，月圆人更圆！
⊞ 圆 yuán 둥글다, 원만하다

즐거운 추석 보내시고, 둥근 달처럼 사람도 일도 원만하시길 바랍니다!
祝您中秋佳节快乐，月圆人圆事事圆满！
⊞ 圆满 yuánmǎn 원만하다

행복하고 건강하시고, 행운이 오랫동안 함께하시길 바랍니다! 즐거운 추석 보내십시오!
愿您幸福健康，好运长伴！中秋快乐！
⊞ 伴 bàn 함께하다

좋은 명절에 기쁨이 더욱 넘치시고, 날마다 행운이 따르시기를 빕니다!
祝愿佳节多喜庆，以后天天走好运！
⊞ 喜庆 xǐqìng 기쁘고 즐겁다 | 走好运 zǒu hǎoyùn 운이 따르다

즐거운 추석 보내시고, 건강하시고 가정이 행복하시길 빕니다!
祝您中秋节愉快，身体健康，合家幸福！
＊ '阖家 héjiā'라는 단어는 '合家'로 대체되기도 합니다.

즐거운 추석 보내시고 하시는 일 잘 풀리시며, 생활이 평안하시고 따뜻한 가정 되시길 진심으로 바랍니다!
衷心祝愿您中秋节快乐，工作干得顺心，生活过得舒心，家庭充满温馨！
⊞ 衷心 zhōngxīn 진심으로 | 顺心 shùnxīn 뜻대로 되다 | 舒心 shūxīn 마음이 편안하다 | 温馨 wēnxīn 따스한

022 명절 및 연휴 인사4 - 국경절/노동절/단오절/청명절 등

중국에서는 전통 명절, 국경절 등의 휴일, '妇女节 Fùnǚ Jié (부녀자의 날)', '情人节 Qíngrén Jié (발렌타인데이)' 등 공식적이고 특별한 날을 모두 '节日 jiérì'라고 표현합니다. 각 '节'마다 인사말은 서로 비슷하며, 명절의 명칭만 바꿔서 같은 표현을 쓰면 됩니다.

즐거운 휴일 보내십시오!
节日快乐！
⊞ 节日 jiérì 명절, 휴일

즐거운 휴일 보내십시오!
祝您节日快乐！

즐거운 국경절 보내세요!
祝您国庆节快乐！
⊞ 国庆节 Guóqìng Jié 국경절

국경절 즐겁게 보내십시오!
欢度国庆！
⊞ 欢度 huāndù 즐겁게 보내다

휴가 기간 즐겁게 보내십시오!
祝您假期快乐!
⊞ 假期 jiàqī 휴가 기간

재미있게 놀고, 건강하세요!
祝您玩得愉快，身体健康!

즐겁게, 마음껏 노세요!
希望您玩得开心，玩得尽兴!
⊞ 尽兴 jìnxìng 마음껏, 실컷

여행길 조심히 다녀오시고, 즐거운 국경절 보내십시오!
外出旅游，一路保重，国庆快乐!
⊞ 保重 bǎozhòng 몸조심하다

국경절이 곧 다가옵니다. 매일 매일 즐겁게 보내세요!
十一国庆将至，祝您快乐每一天!
⊞ 将至 jiāngzhì 곧 다가오다

건강하시고 하는 일이 잘 되시며, 즐거운 휴일 보내시기 바랍니다!
祝您身体健康，工作顺利，节日快乐!

즐거운 단오절 보내시고, 하시는 일 잘 되시며 가정이 행복하시길 빕니다!
祝您端午节快乐，工作顺利，阖家幸福!
⊞ 端午节 Duānwǔ Jié 단오절 | 阖家 héjiā 온 가족

편안하고 즐거운 국경절 보내세요!
祝您度过一个轻松、愉快的国庆节!
⊞ 度过 dùguò 보내다 | 轻松 qīngsōng 편안한, 가벼운

즐거운 휴일 보내시고 하시는 일이 순조롭게 이루어지며, 건강하시고 가정이 행복하시길 바랍니다!
祝您节日愉快，工作顺利，身体健康，家庭幸福!

TIP 중국의 휴일

중국은 법정 공휴일이 해마다 정해집니다. 3일에서 7일 정도의 긴 휴가가 있을 때에는, 휴가 앞이나 뒤의 주말에 하루나 이틀 정도 보충 근무 및 보충 수업을 하도록 정해져 있습니다. 또한 공휴일이 일요일에 해당하는 경우에는 익일을 공휴일로 합니다.

〈중국 명절 및 공휴일〉

휴일 이름과 일시	휴일 일수	휴일 기간 (2014년)	보충 근무(수업) 일시 (2014년)
元旦 Yuándàn (양력 1월 1일: 신정)	1일	1/1	없음
春节 Chūn Jié (음력 1월 1일: 구정)	7일	1/31~2/6	1월 26일(일), 2월 8일(토)
元宵节 Yuánxiāo Jié (음력 1월 15일: 정월 대보름)	0일		
清明节 Qīngmíng Jié (양력 4월 5일: 한식)	3일	4-5~4/7	없음
劳动节 Láodòng Jié (양력 5월 1일: 노동절)	3일	5/1~5/3	5월 4일(일)
五四青年节 Wǔsì Qīngnián Jié (양력 5월 4일: 5.4운동 기념일)	0일		
端午节 Duānwǔ Jié (음력 5월 5일: 단오)	3일	5/31~6/2	없음
中秋节 Zhōngqiū Jié (음력 8월 15일: 추석)	3일	9/6~9/8	없음
重阳节 Zhōngyáng Jié (음력 9월 9일: 중양절)	0일		
国庆节 Guóqìng Jié (양력 10월 1일: 국경절)	7일	10/1~10/7	9월 28일(일), 10월 11일(토)

023 계절 및 날씨 인사

날씨가 무덥습니다. 건강 주의하십시오!
天气炎热，请保重身体！
⊞ 炎热 yánrè 무더운 | 保重 bǎozhòng 건강에 주의하다

날씨가 무덥습니다. 건강 주의하십시오!
天气太热，保重身体！

날씨가 무덥습니다. 바람도 많이 쐬시고 물도 많이 드세요!
天气闷热，请多通风饮水！
⊞ 闷热 mēnrè 무더운 | 饮水 yǐnshuǐ 물을 마시다

날이 매우 춥습니다. 감기 조심하세요!
天气太冷，小心感冒！

날이 추워졌습니다. 건강 주의하십시오.
天气冷了，要多保重身体。

날이 점점 추워집니다. 옷 따뜻하게 입으세요.
天气渐寒，多穿衣。
⊞ 渐 jiàn 점점 | 寒 hán 춥다, 차다

날씨가 변덕스럽습니다. 옷 따뜻하게 입으세요.
天气多变，请注意增添衣物。
⊞ 增添 zēngtiān 더하다, 보태다 | 衣物 yīwù 의복

갑자기 추워졌습니다. 건강 주의하십시오.
天气骤冷，要照顾好自己。
⊞ 骤 zhòu 돌연히, 갑자기 | 照顾 zhàogù 주의하다, 돌보다

요즘 비(안개/바람/눈)가 많이 옵니다. 옷 따뜻하게 입고 다니세요!
最近天气多雨(雾/风/雪)，请注意保暖！
⊞ 雾 wù 안개 | 保暖 bǎonuǎn 따뜻하게 하다

03 첨부파일 및 이메일의 기술적 부분 관련

중국은 한국보다 인터넷 속도가 느리므로, 용량이 큰 파일은 압축해서 보내는 것이 좋습니다. 문서파일은 주로 WORD파일을 사용하며, 문서 안에 한국어로 작성된 부분이 있다면 상대방이 볼 때 글씨가 깨져 보이거나 형식이 변하는 경우가 있으므로, PDF파일을 함께 보내는 것이 좋습니다.

☆ TORA最新产品目录及销售条件

李主任：

　　应贵方3月4日来函的要求，我们现随函附寄本公司最新产品目录及销售条件。请注意附件中有黄色标记的产品，那些都是秋季新产品或特价产品。如您还需要其他信息，请与我联系。

　　盼望早日收到贵方的订单。

TORA服装股份有限公司
全美珍
2014年6月6日

〈TORA 최신제품 목록 및 판매조건〉

이 주임님께:

3월 4일 메일에서 요청하신 대로, 저희 회사 최신제품 목록 및 판매조건을 첨부합니다. 첨부파일 중, 노란색 표시가 된 제품에 주의해 주십시오. 그 제품들은 모두 가을 신제품 또는 특가 제품입니다. 기타 정보가 필요하시면 저에게 연락 주십시오.

가까운 시일 내에 귀사의 주문서를 받게 되기를 바랍니다.

销售条件 xiāoshòu tiáojiàn 판매조건 | 应 yìng 응하다 | 来函 láihán 보내온 편지 | 随函附寄 suíhán fùjì 편지와 함께 첨부하다 | 附件 fùjiàn 첨부문서 | 标记 biāojì 표시, 표기 | 信息 xìnxī 정보 | 盼望 pànwàng 간절히 바라다 | 早日 zǎorì 빠른 시일 안에 | 收到 shōudào 받다 | 订单 dìngdān 주문서

024 첨부파일 안내

첨부파일은 저희 회사의 최신제품 목록입니다. 확인해 주십시오.
附件是我方最新产品目录，请查收。
⊞ 附件 fùjiàn 첨부문서 | 目录 mùlù 목록 | 查收 cháshōu 살펴보고 받다

첨부파일은 저희의 내년 판매계획서입니다. 미리 보시라고 보내드립니다.
附件是我们明年的销售计划书，供贵方提前浏览。
⊞ 销售计划书 xiāoshòu jìhuàshū 판매계획서 | 供 gōng 제공하다 | 提前 tíqián 미리 | 浏览 liúlǎn 훑어보다

첨부파일에 있는 저희 회사의 최신제품 목록과 가격표를 봐주십시오.
请查看附件中的我方最新产品目录及价目单。
⊞ 查看 chákàn 살펴보다 | 及 jí 그리고, 및 | 价目单 jiàmùdān 가격표

첨부파일은 저희가 필요로 하는 상품의 샘플 사진입니다. 확인해 주십시오.
附件为我方所需要的产品样品图，请查收。
⊞ 样品 yàngpǐn 샘플

참고하시라고, 소개장과 저희 회사의 상품목록을 첨부하였습니다.
附上介绍书和本公司的产品目录，供您参考。
⊞ 附上 fùshàng 첨부하다 | 供参考 gōng cānkǎo 참고를 위해서

저희 회사 소개 팸플릿을 첨부하오니 자세히 읽어봐주십시오.
随信附上介绍我公司的宣传册，望您细读。
⊞ 随信附上 suíxìn fùshàng 편지와 함께 첨부하다 | 宣传册 xuānchuáncè 팸플릿 | 望 wàng 바라다 | 细读 xìdú 자세히 읽다

저희 회사 최신제품 목록을 함께 첨부하오니, 참고해 주십시오.
现随函附寄本公司最新产品目录，请参考。
⊞ 随函附寄 suíhán fùjì 편지와 함께 부치다

첨부파일은 파손 화물에 대한 검사보고서입니다. 검토해 주십시오.
附件是对破损货物的检验报告，请查收。
⊞ 破损货物 pòsǔn huòwù 파손된 물품 | 检验报告 jiǎnyàn bàogào 검사 보고서

귀사에서 요청하신 제품목록과 저희의 판매조건을 첨부합니다.
现随函附上贵方要求的产品目录及我方的销售条件。
⊞ 销售条件 xiāoshòu tiáojiàn 판매조건

첨부파일은 저희의 영업계획서이니, 자세히 읽어보십시오. 기타 정보가 필요하시면 저에게 연락 주십시오.
附件为我方的销售计划书，供您审阅。如您还需要其他信息，请与我联系。
⊞ 审阅 shěnyuè 심사하며 읽다

첨부: 제품설명서
附：产品说明书

3월 4일에 보내드린 이메일의 첨부파일을 다시 한 번 확인해 주십시오.
请再次查看3月4日电子邮件的附件。
⊞ 电子邮件 diànzǐ yóujiàn 전자우편

025 메일 오류 설명 및 재발송 요청

지난 번 보내주신 첨부파일의 유효기간이 지났습니다. 죄송하지만 다시 한 번 보내주시면 감사하겠습니다.
您上次给我发的附件已过期，麻烦您再发一次，谢谢。
⊞ 附件 fùjiàn 첨부문서 | 过期 guòqī 기한이 지나다

지난 번 보내주신 메일의 문자가 깨져 읽을 수 없습니다. 다시 한 번 보내주십시오.
您上次给我发的邮件显示为乱码，请重新发送。
⊞ 显示 xiǎnshì 보이다 | 乱码 luànmǎ 깨진 글씨 | 重新 chóngxīn 다시

첨부파일이 열리지 않습니다. 다시 한 번 발송해 주십시오.
附件打不开，请重新发送。

이전에 첨부하신 문서가 열리지 않습니다. 다시 한 번 보내주실 수 있나요?
不能打开以前附加的文件，可以重新发一次吗？
⊞ 附加 fùjiā 첨부하다

지난 번에 보내신 메일에 첨부파일이 없습니다. 다시 한 번 보내주십시오.
您上次发的邮件里没有附件，请重新发一次。

죄송합니다. 이미 자세히 살펴보았으나 5월 5일에 받은 메일이 없습니다.
很抱歉，我已经仔细查过，5月5日没有收到您的邮件。
⊞ 仔细 zǐxì 자세히 | 收到 shōudào 받다

죄송합니다. 첨부파일 중 WORD파일을 2007 버전으로 다시 저장해서 보내주십시오.
很抱歉，请把附件中的WORD文档保存为2007版本重新发送。
⊞ 文档 wéndàng 문서 | 保存 bǎocún 저장하다 | 版本 bǎnběn 판, 버전

지난 번에 제 메일함의 용량이 가득 차서, 보내주신 메일을 받지 못했습니다.
上一次，因为我的邮箱容量已满，没能收到您发的邮件。
⊞ 邮箱 yóuxiāng 메일함 | 容量 róngliàng 용량 | 满 mǎn 가득 차다

026 메일 오류 설명 및 재발송 안내

메일을 정정해서 새로 보내는 경우, 일반적으로 '请以此为准(이것을 기준으로 해 주십시오)'라는 표현을 붙입니다.

죄송합니다. 지난 번에 메일을 보낼 때 파일을 첨부하는 것을 잊었습니다. 이번에 다시 정정하오니, 이것을 기준으로 해 주십시오.
很抱歉，上次发送邮件时忘记添加附件，本次更正，请以此为准。
⊞ 忘记 wàngjì 잊어버리다 | 添加 tiānjiā 첨가하다 | 本次 běncì 이번 | 更正 gēngzhèng 정정하다 | 准 zhǔn 기준(하다)

죄송합니다. 지난 번에 발송한 메일이 반송되어, 다시 보내드립니다. 이것을 기준으로 해 주십시오.
很抱歉，上次发送的邮件被退回，本次重新发送，请以此为准。
⊞ 被退回 bèi tuìhuí 반송되다

죄송합니다. 지난 번 첨부파일에 에러가 발생해, 이번에 다시 보내드립니다. 이것을 기준으로 해 주십시오.
很抱歉，上次附件错误，这次重发，请以此为准。
⊞ 错误 cuòwù 착오가 생기다 | 重发 chóngfā 다시 보내다

027 메일 전달 및 기타

이 메일을 해당 책임자에게 전달해 주십시오.
请把这封邮件转发给相关的负责人。
⊞ 转发给 zhuǎnfāgěi ~에게 전달하여 보내다 | 相关 xiāngguān 해당되는, 관련되는 | 负责人 fùzérén 책임자

귀사가 12일에 저희 회사 기술팀에 보내신 메일은 이미 저희 팀에 전달되어 처리되었습니다.
贵方于12日发给我公司技术团队的邮件已转交本部门处理。
⊞ 团队 tuánduì 팀 | 转交 zhuǎnjiāo 전달하다 | 部门 bùmén 부서

빠른 처리를 위해, 4일에 보내신 메일을 이미 TS전자에 넘겼습니다.
我已将您4日的来信转交给TS电子，以便尽快处理。
⊞ 来信 láixìn 보내온 편지 | 以便 yǐbiàn ~에 편리하도록 | 尽快 jǐnkuài 되도록 빨리

보내주신 메일을 저희 회사 베이징 사무소에 있는 리지엔핑에게 전달하겠습니다.
我将把您的邮件转发给在我们北京办事处的李建平。
⊞ 办事处 bànshìchù 사무소

지금 두바이 투자 프로젝트에 관한 모든 자료가 필요합니다. 저에게 전달해 주실 수 있습니까?
我现在需要与迪拜投资项目相关的全部资料，您能帮忙转寄给我吗？
⊞ 迪拜 Díbài 두바이 | 项目 xiàngmù 사업, 프로젝트 | 转寄 zhuǎnjì (메일을) 전달하다

관련 자료를 전달해 드리니 참고해 주십시오.
现转寄给您有关资料，供您参考。
⊞ 供参考 gōng cānkǎo 참고를 위해서

7월 3일 목요일에 귀사의 가을상품과 관련하여 문의 메일을 보냈는데, 받으셨는지 모르겠습니다.
我于7月3日星期四发出一封有关贵公司秋季新商品的询问邮件，不知您是否收到？
⊞ 秋季 qiūjì 추계 | 询问 xúnwèn 문의하다 | 收到 shōudào 받다

10일에 메일을 보내 저희의 최신제품을 소개해 드렸는데, 아직까지 회신을 받지 못했습니다. 혹시 메일을 받지 못하셨나요?
10日我曾给您去函介绍我们的最新产品，但至今我仍未收到回复，不知您是否收到该邮件？
⊞ 曾 céng 이전에 ~한 적이 있다 | 去函 qùhán 편지를 보내다 | 至今 zhìjīn 지금까지 | 回复 huífù 회신 | 该 gāi '이/그/저' 등에 해당하는 서면어

CHAPTER

02

비즈니스를 위한 관계 맺기
&
첫 거래 시작하기

01 시작 표현 및 맺음말
02 회사 소개
03 거래 요청 메일에 대한 회신

01 시작 표현 및 맺음말

첫 거래 요청 메일의 시작과 맺음말은 자기소개/알게 된 경로 소개/거래 희망 의사 전달/상용 인사말 등의 내용으로 구성할 수 있습니다. 거래를 요청할 때는 정중하면서도 양사의 이익을 모두 강조하는 긍정적인 표현을 사용하는 것이 좋습니다.

☆ 希望建立业务关系函

北方电子产品有限公司：
　　因J&T科技股份有限公司的推荐，我们知悉贵公司的名称和联系方式。我们一直对中国市场很感兴趣。借此机会，我们希望与贵公司直接建立业务关系，把业务拓展到中国市场。
　　本公司主要经营电子产品。我们在这个行业已经经营了20多年，在世界范围内拥有良好的贸易关系。我们的产品在世界很多国家都很受欢迎。
　　我们希望聆听贵公司的意见。我们相信这对双方都是有利的。
　　附上本公司的产品目录，供您参考。
　　盼望早日收到贵方的来函。
　　此致
敬礼

TS电子股份公司销售部
李东哲
2014年6月8日

〈거래 요청 메일〉

베이팡전자산업 유한회사 앞:
　J&T테크놀로지 주식회사의 추천으로 귀사의 명칭과 연락처를 알게 되었습니다. 저희 회사는 오랫동안 중국 시장에 관심을 가져왔습니다. 이번 기회에 귀사와의 직거래를 통해 영업 범위를 중국 시장으로 확대할 수 있기를 희망합니다.
　저희는 주로 전자제품 관련 업무를 하고 있습니다. 이 분야에서 20여 년간 비즈니스를 하고 있으며, 세계 각국의 회사와 우호적인 관계를 맺고 있습니다. 저희 제품은 전세계 여러 나라에서 호평을 받고 있습니다.
　저희 회사와의 거래에 대한 귀사의 의견을 듣고 싶습니다. 두 회사의 협력이 서로에게 이익이 될 것이라 확신합니다.
　저희 회사의 제품 카탈로그를 첨부하오니, 참고해 주십시오.
　가까운 시일 내에 회신을 받을 수 있기를 희망합니다.
이와 같은 내용을 보내드립니다.
경례를 올립니다.

函 hán 편지 | 因…的推荐 yīn…de tuījiàn ~의 추천으로 | 知悉 zhīxī 알게 되다 | 名称 míngchēng 명칭 | 借此机会 jiècǐ jīhuì 이 기회를 빌어 | 拓展 tuòzhǎn 넓히다 | 经营 jīngyíng 경영하다, 취급하다 | 行业 hángyè 업계 | 拥有 yōngyǒu 보유하다 | 贸易关系 màoyì guānxi 무역관계 | 聆听 língtīng 공손히 듣다 | 双方 shuāngfāng 양측 | 附上 fùshàng 첨부하다 | 供参考 gōng cānkǎo 참고를 위해서 | 此致 cǐzhì 이와 같은 내용을 보내드립니다 | 敬礼 jìnglǐ 경례를 드립니다

028 알게 된 경로 소개1 – 소개로 보내는 메일

🔧 메일의 도입부에 관하여는 '002 첫 번째 이메일에서의 자기소개 및 인사'(P.59) 참고

동안물산으로부터 귀사를 추천받았습니다.
承蒙东安物产向我方推荐贵公司。
⊞ 承蒙 chéngméng ~을 받다

동안물산에서 귀사와 연락해 보라고 제안을 했습니다.
东安物产建议我们与贵方联系。

동안물산에서 저희에게 귀사와 연락해 보라고 했습니다.
东安物产让我方与贵公司联系。

동안물산에서 자전거 수입 관련 일에 대하여 귀사와 연락하라고 소개를 해 주었습니다.
东安物产介绍我们就进口自行车一事与贵方联系。
⊞ 进口 jìnkǒu 수입

동안물산에서 귀사의 명칭과 주소를 알려주었습니다.
承蒙东安物产告知贵公司的名称和地址。
⊞ 告知 gàozhī 알리다 | 名称 míngchēng 명칭 | 地址 dìzhǐ 주소

동안물산에서 귀사의 명칭과 연락처를 저희에게 알려주었습니다.
东安物产将贵公司的名称和联系方式告知了我们。

동안물산 쪽에서 저희에게 귀사에 대해 말한 적이 있습니다. 귀사가 가장 믿을 만한 회사라고 들었습니다.
东安物产曾向我公司提及过贵公司，称赞贵公司是最可信赖的。
⊞ 曾 céng 이전에 ~한 적이 있다 | 提及 tíjí 언급하다 | 称赞 chēngzàn 칭찬하다 | 可信赖 kě xìnlài 신뢰할 만한

동안물산으로부터 귀사가 면제품 수출업무를 전문으로 하신다고 들었습니다.
我们从东安物产获悉贵公司主营棉制品出口业务。
⊞ 获悉 huòxī 알게 되다 | 主营 zhǔyíng ~를 전문으로 취급하다 | 棉制品 miánzhìpǐn 면제품 | 出口 chūkǒu 수출

동안물산의 추천으로 귀사가 한국 가전제품을 수입할 의향이 있다는 것을 알게 되었습니다.
因东安物产的推荐，得知贵方有意进口韩国家电。
⊞ 因…的推荐 yīn…de tuījiàn ~의 추천으로 | 得知 dézhī 알게 되다 | 有意 yǒuyì ~할 의향이 있다

동안물산으로부터 귀사가 저희의 제품에 관심이 있다는 말을 듣게 되어 매우 기쁩니다.
我们很高兴从东安物产得知贵方对我们的产品感兴趣。

동안물산에서 저희에게 귀사의 상황에 대해 언급하였습니다.
东安物产曾向我方提及有关贵公司的情况。

방금 장 사장님과 회담을 하였는데, 장 사장님이 귀사를 저희 회사의 중국 판매대행사로 추천하였습니다.
我刚与张总经理会谈过，他推荐贵公司成为我公司在中国的销售代理商。
⊞ 会谈 huìtán 회담하다 | 销售代理商 xiāoshòu dàilǐshāng 판매대행사

동안물산으로부터 귀사가 각종 디자인의 면직물을 생산한다고 들었습니다.
从东安物产敬悉贵公司生产各种款式的棉布。
⊞ 敬悉 jìngxī 정중히 알게 되다 | 款式 kuǎnshì 디자인 | 棉布 miánbù 면직물

장 사장님께서 귀사의 완구에 매우 만족하셨고, 또 저에게도 귀사의 제품을 추천해 주셨습니다.
张经理对贵方的玩具十分满意，并向我推荐贵公司的产品。
⊞ 玩具 wánjù 장난감 | 十分 shífēn 매우 | 满意 mǎnyì 만족하다 | 并 bìng 그리고

저희와 거래하는 중국 회사가 저희에게 귀사의 제품을 추천하였습니다.
与我们有生意往来的中国公司，向我们推荐贵公司产品。
⊞ 有生意往来 yǒu shēngyi wǎnglái 사업적으로 왕래가 있다

029 알게 된 경로 소개2 - 박람회/광고/홈페이지 등

《경제일보》에서 귀사의 명칭과 연락처를 보았으며, 또한 귀사가 전자제품 수출입 업무에 관심이 있다는 것을 알게 되었습니다.
我们从《经济日报》看到贵公司的名称及联系方式，得知贵方有兴趣开展进出口电子商品的业务。
⊞ 名称 míngchēng 명칭 | 得知 dézhī 알게 되다 | 开展 kāizhǎn 펼치다 | 进出口 jìnchūkǒu 수출입

*《经济日报》(영문명 Economic Daily)는 중국 国务院에서 주관하는 중앙 직속 당보(党报)로, 1983년 1월 1일에 베이징에서 창간되었습니다. 중국에서 가장 권위 있고 공신력 있는 경제 관련 신문으로, 중국 경제 발전 동향을 알아보는 데 있어 중요한 통로입니다.

저희는 《경제일보》에서 귀사의 명칭과 주소를 알게 되었습니다. 저희는 귀사와의 거래를 매우 원하고 있습니다.
我们从《经济日报》获悉贵方的名称与地址，我们非常愿意与贵方建立业务关系。
⊞ 获悉 huòxī 알게 되다

저희는 귀사의 광고를 보고 귀사가 고품질의 주방용품을 전문적으로 생산한다는 것을 알게 되었습니다.
我们从贵方的广告中得知贵公司专门生产高质量的厨房用品。
⊞ 厨房用品 chúfáng yòngpǐn 주방용품

'산업넷'에서 귀사의 광고를 보고, 귀사가 고품질의 공기청정기 생산에 주력하고 있다는 것을 알게 되어 기쁩니다.
我们在"产业网"上看到贵公司的广告，很高兴获悉贵方致力于生产高品质的空气净化器。
⊞ 致力于 zhìlìyú ~에 힘쓰다 | 空气净化器 kōngqì jìnghuàqì 공기청정기

귀사의 홈페이지를 방문하고 나서, 저희는 귀사의 텔레비전에 대해 매우 흥미가 생겼습니다.
访问贵公司网站后，我方对贵公司电视产品产生了极大的兴趣。
⊞ 访问 fǎngwèn 방문하다 | 网站 wǎngzhàn 웹사이트 | 产生兴趣 chǎnshēng xìngqù 흥미가 생기다

지난 주에 영광스럽게도 베이징 전람회에서 귀사의 전시 제품을 보게 되었는데, 그 품질이 매우 인상 깊었습니다.
上周我们很荣幸在北京展览会上看到贵方展览的产品，对其品质印象极为深刻。
⊞ 荣幸 róngxìng 영광스러운 | 展览会 zhǎnlǎnhuì 전람회 | 极为 jíwéi 매우 | 深刻 shēnkè 깊은

지난 달 베이징 전람회에서 귀사의 제품을 볼 기회가 있었습니다.
我们有机会在上个月的北京展览会上看到了贵方的产品。

안녕하세요? 지난 달에 광둥 페어에서 뵈었던 J&T전자 주식회사 박은혜입니다.
您好，我是上个月在广交会上与您见过面的J&T电子股份有限公司的朴恩惠。
⊞ 广交会 Guǎngjiāohuì '广东交易会(Canton Fair)'의 줄임말

지난 주 금요일에 중국기업협회에서 거행한 신춘완후이에서 운이 좋게도 저희의 제품과 서비스에 대해 간략히 소개해 드릴 기회가 있었습니다.
上周五在中国企业协会举行的迎新春晚会上，我有幸就我们的产品和服务跟您简单地聊过。
⊞ 有幸 yǒuxìng 운 좋게 | 聊 liáo 이야기하다

지난 달 국제농업박람회 기간 동안 저희의 부스를 관람해 주셔서 감사합니다.
感谢您在上个月的国际农业博览会期间参观我们的展位。
⊞ 博览会 bólǎnhuì 박람회 | 展位 zhǎnwèi 부스

TIP 중국의 전시회

京交会(中国(北京)国际服务贸易交易会; Beijing Fair)
京交会는 국가 상무부(商务部)와 베이징시에서 공동으로 주관하여 2012년부터 시작된 국제 서비스 무역 교역회로, 매년 5월 28일부터 5일 동안 베이징에서 열립니다. 비즈니스, 통신, 건축 및 관련 공정, 금융, 여행 및 관련 서비스, 연예 문화 및 체육, 운수, 건강 및 사회, 교육, 유통, 환경, 기타 등 12가지 서비스 분야를 포함합니다.

广交会(中国(广东)进出口商品交易会; Canton Fair)
1957년 봄에 광저우에서 시작된 수출입 상품 교역회로, 중국에서 역사가 가장 오래되고 규모 또한 가장 큰 국제무역행사입니다. 매년 봄과 가을에 두 번 개최됩니다. 이전에는 수출만 포함하여 명칭이 '中国出口商品交易会'였다가, 2007년 4월 101회 때부터 수출, 수입을 모두 포함하여 그 명칭이 '中国进出口商品交易会'로 변경되었습니다.

* 중국에서 열리는 각종 展览会 및 展销会 정보는 다음의 사이트에서 얻을 수 있습니다.

- 中国人民共和国商务部 http://www.mofcom.gov.cn/
- 好展会网 http://www.haozhanhui.com/
- 中国会展网 http://www.expo-china.com/
- 中国会展门户 http://www.cnena.com/
- 中国展会网 http://www.china-show.net/
- 中展网 http://fair.ccnf.com/

⊞ 展览会 zhǎnlǎnhuì 전람회 | 展销会 zhǎnxiāohuì 전시판매회

030 알게 된 경로 소개3 – 특별한 경로 없이 알게 된 정보

귀사가 면제품 수출분야에 풍부한 경험이 있다고 알고 있습니다.
据了解，贵公司在棉制品出口业务方面有丰富的经验。
⊞ 据了解 jù liǎojiě 알기로는 | 棉制品 miánzhìpǐn 면제품 | 出口 chūkǒu 수출

귀사가 각종 스타일의 유리용기를 생산하는 회사라고 알고 있습니다.
据我们所知，贵公司专门生产各种款式的玻璃器皿。
⊞ 据…所知 jù…suǒzhī ~가 알기로는 | 款式 kuǎnshì 스타일, 디자인 | 玻璃器皿 bōli qìmǐn 유리용기

귀사가 면제품을 전문으로 취급한다고 들었습니다. 귀사와 비즈니스 관계를 맺고 싶습니다.
得知贵公司主营棉制品，我们愿意与贵方建立业务关系。
⊞ 得知 dézhī ~를 알게 되다 | 主营 zhǔyíng 전문으로 취급하다

귀사가 중국 최대 대두 수출업체 중 하나라는 것을 알게 되었습니다.
我们得悉贵公司为中国最大的大豆出口商之一。
⊞ 得悉 déxī ~를 알게 되다 | 大豆 dàdòu 대두 | 出口商 chūkǒushāng 수출업체

귀사의 가구가 매우 좋은 평가를 받고 있다는 것을 익히 들어서 알고 있습니다.
贵公司的家具颇受好评，对此我们早有耳闻。
⊞ 颇 pō 아주 | 受好评 shòu hǎopíng 호평받다 | 早有耳闻 zǎoyǒu ěrwén 일찍이 듣다

귀사가 세계적으로 유명한 부동산 투자 회사라는 것을 일찍이 들어 잘 알고 있습니다.
我们早已听闻贵公司是世界闻名的房地产投资公司。
⊞ 闻名 wénmíng 유명한 | 房地产 fángdìchǎn 부동산

031 거래 희망 의사 전달

이 기회를 빌어 귀사와 거래를 하고자 합니다.
我们希望借此机会与贵方建立业务往来。
⊞ 借此机会 jiècǐ jīhuì 이 기회를 빌어

귀사와 비즈니스 관계를 맺고자 이 편지를 드립니다.
我们写信给贵公司，希望与贵公司建立业务关系。

평등과 상호이익을 기초로 귀사와 무역을 하고 싶습니다.
我们愿意在平等互利的基础上与贵公司进行贸易活动。
⊞ 平等互利 píngděng hùlì 평등하고 상호이익이 되는

귀사를 위해 일할 기회가 있기를 바랍니다.
我们希望能有机会为贵方服务。
⊞ 服务 fúwù 일하다, 봉사하다

저희는 해당 상품의 최대 수출업체 중 하나입니다. 귀사가 새로운 업무를 개척하는 것을 힘을 다해 돕고 싶습니다.
我方是该商品的最大出口商之一，我们非常愿意竭尽全力帮助贵方开拓新业务。
⊞ 出口商 chūkǒushāng 수출업체 | 竭尽 jiéjìn ~을 다하다 | 开拓 kāituò 개척하다

이 기회를 빌어, 귀사와 직접 거래를 하고, 저희 업무를 중국 시장으로 확장시키고 싶습니다.
借此机会，我们希望与贵公司直接建立业务关系，把业务拓展到中国市场。

그 제품이 저희 취급 범위에 해당되므로, 귀사와 비즈니스 관계를 맺고 싶습니다.
由于该商品属于我们的经营范围，我们想与贵方建立商务关系。
⊞ 属于 shǔyú ~에 속하다

저희 회사는 해외진출의 기회를 모색하고 있어, 현재 신뢰할 만한 판매경로를 찾고 있습니다. 귀사가 저희의 고객이 되어, 함께 발전할 수 있기를 바랍니다.
我公司为谋求国外发展，目前正在寻找可靠的销售渠道。希望您能成为我们的客户，一起共同发展。
⊞ 谋求 móuqiú 모색하다 | 目前 mùqián 현재 | 寻找 xúnzhǎo 찾다 | 可靠 kěkào 믿을 만한 | 销售渠道 xiāoshòu qúdào 판매경로 | 客户 kèhù 고객, 거래처

저희 회사와 거래를 하실 의향이 있으신지 묻고 싶습니다.
我们想询问贵方是否有意与我方建立业务关系。
⊞ 询问 xúnwèn 문의하다 | 有意 yǒuyì ~할 의향이 있다

저희와 업무관계를 맺는 것에 관심이 있으신지 모르겠습니다.
不知贵方是否有意与我方建立业务关系。

귀사가 한국에서 믿을 만한 수공예품 수입업체를 찾을 의향이 있으신지 문의하려고 합니다.
我们想询问贵方是否有意在韩国寻找一个可靠的手工艺品进口商。
⊞ 手工艺品 shǒugōngyìpǐn 수공예품 | 进口商 jìnkǒushāng 수입업체

귀사와 거래를 할 기회가 있다면 매우 감사하겠습니다.
如果有机会能和贵公司进行交易，我们将不胜感激。
⊞ 不胜感激 búshèng gǎnjī 매우 감사하다

머지 않은 장래에 귀사와 거래를 할 수 있기를 희망합니다.
希望在不久的将来能与贵方进行交易。

귀사와 협력할 수 있기를 진심으로 바랍니다. 저희는 한결같이 귀사에 최고의 서비스를 제공하겠습니다.
竭诚希望能与贵公司合作，我们将一如既往地为贵方提供最优质的服务。
⊞ 竭诚 jiéchéng 전심으로 | 一如既往地 yìrú jìwǎng de 지난날처럼 | 优质 yōuzhì 양질의

032 양사 간 거래 재개 요청/지속적인 거래 요청

두 회사의 무역관계를 회복할 기회가 생겨 기쁩니다.
很高兴能有机会恢复我们的贸易关系。
⊞ 恢复 huīfù 회복하다

과거 몇 년간의 거래를 살펴보다가, 귀사가 2005년 이후로 저희 회사의 물건을 구매하지 않으셨다는 것을 알게 되었습니다.
回顾过去几年的生意往来，我们发现贵方自2005年以来，未从本公司订购过货品。
⊞ 回顾 huígù 돌이켜보다 | 生意 shēngyi 사업 | 订购 dìnggòu 주문하다

2010년 이후로 두 회사 간에 거래가 없었습니다. 그래서 이 편지를 드려, 양사의 무역관계를 회복하고자 합니다.
自2010年至今，我们之间未曾有过业务往来。故写此信给贵方，希望能够恢复我们之间的贸易关系。
⊞ 至今 zhìjīn 지금까지 | 曾 céng 이전에 ~한 적이 있다 | 故 gù 그러므로, 그래서

귀사가 이전처럼 저희 회사에 대량주문을 해 주신다면 대단히 감사하겠습니다.
如果贵公司能像以前那样从本公司大量订购货品，我们将不胜感激。
⊞ 不胜感激 búshèng gǎnjī 매우 감사하다

양사 간의 무역액이 감소하였습니다. 앞으로 우리 두 회사 간에 더 많은 거래가 있기를 바랍니다.
我们之间的贸易额已有所减少，希望未来我们能有更多的业务往来。
⊞ 贸易额 màoyì'é 무역액 | 有所减少 yǒusuǒ jiǎnshǎo 감소한 바가 있다

저희 공장은 이미 현대화되어, 전문적이고 효과적으로 대량의 면직물을 생산할 수 있습니다. 저희는 또한 제품의 품질과 디자인을 많이 개선하였습니다.
我方工厂已实现现代化，能够专门、有效地生产大量的棉织品，并且我们已对产品的质量和样式做了许多改进。
⊞ 棉织品 miánzhīpǐn 면직물 | 样式 yàngshi 스타일, 디자인 | 改进 gǎijìn 개선하다

양사 간에 이미 5년 간의 거래가 있었습니다. 두 회사의 우호적인 무역관계를 계속 유지할 수 있기를 바랍니다.
我们双方之间已经有了五年的贸易关系，我们盼望能继续保持我们之间良好的贸易关系。
⊞ 双方 shuāngfāng 양측 | 盼望 pànwàng 간절히 바라다 | 保持 bǎochí 유지하다

지난 10년 동안, 저희 회사와 귀사의 거래는 줄곧 성공적이었습니다. 두 회사의 협력이 더욱 발전하기를 바랍니다.
在过去十年中，我们与贵方的交易一直很成功。希望我们的合作越来越好。
⊞ 交易 jiāoyì 교역

과거 양사의 협력은 줄곧 서로에게 이득이 되었습니다. 양사 간의 협력관계를 지속적으로 유지할 기회가 생겨 기쁩니다.
过去我们的合作一向互惠互利，很高兴能有机会继续保持我们之间的合作关系。
⊞ 互惠互利 hùhuì hùlì 서로 혜택과 이익을 주다

귀사에서 계속 저희를 도와주시고, 많이 성원해 주시기를 바랍니다.
希望贵方继续关照我们，大力支持我们。
⊞ 关照 guānzhào 돌보다 | 大力 dàlì 크게 | 支持 zhīchí 지지하다

계속 귀사를 위해 일할 수 있다면 매우 감사하겠습니다.
我方如能继续为贵方效劳，将不胜感激。
⊞ 效劳 xiàoláo (~를 위해) 힘쓰다

우리 두 회사가 계속 좋은 협력관계를 유지하며, 함께 더 나은 미래를 만들 수 있기를 바랍니다.
希望我们能继续保持良好的合作关系，并开创更美好的未来。
⊞ 开创 kāichuàng 열다

033 상용 인사말

최선을 다해 귀사를 위해 힘쓰겠습니다.
我方将尽力为贵方效劳。
⊞ 尽力 jìnlì 힘껏 | 效劳 xiàoláo (~를 위해) 힘쓰다

언제든지 귀사에 최고의 서비스를 제공하겠습니다.
我方将随时向贵方提供最佳服务。
⊞ 提供 tígōng 제공하다 | 最佳 zuìjiā 가장 좋은

언제든 우대가격으로 필요하신 제품을 공급할 수 있도록 최선을 다하겠습니다
我方定会尽力随时以优惠的价格提供贵方所需的产品。
⊞ 随时 suíshí 언제든 | 优惠 yōuhuì 우대의

귀사에 최고 우대가로 가장 좋은 제품을 공급하겠습니다.
我们会以最优惠价向贵方提供最好的产品。
⊞ 最优惠价 zuìyōuhuìjià 최우대가

최선을 다해 귀사와의 비즈니스 관계를 확대하겠습니다.
我们将尽力扩大与贵方的商务关系。
⊞ 扩大 kuòdà 확대하다

기꺼이 전력을 다해 귀사를 돕겠습니다.
我方将不遗余力为贵方效劳。
⊞ 不遗余力 bùyí yúlì 전력을 다하다

다시 한 번 강조하지만, 반드시 최선을 다해 귀사를 돕겠습니다.
我方再次强调，定会尽力为贵方效劳。
⊞ 强调 qiángdiào 강조하다

한국에서 귀사의 시장을 확대하도록 최선을 다하겠습니다.
我们将尽力扩大贵方在韩国的市场。

귀사에서 필요한 것이 있으시면 반드시 최선을 다해 돕겠습니다.
贵公司若有所需求，我公司定尽力效劳。
⊞ 若 ruò 만약

귀사에 최고의 서비스를 제공할 것을 약속드립니다.
我方保证给贵公司提供最好的服务。
⊞ 保证 bǎozhèng 보증하다

양사의 협력이 서로에게 모두 이익이 될 것이라 확신합니다.
我们相信，我们的合作对双方都是有利的。
⊞ 合作 hézuò 협력 | 双方 shuāngfāng 양측

TIP '거래하다'의 여러 표현

중국어에서는 '거래하다'를 다음의 여러 가지 방식으로 표현합니다.

- 建立业务关系 **업무 관계를 맺다**
- 建立业务往来 **업무 왕래를 맺다**
- 建立商务关系 **비즈니스 관계를 맺다**
- 建立直接业务关系 **직접적인 업무 관계를 맺다**
- 开展贸易业务合作 **무역 업무 협력을 전개하다**

- 进行贸易活动 **무역 활동을 하다**
- 进行交易活动 **교역 활동을 하다**
- 进行贸易合作 **무역 협력을 하다**
- 进行业务合作 **업무 협력을 하다**

⊞ 开展 kāizhǎn 전개하다, 넓히다

02 회사 소개

 회사 소개에는 영업 분야/연혁/회사 규모/위치/주요 거래처/수상 경력/최근 실적 및 전망/연락처 등의 내용이 포함될 수 있습니다. 메일 본문에는 간략한 내용을 적고, 회사 소개 팸플릿 등을 첨부파일이나 우편물로 따로 부치는 것이 좋습니다. 첨부파일이나 우편물 발송 관련 표현은 '024 첨부파일 안내(p.89)/067 제품 카탈로그 및 견본 첨부 안내(p.150)'를 참고하세요.

 ☆ TORA服装股份有限公司简介

中国服装进出口贸易有限公司：

  我们很高兴向贵公司介绍我公司。本公司位于韩国首尔，是一家主营女士服装，尤其是各种休闲装服并可供出口的经销商。我们在服装行业经营30多年，在国内外拥有良好的客户关系。我们的产品目前在美国、日本等许多国家颇为畅销。现随函附寄本公司最新产品目录，请参考。

  我们一直对中国市场很感兴趣。希望在不远的将来能与贵方合作。

  敬待回复。

最诚挚的敬礼

TORA服装股份有限公司
全美珍
2014年7月6日

〈TORA의류 주식회사 소개〉

중국 의류수출입무역 유한회사 앞:

  저희 회사 소개를 하게 되어 기쁩니다. 저희 회사는 한국 서울에 위치하고 있으며, 여성복을 전문으로 취급하고, 특히 각종 캐주얼 의류를 전문으로 하며, 수출도 하는 업체입니다. 저희는 의류업계에서 30여 년 동안 사업하였으며, 국내외에 많은 우량 거래처를 보유하고 있습니다. 저희의 제품은 현재 미국, 일본 등 많은 국가에서 인기리에 판매되고 있습니다. 저희 회사 최신제품 목록을 함께 첨부하오니, 참고해 주십시오.

  저희는 줄곧 중국 시장에 관심이 있었습니다. 머지 않은 장래에 귀사와 거래를 할 수 있기를 희망합니다.

  회신을 정중히 기다리겠습니다.

가장 진실한 경례를 드립니다.

简介 jiǎnjiè 간략한 소개 | 位于 wèiyú ~에 위치하다 | 主营 zhǔyíng 전문으로 경영하다 | 尤其是 yóuqíshì 더우기 | 休闲衣服 xiūxián yīfu 캐주얼 의류 | 可供 kěgōng 공급할 수 있다 | 经销商 jīngxiāoshāng 판매업체 | 行业 hángyè 업계 | 经营 jīngyíng 경영하다 | 拥有 yōngyǒu 보유하다, 가지다 | 客户 kèhù 고객, 거래처 | 目前 mùqián 현재 | 颇为畅销 pōwéi chàngxiāo 매우 잘 팔리다 | 随函附寄 suíhán fùjì 편지와 함께 부치다 | 敬待 jìngdài 정중히 기다리다 | 回复 huífù 회신 | 诚挚 chéngzhì 진심 어린 | 敬礼 jìnglǐ 경례

034 '저희 회사 소개를 하겠습니다'

'저희 회사 소개를 하겠습니다'라는 표현은 비교적 짧기 때문에, 주로 앞뒤로 회사 특성에 대해 설명한 다른 문장과 연결해서 사용합니다.

저희 소개를 받아주십시오. (저희는 사무용 가구를 전문으로 취급하는 회사입니다.)
请容我们自我介绍一下，(我们是一家专门经营办公家具的公司。)
⊞ 容 róng 허락하다 | 经营 jīngyíng 취급하다 | 办公家具 bàngōng jiājù 사무용 가구

저희가 회사 소개를 하는 것을 허락해 주십시오.
请允许我们向贵方作个自我介绍，(   )。
⊞ 允许 yǔnxǔ 허락하다

실례를 무릅쓰고 저희를 소개하겠습니다.
我们冒昧地向贵方介绍，(   )。
⊞ 冒昧 màomèi 외람되다

실례를 무릅쓰고 회사를 소개하는 것을 허락해 주십시오.
请允许我方冒昧作一下自我介绍，(   )。

귀사에 저희 회사 소개를 하게 되어 영광입니다.
我们很荣幸能向贵公司作自我介绍，(   )。
⊞ 荣幸 róngxìng 영광스러운

이 편지로 저희 회사를 소개하게 되어 영광입니다.
我们很荣幸地写这封信向您介绍本公司，(   )。

이 기회를 빌어 귀사에 편지를 드립니다.
我方借此机会写信给贵方，(   )。
⊞ 借此机会 jiècǐ jīhuì 이 기회를 빌어

이번 기회를 이용하여 저희의 업무 범위를 소개하려고 합니다.
我们想利用此次机会向贵方介绍我们的业务范围，(   )。
⊞ 业务范围 yèwù fànwéi 업무 범위

특별히 편지를 드려 저희 회사를 소개하겠습니다.
(   )，现特致函自我介绍。
⊞ 致函 zhìhán 편지를 보내다

실례를 무릅쓰고 저희 회사를 소개해 드립니다.
(   )，现冒昧地作一下自我介绍。
⊞ 冒昧 màomèi 외람되다

특별히 저희 소개를 드립니다.
(   )，特此自我介绍。
⊞ 特此 tècǐ 특별히

지금 편지를 드려 저희 회사의 업무 범위를 알려드리려고 합니다.
(   )，今写信给贵方，让贵方了解一下我们公司的业务范围。
⊞ 了解 liǎojiě 이해하다, 알다 | 业务范围 yèwù fànwéi 업무 범위

035 영업 분야

아래 예문 중 짧은 문장들은 독립된 문장으로 사용하기보다는, 034-039(p.105~113)에 나오는 다양한 예문들과 쉼표로 연결하여 긴 문장으로 만드는 것이 자연스럽습니다.

저희는 주로 공예품 무역을 합니다.
我们主要从事工艺品贸易。
⊞ 工艺品 gōngyìpǐn 공예품 | 贸易 màoyì 무역, 교역

저희의 주요 업무는 의류 수출입니다.
我们的主要业务是服装出口。
⊞ 服装 fúzhuāng 복장, 의류 | 出口 chūkǒu 수출하다

저희가 취급하는 제품으로는 주로 보이차와 꽃차가 있습니다.
我公司经营的产品主要有普洱茶和花茶。
⊞ 经营 jīngyíng 취급하다 | 普洱茶 pǔ'ěrchá 보이차 | 花茶 huāchá 꽃차, 화차

저희는 공예품 수출을 전문으로 하는 회사입니다.
我们是专门经营工艺品出口的公司。

저희 회사는 전자제품을 주로 취급합니다.
我们公司主要经营电子产品。
⊞ 电子产品 diànzǐ chǎnpǐn 전자제품

저희의 주요 업무 범위는 전자제품 무역입니다.
我们的业务范围主要是电子产品贸易。

의류는 저희 영업 범위에 속합니다. 저희의 의류는 중국 시장에서 보편적으로 환영받고 있습니다.
服装属于我们的经营范围，我们的服装在中国市场受到普遍欢迎。
⊞ 属于 shǔyú ~에 속하다 | 受到普遍欢迎 shòudào pǔbiàn huānyíng 보편적으로 환영받다

저희 회사는 한국의 여성의류 수출입회사로, 주로 캐주얼의류 무역을 합니다. 국내 각종 브랜드의 여성 캐주얼의류를 모두 수출할 수 있습니다.
我公司是韩国一家做女士服装的进出口公司，主要从事休闲服装贸易，国内各个品牌的女士休闲服装均可出口。
⊞ 品牌 pǐnpái 브랜드 | 休闲服装 xiūxián fúzhuāng 캐주얼 의류 | 均 jūn 모두

저희는 각종 디자인과 사이즈의 남성셔츠를 공급할 수 있습니다.
我们能供应式样各异、尺码齐备的男式衬衫。
⊞ 供应 gōngyìng 공급하다 | 式样 shìyàng 모양, 스타일 | 各异 gèyì 각기 다른 | 尺码 chǐmǎ 사이즈 | 齐备 qíbèi 완비하다 | 衬衫 chènshān 셔츠

저희는 각종 디자인의 슬리퍼 생산 및 세계 각국으로의 수출에 주력하고 있습니다.
我方致力于生产各种类型的拖鞋并出口到世界各个国家。
⊞ 致力于 zhìlìyú ~에 힘쓰다 | 类型 lèixíng 유형 | 拖鞋 tuōxié 슬리퍼

저희 회사는 각종 스타일의 아동의류를 생산합니다. 제품목록에 자세한 설명이 있습니다.
本公司生产各种款式的儿童服装，在产品目录内有详尽说明。
⊞ 款式 kuǎnshì 스타일, 디자인 | 详尽 xiángjìn 상세하고 빠짐없는

저희는 베이징 지역에 인력을 파견하는 회사입니다.
我们是提供北京地区人力派遣的公司。
⊞ 人力派遣 rénlì pàiqiǎn 인력 파견

융헝컨설팅은 1995년에 설립되었으며, 베이징에서 첫 번째로 한국인이 직접 출자, 관리하는 컨설팅 회사입니다.
永恒咨询公司成立于1995年，是北京第一家由韩国人直接出资、管理的信息咨询公司。
⊞ 咨询 zīxún 자문 | 成立于 chénglìyú ~에 설립되다 | 出资 chūzī 출자하다 | 信息 xìnxī 정보

저희는 주로 아래와 같은 제품과 서비스를 제공합니다.
我们主要提供以下产品和服务：
⊞ 提供 tígōng 제공하다 | 服务 fúwù 서비스

The MUSIC은 국내외 여러 기업 및 정부기관에 각종 음향설비를 제공하는 회사입니다.
The MUSIC是一家为国内外许多企业及政府机构提供各种款式的音响设备的公司。

⊞ 机构 jīgòu 기구, 기관 | 音响设备 yīnxiǎng shèbèi 음향설비

저희 회사는 현재 웹사이트 제작 및 관리 서비스를 제공합니다.
本公司目前提供网站建设和管理服务。

⊞ 目前 mùqián 현재 | 网站 wǎngzhàn 웹사이트 | 建设 jiànshè 건설하다

저희의 취급 업무는 기업에 인력관리 서비스를 제공하는 것으로, 현재의 주요 서비스는 다음과 같습니다.
本公司的经营业务是为企业提供人力管理服务，目前公司的服务主要有：

⊞ 人力管理服务 rénlì guǎnlǐ fúwù 인력 관리 서비스

※ '经营'은 '경영하다/운영하다/취급하다' 등 여러 뜻으로 해석됩니다. '经营'은 본래 규모가 큰 회사의 운영을 가리킬 때 주로 사용되는 말이지만, 중국에서는 이 용어의 사용 범위가 소규모 상점까지로 확대되었습니다. 작은 가게 입구에 '经营范围(경영 범위)' 또는 '经营项目(경영 항목)'이라는 제목 아래, 취급 상품이나 서비스 등을 설명해 놓은 것을 쉽게 볼 수 있습니다.

저희 회사는 설립 이후로 줄곧 여러 업종의 전기설비 개발, 설계 및 생산에 종사하고 있습니다.
我公司自成立以来，一直从事各行业电器设备的开发、设计和生产。

⊞ 从事 cóngshì 종사하다 | 行业 hángyè 업계 | 电器 diànqì 전기기구(설비) | 设备 shèbèi 설비 | 开发 kāifā 개발하다 | 设计 shèjì 설계

TIP 주요 사업 분야의 중국어 명칭

주요 사업 분야를 중국어로 옮기면 다음과 같습니다.

通讯 tōngxùn 통신	运输 yùnshū 운수	分销 fēnxiāo 유통
金融 jīnróng 금융	建筑 jiànzhù 건축	房地产 fángdìchǎn 부동산
机械设备 jīxiè shèbèi 기계설비	石化(石油化学工业/石油化工) shíhuà 석유화학	食品 shípǐn 식품
耗材 hàocái 소모품	教育 jiàoyù 교육	咨询 zīxún 컨설팅
旅游 lǚyóu 여행	娱乐 yúlè 엔터테인먼트	零售业 língshòuyè 소매업
批发业 pīfāyè 도매업		

036 연혁

저희 회사가 공예품 수출입에 종사한 지 벌써 20년이 넘었습니다.
我们从事工艺品的进出口已有20多年。

⊞ 工艺品 gōngyìpǐn 공예품 | 进出口 jìnchūkǒu 수출입

저희는 이 업계에 20여 년간 종사하여, 대량주문을 처리할 수 있습니다.
我们在这个行业经营了20多年，能够处理大宗订单。
⊞ 行业 hángyè 업계 | 经营 jīngyíng 경영하다 | 大宗订单 dàzōng dìngdān 대량주문(서)

저희 회사는 의류업에 이미 30여 년간 종사하여, 이 업계에서 풍부한 경험과 자원을 가지고 있습니다.
我公司从事服装行业30多年，在这个领域拥有丰富的经验和资源。
⊞ 领域 lǐngyù 영역 | 拥有 yōngyǒu 보유하다, 가지다 | 经验 jīngyàn 경험 | 资源 zīyuán 자원

저희 회사는 1980년에 창립되었으며, 이 업계에서 인지도가 비교적 높습니다.
本公司创立于1980年，在此行业拥有较高的知名度。
⊞ 创立于 chuànglìyú ~에 창립되다 | 较高 jiàogāo 꽤 높다 | 知名度 zhīmíngdù 인지도

저희 회사는 이 업계에서 이미 30여 년의 판매경험이 있습니다.
本公司在此行业已有30多年的营销经验。
⊞ 营销 yíngxiāo 판매하다

20년간 명성을 이어온 공예품 수입업체로서, 저희는 전세계에 좋은 거래처를 보유하고 있습니다.
作为享有20年声誉的工艺品进口商，我们在世界范围内有良好的贸易关系。
⊞ 享有 xiǎngyǒu 향유하다, 누리다 | 声誉 shēngyù 명성 | 进口商 jìnkǒushāng 수입업체

지난 30년간, 저희 회사는 줄곧 여성의류 수출입 업무에 종사해 왔습니다.
在过去30年里，我公司一直从事女士服装进出口业务。

자전거 수출업체로서, 저희 회사는 이 지역에서 30년 넘게 운영되고 있습니다.
作为一个自行车出口商，我公司在本地已经经营了30多年。
⊞ 本地 běndì 이곳

저희 회사는 1995년에 설립되어 국가여유국의 승인을 얻고, 중국공상국에 정식으로 등록된 합법적인 회사입니다.
我公司成立于1995年，是经国家旅游局批准，中国工商局正式注册的合法经营公司。
⊞ 国家旅游局 Guójiā Lǚyóujú 국가여유국[중국 국무원이 주관하는 관광업무 직속기관] | 经…批准 jīng…pīzhǔn ~의 비준(승인)을 거쳐 | 工商局 Gōngshāngjú 공상국['工商行政管理局(공상 행정 관리국)'의 약칭으로 시장의 관리감독을 맡은 기관] | 注册 zhùcè 등록하다 | 合法 héfǎ 합법적이다

저희 회사는 1998년에 설립되어, 이제껏 ABC전자공장, LF전자공장 등 대형공장을 건설하였습니다.
我公司成立于1998年，期间建设过ABC电子厂和LF电子厂等大型工厂。
⊞ 建设 jiànshè 건설하다

037 회사 규모

저희 회사는 한국 최대 공예품 수출업체 중 하나입니다.
本公司为韩国最大的工艺品出口商之一。
⊞ 工艺品 gōngyìpǐn 공예품 | 出口商 chūkǒushāng 수출업체

저희 회사는 한국 최대이자, 발전속도가 가장 빠른 회사 중 하나입니다.
本公司是韩国最大的，也是发展最快的公司之一。

20여 년의 시장개척과 판매를 통하여, 현재 저희 회사 노트북의 전세계 판매량은 연간 100만 대 가량입니다.
经过20多年的市场推广及销售，现本公司每年笔记本电脑在全世界销售量为一百万台左右。
⊞ 推广 tuīguǎng 널리 보급하다 | 销售量 xiāoshòuliàng 판매량

최근 몇 년 동안, 저희 회사의 스틸파이프 연매출액은 5천만 위안이며, 한국과 일본에 주요 거래처가 있습니다.
近年来，本公司每年钢管销售额为五千万元，主要顾客分布在韩国及日本。
⊞ 钢管 gāngguǎn 스틸파이프 | 销售额 xiāoshòu'é 매출액 | 顾客 gùkè 고객 | 分布 fēnbù 분포하다

저희의 대외무역은 끊임없이 발전하여, 올해 면직물 무역액이 이미 1천만 달러에 달합니다.
我们的对外贸易不断发展，今年棉织品贸易额已达到一千万美元。
⊞ 对外贸易 duìwài màoyì 대외무역 | 棉织品 miánzhīpǐn 면직물 | 贸易额 màoyì'é 무역액

저희 회사는 경력이 10년 이상 되는 실력 있는 직원들을 100명 이상 보유하고 있습니다.
本公司拥有一百多名有十多年工作经验的高素质员工队伍。
⊞ 拥有 yōngyǒu 보유하다 | 高素质 gāo sùzhì 자질이 좋은 | 员工 yuángōng 직원 | 队伍 duìwu 대오

저희 회사에는 전문기술 연구원 20명과 다년간의 생산경험이 있는 근로자 100명이 있습니다.
本公司拥有专业技术研发人员二十名以及具有多年生产经验的工人一百名。
⊞ 专业技术 zhuānyè jìshù 전문기술 | 研发 yánfā 연구개발 | 人员 rényuán 인원, 요원 | 工人 gōngrén 노동자

저희 회사는 우수한 전문기술 인력들을 보유하고 있으며, 연구소에는 현재 선임 엔지니어 및 선임 건축가가 15명 있습니다.
本公司拥有一批优秀专业技术人才，研究所目前拥有高级工程师和高级建筑师十五名。
⊞ 批 pī 사람, 물건 등의 무리를 나타내는 양사 | 优秀 yōuxiù 우수한 | 技术 jìshù 기술 | 目前 mùqián 현재 | 高级 gāojí 고급 | 工程师 gōngchéngshī 엔지니어 | 建筑师 jiànzhùshī 건축사

038 본사 및 지사

저희는 소형 가전제품 생산업체로, 대구에 본사가 있으며 창원에 공장이 있습니다.
我们是一家小型家电的生产商，以大邱为基地，在昌原设有工厂。
⊞ 家电 jiādiàn 가전제품 | 生产商 shēngchǎnshāng 생산업체 | 基地 jīdì 근거지 | 设有 shèyǒu 설치되어 있다

회사 본사는 서울에 있으며, 부산 지사 및 대전, 대구, 광주 등 지점이 있습니다.
公司总部位于首尔，设有釜山分公司以及大田、大邱、光州等分支机构。
⊞ 总部 zǒngbù 본사 | 位于 wèiyú ~에 위치하다 | 分公司 fēngōngsī 지사, 계열사 | 以及 yǐjí 그리고 | 分支机构 fēnzhī jīgòu 지점

회사 본사는 한국 서울에 위치하며, 뉴욕과 베이징에 북미, 중국 지사가 각각 설립되어 있습니다.
本公司总部位于韩国首尔，在纽约和北京分设北美洲与中国分公司。
⊞ 纽约 Niǔyuē 뉴욕(New York) | 分设 fēnshè 나누어 설치하다

저희 본사는 서울 강남에 있으며, 대전 지사 및 베이징 사무소가 있습니다.
本公司总部位于首尔江南，分设了大田分公司与北京办事处。
⊞ 办事处 bànshìchù 사무소

회사 본사는 서울에 있으며, 그밖에 일본 도쿄, 미국 뉴욕 및 영국 런던에도 사무소가 있습니다.
公司总部设在首尔，此外公司还在日本东京、美国纽约和英国伦敦设有办事处。
⊞ 设在 shèzài ~에 설치되어 있다 | 伦敦 Lúndūn 런던(London)

TS전자 주식회사는 1982년에 창립되었으며, 본사는 서울에 위치하고 천안에 연구소가 있습니다.
TS电子股份有限公司创立于1982年，总公司位于首尔，在天安设有研究所。
⊞ 创立于 chuànglìyú ~에 창립되다 | 总公司 zǒnggōngsī 본사

저희 회사는 서울에서 설립된 후 대전에서 발전하였습니다. 주로 중국 시장을 겨냥하여 여성의류 수출무역을 합니다.
我公司成立于首尔，发展在大田，主要针对中国市场进行女士服装出口贸易。
⊞ 成立于 chénglìyú ~에서 설립되다 | 针对 zhēnduì ~을 겨냥하다 | 出口贸易 chūkǒu màoyì 수출입무역

TIP '본사'와 '지사'는 중국어로 어떻게 쓸까?

总公司(= 公司总部)	본사
分公司	'지사'에 해당. 독립적인 법인 자격을 가지지 못하고, 법률적 책임을 본사가 짐.
子公司	자회사. 기업 법인의 자격을 가지며, 법에 따라 독립적으로 책임을 짐.
代表处	연락사무소. 시장조사 및 현지 파트너와의 교류 등의 업무를 주로 하며, 영리활동은 할 수 없음.
办事处	(정부·단체·군대 등에서 파견한) 사무소.

039 주요 거래처 및 거래 국가

저희는 주로 미국의 공급업체들과 거래를 합니다.
我们主要和美国供应商进行交易。
⊞ 供应商 gōngyìngshāng 공급업체 | 进行交易 jìnxíng jiāoyì 교역을 하다

저희의 주요 고객은 J&T테크놀로지와 TS전자, YJ전자가 있습니다.
我们的客户主要有J&T科技、TS电子和YJ电子。
⊞ 客户 kèhù 고객, 거래처

저희의 주요 고객은 모두 국내외 유명 전자기기 생산업체 및 무역회사입니다.
本公司主要客户均为国内外知名电器生产厂家及外贸公司。
⊞ 均为 jūn wéi 모두 ~이다 | 知名 zhīmíng 잘 알려진 | 电器 diànqì 전자기기 | 生产厂家 shēngchǎn chǎngjiā 생산업체 | 外贸公司 wàimào gōngsī 무역회사

저희 회사는 현재 미국 Tomato사와 거래를 하고 있으며, 그 외에 아시아 지역에도 저희의 협력사가 여러 군데 있습니다.
本公司现与美国Tomato公司进行贸易，此外亚洲地区也有多家公司与我们合作。
⊞ 亚洲 Yàzhōu 아시아

저희의 의류는 중국 시장에서 보편적으로 환영받고 있습니다.
我们的服装在中国市场受到普遍欢迎。
⊞ 受到普遍欢迎 shòudào pǔbiàn huānyíng 보편적으로 환영받다

저희 회사는 아시아 및 유럽 지역의 20여 개 국가와 거래를 하고 있습니다.
本公司与亚洲和欧洲地区的20多个国家有业务往来。
⊞ 地区 dìqū 지역 | 欧洲 Ōuzhōu 유럽

현재 저희 회사의 주요 고객 정보는 다음과 같습니다.
目前本公司的主要客户信息如下：
⊞ 目前 mùqián 현재 | 信息 xìnxī 정보 | 如下 rúxià 다음과 같다

최근에 저희는 이미 시장을 유럽과 남미로 확장하였습니다.
最近，我们已把市场拓展到了欧洲和南美洲。
⊞ 扩展 kuòzhǎn 넓히다

저희는 이미 많은 대기업과 좋은 업무관계를 맺고 있습니다. 저희 고객에는 다음과 같은 세계 500대 기업이 포함됩니다.
我们已与许多大企业建立了良好的业务关系，我们的客户包含下列世界五百强企业：
⊞ 企业 qǐyè 기업 | 包含 bāohán 포함하다

우리 고객에는 삼성과 현대 등 세계 500대 기업이 포함됩니다.
我们的客户包括三星和现代等世界五百强企业。
⊞ 包括 bāokuò 포함하다

040 수상 경력/신용등급

저희 회사는 1995년에 창립되었으나, 발전속도가 빨라 2000년 이후로 국제박람회 금상을 연달아 10차례 획득하였습니다.
本公司虽然建于1995年，但发展迅速，2000年以来，先后十次获国际博览会金奖。
⊞ 迅速 xùnsù 신속한 | 先后 xiānhòu 잇따라 | 获 huò 획득하다 | 金奖 jīnjiǎng 금상

2010년에 저희 회사는 '유레카 세계발명대회 금상'을 수상하였습니다.
2010年，我公司荣获"尤里卡世界发明金奖"。
⊞ 荣获 rónghuò 영예롭게 획득하다 | 尤里卡 yóulǐkǎ 유레카

2005년 이후로, 저희 회사의 신용등급은 계속 AA입니다.
自2005年以来，我公司资信等级一直是AA级。
⊞ 资信等级 zīxìn děngjí 신용등급

베이징융헝금융사무소 전문평가위원의 평가를 거쳐, 저희 회사는 2014년 신용등급 AA등급을 획득하고, 중소기업 신용등급증서를 획득하였습니다.
经北京永恒金融事务所专家评审委员会评定，我公司2014年资信等级为AA级，已获得中小企业资信等级证书。
⊞ 金融事务所 jīnróng shìwùsuǒ 금융사무소 | 评审 píngshěn 평가하다 | 评定 píngdìng 평가하여 결정하다

저희 회사의 현재 총자산은 2억 위안에 달하고, 회사 신용등급은 AAA급으로, 정부에서 선정하는 '100대 기업'에 여러 차례 선정되었습니다.
我公司现总资产达2亿元，公司资信等级AAA级，多次被政府授予"百强企业"称号。

⊞ 总资产 zǒngzīchǎn 총자산 | 被授予 bèi shòuyǔ 수여받다 | 百强 bǎiqiáng 100대(百大) | 称号 chēnghào 칭호

중국인민은행이 인정한 권위있는 신용평가기구 ABC국제평가자문 유한회사의 엄격한 평가를 거쳐, 저희 회사는 AAA급의 신용등급증서를 획득하였습니다.
经过中国人民银行授权的权威资信评估机构——ABC国际评估咨询有限公司的严格评审，我公司喜获AAA级资信等级证书。

⊞ 授权 shòuquán 권한을 부여하다 | 权威 quánwēi 권위있는 | 资信评估机构 zīxìn pínggū jīgòu 신용평가기구 | 严格 yángé 엄격하다 | 评审 píngshěn 평가하다 | 喜获 xǐhuò 기쁘게 획득하다

저희는 2년 연속 '건설문화대상'을 수상하였습니다.
我们已连续两年被授予"建设文化大奖"。

041 최근 실적 및 전망

국제시장의 변화로 인해, 저희 회사의 무역 실적도 호전되고 있어 올해 무역액이 작년보다 5% 증가하였습니다.
由于国际市场的变化，本公司贸易情况正在好转，今年的贸易额比去年增加了5%。

⊞ 由于 yóuyú ~로 인하여 | 好转 hǎozhuǎn 호전되다 | 贸易额 màoyì'é 무역액 | 增加 zēngjiā 증가하다

저희의 작년 매출액은 5천만 달러이며, 올해 1월의 매출액은 작년 같은 기간보다 15% 증가하였습니다.
我们去年销售额为五千万美元，今年1月份的销售额比去年同期增加了15%。

⊞ 销售额 xiāoshòu'é 매출액 | 同期 tóngqī 같은 기간

3월의 이윤이 2월보다 5% 이상 증가하였습니다.
3月份的利润比2月份增加了5%以上。

⊞ 利润 lìrùn 이윤

저희의 11월 매출액은 전월 대비 10% 증가하였고, 저희가 생산한 A123/135/140호 탁상용 전등 등의 제품이 고객들에게 인정받아 매출액 증가를 이끌었습니다.
本公司11月份的销售额较前一个月增长10%，公司生产的A123/135/140型号台灯等产品得到客户的认可，推动了销售额增长。

⊞ 增长 zēngzhǎng 증가하다 | 台灯 táidēng 탁상용 전등 | 客户 kèhù 고객, 거래처 | 认可 rènkě 인가하다 | 推动 tuīdòng 이끌다

저희 가죽가방에 대한 가격문의가 날로 증가하고 있습니다.
对我们皮包的询盘日益增加。
⊞ 询盘 xúnpán 가격문의 | 日益 rìyì 날로

이번 업무 개편으로, 저희 회사의 타이어 연간 생산량이 대폭 증가할 것입니다.
此次业务重组将使本公司的轮胎年生产量大幅增加。
⊞ 重组 chóngzǔ 재조직 | 轮胎 lúntāi 타이어 | 大幅增加 dàfú zēngjiā 대폭 증가하다

현재 세계 경제가 불경기임에도 불구하고, 저희 회사의 올해 매출액은 작년 대비 10% 증가하였습니다.
尽管目前的世界经济不景气，我们今年的销售额与去年相比仍增加了10%。
⊞ 尽管 jǐnguǎn ~에도 불구하고 | 目前 mùqián 현재 | 不景气 bùjǐngqì 불경기 | 仍 réng 여전히

저희 회사의 발전 전망은 긍정적입니다.
我公司的发展前景很好。
⊞ 发展前景 fāzhǎn qiánjǐng 발전 전망

저희가 생산한 특수섬유 원료에 대한 시장의 수요가 증가하는 추세입니다.
我们生产的特殊纤维材料在市场上的需求量有上升趋势。
⊞ 特殊纤维 tèshū xiānwéi 특수섬유 | 材料 cáiliào 재료, 원료 | 上升 shàngshēng 상승하는 | 趋势 qūshì 추세

저희 회사의 업무량이 안정적으로 증가하여, 전망을 매우 좋게 보고 있습니다.
本公司业务量稳定增长，我们十分看好未来发展前景。
⊞ 稳定 wěndìng 안정적인 | 看好 kànhǎo 좋게 보다

042 회사의 기타 특징

저희 회사는 무역업계에서 명망이 있습니다.
我公司在贸易界很有名望。
⊞ 贸易界 màoyìjiè 무역업계 | 名望 míngwàng 명망

이제까지 저희 회사는 제품의 개발과 혁신에 주력하여 이미 만족스러운 실적을 얻었습니다.
一直以来，我公司致力于产品的开发与革新，已经取得了喜人的业绩。
⊞ 致力于 zhìlìyú ~에 힘쓰다 | 革新 géxīn 혁신 | 喜人 xǐrén 기쁜, 만족스러운 | 业绩 yèjì 실적

저희는 이 비즈니스 분야에서 풍부한 자원과 안정적인 정책을 가지고 있습니다.
我们在这个商业领域拥有丰富的资源和稳定的政策。
⊞ 领域 lǐngyù 분야 | 拥有 yōngyǒu 가지다 | 丰富 fēngfù 풍부한 | 资源 zīyuán 자원 | 稳定 wěndìng 안정적인

저희는 아동 완구 판매경험이 풍부합니다.
我公司对于儿童玩具销售有着丰富的经验。
⊞ 玩具 wánjù 완구 | 销售 xiāoshòu 판매하다

저희 제품은 국내시장에서 판매량이 많습니다.
我们的产品在国内市场的销量很好。
⊞ 销量 xiāoliàng 판매량

저희의 각종 제품은 소비자들의 많은 사랑을 받고 있습니다.
我们的多款产品深受消费者喜爱。
⊞ 多款 duōkuǎn 많은 디자인 | 深受喜爱 shēnshòu xǐ'ài 많은 사랑을 받다

저희 고객들은 저희 회사의 신제품에 대해 항상 좋은 평가를 내리고 있습니다.
我们的客户对我公司的新产品不断给予好评。
⊞ 不断 búduàn 부단히, 항상 | 给予好评 jǐyǔ hǎopíng 좋은 평가를 주다

저희의 질 좋고 저렴한 제품이 분명 마음에 드실 것이라 생각합니다.
相信我们物美价廉的产品一定会让您满意。
⊞ 物美价廉 wùměi jiàlián 질이 좋고 저렴하다 | 满意 mǎnyì 만족하다

저희는 줄곧 '사람 중심, 과학기술 중심'의 이념을 고수하며, 전문적인 품질과 합리적인 가격, 우수한 서비스로 각계의 인사들과 긴밀히 협력하고 있습니다.
我公司一贯坚持"以人为本、科技为尊"的理念，以专业的品质、合理的价格和优质的服务与各界友人真挚合作。
⊞ 一贯 yíguàn 일관되게 | 坚持 jiānchí 고수하다 | 专业 zhuānyè 전문적인 | 合理 hélǐ 합리적인 | 优质 yōuzhì 품질이 우수한 | 友人 yǒurén 벗 | 真挚 zhēnzhì 진실하게

043 상대 회사 및 국가에 대한 관심

저희는 중국 시장에 대해 지속적으로 관심을 갖고 있었습니다.
我们一直对中国市场很感兴趣。

저희는 줄곧 중국과의 협력 범위를 넓히기 위해 노력해 왔습니다.
我们一直努力设法扩大与中国的合作范围。
⊞ 设法 shèfǎ 방법을 강구하다 | 扩大 kuòdà 확대하다

저희는 이전에 줄곧 베트남, 말레이시아 등의 국가로부터 원료를 수입하였으나, 현재 저희의 수요를 완전히 충당하지 못하게 되어 중국의 공급업체를 개발하려고 합니다.

我们以前一直从越南、马来西亚等国家进口原料，但现在不能完全满足我方的需求量，因此，我们想开发中国的供应商。

⊞ 越南 Yuènán 베트남(Vietnam) | 马来西亚 Mǎláixīyà 말레이시아(Malaysia) | 进口 jìnkǒu 수입하다 | 需求量 xūqiúliàng 수요량 | 供应商 gōngyìngshāng 공급업체

이 지역은 중국 녹차에 대해 줄곧 안정적인 수요가 있습니다.

本地区对中国绿茶一向有稳定需求。

⊞ 地区 dìqū 지역 | 一向 yíxiàng 줄곧 | 稳定需求 wěndìng xūqiú 안정적인 수요

저희는 중국의 대두를 구매할 의향이 있습니다.

我们有意购买中国大豆。

⊞ 有意 yǒuyì ~할 의향이 있다 | 购买 gòumǎi 구매하다

044 연락처 및 홈페이지 안내

저희 회사 웹사이트 www.dongan.com을 방문하시면, 더 많은 정보를 얻으실 수 있습니다.

贵方可以访问我公司网站www.dongan.com，了解更多信息。

⊞ 访问 fǎngwèn 방문하다 | 网站 wǎngzhàn 웹사이트 | 了解 liǎojiě 이해하다 | 信息 xìnxī 정보

기타 관련 정보에 대해 알고 싶으시면 저희 웹사이트 www.dongan.com을 방문해 주십시오.

欲知其他相关信息，请访问我公司网站www.dongan.com。

⊞ 欲 yù ~하고 싶다 | 相关信息 xiāngguān xìnxī 관련 정보

저희 회사의 새로운 웹사이트가 개설되었습니다. 방문을 환영합니다.

我公司新网站已开通，欢迎访问。

⊞ 开通 kāitōng 개통하다

기타 정보는 저희 회사 웹사이트에서 얻으실 수 있습니다.

其他信息可在我们的网站上获得。

⊞ 获得 huòdé 획득하다

문제가 있으시면 82-2-123-4567로 전화 주시거나, dongan@dongan.com으로 메일을 보내주십시오.

如有问题，请拨打82-2-123-4567电话联系，或发邮件至dongan@dongan.com邮箱。

⊞ 拨打 bōdǎ (전화를) 걸다 | 邮箱 yóuxiāng 메일박스

궁금한 점이 있으시면, 저에게 직접 연락 주십시오.
如果有任何疑问，请直接与我联系。
⊞ 任何 rènhé 어떠한 | 直接 zhíjiē 직접

저희의 서비스, 상품 또는 기타 방면에 대한 의견이나 건의사항이 있으시면, 즉시 저희에게 연락 주십시오. 전화번호는 82-2-123-4567입니다.
如果您对我们的服务、产品或者其他方面有任何意见或建议，请及时与我们联系，电话号码：82-2-123-4567。
⊞ 服务 fúwù 서비스 | 及时 jíshí 즉시, 때맞춰

저희 제품의 작동법에 대해 의문점이 있으시거나 저희 서비스에 대해 의견이나 건의사항이 있으시면 언제든 알려주십시오. 최대한 빨리 만족스러운 답변을 드리겠습니다.
如果您对我们产品的操作方法有任何疑问，或者对我们的服务有任何意见或建议，请及时告诉我们，我们将尽快给您满意的答复。
⊞ 操作 cāozuò 조작하다, 다루다 | 疑问 yíwèn 의문, 의견 | 尽快 jǐnkuài 되도록 빨리 | 答复 dáfù 답변

TIP '@'은 중국어로?

홈페이지 및 메일 주소 표기에 쓰이는 '.'은 '점'이라는 뜻의 '点(儿) diǎn(r)'로 읽고, '@'은 영어 'at'의 음을 빌려 '爱特 àitè'라고 읽습니다.
또한 국제전화번호를 표시할 때는 '국가번호(한국 82/ 중국 86)-0을 제외한 지역번호/휴대전화 번호-나머지 번호' 순으로 쓰면 됩니다. 중국의 경우, 지역번호 앞에는 '0'이 붙지만, 휴대전화 번호는 '1'로 시작합니다.

045 회사 신용상황 자문 안내

저희 회사 거래은행은 중국은행입니다. 저희의 신용상황에 대해서는 중국은행에 문의해 주십시오.
我公司业务往来银行为中国银行。关于我们的资信情况，请咨询中国银行。
⊞ 资信情况 zīxìn qíngkuàng 신용상황 | 咨询 zīxún 자문하다

저희의 신용상황에 대해서는 중국은행이나 저희 거래처에 문의해 보실 수 있습니다.
至于我方资信情况，可向中国银行或我们的客户询问。
⊞ 至于 zhìyú ~에 있어서는 | 客户 kèhù 고객 | 询问 xúnwèn 문의하다

저희 회사 신용에 대한 객관적인 자료가 필요하시면, 서울 여의도에 있는 대한은행에 연락하시어 저희 신용상황에 대해 알아보실 수 있습니다.
若贵方需要关于我方信用的客观资料，贵方可联系位于首尔汝矣岛的大韩银行了解我们的资信情况。

⊞ 若 ruò 만약 | 位于 wèiyú ~에 위치하다

저희 거래은행인 대한은행에 저희의 신용상황에 대해 문의해 보실 수 있습니다.
贵方可向我方往来银行大韩银行查询我方资信情况。

⊞ 查询 cháxún 문의하다

그곳의 중국은행에서 저희 회사의 신용상황에 대한 자료를 제공해 드릴 수 있습니다.
贵地中国银行可以提供有关我公司资信情况的资料。

⊞ 提供 tígōng 제공하다

필요하시다면, 이 업계에서의 저희의 평판에 대해 TS전자 주식회사에 문의해 보시기를 건의드립니다.
若贵方需要，关于我们在此行业的信誉情况，建议向TS电子股份有限公司查询。

⊞ 行业 hángyè 업계 | 信誉 xìnyù 신망

저희의 재무상황에 대해서는, 베이징 중관촌에 위치한 베이팡전자제품 주식회사에 문의해 보실 것을 추천합니다. 그 회사에서 필요한 정보를 기꺼이 제공할 것입니다.
关于我们的财务状况，我们推荐您咨询位于北京中关村的北方电子产品股份有限公司，他们将很乐意为您提供所需的信息。

⊞ 财务状况 cáiwù zhuàngkuàng 재무상황 | 推荐 tuījiàn 추천하다 | 乐意 lèyì 기쁘게 ~하다

TIP 有限公司와 股份公司의 차이

* **有限公司**(有限责任公司, 유한회사, Co., Ltd.)

50명 이하의 주주가 출자하여 설립한 회사로, 각 주주들은 자신의 출자액만큼 회사에 대해 책임을 지며, 회사는 회사의 전체 자산으로 그 채무에 대해 책임을 지는 경제 조직을 뜻합니다. 사원들은 회사에 대하여 출자금액을 한도로 책임을 질 뿐, 회사채권자에 대하여 아무런 책임도 지지 않습니다.

* **股份公司**(股份有限公司, 주식회사, Co., Ltd./Inc./Corp.)

주식회사는 주식의 발행을 통하여 자본을 조달하는 회사로, 사원인 주주(株主)의 출자로 이루어지는 회사를 말합니다. 따라서 주식으로 나누어진 일정한 자본을 가지고, 모든 주주는 그 주식의 인수가액을 한도로 하는 출자의무를 부담할 뿐, 회사채무에 대하여 아무런 책임도 지지 않습니다.

03 거래 요청 메일에 대한 회신

 거래 요청 메일에 대한 회신은 상대방의 거래 요청에 대한 감사의 인사로 시작하는 것이 좋습니다. 상대방의 요청을 수락할 때는 양사의 협력에 대한 기대 등을 언급하고, 거절할 때는 최대한 정중하게 표현하는 것이 좋습니다. 또한 장래의 협력 가능성을 언급하면서 끝맺어도 좋습니다.

☆ 回复: 关于业务合作的提议

YJ电子股份有限公司:

　　感谢贵方来信表示愿意与我方建立业务关系，但是非常遗憾该商品不在我们经营的范围之内。TS电子生产贵方所需的产品，我建议贵方与他们联系，他们会满足贵方的需要。

　　再次感谢贵方对我公司的关注。希望将来有机会与贵方合作。

　　祝生意兴隆!

J&T科技股份有限公司
李珍熙
2014年7月4日

〈회신: 업무상의 협력에 관한 제의〉

YJ전자 주식회사 앞:

저희와의 거래에 관심을 표하신 귀사의 메일에 감사드립니다. 그러나 매우 유감스럽게도 문의하신 제품은 저희가 취급하고 있지 않습니다. TS전자에서 귀사에서 필요로 하는 제품을 생산하오니, 그 회사에 연락하실 것을 제안드립니다. 그 회사에서 귀사의 필요를 만족시켜 드릴 수 있을 것입니다.

저희 회사에 관심을 가져주신 데 대해 다시 한 번 감사드립니다. 이후에 귀사와 협력할 기회가 있기를 바랍니다.

사업이 번창하시기를 바랍니다!

| 回复 huífù 회신 | 提议 tíyì 제의 | 来信 láixìn 보내온 편지 | 经营范围 jīngyíng fànwéi 경영범위 | 关注 guānzhù 관심, 주목 |
| 生意 shēngyi 사업 | 兴隆 xīnglóng 번영하다 |

046 메일 수신 알림 및 감사

이번 달 4일에 보내주신 메일 잘 받았습니다. 감사합니다.
贵方本月4日的来信收悉，我们非常感谢。
+ 来信 láixìn 보내온 편지 | 收悉 shōuxī 받아보다

저희 회사와의 거래를 요청하신 메일에 대해 감사드립니다.
感谢贵方来信关于希望与我方建立业务关系。
+ 建立业务关系 jiànlì yèwù guānxi 업무관계를 맺다

저희와 업무관계를 맺고 싶다고 하신 지난 번 메일에 대해 감사드립니다.
感谢贵方来函表示希望与我方建立业务关系。
+ 来函 láihán 보내온 편지

저희 면직물에 관심이 있으시다는 것을 알게 되어 매우 기쁘게 생각합니다.
得知贵公司对我们的棉织品感兴趣，我们非常高兴。
+ 得知 dézhī 알게 되다 | 棉织品 miánzhīpǐn 면직물

5월 4일에 보내신 편지 잘 받았습니다. 저희와 직접 거래할 의향이 있으시다니 매우 기쁘게 생각합니다.
收到贵方5月4日的来信，我们很高兴贵方有意与我们建立直接业务关系。
+ 收到 shōudào 받다 | 有意 yǒuyì ~할 의향이 있다

8월 7일에 메일로 저희 회사 컨설팅서비스에 대해 문의해 주신 것에 감사드립니다.
感谢贵公司8月7日来函询问有关我公司的咨询服务一事。
+ 询问 xúnwèn 문의하다 | 咨询服务 zīxún fúwù 컨설팅 서비스

저희 회사가 제공하는 컨설팅서비스에 대해 문의해 주셔서 감사합니다.
感谢贵方来信询问我们提供的咨询服务。

047 거래 요청 수락

6월 7일에 보내신 메일 잘 받았습니다. 귀사와 거래하게 되어 기쁘게 생각합니다.
贵方6月7日的来信收悉，我们很高兴将与贵方建立业务关系。
+ 来信 láixìn 보내온 편지 | 收悉 shōuxī 받아보다

5월 4일에 보내신 편지 잘 받았습니다. 귀사와 거래하게 된 것을 매우 기쁘게 생각합니다.
收到贵方5月4日的来信，我们很高兴将与贵方建立业务往来。
+ 收到 shōudào 받다 | 建立业务关系 jiànlì yèwù guānxi 업무관계를 맺다

저희 회사와 거래를 하고 싶으시다는 귀사의 요청에 환영의 뜻을 표합니다. 귀사와의 협력을 기대하겠습니다.
对贵公司要求与我公司建立业务关系的愿望，我们表示欢迎。我们期待与贵方合作。
⊞ 愿望 yuànwàng 바람 | 表示欢迎 biǎoshì huānyíng 환영을 나타내다

두 회사가 좋은 무역관계를 유지할 수 있기를 바랍니다.
希望贵我双方能保持良好的贸易关系。
⊞ 贵我双方 guìwǒ shuāngfāng 귀사와 저희 양측 | 保持 bǎochí 유지하다 | 贸易关系 màoyì guānxi 무역관계

평등과 상호이익을 바탕으로 귀사와 거래를 하기 원합니다.
我们希望在平等互利的基础上，与贵公司进行交易。
⊞ 平等互利 píngděng hùlì 평등하고 상호이익이 되는

이번 기회가 장기적인 거래관계의 좋은 시작이 되길 바랍니다.
希望这是我们长期贸易关系的良好开端。
⊞ 良好 liánghǎo 양호한, 좋은 | 开端 kāiduān 시작

이번 기회가 장기적으로 양사의 상호이익이 되는 무역관계의 좋은 시작이 되길 바랍니다.
我们希望这将是我们双方长期互利贸易关系的良好开端。
⊞ 互利 hùlì 서로 이익이 되는

두 회사가 성공적인 협력관계를 맺을 수 있을 것이라 생각합니다.
我们认为我们可以建立成功的合作关系。

048 거래 요청 거절

'183 대행사 신청 거절'(P.305) 참고

죄송합니다. 귀사에서 필요하신 제품은 당분간 공급할 수 없습니다.
非常抱歉，我们暂时不能提供贵方所需的产品。
⊞ 暂时 zànshí 잠시 | 提供 tígōng 제공하다

죄송합니다. 문의하신 제품이 이미 품절되어 부득이하게 귀사의 요청을 거절할 수밖에 없습니다.
很抱歉，贵方所需产品已经售完，我们不得不拒绝贵方的要求。
⊞ 售完 shòuwán 품절되다 | 拒绝 jùjué 거절하다

유감스럽게도 귀사와 직접 거래할 수 없다는 것을 알려드립니다. 그곳에 이미 저희 대행사가 설립되어 있습니다.
很遗憾地通知贵方我们不能直接与贵方建立业务关系，因为贵地已经有我们的代理。
⊞ 遗憾 yíhàn 유감이다 | 直接 zhíjiē 직접 | 贵地 guìdì 그쪽 지역[상대방의 지역을 높이는 말] | 代理 dàilǐ 대행사

대단히 죄송합니다. 그곳에서 이미 동안물산이 저희 대행사를 맡고 있기 때문에, 귀사와 직접 교역을 할 수 없습니다. 필요하신 사항이 있으시면, 동안물산과 연락하시면 됩니다.
非常抱歉，由于我方在贵地已有东安物产代理业务，所以不能与贵方直接进行交易。贵方如有需要，可以与他们联系。
⊞ 进行交易 jìnxíng jiāoyì 교역을 하다

저희는 귀사와 거래하기를 매우 원하고 있으나, 유감스럽게도 이미 물건을 구매하여, 당분간 귀사의 제품이 필요하지 않습니다.
我们非常愿意与贵方建立业务关系，但遗憾的是我们已经订了货，暂时不需要贵方提供的商品。
⊞ 建立业务关系 jiànlì yèwù guānxi 업무관계를 맺다 | 订货 dìnghuò 주문하다

저희는 귀사와 거래를 하고 싶으나, 유감스럽게도 문의하신 제품은 저희가 취급하지 않습니다.
尽管我们非常渴望与贵方建立业务关系，但遗憾的是我们不经营贵方所询产品。
⊞ 尽管 jǐnguǎn ～에도 불구하고 | 渴望 kěwàng 갈망하다 | 经营 jīngyíng 취급하다 | 所询 suǒxún 문의한

유감스럽게도 저희 회사는 현재 생산능력에 한계가 있어, 아직 귀사에서 요청하신 수량을 제공할 수 없습니다.
很遗憾，我公司目前的生产能力有限，尚无法提供贵方要求的数量。
⊞ 目前 mùqián 현재 | 尚 shàng 아직 | 无法提供 wúfǎ tígōng 제공할 수 없다

유감스럽게도 이번에는 귀사와 협력을 할 수 없습니다. 다음에는 귀사의 필요를 만족시켜 드릴 수 있기를 바랍니다.
很遗憾，这次我们不能与贵方合作。希望下次我们可以满足贵方的需求。
⊞ 满足 mǎnzú 만족시키다 | 需求 xūqiú 필요, 수요

이 일에 대해서는 다음에 다시 논의하길 바랍니다.
希望下次再谈此事。
⊞ 谈 tán 이야기하다

이후에 귀사와 협력할 기회가 있기를 바랍니다.
希望将来有机会与贵方合作。

그렇지만 양사가 지속적으로 연락하여, 다음에 귀사와 협력할 기회가 있기를 바랍니다.
但是，希望我们继续保持联系，也希望下次能有机会与贵公司合作。

⊞ 保持联系 bǎochí liánxi 연락을 유지하다

TIP 중국의 술자리 예절

중국에는 도수가 높은 술도 많고, 술을 잘 마시는 사람도 많습니다. 하지만 한국처럼 단체생활 속에서의 술문화가 보편화되어 있지는 않습니다. 중국인들은 일반적으로 상대방에게 술을 강하게 권하지 않으며, 술잔을 거절하는 것이 예의에 어긋나지 않습니다. 취할 때까지 마시는 경우도 많지 않으며, 하나의 잔을 여럿이 돌려 마시는 문화가 없습니다. 상대방이 술을 아주 좋아하는 경우야 상관 없겠지만, 그렇지 않은 경우에는 취할 때까지 마시지 않는 것이 좋습니다.

CHAPTER 03

제품 문의 및 소개

01 제품 문의
02 제품 문의에 대한 회신
03 제품 소개
04 가격 협상

01 제품 문의

 제품을 문의할 때는 가격, 재고, 할인조건 등에 대한 문의와 함께 견본 및 카탈로그 발송을 요청할 수 있습니다.

 ☆ 询问B-1系列贺卡

星晨文具销售部：

    我们在阿里巴巴网站上看到贵公司的广告，对几种产品产生了兴趣。这次我们想购买B-1系列贺卡，如能向我方提供目录、价目表及产品详细说明书，我们将不胜感激。

    如果贵方产品质量好，价格合理，我们可以马上订货。如果首次交易令人满意，我们很乐意长期从贵方大量订货。希望贵方能够以适中的价格提供高品质的产品。

    敬候贵公司的尽快回复。

    敬上

东安物产有限公司
金周赫
2014年7月15日

〈B-1 시리즈 축하카드 문의〉

싱천문구 영업부 앞:

저희는 알리바바 사이트에서 귀사의 광고를 보고, 몇 가지 제품에 관심이 생겼습니다. 이번에 B-1 시리즈 축하카드를 구매하고자 하오니, 목록과 가격표, 제품 상세설명서를 보내주시면 대단히 감사하겠습니다.

귀사의 제품이 품질이 좋고 가격이 합리적이면, 즉시 주문할 수 있습니다. 첫 구매가 만족스러우면, 장기적으로 대량 주문을 할 의향이 있습니다. 적절한 가격에 품질 좋은 제품을 공급해 주시길 희망합니다.

귀사의 빠른 회신을 정중히 기다리겠습니다.

정중히 올립니다.

询问 xúnwèn 문의 | 系列 xìliè 시리즈 | 贺卡 hèkǎ 축하카드 | 销售部 xiāoshòubù 영업부 | 价目表 jiàmùbiǎo 가격표 | 不胜感激 búshèng gǎnjī 대단히 감사하다 | 订货 dìnghuò 주문하다 | 首次 shǒucì 첫번째 | 乐意 lèyì 기쁘게 ~하다 | 适中 shìzhōng 알맞은 | 敬候 jìnghòu 공손히 기다리다 | 尽快 jǐnkuài 되도록 빨리 | 回复 huífù 회신

049 제품에 대한 관심 표시

저희는 귀사의 순면 침대시트에 관심이 있습니다.
我方对贵方的纯棉床单感兴趣。

⊕ 纯棉床单 chúnmián chuángdān 순면 침대시트

2014년 상하이 전람회에서 귀사의 부스를 관람한 뒤, 저희는 귀사의 D234형 트랙터에 대해 매우 흥미가 생겼습니다.
在2014年上海展览会上参观贵方的展位后，我们对贵方D234型拖拉机产生了极大的兴趣。

⊕ 展览会 zhǎnlǎnhuì 전람회 | 参观 cānguān 참관하다 | 展位 zhǎnwèi 부스 | 型 xíng 모델 | 拖拉机 tuōlājī 트랙터 | 产生兴趣 chǎnshēng xìngqù 흥미가 생기다

귀사가 디지털TV를 공급하신다고 들었습니다. 저희는 디지털TV에 관심이 있습니다.
我们得知贵公司供应数码电视机，对此我们很感兴趣。

⊕ 得知 dézhī 알게 되다 | 供应 gōngyìng 공급하다 | 数码电视机 shùmǎ diànshìjī 디지털TV

J&T테크놀로지로부터 귀사가 여러 기종의 디지털TV를 제작하신다고 들었습니다. 귀사의 제품들을 좀 구입하고 싶습니다.
从J&T科技获悉贵公司制作一系列数码电视机，我们想订购一些贵方的产品。

⊕ 获悉 huòxī 알게 되다 | 一系列 yīxìliè 일련의 | 订购 dìnggòu 주문하다

우리나라는 면제품에 대한 시장의 수요가 안정적입니다. 저희 회사는 각종 디자인의 남성셔츠를 대량구매할 의향이 있습니다.
我国对棉制品的市场需求稳定，本公司有意大量购买各种款式的男式衬衫。

⊕ 棉制品 miánzhìpǐn 면제품 | 需求 xūqiú 필요, 수요 | 稳定 wěndìng 안정적인 | 有意 yǒuyì ~할 의향이 있다 | 购买 gòumǎi 구매하다 | 款式 kuǎnshì 스타일, 디자인

귀사의 제품 카탈로그에 나열되어 있는 구두를 구매하고 싶습니다.
我们想购买贵公司目录所列的皮鞋。

⊕ 所列 suǒliè 나열한

현재 저희는 신뢰할 만한 완구 공급업체를 찾고 있습니다. 귀사의 제품에 대해 알고 싶습니다.
目前我们正在寻找一家可靠的玩具供应商，想了解一下贵方的产品。

⊕ 目前 mùqián 현재 | 寻找 xúnzhǎo 찾다 | 可靠 kěkào 믿을 만한 | 供应商 gōngyìngshāng 공급업체

050 업무/서비스에 대한 관심 표시

저희 회사는 인터넷 홈페이지를 개설하고자, 현재 믿을 만한 인터넷 회사를 찾고 있습니다.
我们公司想做一个网站，正在寻找信誉比较好的网络公司。
⊞ 网站 wǎngzhàn 웹사이트 | 寻找 xúnzhǎo 찾다 | 信誉 xìnyù 신망 | 网络 wǎngluò 인터넷

저희는 회사 인터넷 사이트를 개설하여 제품을 널리 알리고 싶습니다.
我们想做一个企业网站来推广自己的产品。
⊞ 推广 tuīguǎng 널리 보급하다

다음 주 내로 업무효율을 높여줄 수 있는 컨설팅 회사를 선택할 예정입니다.
我们预计下周之内会选择一家能提升工作效率的咨询公司。
⊞ 预计 yùjì ~할 예정이다 | 提升 tíshēng 높이다 | 效率 xiàolǜ 효율 | 咨询 zīxún 자문, 컨설팅

결정하는 데 도움이 되도록, 귀사의 최신 업무 안내책자를 한 부 보내주십시오.
请寄送一份贵公司最新服务手册，以便于我们做出决定。
⊞ 份 fèn 문서의 양사 | 服务手册 fúwù shǒucè 서비스 안내책자 | 以便于 yǐ biànyú ~에 편리하도록

이 프로젝트를 귀사에 맡기면 언제까지 완성이 가능한지 알고 싶습니다.
我们想知道，如果将此项目交给贵方，贵方需要多长时间能够完成。
⊞ 项目 xiàngmù 사업, 프로젝트 | 交给 jiāogěi ~에게 맡기다

귀사에서 어떠한 서비스를 제공할 수 있는지 알고 싶습니다.
我们想知道，贵方能提供什么样的服务。

죄송하지만 작업일정표를 한 부 보내주십시오.
麻烦您提供给我们一份工作日程表。
⊞ 日程表 rìchéngbiǎo 일정표

051 제품 설명 요청

귀사에서 어떤 품목이 공급 가능한지와 판매조건에 대해 알고 싶습니다.
我们想了解贵方能供应什么，以及贵方的销售条件。
⊞ 供应 gōngyìng 공급하다 | 以及 yǐjí 그리고 | 销售条件 xiāoshòu tiáojiàn 판매조건

귀사 제품의 가격에 대해 좀 알아볼 수 있을까요?
可以了解一下贵方产品的价格吗？

저희에게 관련 제품의 최신가격표를 보내주시면 매우 감사하겠습니다.
如能给我们寄来有关商品的最新价目表，我们将不胜感激。
⊕ 寄来 jìlái 보내오다 | 价目表 jiàmùbiǎo 가격표 | 不胜感激 búshèng gǎnjī 대단히 감사하다

현금으로 지불할 경우 해당 제품의 최저가를 알려주시기 바랍니다.
请告知该货以现金支付的最低价格。
⊕ 告知 gàozhī 알리다 | 以现金支付 yǐ xiànjīn zhīfù 현금으로 지불하다

저희에게 목록과 가격표, 지불방식의 세부 조건을 제공해 주십시오. 아울러 제품의 상세 상황과 가장 빠른 납기일, 운송조건에 대해서도 알려주십시오.
请向我方提供目录、价格表和付款方式细则，并请将产品详细情况、最快交货日期及装运条件告知我们。
⊕ 付款方式 fùkuǎn fāngshì 지불방식 | 细则 xìzé 세부 원칙 | 交货日期 jiāohuò rìqī 납품 날짜, 납기일 | 装运条件 zhuāngyùn tiáojiàn 운송조건

또한 각 제품의 색상 및 디자인별 최소 수출 발주량에 대해 알고 싶습니다.
我们还想了解各类商品的每种颜色和样式的最低出口起销量。
⊕ 样式 yàngshì 스타일, 디자인 | 最低出口起销量 zuìdī chūkǒu qǐxiāoliàng 최소 수출 발주량

기타 관련 정보가 있다면 같이 알려주십시오.
若有其他相关信息，也请一并告知。
⊕ 若 ruò 만약 | 相关信息 xiāngguān xìnxī 관련 정보 | 一并告知 yíbìng gàozhī 같이 알리다

다음의 문제에 대해 답변해 주신다면, 구매 결정을 빨리 할 수 있겠습니다.
贵公司如能就以下问题进行答复，我们将能够尽快决定是否购买。
⊕ 进行答复 jìnxíng dáfù 답변하다 | 决定 juédìng 결정하다 | 购买 gòumǎi 구매하다

죄송하지만 해당 제품이 재고가 있는지 확인해 주십시오. 저희는 200상자가 필요합니다.
烦请确认该产品是否有库存，我们需要两百箱。
⊕ 烦请 fánqǐng 번거로우시겠지만 ~해 주십시오 | 确认 quèrèn 확인하다 | 库存 kùcún 재고

052 견본 및 카탈로그 발송 요청

귀사의 최신 샘플을 보내주시고, 아울러 가격표를 첨부해 주시면 매우 감사하겠습니다.
请把贵公司的最新样品寄给我们并附上价目表，不胜感激。
⊞ 样品 yàngpǐn 샘플 | 附上 fùshàng 첨부하다 | 价目表 jiàmùbiǎo 가격표 | 不胜感激 búshèng gǎnjī 대단히 감사하다

저희에게 목록과 가격표, 샘플을 제공해 주시고, 영문 설명서도 함께 보내주십시오.
请向我方提供目录、价格单和样品，并随附英文说明书。
⊞ 价格单 jiàgédān 가격 목록 | 并 bìng 그리고 | 随附 suífù 함께 첨부하다

귀사의 제품목록과 판매조건을 보내주십시오.
请寄送贵公司产品目录及销售条件。
⊞ 寄送 jìsòng 우편으로 부치다 | 销售条件 xiāoshòu tiáojiàn 판매조건

귀사의 제품목록과 가격표를 보내주시길 바랍니다.
希望能寄来贵方产品目录及价格表。

귀사의 카페트를 구입하고자 하오니, 최대한 빨리 샘플과 판매조건을 보내주십시오.
我们欲购贵公司的地毯，请尽快寄来样品和销售条件。
⊞ 欲 yù ~하고 싶다 | 地毯 dìtǎn 카페트 | 尽快 jǐnkuài 되도록 빨리 | 寄来 jìlái 보내오다

제품 카탈로그 한 부를 보내주실 수 있다면 매우 감사하겠습니다.
如贵方能寄来一份产品目录，将不胜感激。
⊞ 份 fèn 문서를 세는 양사

귀사의 제품 카탈로그를 보내주실 수 있나요?
可否惠寄贵公司的产品目录?
⊞ 可否 kěfǒu ~할 수 있는지 없는지 | 惠寄 huìjì '부치다'의 정중한 표현

되도록 빨리 귀사의 제품 카탈로그를 보내주십시오.
请尽快寄来贵公司的产品目录。

제품목록과 가격표 한 부를 항공우편으로 보내주시면 감사하겠습니다.
如果贵方能航邮寄来一份产品目录及价目表，将不胜感激。
⊞ 航邮寄来 hángyóu jìlái 항공우편으로 보내오다

불편하지 않으시다면 귀사의 제품목록과 가격표를 보내주십시오.
如果方便，请惠寄贵公司的商品目录与价目表。

죄송하지만 제품목록과 가격표, 판매조건을 포함한 제품자료를 보내주십시오.
烦请贵公司提供产品资料，包括产品目录、价目表和销售条件。
⊞ 烦请 fánqǐng 번거로우시겠지만 ~해 주십시오 | 包括 bāokuò 포함하다

샘플과 제품설명서를 금요일 전에 도착하도록 보내주실 수 있나요?
可否请您于星期五前将样品和商品说明书寄达？
⊞ 寄达 jìdá 우편으로 보내 도착하다

053 시험 주문

제품을 시험 주문하고 싶습니다.
我们想向贵方试订一批货。
⊞ 试订 shìdìng 시험 주문하다 | 批 pī 사람, 물건 등의 무리를 세는 양사

저희는 귀사 제품의 가격이 합리적이라고 생각합니다. 청바지 100벌을 시험 주문하고 싶습니다.
我们认为贵方产品价格合理，我们想试购一百件牛仔裤。
⊞ 试购 shìgòu 시험 주문하다 | 牛仔裤 niúzǎikù 청바지

저희는 귀사가 《경제일보》에 올린 광고에 관심이 있습니다. 광고 중의 남성셔츠를 시험 주문해 보고 싶습니다.
对贵方刊登在《经济日报》上的广告，我们很感兴趣。我们想试购广告上的一些男式衬衫。
⊞ 刊登 kāndēng 게재하다 | 衬衫 chènshān 셔츠

귀사의 견적서 받았습니다. 먼저 시험 주문을 하려고 합니다.
贵方的报价收悉，我们打算向贵方试订购。
⊞ 报价 bàojià 견적 | 收悉 shōuxī 받아보다 | 试订购 shì dìnggòu 시험 주문을 하다

신제품을 먼저 소량 구입해 보고 싶습니다. 만약 품질이 저희의 요구 기준에 부합하면, 해당 상품을 대량구매 하겠습니다.
我们想先少量订购些新产品。如果质量合乎要求，我们将大量购买。
⊞ 订购 dìnggòu 주문하다 | 合乎 héhū ~에 맞다 | 购买 gòumǎi 구매하다

054 맺음말

> 제품 문의 메일의 마무리 표현으로, '016 빠른 회신 부탁'(P.74) 참고

귀사의 제품이 만족스러우면, 정기적으로 대량구매를 할 예정입니다.
如果贵方产品令人满意，我们打算定期向贵方大量订购。
⊞ 满意 mǎnyì 만족하다 | 订购 dìnggòu 주문하다

귀사의 가격이 경쟁력이 있으면, 장기적으로 대량구매를 할 의향이 있습니다.
如果贵方价格具有竞争力，我们很乐意长期从贵公司大量订货。
⊞ 具有竞争力 jùyǒu jìngzhēnglì 경쟁력을 갖추다 | 乐意 lèyì 기쁘게 ~하다 | 订货 dìnghuò 주문하다

가격이 합리적이면, 즉시 제품을 구매하겠습니다.
如果价格合理，我方将马上订货。

귀사의 상품이 품질이 좋으면, 대량 주문서를 드리겠습니다.
如果贵方产品质量好，我方将给贵方大量订单。
⊞ 订单 dìngdān 주문서

품질이 확실히 보장된다는 전제 하에, 만약 가격이 합리적이라면 저희 지역은 아주 좋은 시장이 될 것입니다.
在确保质量的前提下，只要价格合理，本地将会是一个很好的市场。
⊞ 确保 quèbǎo 확실히 보장하다 | 前提 qiántí 전제 | 本地 běndì 이곳

귀사의 음식물쓰레기 처리기의 가격이 합리적이기만 하면, 저희는 꼭 귀사에 주문을 하겠습니다.
只要贵公司的食品垃圾处理器价格合理，本公司必从贵公司订购。
⊞ 垃圾 lājī 쓰레기

귀사의 판매조건이 저희의 요구에 부합한다면, 저희는 즉시 계약서에 서명하겠습니다.
如果贵方销售条件符合我们的要求，我们将立即与贵方签合同。
⊞ 销售条件 xiāoshòu tiáojiàn 판매조건 | 符合 fúhé 부합하다 | 立即 lìjí 즉시 | 签合同 qiān hétong 계약서에 서명하다

TIP 중국에서의 숫자 표기

중국에서는 숫자를 표기할 때, '一百'처럼 한자로 표기하는 것을 '大写', '100'처럼 아라비아 숫자로 표기하는 것을 '小写'라고 합니다. 한국에서는 금액을 표시할 때 '5천만'처럼 아라비아 숫자와 한글을 결합해 쓰기도 하지만, 중국에서는 일반적으로 아라비아 숫자와 한자를 결합해 쓰지 않습니다.

02 제품 문의에 대한 회신

 제품 문의에 대한 회신은 감사의 인사로 시작하는 것이 좋습니다. 메일에는 제품에 대한 간략한 설명을 적고, 구체적인 내용은 첨부파일로 보냅니다. 상대방이 구매결정을 빨리 내릴 수 있도록, 제품 및 서비스의 장점 및 할인혜택에 대해 언급해 주는 것도 좋습니다.

☆ 回复：询问B-1系列贺卡

金周赫先生：

　　感谢贵方3月19日来函询问我们的B-1系列贺卡。贵方要求的目录、价目表及产品说明书已航邮寄去。此外，另航邮样品一批。

　　我们的产品工艺精、款式时尚、价格合理，目前在欧美也很畅销。我们相信贵公司一定会对我们的产品满意。

　　如单个货品订购量超过一万张，我们将给予贵方9折优惠。如需其他信息，请与我联系。

　　盼望早日收到贵方的订单。

　　敬上

星晨文具股份有限公司
李建平
2014年7月10日

〈회신: B-1시리즈 축하카드 문의〉

김주혁 선생님께:

3월 19일에 보내신 B-1 시리즈 축하카드 문의 메일에 감사드립니다. 귀사에서 요청하신 목록과 가격표, 제품 설명서는 이미 항공편으로 보냈습니다. 그 외에 따로 샘플도 보냈습니다.

저희 제품은 정교하게 제작되고, 디자인이 세련되며, 가격이 합리적이어서 현재 유럽과 미국에서도 잘 팔리고 있습니다. 귀사에서 분명 저희 제품에 만족하실 것이라 생각합니다.

만약 단품 구매량이 1만 장이 넘으면 10% 할인혜택을 드리겠습니다. 다른 정보가 필요하시면 저에게 연락주십시오. 빠른 시일 내에 주문서를 받기를 기대하겠습니다.

정중히 올립니다.

回复 huífù 회신 | 询问 xúnwèn 문의하다 | 系列 xìliè 시리즈 | 贺卡 hèkǎ 축하카드 | 价目表 jiàmùbiǎo 가격표 | 航邮寄去 hángyóu jìqù 항공우편으로 보내다 | 样品 yàngpǐn 샘플 | 批 pī 사람, 물건 등의 무리를 세는 양사 | 工艺精 gōngyì jīng 기술이 정교하다 | 款式 kuǎnshì 디자인 | 时尚 shíshàng 세련된 | 目前 mùqián 현재 | 畅销 chàngxiāo 잘 팔리다 | 订购量 dìnggòuliàng 주문량 | 给予优惠 jǐyǔ yōuhuì 혜택을 주다 | 信息 xìnxī 정보 | 盼望 pànwàng 간절히 바라다 | 收到 shōudào 받다 | 订单 dìngdān 주문서

055 상대방의 문의에 대한 감사

4월 19일에 보내주신 가격문의 메일에 감사드립니다.
感谢贵方4月19日的询价。
⊞ 询价 xúnjià 가격문의

귀사의 구체적인 가격문의 메일을 받게 되어 매우 기쁩니다.
我们很高兴得到贵方的具体询价。

4월 5일의 가격문의 메일을 받게 되어 매우 기쁩니다.
非常高兴收到贵方4月5日的询价。
⊞ 收到 shōudào 받다

3월 5일에 보내주신 메일에 대해 감사드리며, 저희 제품에 대해 관심을 가져주셔서 감사합니다.
感谢贵方3月5日的来信，并感谢贵方对我方产品感兴趣。
⊞ 来信 láixìn 보내온 편지

2월 9일에 보내신 견적문의 메일 받았습니다.
2月9日询问报价的来信已经收到。
⊞ 询问 xúnwèn 문의하다 | 报价 bàojià 견적

저희 회사 제품에 관심을 가져주셔서 감사합니다.
感谢贵公司对我公司产品的关注。
⊞ 关注 guānzhù 관심

저희의 가을 상품에 대해 문의해 주셔서 매우 감사합니다.
非常感谢贵公司来信询问我们的秋季产品。

저희 회사 제품에 이렇게 관심을 가져주신 것에 대하여 진심으로 감사드립니다.
承蒙对我公司产品如此关注，对此表示衷心感谢。
⊞ 承蒙 chéngméng ~을 받다[매우 정중한 표현] | 如此 rúcǐ 이와 같은 | 衷心 zhōngxīn 진심으로

12일에 보내신 문의 메일에 대해 감사의 뜻을 표합니다.
贵公司12日来函询问，我们对此表示谢意。
⊞ 来函 láihán 보내온 편지

056 상대방의 문의에 대한 답변

귀사에서 요청하신 정보는 다음과 같습니다.
贵公司所要求的信息如下：
⊞ 信息 xìnxī 정보 | 如下 rúxià 다음과 같은

귀사에서 문의하신 사안에 대해 다음과 같이 답변 드리겠습니다.
现答复贵方所询事宜：
⊞ 答复 dáfù 답변하다 | 所询 suǒxún 문의한 | 事宜 shìyí 일, 사안

문의하신 문제에 대해 다음과 같이 답변 드리겠습니다.
对您所询问题现答复如下：

보내주신 메일 확인하였습니다. 다음과 같이 답변 드리겠습니다.
贵方的邮件已收悉，现答复如下：
⊞ 收悉 shōuxī 받아보다

첨부파일 목록의 제10페이지에서 상세 설명을 보실 수 있습니다.
您可以在附件目录的第10页中看到详细的说明。
⊞ 附件 fùjiàn 첨부문서 | 页 yè 페이지 | 详细 xiángxì 상세한

설비 및 공정 일정 관련 정보를 제공해 드릴 수 있어 기쁩니다.
我们很高兴能为您提供相关设备及工程日程的信息。
⊞ 设备 shèbèi 설비 | 工程日程 gōngchéng rìchéng 공정 일정

057 목록/자료 첨부 안내

1월 13일의 가격문의에 대해 회신 드리며, 아울러 가격표와 최신제품 목록을 첨부합니다.
现回复贵方1月13日询盘，随函附上价格单及最新产品目录。
⊞ 回复 huífù 회신하다 | 询盘 xúnpán 가격문의 | 随函附上 suíhán fùshàng 편지와 함께 첨부하다 | 价格单 jiàgédān 가격 목록

귀사에서 요청하신 가격표와 저희의 판매조건을 첨부해 드립니다. 그 외에, 카탈로그 한 부를 이미 항공편으로 발송하였습니다.
现随函附上贵方要求的价目表以及我方的销售条件，另外已用航空邮件寄去目录一份。
⊞ 价目表 jiàmùbiǎo 가격표 | 以及 yǐjí 그리고 | 销售条件 xiāoshòu tiáojiàn 판매조건 | 寄去 jìqù (우편으로) 보내다 | 份 fèn 문서를 세는 양사

그 밖에 EMS로 신상품 샘플을 참고용으로 보냈습니다.
我们另通过EMS寄上新产品的样品，供贵方参考。
⊞ 样品 yàngpǐn 샘플 | 供参考 gōng cānkǎo 참고를 위해서

오늘 오전에 이미 요청하신 자료를 EMS로 보냈습니다. 자료에는 저희 제품의 가격표와 판매조건이 포함되어 있습니다.
今天上午我们已将贵方所要求的资料通过EMS快递发出，资料中包含了我们产品的价目表和销售条件。
⊞ 快递 kuàidì 속달 우편, 택배

저희의 제품목록을 오늘 오전에 발송하였습니다.
我们的产品目录今天上午已寄出。
⊞ 寄出 jìchū 우편으로 부치다

귀사에서 요청하신 최신제품 목록과 가격표, 주문서를 첨부하오니 자세히 읽어주십시오.
随信附上贵方要求的最新产品目录、价格表和订购单，请细读。
⊞ 订购单 dìnggòudān 주문서 | 细读 xìdú 자세히 읽다

샘플과 제품목록을 첨부하오니, 참고가 되시길 바랍니다.
附上样品和产品目录，希望能为您提供参考。
⊞ 附上 fùshàng 첨부하다

3일에 보내신 메일에서 요청하신 대로, 제품목록을 첨부합니다.
应您3日来信中的要求，我们附上产品目录。
⊞ 应 yìng 응하다 | 来信 láixìn 보내온 편지

해당 시리즈 제품의 상세 설명자료를 이미 발송하였습니다. 이해하시는 데 도움이 되시기를 바랍니다.
该系列产品的详细说明资料已寄去，希望能有助于您了解情况。
⊞ 系列 xìliè 시리즈 | 详细说明 xiángxì shuōmíng 상세 설명 | 有助于 yǒuzhùyú ~에 도움이 되다

요청하신 대로 샘플과 상세설명서를 보냈습니다.
如您所要求，已寄去样品和详细说明书。

첨부파일에 있는 저희 회사 제품목록을 확인해 주십시오.
请查收附件中本公司的产品目录。
⊞ 查收 cháshōu 살펴보고 받다 | 附件 fùjiàn 첨부문서

TIP 국제 특송 업체의 중국 명칭

특송 및 택배 서비스는 주로 '○○○快递'라고 지칭합니다. 예 通过EMS快递发出 EMS 특송으로 보내다

대표적인 국제 특송 업체의 중국 명칭은 다음과 같습니다.

영문명	중문명	주로 쓰이는 명칭
EMS	全球邮政特快专递	EMS(国际)快递
FedEx	联邦快递	联邦(国际)快递 / FedEx(国际)快递
DHL		DHL(国际)快递
UPS		UPS(国际)快递

⊞ 快递 kuàidì 속달 우편 | 邮政 yóuzhèng 우편행정 | 特快 tèkuài 특급, 특별히 빠른 | 专递 zhuāndì 전문배달 | 联邦 liánbāng 연방

058 제품 특성 소개

본 제품의 가격은 경쟁력을 갖추었으며 정교하게 제작되어, 미국에서 매우 환영받고 있습니다.
该产品价格具有竞争力，制作精细，在美国很受欢迎。

⊞ 具有竞争性 jùyǒu jìngzhēngxìng 경쟁력을 갖추다 | 制作精细 zhìzuò jīngxì 제작이 정교하다

저희 완구는 10여 개국에서 판매되고 있으며, 독특한 디자인으로 많은 고객들로부터 호평을 받고 있습니다.
我们的玩具畅销十多个国家，以独特的款式引得了诸多顾客的赞誉。

⊞ 畅销 chàngxiāo 잘 팔리다 | 款式 kuǎnshì 디자인 | 引得赞誉 yǐndé zànyù 칭찬 받다 | 诸多 zhūduō 많은

저희 제품은 우수한 원료를 사용하여 내구성이 좋고 편안함을 보증합니다.
我们的产品原料优良、保证耐用、舒适。

⊞ 优良 yōuliáng 우수한 | 保证 bǎozhèng 보증하다 | 耐用 nàiyòng 오래가다 | 舒适 shūshì 편안하다

저희 제품은 일본산 유사 제품들보다 품질이 우수하며, 아울러 가격이 10% 저렴합니다.
我们产品的质量比日本产的同类产品要好，而且价格要低10%。

⊞ 要 yào 비교문에서 강조를 나타냄

저희 제품은 품질이 우수하고, 가격이 합리적이며 사용하기 편리해, 더 많은 고객들의 요구를 만족시킬 수 있을 것입니다.
我们的产品品质优良、价格合理、使用方便，可满足更多客户的需求。

⊞ 需求 xūqiú 필요

이 제품은 다음과 같은 다섯 가지의 뚜렷한 특성을 지니고 있습니다.
这一产品具有以下五个显著特点：
⊞ 具有 jùyǒu 가지다 | 显著 xiǎnzhù 현저한

다른 제조업체 제품의 품질은 절대로 저희 회사를 따라올 수 없습니다.
其他厂商的产品质量绝对不能与本公司的相提并论。
⊞ 厂商 chǎngshāng 제조업체 | 相提并论 xiāngtí bìnglùn 한데 섞어 논하다, 동등하게 대우하다

이 제품은 ISO9002(2013) 품질 시스템 인증을 통과하였습니다.
该产品通过了ISO9002(2013)质量体系认证。
⊞ 质量体系认证 zhìliàng tǐxì rènzhèng 품질 시스템 인증

059 가격 및 재고 소개

저희 홍차의 칭다오 FOB(본선인도조건) 가격 견적을 내드립니다. 한 상자에 100위안입니다.
现报我们红茶的FOB青岛价，每箱一百元人民币。
⊞ 报价 bàojià 견적을 내다

기쁜 마음으로 남성셔츠의 최저 견적을 드립니다. 한 벌에 40위안입니다.
很高兴向贵方报男式衬衫的最低价，每件四十元人民币。
⊞ 报最低价 bào zuìdījià 최저 견적을 내다 | 衬衫 chènshān 셔츠

저희 가격이 경쟁력 있다는 것을 발견하실 것입니다.
贵方会发现我们的价格很有竞争力。
⊞ 很有竞争力 hěn yǒu jìngzhēnglì 매우 경쟁력 있다

(이 제품은) 바로 물량을 보내드릴 수 있습니다.
我们可以现货交付。
⊞ 现货 xiànhuò 현재 있는 물건 | 交付 jiāofù 넘기다

* '재고' 또는 '(현재 있는) 물량'을 나타낼 때는 '现货 xiànhuò/库存 kùcún/存货 cúnhuò' 등의 용어를 사용합니다. '现货'는 '현재 확보한, 만들어져 있는 물건'이라는 뜻으로, 한국어의 '재고'와 의미가 비슷하나, '팔리지 않은 물건'이라는 부정적인 의미는 없습니다. '库存'은 '창고에 있는 물량', '存货'는 '저장되어 있는 물건'이라는 뜻입니다.

귀사에서 필요하신 제품은 재고가 있어 바로 공급 가능합니다.
贵方所需的产品有现货可供。
⊞ 可供 kěgōng 공급할 수 있다

문의하신 제품은 모두 재고가 있습니다. 확실히 10월 내에 화물을 첫 번째 화물선에 실을 수 있습니다.
贵方所询的产品均有现货，可保证10月之内将货物装上第一条轮船。
- 所询 suǒxún 문의한 | 均有 jūn yǒu 모두 ~가 있다 | 保证 bǎozhèng 보증하다 | 第一条轮船 dì yī tiáo lúnchuán 첫 번째 기선

필요하신 제품은 모두 재고가 있어 현재 공급이 가능합니다.
贵方所需的各项产品，均以现货供应。
- 各项 gèxiàng 각 항목 | 以现货供应 yǐ xiànhuò gōngyìng 현재 있는 물건을 공급하다

저희는 즉시 구두 재고 물량의 견적을 내드릴 수 있습니다.
我们现在可以报皮鞋现货。
- 报现货 bào xiànhuò 현재 있는 물량의 견적을 내다

이 제품의 공급 상황은 매우 좋습니다. 즉시 물량을 공급해 드릴 수 있습니다.
这种产品的供应情况很好，可以立刻交现货。
- 供应情况 gōngyìng qíngkuàng 공급 상황 | 立刻 likè 즉시

5월 말 전에 주문을 하시면 재고가 남아있을 것이라 보장합니다.
如在5月底之前订购，我方保证有现货。
- 月底 yuèdǐ 월말 | 订购 dìnggòu 주문하다

저희는 각종 모델의 라디오 물량을 확보하고 있습니다.
我们有各种型号的收音机现货。
- 型号 xínghào 모델

문의하신 제품이 모두 즉시 공급 가능하다는 것을 기쁘게 알려드립니다.
欣然告知贵方所询商品有现货供应。
- 欣然 xīnrán 기쁘게 | 告知 gàozhī 알리다

문의하신 가죽가방은 현재 재고가 있습니다. 주문을 하시면, 주문서를 받은 후 12시간 내로 발송해 드리겠습니다.
贵方所询的皮包目前还有库存，如收到贵方订单，本公司将于12小时之内发货。
- 库存 kùcún 재고 | 订单 dìngdān 주문서 | 发货 fāhuò 물품을 발송하다

저희가 생산하는 스티로폼이 현재 재고가 없습니다. 다음 물량은 다음 달에 출고될 예정입니다.
本公司生产的泡沫塑料目前已经没有库存，下一批货将于下个月出厂。
- 泡沫塑料 pàomò sùliào 스티로폼 | 出厂 chūchǎng 출고되다

060 A/S 소개

이 제품은 다음과 같은 서비스 항목을 포함합니다.
该产品包括以下服务项目：
⊞ 包括 bāokuò 포함하다 | 服务 fúwù 서비스 | 项目 xiàngmù 항목

TS전자는 전국 애프터서비스를 실행하여 고객들께 편의를 제공하고 있습니다.
TS电子实行全国联保，给顾客带来了便利。
⊞ 全国联保 quánguó liánbǎo 전국 애프터서비스 | 给…带来便利 gěi…dàilái biànlì ~에게 편리를 가져다주다

저희 회사는 해당 설비의 수리 서비스를 책임지며, 서비스 비용은 우대해 드릴 수 있습니다.
我公司负责该设备的保修服务，服务费可以优惠。
⊞ 负责 fùzé 책임지다 | 设备 shèbèi 설비 | 保修服务 bǎoxiū fúwù 수리 서비스 | 服务费 fúwùfèi 서비스 비용 | 优惠 yōuhuì 우대하다

A/S 기간이 끝난 후에도 저희 회사는 기본 재료비만 받고 언제든지 가서 수리를 해 드립니다.
在保修期满后，本公司仍坚持随叫随到保证维修，并只收基本材料费。
⊞ 保修期满 bǎoxiūqī mǎn 수리 기간이 만료되다 | 坚持 jiānchí 고수하다 | 随叫随到 suíjiào suídào 부르는 즉시 가다 | 保证 bǎozhèng 보증하다 | 维修 wéixiū 수리하다

A/S 방식: 저희 회사 제품은 3개월 이내 교환 보증, 1년 이내 수리 보증 정책을 실시합니다.
保修方式：我公司产品实行3个月保换，1年保修的维修政策。
⊞ 保修 bǎoxiū 수리 보증 | 保换 bǎohuàn 교환 보증

저희 회사는 3개월 이내 교환 보증, 3년 이내 수리 보증 정책을 실시합니다.(인위적 파손이나 비정상적인 사용으로 인한 손상은 무료 서비스 범위에 해당되지 않습니다.)
本公司实行3个月保换，3年保修(人为损坏及非正常使用造成损坏不在免费保修范围之内)。
⊞ 人为损坏 rénwéi sǔnhuài 인위적인 파손

저희 회사 제품은 모두 3개월 이내 교환 보증, 1년 이내 무상수리 보증, 평상 유상수리 보증 서비스를 실시합니다.
本公司产品都实行3个月保换，1年免费保修，终身有偿保修的服务。
⊞ 有偿保修 yǒucháng bǎoxiū 유상수리

본 제품은 3개월 이내 교환 보증, 2년 이내 무상수리 보증과 1년 이내 배터리 교환, 3년 이내 배터리 무상수리를 보증합니다.
本产品3个月保换，2年保修；电池1年保换，3年保修。
⊞ 电池 diànchí 배터리

정상적으로 사용했을 경우, 저희 회사는 다음 제품들에 대해 3년 품질 보증 및 전국 A/S를 실시합니다.
在正常使用情况下，我公司对下列产品实行3年质量保证、全国联保。
⊞ 下列 xiàliè 아래에 열거한 | 质量保证 zhìliàng bǎozhèng 품질 보증

A/S 기간 내에, 저희 회사는 무상수리 서비스를 제공합니다.
在保修期内，我公司提供免费维修服务。
⊞ 免费维修服务 miǎnfèi wéixiū fúwù 무상수리 서비스

061 할인혜택 및 가격 우대조건 제시

주문 금액이 2만 위안을 넘을 경우, 5%의 특별할인을 해 드리겠습니다.
如贵方订单金额超过两万元人民币，我们将给予贵方5%的特别折扣。
⊞ 订单 dìngdān 주문서 | 给予特别折扣 jǐyǔ tèbié zhékòu 특별할인을 해 주다

프로모션 행사로, 4월 말 전에 들어온 모든 주문서를 대상으로 6%의 할인을 해 드립니다.
作为促销，凡于4月底之前收到的订单我们给予6%的折扣。
⊞ 促销 cùxiāo 프로모션 | 凡 fán 모든 | 月底 yuèdǐ 월말 | 收到 shōudào 받다

시즌오프 창고정리 행사로, 이번에 최고 우대가로 드립니다.
因为季末清仓，我们这次提供最优惠的价格。
⊞ 季末清仓 jìmò qīngcāng 시즌오프 창고정리 | 最优惠价格 zuì yōuhuì jiàgé 최고 우대가격

특별히 단골고객을 대상으로 가격할인을 실시하여, 카탈로그 상의 모든 가격에서 10% 할인해 드립니다.
我们特别给老客户做了降价，目录中所有价格均可给予9折优惠。
⊞ 老客户 lǎokèhù 단골고객 | 做降价 zuò jiàngjià 가격을 내리다 | 目录 mùlù 카탈로그 | 给予优惠 jǐyǔ yōuhuì 혜택을 주다

1만 달러 이상의 주문에 대해, 저희는 보통 10%의 할인을 적용하고 있습니다.
对于一万美元以上的订单，我方通常给予10%的折扣。
⊞ 通常 tōngcháng 보통

> **TIP** '할인하다/혜택을 주다'의 여러 가지 표현

- 给10%的折扣　10% 할인해 주다
- 给予10%的折扣　10% 할인해 주다
- 给予10%的折扣优惠　10% 할인혜택을 주다
- 提供10%的优惠　10%의 혜택을 제공하다
- 给予9折优惠　10% 할인혜택을 주다
- 再给10%的折扣　다시 10% 할인해 주다
- 以最优惠价提供产品　최고 우대가로 상품을 제공하다
- 提供最优惠的价格　최고 우대가를 제공하다
- 降价10%　가격을 10% 낮추다
- 给予10%的降价　가격을 10% 낮춰주다
- 特别折扣　특별할인
- 额外折扣　추가할인

⊞ 折扣 zhékòu 할인 | 给予 jǐyǔ 주다 | 优惠 yōuhuì 혜택 | 提供 tígōng 제공하다 | 降价 jiàngjià 가격을 내리다 | 额外 éwài 금액 외, 추가 금액

062 구매 독려1 - 제품 및 서비스에 대한 확신

저희 제품이 그곳 시장에서 금방 베스트셀러가 될 것을 확신합니다.
我们相信我们的产品在贵地市场上将很快成为畅销品。
⊞ 贵地 guìdì 그쪽 지역[상대방의 지역을 높이는 말] | 畅销品 chàngxiāopǐn 베스트셀러

틀림없이 견본과 같은 품질의 제품을 제공해 드리겠습니다.
毫无疑问，我方会提供与样本质量一样的产品。
⊞ 毫无疑问 háowú yíwèn 의문의 여지 없이 | 样本 yàngběn 견본

(저희 제품에) 만족하실 것이라 확신합니다.
我们相信贵方会感到满意。
⊞ 感到满意 gǎndào mǎnyì 만족하다

안심하십시오. 최선의 서비스를 제공하겠습니다.
贵方尽可放心，我们会提供最好的服务。
⊞ 尽可放心 jǐnkě fàngxīn 얼마든지 안심해도 되다 | 服务 fúwù 서비스

이번 거래가 당신에게 이익을 가져다줄 것이라 확신합니다.
我们相信此交易会给您带来实惠。
⊞ 交易 jiāoyì 교역 | 给…带来实惠 gěi…dàilái shíhuì ~에게 실리를 가져다주다

063 구매 독려2 – 빠른 구매 요청 및 감사 인사

해당 제품의 수요가 많으니, 가능한 한 빨리 주문하실 것을 제안합니다.
由于该产品需求量大，我们建议贵方尽快订货。
⊞ 由于 yóuyú ~로 인하여 | 需求量 xūqiúliàng 수요량 | 尽快 jǐnkuài 되도록 빨리 | 订货 dìnghuò 주문하다

이 제품은 재고가 많지 않으니 빨리 결정해 주시기 바랍니다.
此产品库存量有限，请尽快决定。
⊞ 库存量 kùcúnliàng 재고량 | 有限 yǒuxiàn 한계가 있는

최대한 빨리 주문을 해 주시기 바랍니다.
敬劝贵方尽快下订单。
⊞ 敬劝 jìngquàn 정중히 권하다 | 下订单 xià dìngdān 주문하다

현재 있는 재고가 소진되면 부득이하게 가격을 인상하게 될 수 있으므로, 빨리 주문을 하실 것을 제안 드립니다.
目前的库存一旦售完可能必须提价，为此我们建议您即时下订单。
⊞ 目前 mùqián 현재 | 售完 shòuwán 다 팔리다 | 提价 tíjià 가격을 올리다 | 即时 jíshí 즉시

가까운 시일 내에 귀사의 주문서를 받게 되기를 바랍니다.
盼望早日收到贵方的订单。
⊞ 盼望 pànwàng 간절히 바라다 | 早日 zǎorì 빠른 시일 안에 | 订单 dìngdān 주문서

만약 저희 제품의 판매조건이 귀사의 요구에 부합한다면, 빠른 시일 안에 주문해 주시기 바랍니다.
如果我们的产品销售条件符合贵公司的要求，请早日订购。
⊞ 销售条件 xiāoshòu tiáojiàn 판매조건 | 符合 fúhé 부합하다 | 订购 dìnggòu 주문하다

귀사의 시험 주문서를 받을 수 있기를 기대하겠습니다.
期盼收到贵公司的试订单。
⊞ 期盼 qīpàn 기대하다 | 试订单 shìdìngdān 시험 주문서

구매할 제품을 선택하셨다면, 빠른 시일 내에 답변을 주시기 바랍니다.
如贵公司已决定选择何种产品，期待早日答复。
⊞ 何种 hézhǒng 어느 종류 | 答复 dáfù 답변하다

시험 주문을 하신다면 대단히 감사하겠습니다.
如承试订货，我们将不胜感激。
⊞ 承 chéng ~을 받다 | 试订货 shì dìnghuò 시험 주문하다 | 不胜感激 búshèng gǎnjī 대단히 감사하다

당신을 위해 일할 기회가 생긴다면 대단히 감사하겠습니다.
如能有机会为您服务，将非常感谢。
⊞ 服务 fúwù ~를 위해 일하다

회신을 간절히 기다리겠습니다. 그리고 당신과 협력할 기회가 생기기를 바랍니다.
殷切期待您的回信，并希望有机会与您展开合作。
⊞ 殷切 yīnqiè 간절히 | 并 bìng 그리고 | 展开 zhǎnkāi 펼치다 | 合作 hézuò 협력하다

이번의 좋은 기회를 잘 이용하시기를 정중히 권해드립니다.
敬劝贵方好好利用这次良机。
⊞ 敬劝 jìngquàn 정중히 권하다 | 良机 liángjī 좋은 기회

064 제품 공급 불가 이유 설명

※ 이와 비슷한 내용으로, '048 거래 요청 거절'(p.122) 참고

대단히 죄송합니다. 현재 재고가 부족해 귀사의 주문서를 처리할 수가 없습니다.
非常抱歉，由于库存不足，我方不能执行贵方订单。
⊞ 由于 yóuyú ~로 인하여 | 库存 kùcún 재고 | 执行 zhíxíng 집행하다 | 订单 dìngdān 주문서

죄송합니다. 현재 재고 부족으로 주문을 받을 수 없습니다.
很抱歉，由于库存短缺，目前不能接受新订单。
⊞ 短缺 duǎnquē 부족하다

죄송하지만, 해당 제품은 현재 재고가 없습니다. 새로 물품이 들어오는 대로 즉시 공지해 드리겠습니다.
很抱歉，此货物现已无存货。一旦有了新的供货，我们将立刻通知您。
⊞ 存货 cúnhuò 재고 | 供货 gōnghuò 공급 물품 | 立刻 lìkè 즉시

문의하신 제품이 잠시 품절되어, 대략 5월 전후에 새로운 물건을 공급할 수 있을 것 같습니다.
您所询的货物暂缺货，大概要到5月前后有新货供应。
⊞ 所询 suǒxún 문의한 | 暂 zàn 잠시 | 缺货 quēhuò 품절되다 | 新货供应 xīnhuò gōngyìng 새 제품을 공급하다

죄송합니다. 현재 필요하신 수량만큼 공급할 수 없으며, 200상자만 공급해 드릴 수 있습니다.
很抱歉，我们目前不能提供贵方所需数量，只能供应两百箱。

공장 측에서 이미 대량의 주문서를 받아, 귀사가 요청하신 수량은 제공할 수 없습니다.
由于厂家已经收到了一份大的订单，贵方要求的数量我们无法满足。
⊕ 厂家 chǎngjiā 생산업체 | 大订单 dà dìngdān 거액의(대량의) 주문서 | 无法满足 wúfǎ mǎnzú 만족시킬 수 없다

죄송합니다. 문의하신 제품은 이제 생산하지 않습니다.
很抱歉，我方不再生产贵方所询的产品。
⊕ 所询 suǒxún 문의한

귀사에서 구매하고자 하시는 제품이 이미 생산 중지되어 공급해 드릴 수 없습니다.
贵方有意购买的产品，我们已经停止生产，所以无法提供。
⊕ 有意 yǒuyì ~할 의향이 있다 | 购买 gòumǎi 구매하다 | 停止 tíngzhǐ 중지하다 | 生产 shēngchǎn 생산

저희 공장 측에서 다음 달 말에는 쌀 10톤을 공급할 수 있다고 확답을 하였습니다. 만약 4월 말까지 기다리실 수 있다면, 물건이 들어오는 대로 바로 연락 드리겠습니다.
我方厂家已经答应，下个月底他们能够提供十吨大米。如果贵公司能等到4月底，我们一旦进货，就马上跟贵方联系。
⊕ 答应 dāying 대답하다 | 月底 yuèdǐ 월말 | 吨 dūn 톤(ton) | 大米 dàmǐ 쌀 | 进货 jìnhuò 입하하다

이전 공급업체와 더 이상 거래를 하지 않게 되어, 귀사가 요청하신 제품을 제공해 드릴 수 없습니다.
由于原供货商不再与我公司合作，贵方要求的产品我们无法提供。
⊕ 供货商 gōnghuòshāng 공급업체

죄송합니다. 저희는 아직 귀사에서 요청하신 규격의 기계를 생산할 수 없습니다.
很抱歉，我们还不能生产贵公司要求的规格的机器。
⊕ 规格 guīgé 규격 | 机器 jīqì 기계, 기기

저희 회사의 생산량이 증가하여 새로운 주문서를 받을 수 있게 되면, 즉시 연락 드리겠습니다.
一旦我公司产量增加，可接受新的订单，将立即与贵公司联络。
⊕ 产量 chǎnliàng 생산량 | 增加 zēngjiā 증가하다 | 接受订单 jiēshòu dìngdān 주문서를 받다 | 立即 lìjí 즉시 | 联络 liánluò 연락하다

올해는 여름이 특별히 길어, 에어컨 수요가 매우 많아 현재 이미 공급 가능한 물량이 없습니다.
由于今年夏天特别长，空调的需求量异常，我们现在已无存货供应您。
⊕ 空调 kōngtiáo 에어컨 | 需求量 xūqiúliàng 수요량 | 异常 yìcháng 비정상적인, 예사롭지 않은 | 存货 cúnhuò 재고

저희의 사정을 이해해 주시기를 진심으로 바랍니다. 귀사의 주문서를 받지 못한 점에 대하여 사과를 드립니다.
我们真诚希望贵公司能理解我方情况。对于未能接受贵公司订单，我们在此表示歉意。
⊕ 真诚 zhēnchéng 진심으로 | 了解 liǎojiě 이해하다 | 表示歉意 biǎoshì qiànyì 유감의 뜻을 나타내다

당신의 양해와 협력을 얻기를 진심으로 바랍니다.
我们诚挚地希望得到您的谅解与配合。
⊞ 诚挚 chéngzhì 진심으로 | 谅解 liàngjiě 양해 | 配合 pèihé 협력

당신의 적극적인 협력을 얻기를 진심으로 바랍니다.
诚挚地希望得到您的积极配合。
⊞ 积极 jījí 적극적인

065 대체 상품 건의 및 타회사 소개

A97호 대체품을 구매하실 것을 건의드립니다.
我们建议贵方购买A97型号的代替品。
⊞ 购买 gòumǎi 구매하다 | 型号 xínghào 모델 | 代替品 dàitìpǐn 대체품

해당 제품을 더 이상 생산하지 않는 관계로, 귀사에 신형 A123호를 추천해 드립니다. 신형모델은 구형모델과 비교하여 소음이 적고 가격도 5% 저렴합니다.
我们不再生产该产品，因此向贵公司推荐新型号A123型。新型号与旧型号相比，噪音更低，价格还便宜5%。
⊞ 推荐 tuījiàn 추천하다 | 噪音 zàoyīn 소음

아주 괜찮은 대체품을 하나 추천해 드리오니 참고해 주십시오. 이 상품은 공급 상황이 훨씬 낫습니다.
我方现推荐另一款非常好的代替品，供贵方参考。这种产品的供应情况要好很多。
⊞ 另一款 lìng yī kuǎn 다른 디자인의 | 供参考 gōng cānkǎo 참고를 위해서 | 供应情况 gōngyìng qíngkuàng 공급 상황 | 要 yào 비교문에서 강조를 나타냄

현재 저희는 K-34형 제품을 공급해 드릴 수 있습니다. 이 제품은 문의하신 제품과 품질은 같으나, 가격이 약간 비쌉니다.
目前我方可供K-34型产品，此产品与贵方所询的产品质量相同，只是价格稍贵些。
⊞ 目前 mùqián 현재 | 可供 kěgōng 공급할 수 있다 | 所询 suǒxún 문의한 | 稍 shāo 약간

저희의 대체품 공급 제안을 고려해 주십시오. 5%의 특별할인을 해 드릴 수 있습니다.
请考虑我方提供代替品的建议，我们可以给予5%的特别折扣。
⊞ 给予特别折扣 jǐyǔ tèbié zhékòu 특별할인을 해 주다

죄송하지만 주문하신 제품은 재고가 없습니다. 첨부해 드린 목록 중에서 적절한 대체품을 선택해 주실 수 있습니까?

很遗憾，贵方所订的产品没有现货。贵方能否从随函附寄的目录中选择一个合适的替代品？

⊞ 遗憾 yíhàn 유감이다 | 所订 suǒdìng 주문한 | 现货 xiànhuò 현재 있는 물건 | 随函附寄 suíhán fùjì 편지와 함께 첨부하다 | 替代品 tìdàipǐn 대체품

TS전자에서 귀사에서 필요한 제품을 생산하오니, TS전자에 연락하실 것을 제안드립니다. 그 회사가 귀사의 필요를 충족시켜 드릴 수 있을 것입니다.

TS电子生产贵方所需的产品，我建议贵方与他们联系，他们会满足贵方的需要。

⊞ 满足 mǎnzú 만족시키다

TS전자에서 생산하는 123호 상품이 귀사의 요구에 부합하니 그쪽과 연락해 보십시오. TS전자 영업팀 전화번호는 82-2-123-4567입니다.

TS电子生产的型号123产品符合贵方的要求，请与他们联系，他们销售部的电话号码是82-2-123-4567。

⊞ 符合 fúhé 부합하다

이 제품이 만족스럽지 않으시면, 문의하신 B-229 모델의 가격으로 B-231 모델을 대체품으로 제공해 드릴 수 있습니다.

如果贵方对该产品不满意的话，我们可以以贵方所询的B-229型的价格，向贵方提供B-231型作为替换。

⊞ 替换 tìhuàn 대체하다

TIP 중국과 대만

중국사람들과 대화할 때 대만에 대해 언급할 경우, 주의할 점이 있습니다. 대만사람 중에는 대만이 중국과 동등한 독립국이라 생각하는 사람이 많지만, 대부분의 중국인들은 대만이 중국에 포함된다고 생각합니다. 그래서 중국사람 앞에서는 '중국과 대만'에 대해 이야기할 때, 두 지역을 동등한 국가로 표현하는 '中国和台湾'이 아니라, '大陆和台湾' 또는 '内地和台湾'이라는 표현을 사용해야 불필요한 논쟁을 피할 수 있습니다.

⊞ 大陆 dàlù 대륙[중국 대륙을 가리킴] | 内地 nèidì 내지, 내륙

03 제품 소개

 제품 소개 메일을 보낼 때는 '很高兴⋯(~하게 되어 기쁩니다)', '很荣幸⋯(~하게 되어 영광입니다)' 등의 표현으로 시작하는 것이 좋습니다. 메일에는 출시된 제품의 간략한 정보를 담고, 구체적인 내용은 카탈로그나 자료를 첨부하는 것이 좋습니다.

 ☆TARA服装秋季最新款男式衬衫介绍(含折扣条件)

尊敬的许明华女士：
  很高兴向您介绍我公司秋季最新款男式衬衫系列。我们的产品质量好，工艺精，相信您会特别感兴趣。该系列产品具有以下特点：
  1. 使用高品质纯棉布料，手感细腻，极具透气性；
  2. 大气简约的格纹彰显男性气质；
  3. 款式时尚，在欧美市场很受欢迎。
  随函附上我公司最新产品目录与价目单，供贵方参考。作为促销，目录上所有产品3月份内订购均给予5%的折扣。如果您对我们的产品感兴趣，请与我联系。
  盼望早日收到贵方的来函。
    顺祝生意发达！

TARA服装股份有限公司
全美珍
2014年7月13日

〈TARA의류 가을 최신 남성셔츠 소개(할인조건 포함)〉
존경하는 쉬밍화 여사님:
저희 회사 가을 남성셔츠 신상품 라인을 소개해 드리게 되어 대단히 기쁩니다. 저희 제품은 품질이 우수하고, 정교하게 제작되어 분명 마음에 드실 것입니다. 이 신상품 라인은 다음과 같은 특징이 있습니다.
  1. 고품질 순면을 사용하여 촉감이 부드럽고 통기성이 좋습니다.
  2. 시원하고 깔끔한 체크무늬가 남성스러움을 더욱 드러내 줍니다.
  3. 디자인이 세련되어 유럽과 미국 시장에서 환영받고 있습니다.
저희 회사 최신제품 목록과 가격표를 첨부해 드리오니 참고해 주십시오. 프로모션으로 목록 중의 모든 제품을 3월 한 달 동안 주문하시면, 모두 5% 할인을 해 드리고 있습니다. 저희 제품에 관심이 있으시면 저에게 연락 주십시오. 빠른 시일 내에 회신을 받기를 기대하겠습니다.
사업의 발전을 기원합니다!

┃最新款 zuìxīnkuǎn 최신 모델 ┃秋季 qiūjì 추계 ┃工艺精 gōngyì jīng 기술이 정교하다 ┃纯棉 chúnmián 순면 ┃手感 shǒugǎn 촉감 ┃细腻 xìnì 부드럽고 매끄러운 ┃极具透气性 jíjù tòuqìxìng 통기성이 매우 좋은 ┃大气 dàqi 대범한 ┃简约 jiǎnyuē 깔끔한 ┃格纹 géwén 체크무늬 ┃彰显 zhāngxiǎn 확연히 드러내다 ┃款式 kuǎnshì 스타일, 디자인 ┃促销 cùxiāo 프로모션

066 제품 소개/신제품 출시 안내

귀사에 저희 회사의 최신제품을 소개하게 되어 매우 기쁘게 생각합니다.
我们非常高兴能向您介绍我公司的最新产品。

항상 저희 회사를 지지해 주셔서 감사합니다. 저희의 최신 라인 제품을 소개해 드리게 되어 영광입니다.
感谢您的一贯支持。我们荣幸地向您介绍我们的最新系列产品。
⊞ 一贯 yíguàn 일관되다 | 支持 zhīchí 지지하다 | 荣幸 róngxìng 영광스러운

저희 회사에서 최근에 개발한 다음 제품에 특별히 주목해 주십시오.
请您特别关注一下我公司新近研发的如下产品：
⊞ 关注 guānzhù 주목하다 | 新近 xīnjìn 최근, 요즘 | 研发 yánfā 연구개발하다

이 편지를 드리는 이유는, 저희 회사의 최신 발전 동향에 대해 알려드리기 위해서입니다.
我们特写信给您，以便您了解一下我公司的最新发展动态。
⊞ 以便 yǐbiàn ~에 편리하도록 | 发展动态 fāzhǎn dòngtài 발전 현황

저희 회사의 최신제품 목록을 첨부하여, 구매 가능한 최신 디자인의 제품에 대해 소개해 드리고자 합니다.
随函附上我公司最新产品目录，介绍可订购的最新设计的产品。
⊞ 随函附上 suíhán fùshàng 편지와 함께 첨부하다 | 订购 dìnggòu 주문하다 | 设计 shèjì 디자인

저희 가을 상품이 이미 출시되었다는 것을 기쁘게 알려드립니다.
我们很高兴宣布本公司秋季产品已经上市。
⊞ 宣布 xuānbù 선포하다 | 上市 shàngshì 출시되다

저희의 신제품이 이미 출시되었음을 알려드립니다.
我们的新产品已上市，特此告知。
⊞ 告知 gàozhī 알리다

수년간의 연구를 거쳐 새로운 수분팩이 초가을에 출시된다는 것을 기쁘게 알려드립니다.
非常高兴通知贵方，经过数年研究，全新保湿面膜将于初秋上市。
⊞ 保湿面膜 bǎoshī miànmó 수분팩 | 初秋 chūqiū 초가을

저희 신제품이 현재 시장에 나와 있는 기초화장품에 혁신을 가져다줄 것입니다
我们的新产品对目前市场上的护肤品，会带来一场变革。
⊞ 护肤品 hùfūpǐn 기초화장품 | 变革 biàngé 변혁

저희 회사에서 신제품을 개발하였습니다. 저희 신제품에 대해 관심이 있으실지 모르겠습니다.
我们开发了新产品，不知贵方是否对我们的新产品感兴趣。
⊞ 开发 kāifā 개발하다

2014버전이 5월 10일에 출시되기로 확정되어, 2014버전의 기능에 대해 소개해 드리고자 메일을 드립니다.
2014版本定于5月10日发行，现特写信介绍2014版本的功能。
⊞ 版本 bǎnběn 버전 | 定于 dìngyú ~로 정해지다 | 功能 gōngnéng 기능

067 제품 카탈로그 및 견본 첨부 안내

❖ 제품 소개 및 자료 첨부와 관련하여, '057 목록/자료 첨부 안내'(P.135), '058 제품 특성 소개'(P.137) 참고

필요하시면 자료를 보내드릴 수 있습니다.
若有需要，我公司可以为您寄去资料。

저희 회사가 취급하는 주요 제품에 대해 알려드리고자, 저희의 제품목록을 참고용으로 첨부합니다.
为了让贵方了解我公司经营的主要产品，现附上我们的产品目录，供贵方参考。
⊞ 经营 jīngyíng 취급하다 | 附上 fùshàng 첨부하다 | 供参考 gōng cānkǎo 참고를 위해서

저희 회사의 제품에 대해 이해하실 수 있도록, 최신 제품목록과 가격표를 참고용으로 첨부합니다.
为使贵方对我公司产品有所了解，随函附上我方最新目录及价目单，供您参考。
⊞ 随函附上 suíhán fùshàng 편지와 함께 첨부하다 | 价目单 jiàmùdān 가격표

저희 제품의 최신 디자인 양식을 첨부해 드립니다.
随函寄给贵方我方产品的最新设计式样。
⊞ 设计 shèjì 설계, 디자인 | 式样 shìyàng 모양, 스타일

별도로 제품목록 한 부를 항공편으로 보냈으니, 참고해 주십시오.
我们另外已由航空寄上产品目录一份，供您参考。
⊞ 由航空寄上 yóu hángkōng jìshàng 항공편으로 부치다

귀사에서 이 라인 제품에도 관심을 가지실 것 같아 EMS로 견본을 보내겠습니다. 사용해 보십시오.
贵公司可能对此系列产品也感兴趣，所以通过EMS将样品寄给贵方，供贵方试用。
⊞ 系列 xìliè 라인, 시리즈 | 样品 yàngpǐn 견본 | 试用 shìyòng 시험적으로 사용하다

현재 수출 가능한 저희의 날염포 제품에 대한 대략적인 상황을 이해하실 수 있도록, 제품설명서와 직물 견본책자를 보냈습니다.
为让贵公司了解我方目前可供出口的印花布品种的大致情况，随函寄上产品说明和剪样册。

⊞ 可供 kěgōng 공급할 수 있는 | 印花布 yìnhuābù 날염포 | 大致 dàzhì 대체적인 | 剪样册 jiǎnyàngcè 직물 견본책자

068 맺음말

저희 자전거를 구입해 주신다면 대단히 감사하겠습니다.
承蒙贵公司订购我们的自行车，不胜感激。

⊞ 承蒙 chéngméng ~을 받다 | 订购 dìnggòu 주문하다 | 不胜感激 búshèng gǎnjī 대단히 감사하다

월말 전에 저희에게 답변을 주시길 기대하겠습니다.
期待贵方月底之前给我们答复。

⊞ 月底 yuèdǐ 월말 | 答复 dáfù 답변하다

가까운 시일 내에 만족스러운 거래를 달성할 수 있기를 기대하겠습니다.
我们期待不久的将来我们双方能达成令人满意的交易。

저희의 제품에 관심이 있으시면 연락 주십시오. 성실히 당신을 위해 일하겠습니다.
如对我们的产品感兴趣，请联系我们，我们将竭诚为您服务。

⊞ 竭诚 jiéchéng 성의를 다해

저희 제품이 당신의 요구에 부합한다면, 언제든 저희와 상담해 주십시오.
如果我们的产品符合您的要求，欢迎随时与我们商谈。

⊞ 符合 fúhé 부합하다 | 随时 suíshí 수시로

기꺼이 편리하신 시간에 찾아뵙고 이 신제품에 대해 상세하게 설명해 드리겠습니다.
我很乐意在您方便的时候跟您见面详细介绍这款新产品。

⊞ 乐意 lèyì 기쁘게 ~하다 | 详细 xiángxì 상세하게 | 款 kuǎn 모델, 스타일을 세는 양사

구체적으로 가격문의를 해 주시면, 즉시 견적을 내드리겠습니다.
如得到贵方具体询盘，我方将立即报价。

⊞ 询盘 xúnpán 가격문의 | 立即 lìjí 즉시 | 报价 bàojià 견적을 내다

귀사의 주문을 즉시 처리해 드릴 것을 약속드립니다.
我们保证及时处理贵公司订单。

⊞ 保证 bǎozhèng 보증하다 | 及时 jíshí 즉시, 때맞춰 | 订单 dìngdān 주문서

04 가격 협상

가격 협상은 거래의 관건이 되므로, 협상과 관련된 다양한 표현들을 알아둘 필요가 있습니다. 상대방의 제안을 거절할 때는 '이미 충분히 고려해 보았으나 우리 쪽도 어쩔 수 없다'는 식의 표현을 사용하여, 정중하면서도 단호한 어감을 나타내면 좋습니다. 이 책에 수록된 다양한 협상 표현을 참고해 보세요.

☆ 新华贸易有限公司红枣报价函

金主管：

　　感谢贵方昨天对我公司红枣的询价。该红枣现在的报价是仁川到岸价每箱十美元。这是贵方订购优质产品难得的机会，以后也不会再有此价格。如果贵公司觉得我方报盘符合贵方要求，请尽早下订单。我们相信，我方质优价廉的产品一定会符合贵方的要求。如能有机会为贵方服务，将非常感谢。
　　恭候佳音。

新华贸易有限公司
赵平良
2014年8月4日

〈신화무역 유한회사 대추 견적 메일〉

김 과장님께：

어제 저희 대추의 가격을 문의해 주셔서 감사합니다. 대추의 현재 가격은 인천 CIF 가격으로 상자당 10달러입니다. 지금은 우수한 상품을 구매할 수 있는 드문 기회입니다. 이후에는 절대 이런 가격이 없을 것입니다. 저희의 견적이 귀사의 요구에 부합한다고 생각되시면, 가급적 빨리 주문을 해 주십시오. 저희의 우수하고 저렴한 제품이 분명 귀사의 요구에 부합할 것이라 생각합니다. 귀사를 위해 서비스를 제공할 기회가 생긴다면 대단히 감사하겠습니다. 좋은 소식 기다리겠습니다.

红枣 hóngzǎo 대추 | 报价 bàojià 견적 | 函 hán 편지 | 主管 zhǔguǎn '과장' 정도의 지위 | 询价 xúnjià 가격문의 | 到岸价 dào'ànjià CIF(운임·보험료 포함 인도조건) 가격 | 订购 dìnggòu 주문하다 | 优质 yōuzhì 품질이 우수한 | 难得 nándé 얻기 어려운 | 报盘 bàopán 견적 | 符合 fúhé 부합하다 | 尽早 jǐnzǎo 되도록 빨리 | 下订单 xià dìngdān 주문하다 | 质优价廉 zhìyōu jiàlián 품질이 우수하고 가격이 저렴하다 | 服务 fúwù 서비스 | 恭候 gōnghòu 정중히 기다리다 | 佳音 jiāyīn 좋은 소식

☆ 回复: 新华贸易有限公司红枣报价函

赵主任：

  我们认真考虑了贵方的报价，非常遗憾，贵方所报价格，我方不能接受。坦白地说，贵方所报的价格太高，我方很难将其推销出去。我们已收到几个报价，都比贵方报价低一美元。很遗憾，如果贵方不能降低价格，我们只能谢绝此次报盘。请报最有竞争力的价格。

  期待您肯定的答复。

明日贸易公司
金元浩
2014年8月6日

〈회신: 신화무역 유한회사 대추 견적 메일〉

짜오 주임님께:
귀사의 견적을 진지하게 고려해 보았으나, 유감스럽게도 귀사의 견적을 받아들일 수 없습니다. 솔직히 말해, 귀사에서 제시한 가격이 너무 높아 저희 쪽 판매에 지장이 있을 것 같습니다. 저희는 이미 몇 군데에서 견적을 받았는데, 모두 귀사에서 제시한 것보다 1달러 낮습니다. 유감스럽지만 가격을 낮춰주시지 않는다면 이번 견적을 거절할 수밖에 없습니다. 가장 경쟁력 있는 가격을 제시해 주십시오. 긍정적인 답변을 기대하겠습니다.

回复 huífù 회신 | 认真 rènzhēn 진지하게 | 考虑 kǎolǜ 고려하다 | 遗憾 yíhàn 유감이다 | 坦白 tǎnbái 솔직히 | 推销出去 tuīxiāochūqu 판매하다 | 降价 jiàngjià 값을 내리다 | 谢绝 xièjué 정중히 거절하다 | 报盘 bàopán 견적 | 答复 dáfù 답변

069 견적 문의

200벌의 최저가격과 대략적인 납품일을 알려주십시오.
请告知两百件的最低价及大约交货期。
⊞ 告知 gàozhī 알리다 | 交货期 jiāohuòqī 납품일

책상 200개의 최저 견적을 내주실 수 있나요?
能否给我们报两百张桌子的最低价格？
⊞ 报最低价格 bào zuìdī jiàgé 최저 견적을 내다

현재 재고가 있다면, 수량 및 원가에 보험료와 운송비를 포함한 인천 도착 최저가 견적을 내주시기 바랍니다.
如可供现货，希望您报数量和成本加保险费、运输到仁川的最低价。
⊞ 可供 kěgōng 공급할 수 있다 | 现货 xiànhuò 현재 있는 물건 | 成本 chéngběn 원가 | 保险费 bǎoxiǎnfèi 보험료 | 运输 yùnshū 운수

해당 제품의 인천 CIF 최저가를 알려주십시오.
请告知该商品CIF仁川港的最低价。
⊞ 仁川港 Rénchuān gǎng 인천항

아래 제품의 최저가격을 알려주십시오. 견적을 내실 때, 가장 빠른 선적일을 알려주시고, 제품설명서도 보내주십시오.
请告知下列货物的最低价格。报盘时，请注明最早装运期，并请寄商品说明书。
⊞ 下列 xiàliè 아래에 열거한 | 报盘 bàopán 견적을 내다 | 注明 zhùmíng 명기하다 | 装运期 zhuāngyùnqī 선적일

최저가와 최고 우대 할인, 납품일을 알려주십시오.
请报最低价、最优折扣和交货期。
⊞ 最优折扣 zuìyōu zhékòu 최고 우대 할인

원가에 운송비와 보험 최저가, 3%의 커미션을 포함한 인천 CIF 가격을 알려주시고, 선박 출항일자도 명기하여 주십시오.
请报成本加运费、保险最低价，包括3%的佣金的仁川到岸价，并注明船期。
⊞ 运费 yùnfèi 운송비 | 包括 bāokuò 포함하다 | 佣金 yòngjīn 커미션 | 到岸价 dào'ànjià CIF 가격 | 船期 chuánqī 선박 항행일

녹차 100상자에 대한 견적을 내주십시오.
请贵方就一百箱绿茶向我方报盘。
⊞ 向…报盘 xiàng…bàopán ~에게 견적을 내주다

인천 CIF 정가를 알려주시고, 아울러 상세 선적일자도 알려주십시오.
请报CIF仁川净价，并告知详细装船日期。
⊞ 净价 jìngjià 정가(Net Price) | 详细 xiángxì 상세한 | 装船 zhuāngchuán 선적

인천 CIF 최저가를 알려주시고, 아울러 가장 빠른 선적날짜와 적용해 주실 수 있는 할인조건을 알려주십시오.
请报仁川到岸价格的最低价，并告知最早装运日期及贵方所能给予的折扣。
⊞ 给予折扣 jǐyǔ zhékòu 할인해 주다

회신하실 때, 지불조건과 할인조건을 명기해 주십시오.
回复时，请注明付款条件与折扣。
⊞ 回复 huífù 회신하다 | 付款条件 fùkuǎn tiáojiàn 지불조건

현금으로 지불할 경우 해당 제품의 최저가격을 알려주시기를 정중히 요청드립니다.
敬请告知该货以现金支付的最低价格。
⊞ 敬请 jìngqǐng 정중히 청하다

가장 합리적인 견적을 받기 원합니다.
希望得到贵方最合理的报价。
⊞ 报价 bàojià 견적

경쟁력 있는 견적을 내주시기 바랍니다.
希望贵方报具有竞争性的价格。
⊞ 报价格 bào jiàgé 견적을 내다

070 (판매자) 오퍼

기쁘게 다음과 같이 견적을 내드리겠습니다.
我们乐意进行如下报价：
⊞ 乐意 lèyì 기쁘게 ~하다 | 如下 rúxià 다음과 같은 | 报价 bàojià 견적을 내다

어제 보내주신 자전거 가격문의에 대해 감사드리며, 다음과 같이 견적을 내드리겠습니다.
感谢您昨天对自行车的询盘，现报盘如下：
⊞ 询盘 xúnpán 가격문의 | 报盘 bàopán 견적을 내다

홍차 200상자의 최저가 견적을 내드립니다. 마음에 드시길 바랍니다.
现报两百箱红茶的最低价，希望贵方能满意。

요청하신 제품의 최저 견적서를 첨부하여 드립니다.
随函寄上贵方所要求商品的最低报价单。
⊞ 随函寄上 suíhán jìshàng 편지와 함께 부치다 | 报价单 bàojiàdān 견적서

다음과 같이 견적을 내드립니다. 이 견적서는 4월 10일 이전까지 유효합니다.
我方发盘如下，此发盘在4月10日前有效。
⊞ 发盘 fāpán 견적 | 有效 yǒuxiào 유효하다

다음과 같이 확정오퍼를 보내드립니다. 유효기간은 7일입니다.
我方现发实盘如下，有效期为7天。
⊞ 实盘 shípán 확정오퍼 | 有效期 yǒuxiàoqī 유효기간

이 견적서는 그곳 시간으로 3월 30일 17시 전까지 회신을 주셔야 유효합니다.
此发盘以贵方时间3月30日17:00前复到有效。
⊞ 复到 fùdào 회신이 도착하다

지금 보내드리는 것은 확정오퍼입니다. 이 견적서는 저희의 최종확인을 기준으로 합니다.
我方报的是实盘，此报盘以我方最后确认为准。
⊞ 以…为准 yǐ…wéizhǔn ~을 기준으로 하다 | 确认 quèrèn 확인

주의해 주십시오. 이 견적은 확정오퍼이므로, 카운터오퍼를 받을 수 없음을 양해해 주십시오.
请注意，我方报的是实盘，恕不能接受还价。
⊞ 恕 shù 용서하다, 양해하다 | 还价 huánjià 카운터오퍼

TIP Offer 관련 용어 설명

상황에 따른 오퍼(offer)의 정의에 대해 알아두세요.

Offer (= 报盘, 发盘)	오퍼	구매자가 판매자에게 매입조건을 제시하여 신청하거나, 판매자가 구매자에게 판매조건을 제시하여 신청하는 것
Firm Offer (= 实盘)	확정오퍼	상대방의 승인 기간을 지정하여 그 기간 중에 반드시 회신하는 것을 의무화시키는 오퍼
Counter Offer (= 还盘, 还价)	카운터오퍼	매매당사자의 한편에서 제시된 거래조건에 대해 상대방이 불만일 때 다시 조건을 내세우는 것

박은태 저, 『경제학사전』, 경연사, 2010 참고

071 (구매자) 오퍼 수락

3월 4일에 보내주신 견적을 기쁘게 받아들이겠습니다.
贵方3月4日的报价，我们很乐意接受。
⊞ 报价 bàojià 견적 | 乐意 lèyì 기쁘게 ~하다

7월 20일에 보내신 견적을 받아들이려고 합니다. 다음과 같이 내용을 확인하겠습니다.
我方准备接受贵方7月20日的发盘，现确认如下：
⊞ 发盘 fāpán 견적

저희는 가격과 품질 등에 대해 모두 만족하며, 메일과 함께 123호 주문서를 첨부합니다.
我方对价格和质量等均感满意，现随函附上我方123号订单。
⊞ 均感满意 jūn gǎn mǎnyì 모두 만족하다 | 随函附上 suíhán fùshàng 편지와 함께 첨부하다 | 订单 dìngdān 주문서

저희는 귀사 제품의 품질에 만족하며, 다음과 같은 제품을 구매하기로 결정하였습니다.
我方对贵方产品质量很满意，决定购买下述产品：
⊞ 购买 gòumǎi 구매하다 | 下述 xiàshù 아래에 서술하는

대단히 죄송하지만, 5천 달러는 저희의 예산을 훨씬 초과합니다. 그러나 우리의 협력이 이미 수년 동안 이어져온 것을 감안하여 이번에도 귀사에 주문을 하려고 합니다.
非常遗憾，五千美元远远超过我们的预算。但是考虑到我们的合作已有数年，我们仍想从贵公司订货。
⊞ 远远超过 yuǎnyuǎn chāoguò 훨씬 초과하다 | 预算 yùsuàn 예산 | 考虑到 kǎolǜdào ~을 고려하여 | 订货 dìnghuò 주문하다

072 (구매자) 카운터오퍼 – 가격 재협상

귀사의 견적을 진지하게 고려해 보았습니다.
我们认真考虑了贵方的报价。
⊞ 认真 rènzhēn 진지하게 | 报价 bàojià 견적

유감스럽게도 저희는 귀사의 견적을 받아들일 수 없습니다.
非常遗憾，贵方所报价格，我方不能接受。

저희는 3천 달러의 가격으로 녹차 100상자를 구매할 수 없습니다.
我们不能以三千美元的价格订购一百箱绿茶。
⊞ 订购 dìnggòu 주문하다

귀사의 가격이 비교적 높습니다. 저희는 귀사의 견적대로 구매할 수 없습니다.
贵方的价格偏高，我们不能以贵方报的价格订购。
⊞ 偏高 piāngāo 비교적 높다

저희는 한 대당 5천 달러의 인천 CIF 가격으로 구매할 수가 없습니다.
我们无法按仁川到岸价每台五千美元订货。
⊞ 到岸价 dào'ànjià CIF 가격 | 订货 dìnghuò 주문하다

귀사의 제품이 마음에 들지만, 제시하신 가격이 좀 비쌉니다.
我们对贵方的产品很满意，但是贵方的报价稍微偏高。
⊞ 稍微 shāowēi 약간

귀사 제품의 품질이 마음에 들지만, 제시하신 가격이 저희가 받아들일 수 있는 범위를 훨씬 초과합니다.
尽管我们很欣赏贵方产品的品质，但是贵方所报的价格远远超过我们能接受的范围。
⊞ 尽管 jǐnguǎn ~에도 불구하고 | 欣赏 xīnshǎng 마음에 들다

귀사에서 제시하신 가격은 저희가 이전에 구매한 중국산 유사 제품보다 훨씬 높습니다.
贵方的报价比此前我们订购的中国产同类产品高得多。
⊞ 同类 tónglèi 같은 종류

귀사에서 제시하신 가격이 너무 높아, 이탈리아의 유사 제품보다 10%나 비쌉니다.
贵方价格过高，比意大利同类产品高10%。

융헝생산공장의 가격이 귀사가 제시한 가격보다 5% 가량 저렴합니다.
永恒生产厂家的价格要比贵方的价格低5%左右。
⊞ 要 yào 비교문에서 강조를 나타냄 | 低 dī 낮다

귀사의 제품과 품질이 유사한 미국 제품의 판매가가 귀사의 제품보다 대략 3% 정도 낮습니다.
与贵公司的产品质量相似的美国产品卖价比贵方低大约3%。
⊞ 卖价 màijià 판매가

귀사가 제시한 가격이 너무 높아서 저희 고객이 관심을 보이지 않습니다.
贵方报价太高，因此我方客户没有兴趣。
⊞ 客户 kèhù 고객, 거래처

귀사의 견적을 받아들이면, 저희는 이윤이 거의 남지 않습니다.
如果接受贵方报盘，我方利润空间很小。
⊞ 报盘 bàopán 견적 | 利润空间 lìrùn kōngjiān 이윤 폭

양사 간에 오랫동안 거래를 해왔는데, 겨우 3%만 할인을 해 주시다니, 이에 대해 좀 실망했습니다.
我们之间有长期的业务关系，贵方却只能提供3%的降价幅度，对此我方有些失望。
⊞ 降价幅度 jiàngjià fúdù 할인폭

만약 5%를 우대해 주신다면, 흔쾌히 주문을 하겠습니다.
如果贵方可以给5%的优惠，我们愿意订货。
⊞ 优惠 yōuhuì 우대

최소한 7% 이상 할인해 주신다면 즉시 구매할 수 있습니다.
如果贵方能降价至少7%，我们可以马上订货。
⊞ 降价 jiàngjià 값을 내리다

저희에게 3%의 할인을 해 주셔야만 합니다. 그렇지 않으면 견적을 받아들일 수 없습니다.
贵方须能给予我方3%的降价，否则我们无法接受报盘。
⊞ 须 xū 반드시 | 给予降价 jǐyǔ jiàngjià 할인해 주다 | 否则 fǒuzé 그렇지 않으면

회사의 업무확장을 위해, 귀사에서 5%의 할인을 해 주셨으면 합니다.
为拓展公司业务，希望贵方能给予5%的降价。
⊞ 拓展 tuòzhǎn 넓히다

가장 경쟁력 있는 견적을 제시해 주십시오.
请报最有竞争力的价格。
⊞ 报价格 bào jiàgé 견적을 내다

제품의 가격을 다시 고려해 주실 수 있다면, 계속해서 귀사와 거래를 하겠습니다.
如能重新考虑产品价格，我们会继续与贵公司进行交易。
⊞ 重新 chóngxīn 다시

상자당 1백 달러로 가격을 낮춰주실 것을 제안합니다.
我们建议将价格降到每箱一百美元。
⊞ 降到 jiàngdào ~까지 내리다

인천 FOB 가격으로 상자당 1백 달러에 해 주시기를 요청합니다.
我们建议还价为每箱仁川离岸价格一百美元。
⊞ 还价 huánjià 카운터오퍼 | 离岸价格 lí'àn jiàgé FOB(본선 인도조건) 가격

시장 상황에 맞지 않는 견적을 제시하셨기에, 저희가 다음과 같은 카운터오퍼를 제시하겠습니다.
贵方发盘脱离行情，所以我方现作出如下还盘：
⊞ 发盘 fāpán 오퍼 | 脱离行情 tuōlí hángqíng 시세를 벗어나다 | 还盘 huánpán 카운터오퍼

073 (판매자) 카운터오퍼 – 수락

두 회사가 다년간 협력을 해왔으므로, 셔츠 가격을 낮춰 달라는 귀사의 요청에 동의합니다.
因为我们两家公司已合作多年，我们同意贵方关于降低我方衬衫价格的要求。
⊞ 降低 jiàngdī 내리다

저희 공장 측과 상의한 후, 가격을 낮춰달라는 귀사의 요청에 동의하기로 결정하였습니다.
经与我们的厂家商议后，我们决定同意贵方减价的要求。
⊞ 厂家 chǎngjiā 제조업체, 공장 | 商议 shāngyì 상의하다 | 减价 jiǎnjià 값을 내리다

귀사의 카운터오퍼에 동의하여 2%의 할인혜택을 드리기로 결정하였습니다.
我方同意贵方的还盘，决定给予2%的折扣优惠。
⊞ 还盘 huánpán 카운터오퍼 | 给予优惠 jǐyǔ yōuhuì 혜택을 주다

3% 할인을 요청하신 귀사의 카운터오퍼에 동의합니다.
我方同意贵方要求减价3%的还价。
⊞ 还价 huánjià 카운터오퍼

두 회사 간의 오랜 업무관계를 감안하여 특별히 다음과 같이 견적을 내드리겠습니다.
鉴于我们之间的长期业务关系，特向贵方作如下报盘：
⊞ 鉴于 jiànyú ~을 감안하여 | 报盘 bàopán 견적

두 회사 간의 오랜 업무관계를 감안하여 1% 할인을 더 해 드리겠습니다. 그러나 이것이 저희가 제시할 수 있는 최저가격입니다.
鉴于我们之间的长期业务关系，我方会再降价1%，但这是我方所能报的最低价格。
⊞ 降价 jiàngjià 값을 내리다 | 报价格 bào jiàgé 견적을 내다

두 회사의 오랜 우호적 무역관계를 감안하여, 10%의 할인을 해 드리려고 합니다.
鉴于双方的长期友好的贸易关系，我们准备给贵方9折优惠。

저희의 견적은 자세한 계산 끝에 산출한 것입니다. 그러나 두 회사 간의 오랜 관계를 감안하여 귀사에 3% 할인을 해 드리는 데 동의합니다.
我方报价是经过仔细计算的。但是，鉴于我们之间的长期业务关系，我们同意给贵方3%的折扣。
⊞ 计算 jìsuàn 계산하다, 산출하다

저희가 할 수 있는 최대한의 양보는, 지난번 견적가에서 5% 할인을 해 드리는 것입니다.
我方能做出的最大让步是在上次的报价上降低5%。
⊞ 让步 ràngbù 양보

저희가 드릴 수 있는 최대 할인은 7%입니다.
我们所能给的最高折扣是7%。

귀사에 양보하여, 관례를 깨고 다시 3% 할인을 해 드리도록 하겠습니다.
我们愿意向贵方让步，准备破例将价格再降3%。
⊞ 破例 pòlì 관례를 깨다

과거 양사의 유쾌한 협력을 감안하여, 귀사의 이번 카운터오퍼를 받아들이기로 결정하였습니다.
鉴于过去双方之间的愉快合作，我方决定这次接受贵方的还盘。

귀사는 저희의 단골고객이시기 때문에, 요청하신 대로 가격을 조정하여 다음과 같이 다시 견적을 내었습니다.
由于贵方是老客户，我方愿意按贵方要求的价格重作如下报盘：
⊞ 老客户 lǎokèhù 단골고객 | 重作报盘 chóngzuò bàopán 견적을 다시 내다

만약 주문량이 많으면, 더 많이 할인을 해 드릴 수 있습니다.
如果贵方订购量很大，我们可以给予更高的折扣。
⊞ 订购量 dìnggòuliàng 주문량

만약 2월 말 전에 주문을 하시면, 2%의 추가할인을 해 드릴 수 있습니다.
如果贵方于2月底前下订单，我们可以再给2%的折扣。
⊞ 下订单 xià dìngdān 주문하다

만약 저희가 제시한 가격을 받아들이실 수 있다면, 5월 3일 전에 주문을 해 주십시오.
如果贵方认为我方的报价可以接受，请在5月3日之前下订单。

이 가격을 받아들이기 원하신다면, 저희에게 알려주십시오.
若贵方愿意接受这一价格，请通知我们。

저희 견적에 만족하신다면, 4월 2일 전에 주문을 해 주십시오.
如果贵方对我方报盘满意，请在4月2日之前下订单。

074 (판매자) 카운터오퍼 – 거절

저희 녹차 가격이 높다고 생각하신다니 유감입니다.
得知贵公司认为我方绿茶的价格过高，本公司深表遗憾。
⊞ 得知 dézhī 알게 되다 | 过高 guògāo 너무 높다 | 深表遗憾 shēnbiǎo yíhàn 깊이 유감의 뜻을 나타내다

저희는 저희가 제시한 가격이 높다고 생각하지 않습니다. 이 가격대로라면 저희는 이윤이 거의 남지 않습니다.
我们并不认为所报的价格太高，按照这个定价我们只有很少的利润。
⊞ 报价格 bào jiàgé 견적을 내다 | 利润 lìrùn 이윤

이해해 주십시오. 저희가 제시한 가격은 모든 시장의 일괄 가격입니다.
请贵方理解，我们所报的价格是所有市场的统一定价。
⊞ 定价 dìngjià 정가

이것이 저희의 최저가격으로, 더는 양보할 수 없습니다.
这是我方的最低价，我们不能再让步了。

저희는 저희가 제시한 견적이 매우 합리적이라고 생각합니다. 이것이 저희가 할 수 있는 최대의 양보입니다.
我们认为，我们报的价格非常合理。这是我们能作的最大让步。

귀사의 요청대로 견적을 내드릴 수는 없습니다.
我们不能按贵方的要求报价。
⊞ 报价 bàojià 견적을 내다

저희가 제시한 가격은 신중히 계산해 보고 산출한 것입니다. 이 가격이 확실히 최저가입니다.
我方报盘价格是经过认真计算的，这个价格的确是最低价。
⊞ 报盘 bàopán 견적 | 认真 rènzhēn 진지하게 | 的确是 díquèshì 확실히 ~이다

저희는 이미 같은 가격으로 중국 시장에서 많은 고객을 개발하였습니다.
我们已经以同样的价格在中国市场开发了很多客户。
⊞ 开发 kāifā 개발하다 | 客户 kèhù 고객, 거래처

저희는 이미 이 견적으로 귀국의 시장에서 여러 번 거래를 하였습니다.
我们已经按照该报价在贵地市场上做了多次交易。
⊞ 贵地 guìdì 그쪽 지역[상대방의 지역을 높이는 말] | 交易 jiāoyì 거래, 교역

저희 제품의 가격이 유사 제품들보다 약간 높다는 것은 부인할 수 없습니다. 그러나 저희 제품은 품질면에서 한국 기타 공급업체의 제품보다 훨씬 좋습니다.
不可否认，我方的产品价格的确比同类产品略高一些。但是我公司的产品在质量上远远好于韩国其他供货商生产的产品。

- 否认 fǒurèn 부인하다 | 略高 lüègāo 약간 높다 | 远远好于 yuǎnyuǎn hǎoyú ~보다 훨씬 좋다 | 供货商 gōnghuòshāng 공급업체

저희 제품을 다른 업체들의 유사 제품들과 비교해 보신다면, 저희의 견적이 합리적이라는 것을 아실 것입니다.
如果贵方将我方产品与其他供应商的同类产品进行比较，您就会发现我方的报价很合理。

현재 저희는 귀사의 요구를 고려할 수 없습니다
目前我们无法考虑贵方的要求。

- 目前 mùqián 현재

저희의 오퍼는 현재 시장상황과 일치합니다. 저희는 귀사가 요청한 가격이 너무 낮다고 생각합니다.
我方发盘与现行行情一致，我们认为贵方要求的价格太低。

- 发盘 fāpán 오퍼 | 现行行情 xiànxíng hángqíng 현재 시장상황

안심하십시오. 저희의 물건이 만족스러우실 것입니다.
请放心，贵方一定会对我方所交货物感到满意。

특별히 귀사만을 위해서 할인을 해 드릴 수는 없습니다.
我们无法专为贵公司降价。

- 无法 wúfǎ ~할 수 없다 | 专为 zhuānwéi 특별히 ~을 위해서 | 降价 jiàngjià 가격을 낮추다

제시하신 가격이 너무 낮아 시장상황에 부합하지 않습니다. 저희는 이 카운터오퍼를 받아들일 수 없습니다.
贵方的还盘太低，与现行行情不符，我们不能接受此还盘。

- 还盘 huánpán 카운터오퍼 | 不符 bùfú 맞지 않다

귀사에서 제시하신 가격이 너무 낮아 저희가 제시한 가격과 너무 차이가 납니다.
贵方还价太低了，与我们的报价之间的差距太大。

- 还价 huánjià 카운터오퍼 | 差距 chājù 차이

귀사의 카운터오퍼는 시장 가격과 일치하지 않아, 받아들이기 어렵습니다.
贵方还价与市场价不一致，我们难以接受贵方还盘。

- 市场价 shìchǎngjià 시장 가격 | 难以接受 nányǐ jiēshòu 받아들이기 어렵다

귀사의 요청은 받아들이기 어렵습니다. 저희가 할 수 있는 최대의 양보는 본래 견적에서 1% 할인을 해 드리는 것입니다.
贵方的要求我们难以接受，我方能做的最大让步是将原报价降低1%。
⊞ 降低 jiàngdī 낮추다

저희의 견적은 이미 아주 현실적입니다. 죄송하지만 귀사의 카운터오퍼를 받아들일 수 없습니다.
我们的报价已很实际，很抱歉不能接受贵方还盘。
⊞ 实际 shíjì 현실적인, 실제적인

제시하신 카운터오퍼에서 2% 높여주시면 다시 견적을 내는 것을 고려해 보겠습니다.
如果贵方能把还价提高2%，我们可以考虑重新报盘。
⊞ 提高 tígāo 높이다 | 重新 chóngxīn 다시 | 报盘 bàopán 견적을 내다

이 일에 대해 다시 한 번 고려해 주시기 바랍니다.
希望贵方重新考虑此事。

075 주문서 및 견적서 유효기간 안내

이 주문서의 유효기간은 2014년 12월 10일까지입니다.
本订单有效期至2014年12月10日。
⊞ 订单 dìngdān 주문서 | 有效期 yǒuxiàoqī 유효기간

이상 견적서의 유효기간은 1월 5일까지입니다.
以上报盘有效期至1月5日。
⊞ 报盘 bàopán 오퍼, 견적

지금 확정오퍼를 드립니다. 이 오퍼는 10월 내에 확인 메일이 도착해야 유효합니다.
现报实盘，以我方10月内收到接收函为有效。
⊞ 报实盘 bào shípán 확정오퍼를 주다 | 接收函 jiēshōuhán 접수 편지, 확인 메일 | 有效 yǒuxiào 유효하다

지금 확정오퍼를 드립니다. 이것은 귀사의 확인 메일이 4월 1일 이전에 저희 쪽에 도착해야 유효합니다.
兹报实盘，以贵方的接收函于4月1日前抵达我处为有效。
⊞ 兹 zī 지금 | 抵达 dǐdá 도착하다

다음과 같이 견적을 내드립니다. 이 견적은 이곳 시간으로 10월 3일 월요일 오전 9시 이전에 답변을 주셔야 유효합니다.
现报盘如下，以我方时间10月3日星期一上午9时以前答复为有效。
⊞ 答复 dáfù 답변하다

다음과 같이 견적서를 보내드립니다. 이 견적서는 저희가 이곳 시간으로 3월 21일 오후 4시 이전에 회신을 받아야 유효합니다.
现报盘如下，以我方时间3月21日下午4时以前收到答复为有效。

이상 견적서는 오늘부터 10일 이내에 귀사의 답신을 받아야 유효합니다.
以上报盘以自今日起10天内贵方答复为有效。
⊕ 自今日起 zìjīnrìqǐ 오늘부터

이 견적서는 귀사가 3일 내에 회신하셔야 유효합니다.
此盘以贵方3日内答复为有效。

076 가격 인상 공지

❀ 가격 인상 공지 메일의 서두는 '009 좋지 않은 소식을 전할 때'(P.66) 참고

원료 가격이 인상되어, 저희 가구 가격 또한 10% 인상되었습니다.
由于原料价格上涨，我方家具价格已上涨10%。
⊕ 上涨 shàngzhǎng 오르다

원재료 가격이 큰 폭으로 올라, 16일부터 저희 회사 모든 제품의 가격이 5% 인상됩니다.
由于原材料价格大幅度增长，从16日起，本公司所有产品的价格将提高5%。
⊕ 由于 yóuyú ~로 인하여 | 大幅度 dàfúdù 대폭 | 增长 zēngzhǎng 증가하다 | 提高 tígāo 높이다

원자재 가격의 상승에 맞춰 저희도 가격을 올려야만 합니다.
为了应对上涨的原材料费用，我们有必要提高价格。
⊕ 应对 yìngduì 대응하다

달러 가치가 하락함에 따라 저희의 현재 가격을 유지할 수 없게 되었습니다.
由于美元贬值，我们已不能维持我们现在的价格。
⊕ 贬值 biǎnzhí 화폐 가치가 떨어지다 | 维持 wéichí 유지하다

최근 세계적으로 쌀 가격이 폭등함에 따라, 저희 제품 가격도 5% 인상해야 합니다.
由于近来国际大米价暴涨，我们产品的价格也要提高5%。
⊕ 暴涨 bàozhǎng 폭등하다

열악한 기후 사정으로 인해, 전세계 소맥 가격이 큰 폭으로 상승하여, 저희 제품의 가격도 모두 3%씩 오르겠습니다.
由于恶劣的天气，全世界小麦大幅涨价，我们产品的价格将均提高3%。
⊕ 恶劣 èliè 열악하다 | 小麦 xiǎomài 밀 | 大幅涨价 dàfú zhǎngjià 큰폭으로 오르다 | 提高 tígāo 높이다

건축자재 시장의 상승 추세로 인하여, 저희도 이전 가격을 유지할 수 없게 되었습니다.
鉴于建材市场的上升趋势，我们也不能维持以前的价格。
⊞ 鉴于 jiànyú ~을 감안하여 | 建材 jiàncái 건축자재 | 上升趋势 shàngshēng qūshì 상승 추세

4월부터 저희 식용유 수출가가 10% 올라, 칭다오 FOB 가격이 1리터에 10위안이 되겠습니다.
从4月起，我方食用油的出口价提高10%，即：一升十元，青岛离岸价。
⊞ 即 jí 즉 | 升 shēng 리터(ℓ) | 离岸价 lí'ànjià FOB 가격

특별히 편지를 드려 3월 5일부터 저희 가구 가격이 모두 3%씩 인상되는 일에 대해 알려드립니다.
我们特写信通知您关于从3月5日起我方家具价格均将提高3%的事宜。
⊞ 事宜 shìyí 일, 사안

아시는 것처럼, 최근 30일 동안 국제 옥수수 가격이 계속 오르고 있어, 현재 이곳의 상승폭이 이미 20%에 달하였습니다. 저희도 부득이하게 수출 가격을 15% 인상하기로 하였습니다.
正如贵方所知，近30天国际玉米价格一直在涨价，现在我们这里的上涨幅度已经达到了20%。我们也不得不将出口价提高15%。
⊞ 正如…所知 zhèngrú…suǒzhī ~가 아는 것처럼 | 上涨幅度 shàngzhǎng fúdù 오름폭

저희 회사의 제품 가격이 조만간 오를 것 같습니다. 최근 시장에서 대두 수요량이 갈수록 증가하여 가격이 올라갈 수밖에 없는 추세입니다.
我公司产品不久可能要涨价。最近市场上对大豆的需求量越来越大，势必造成价格上涨。
⊞ 涨价 zhǎngjià 인상하다 | 需求量 xūqiúliàng 수요량 | 势必 shìbì 추세가 반드시 ~하게 되다 | 造成 zàochéng 조성하다

듣기로, 일부 공급업체의 면직물 가격이 20%나 올랐다고 합니다. 저희 회사 가격은 15% 상승하였으니, 너무 높은 것은 아닙니다.
我们得知一些供货商棉料价格涨幅是20%，我公司棉料价格提高15%，也不是太高。
⊞ 得知 dézhī 알게 되다 | 供货商 gōnghuòshāng 공급업체 | 棉料 miánliào 면직물 | 涨幅 zhǎngfú 상승폭

올해 3월 이후로 수요량이 계속 상승하였지만, 저희는 여전히 가격을 올리지 않았습니다. 그러나 현재 재고량이 소진되면 부득이하게 가격을 올려야 할 것 같습니다.
自今年3月以来需求量一直在上升，但我方仍未提价，不过目前的库存一旦售完将可能不得不提价。
⊞ 提价 tíjià 가격을 올리다 | 库存 kùcún 재고 | 售完 shòuwán 다 팔리다

이번 인상이 5년 만의 첫 인상입니다. 저희 가격인상이 합리적이지 않다고 생각하지 않으셨으면 합니다.
这是5年中我公司产品首次提价，我们希望您不会觉得我们的涨价不合理。
⊞ 首次 shǒucì 첫 번째

가격이 인상되더라도 저희 회사 제품은 여전히 한국 유사제품들보다 5% 저렴하여, 판매에는 큰 지장이 없으리라 생각합니다.
虽然涨价，本公司产品仍然比韩国同类产品便宜5%，我们认为销路不会受到很大的影响。
⊞ 销路 xiāolù 판로

3월 2일부터 새로운 가격이 적용됩니다.
从3月2日起，新的价格将生效。
⊞ 生效 shēngxiào 효력이 있다

그러나 양사 간의 오랜 무역관계를 생각하여, 귀사의 4월 3일 주문서는 원래의 가격을 적용하겠습니다.
不过，鉴于我们之间的长期贸易关系，贵公司4月3日的订单，我方还保持原价。
⊞ 订单 dìngdān 주문서 | 保持 bǎochí 유지하다

새로운 가격표는 현재 준비 중에 있습니다. 완성되는 대로 보내드리겠습니다.
新价目表正在准备当中，一完成会立刻寄给贵方。
⊞ 价目表 jiàmùbiǎo 가격표 | 立刻 lìkè 즉시

귀사에서 이해와 협력을 해 주시면 대단히 감사하겠습니다.
希望贵公司能理解，并给予配合，我们将十分感激。
⊞ 给予配合 jǐyǔ pèihé 협력하다 | 十分感激 shífēn gǎnjī 매우 감격스럽다

가격인상 건에 대해 유감스럽게 생각합니다. 귀사의 양해를 얻을 수 있기를 바랍니다.
我方对涨价一事深感遗憾。希望能获得贵公司的充分谅解。
⊞ 深感遗憾 shēngǎn yíhàn 매우 유감스럽게 생각하다 | 获得 huòdé 획득하다 | 谅解 liàngjiě 양해하다

077 가격 인상 공지에 대한 답변

귀사에서 7월 2일부터 슬리퍼 가격을 5% 인상하기로 제의하신 데 대해 깊이 유감을 표합니다.
贵公司提议从7月2日起将拖鞋的价格提高5%，我们对此深表遗憾。
⊞ 提议 tíyì 제의하다 | 拖鞋 tuōxié 슬리퍼 | 深表遗憾 shēnbiǎo yíhàn 깊이 유감을 표하다

솔직히 저희는 귀사의 대두 가격이 오를 것이라고 예측은 하였으나, 20%나 오를 것이라고는 생각하지 못했습니다.
说实话，我们已预测到贵公司大豆价格要上涨，但没有预测到上涨幅度高达20%。
⊞ 预测 yùcè 예측하다 | 上涨幅度 shàngzhǎng fúdù 상승폭

귀사는 벌써 반 년이라는 짧은 기간 동안 두 번이나 가격을 조정하였습니다. 저희로서는 정말 받아들이기 어렵습니다.
贵方在短短半年内就两次调整价格，我们实在难以接受。
⊞ 短短 duǎnduǎn 짧디 짧은 | 调整 tiáozhěng 조정하다 | 难以接受 nányǐ jiēshòu 받아들이기 어렵다

이 제품들은 이제 막 판매되기 시작하였는데 이렇게 갑자기 가격을 올리시면 저희는 받아들이기 어렵습니다.
这些产品才刚刚推出，如果立即提价，我方难以接受。
⊞ 推出 tuīchū 판매되다 | 提价 tíjià 가격을 올리다

최소한 가격인상 시기라도 다시 고려하여, 3개월 뒤로 미루어 주시기를 바랍니다.
我们希望贵公司至少重新考虑提价的时间，延至3个月后再进行。
⊞ 延至 yánzhì ~까지 연기하다

가격인상 기준을 합당하게 조정할 것을 다시 고려해 주십시오.
请再考虑将提价标准进行适当的调整。
⊞ 适当 shìdàng 적당한

078 가격 인하 공지

신형 라디오가 출시됨에 따라 구형 제품에는 30%의 가격우대를 적용하겠습니다.
由于新型收音机上市，我们对旧型号产品提供30%的优惠。
⊞ 上市 shàngshì 출시되다 | 旧型号 jiùxínghào 구형 | 提供优惠 tígōng yōuhuì 혜택을 제공하다

저희의 구형 제품이 현재 특가 판매 중임을 알려드립니다.
我们的旧型号产品正在特价销售中，特此告知。
⊞ 销售 xiāoshòu 판매하다 | 告知 gàozhī 알리다

회사 창립 10주년 기념으로, 저희 AD-1 시리즈 제품을 10% 할인해 드립니다.
为纪念公司成立十周年，我们对AD-1系列产品提供10%的优惠。
⊞ 成立 chénglì 설립 | 系列 xìliè 시리즈

각종 원자재 가격이 하락하여, 저희 제품 가격을 대폭 인하하기로 결정하였습니다.
由于各种原材料价格下降，我们决定大幅度降低我们的产品价格。
⊞ 由于 yóuyú ~로 인하여 | 大幅度 dàfúdù 대폭 | 降低 jiàngdī 내리다

프로모션 행사로, 저희는 대다수 제품의 가격을 인하하고 있습니다.
作为促销，我们正在降低大多数产品的价格。
⊞ 促销 cùxiāo 프로모션

창고 정리를 위해, 저희 회사는 상술한 가격으로 품질 좋은 제품을 판매하고 있습니다.
为了便于清仓，本公司以上述价格促销优良的货品。
⊞ 便于清仓 biànyú qīngcāng 창고 정리에 편하도록 | 上述 shàngshù 상술한

저희 회사는 내년도 모델을 들여오기 위해, 현재 A-1 시리즈 라디오를 염가에 판매하고 있습니다. 이번 달 말 전에 받은 2만 달러 이상의 주문에 대해 20%의 추가할인을 해 드리겠습니다.
本公司为了准备引进下一年度的机型，正在廉价出售A-1系列收音机。在本月底前收到的超过两万美元的订单，我方给予20%的额外折扣。
⊞ 引进 yǐnjìn 도입하다 | 机型 jīxíng (기계의) 모델 | 廉价 liánjià 염가, 싼 값 | 出售 chūshòu 팔다 | 订单 dìngdān 주문서 | 额外折扣 éwài zhékòu 추가할인

TIP 가격 관련 용어 정리

- 离岸价 lí'ànjià FOB 가격(Free On Board, 본선 인도조건)
- 到岸价 dào'ànjià CIF 가격(Cost Insurance and Freight, 운임·보험료 포함 인도조건)
- 净价 jìngjià 정가(Net Price)
- 成本 chéngběn 원가(Cost)
- 询价 xúnjià, 询盘 xúnpán, 询购 xúngòu 가격문의, 가격을 문의하다(Inquiry)
- 询价单 xúnjiàdān 가격문의서(Inquiry)
- 发出询盘 fāchū xúnpán 가격문의서를 보내다
- 向…询价 xiàng…xúnjià ~에게 가격을 문의하다
- 报价 bàojià, 报盘 bàopán 견적, 견적을 내다(Offer)
- 实盘 shípán 확정오퍼, 확정오퍼를 주다(Firm-offer)
- 还价 huánjià, 还盘 huánpán 카운터오퍼, 카운터오퍼를 주다(Counter-offer)

CHAPTER 04

주문

01 주문
02 주문에 대한 회신

01 주문

 주문 메일에서는 구체적인 주문사항과 함께 제품의 품질, 납기, 기타 서비스 등과 관련된 요청사항을 미리 분명하게 언급하는 것이 좋습니다.

☆ 东安物产订购货物清单函

尊敬的金先生:

　　贵方5月4日的报价函收悉，谢谢。我公司对贵方产品的质量和价格均感满意，并乐意按贵方提出的条件订购如下货物：

货号	数量	价格（人民币）
A-135	100瓶	100元/瓶（包含包装费）
A-138	200瓶	150元/瓶（包含包装费）
A-147	200瓶	200元/瓶（包含包装费）

（所有价格都是仁川到岸价）

　　希望这批货物能与样品完全一致，并希望贵方尽快交货。我方接到贵方装运函，将立即开具转账支票。

新华贸易有限公司
张国立
2014年5月6日

〈동안물산 제품 구매 명세서 메일〉

존경하는 김 선생님께:

5월 4일의 견적 메일 받았습니다. 감사합니다. 저희는 귀사 제품의 품질과 가격에 모두 만족하며, 귀사에서 제시하신 조건대로 다음과 같은 제품을 구매하려 합니다.

제품 번호	수량	가격(인민폐)
A-135	100병	100위안/병(포장비 포함)
A-138	200병	150위안/병(포장비 포함)
A-147	200병	200위안/병(포장비 포함)

(모든 가격은 인천 CIF 가격임)

주문한 물건이 샘플과 완전히 일치하길 바라며, 최대한 빨리 물건을 보내주시기 바랍니다. 귀사의 선적 통지 메일을 받는 대로 대체수표를 개설하도록 하겠습니다.

订购 dìnggòu 주문하다 | 清单 qīngdān 명세서 | 报价函 bàojiàhán 견적 메일 | 收悉 shōuxī 받아보다 | 提出 tíchū 제시하다 | 货号 huòhào 제품 번호 | 到岸价 dào'ànjià CIF 가격 | 样品 yàngpǐn 샘플 | 交货 jiāohuò 납품하다 | 装运函 zhuāngyùnhán 운송 공지 메일 | 开具 kāijù 개설하다 | 转账支票 zhuǎnzhàng zhīpiào 대체수표

079 상대방 견적 메일 및 견본/카탈로그 발송에 대한 감사 표시

5월 4일에 보내주신 견적서와 샘플에 감사드립니다.
感谢贵方5月4日的报价单以及样品。
⊞ 报价单 bàojiàdān 견적서 | 以及 yǐjí 그리고 | 样品 yàngpǐn 샘플

5월 4일에 보내신 견적서와 샘플을 확인하였습니다. 감사합니다.
贵方5月4日的报价单与样品收悉,谢谢。
⊞ 收悉 shōuxī 받아보다

보내주신 가격표와 판매조건을 오늘 오전에 받았습니다.
贵方给我们发的价目表和销售条件,今天上午已收到。
⊞ 价目表 jiàmùbiǎo 가격표 | 销售条件 xiāoshòu tiáojiàn 판매조건

6월 8일에 보내신 견적서 받았습니다. 답변해 주셔서 감사합니다.
贵方6月8日的报盘收悉,谢谢贵方的答复。
⊞ 报盘 bàopán 오퍼, 견적 | 答复 dáfù 답변

저희의 문의에 대해 즉각 회신해 주셔서 감사드립니다.
对于我们的询问,贵方立刻来信回复,对此表示感谢。
⊞ 询问 xúnwèn 문의하다 | 立刻 lìkè 즉시 | 回复 huífù 회신하다

080 구매할 물품 확정

귀사에서 제시하신 거래조건에 매우 만족하며, 제품 가격도 받아들일 수 있습니다.
我方对贵公司提出的交易条件非常满意,产品价格也能接受。
⊞ 提出 tíchū 제시하다 | 交易 jiāoyì 교역

저희는 귀사 제품의 품질과 가격에 모두 만족하며, 아래와 같은 물건을 구매하기로 결정하였습니다.
我公司对贵方产品的质量和价格均感满意,决定订购如下货物:
⊞ 订购 dìnggòu 주문하다

귀사의 샘플과 가격 모두 매우 만족스럽습니다. 이에 아래와 같은 물품을 구입하고자 합니다.
贵方样品及价格都非常令人满意,兹订购下列货物:
⊞ 兹 zī 이에, 지금 | 下列 xiàliè 아래에 열거한

귀사의 제품은 가격 경쟁력이 있습니다. 34호 주문서 한 부를 첨부하며, 세 종류의 제품을 구매하고자 하오니 확인해 주십시오.
贵方产品价格具有竞争力，今随函附寄第34号订单一份，订购3种产品，请查收。

⊞ 随函附寄 suíhán fùjì 편지와 함께 첨부하다 | 订单 dìngdān 주문서 | 查收 cháshōu 살펴보고 받다

저희는 이미 샘플을 확인하였으며, 5백 개를 먼저 시험구입하고자 합니다.
我们现已看过样品，并预备试订五百件。

⊞ 预备 yùbèi ~할 준비를 하다 | 试订 shìdìng 시험주문하다

저희는 귀사의 34호 청바지에 매우 만족합니다. 청바지의 디자인과 색상이 모두 저희 시장의 수요에 부합합니다.
我们对贵方的34号牛仔裤非常满意，牛仔裤的式样和颜色很符合我们市场的需要。

⊞ 牛仔裤 niúzǎikù 청바지 | 式样 shìyàng 스타일 | 符合 fúhé 부합하다

저희는 귀사 제품의 품질과 가격에 모두 만족합니다. 저희 123호 주문서를 첨부합니다.
我方对贵方产品质量和价格均满意，现随函附上我方123号订单。

저희는 다음과 같은 제품을 주문하고자 합니다.
我方现就下列产品向贵方下订单：

⊞ 下列 xiàliè 아래에 열거한 | 下订单 xià dìngdān 주문하다

081 주문 관련 요청 사항

제품이 샘플과 완전히 일치하도록 보장해 주십시오.
请确保货物与样品完全一致。

⊞ 确保 quèbǎo 확실히 보장하다 | 样品 yàngpǐn 샘플 | 一致 yízhì 일치하다

이번 물건이 귀사에서 보내주신 샘플과 일치하기 바랍니다.
希望这批货物能与贵方所提供的样品一致。

주문한 제품의 품질이 반드시 샘플과 일치해야 합니다.
所订货物的质量必须与样品相同。

제품이 반드시 샘플과 완전히 일치해야 합니다.
货物必须完全与样品一致。

⊞ 符合 fúhé 부합하다

물건의 품질이 반드시 샘플의 품질과 완전히 일치해야 합니다.
货物的质量必须与样品质量完全一致。

이불커버의 재질은 반드시 100% 코튼이어야 합니다. 저희의 주문서는 이에 대한 보장을 조건으로 합니다.
被罩材质应是纯棉的，我方的订单以此保证为条件。
⊕ 被罩 bèizhào 이불커버 | 材质 cáizhì 재질 | 纯棉 chúnmián 순면 | 订单 dìngdān 주문서 | 保证 bǎozhèng 보증하다 | 以…为条件 yǐ…wéi tiáojiàn ~을 조건으로 하다

주문서의 모든 조항은 변경될 수 없습니다. 저희의 주문서는 이에 대한 승낙을 조건으로 합니다.
订单中的所有条款都不能更改，我方的订单以此承诺为条件。
⊕ 条款 tiáokuǎn 조항 | 更改 gēnggǎi 변경하다 | 承诺 chéngnuò 승낙하다

제품의 등급이 반드시 A급이어야 합니다. 그렇지 않으면 주문서는 효력을 잃습니다.
产品级别应是A级的，否则订单失效。
⊕ 级别 jíbié 등급 | 否则 fǒuzé 그렇지 않으면 | 失效 shīxiào 효력을 잃다

082 빠른 처리 요청

이번 주문을 신속히 처리해 주시기 바랍니다.
望贵方对此订单及时予以办理。
⊕ 及时 jíshí 즉시, 때맞춰 | 予以办理 yǔyǐ bànlǐ 처리하다

이 일을 즉시 처리해 주시면 감사하겠습니다.
如能立刻办理此事，不胜感激。
⊕ 立刻 lìkè 즉시 | 办理 bànlǐ 처리하다 | 不胜感激 búshèng gǎnjī 대단히 감사하다

이 일을 빨리 처리해 주시기 바랍니다.
希望贵方尽快安排此事。
⊕ 尽快 jǐnkuài 되도록 빨리 | 安排 ānpái 일을 처리하다

이 일을 신속히 처리해 주시기 바랍니다.
望贵方迅速处理此事。
⊕ 迅速 xùnsù 신속하게

이 일을 빨리 처리해 주시기를 정중히 청합니다.
敬请尽快处理此事。
⊕ 敬请 jìngqǐng 정중히 청하다

이 일을 즉시 처리해 주실 수 있다면 대단히 감사하겠습니다.
如果贵方能立即办理此事，我们将非常感谢。
⊕ 立即 lìjí 즉시

때맞춰 제품이 배송되도록 해 주십시오.
请准时运达货物。
⊕ 准时 zhǔnshí 시간에 맞춰 | 运达 yùndá 배송되다

가능한 한 빨리 물건을 납품해 주시기 바랍니다.
希望贵方尽快交货。
⊕ 交货 jiāohuò 납품하다

주문한 제품이 급히 필요하오니, 빨리 선적해 주시면 대단히 감사하겠습니다.
我们急需所订货物，如贵方能尽快装船，则不胜感激。
⊕ 急需 jíxū 급히 필요로 하다 | 装船 zhuāngchuán 선적하다

저희 고객이 이 물건을 급히 필요로 하므로, 최대한 빨리 운송해 주시기 바랍니다.
因为我方客户急需该货，希望贵方能尽快装运。
⊕ 客户 kèhù 고객, 거래처 | 装运 zhuāngyùn 운송하다

저희는 현재 회신을 기다리고 있습니다.
我们正期待回复。
⊕ 回复 huífù 회신

이번 주 내로 저희에게 답변을 해 주시기 바랍니다.
希望贵方本周之内给我们答复。
⊕ 答复 dáfù 답변

083 주문 변경

제123A호 주문서를 다음과 같이 수정하고 싶습니다.
我们希望将第123A号订单作如下修改：
⊕ 订单 dìngdān 주문서 | 修改 xiūgǎi 수정하다

번거로우시겠지만 Y264호 주문서의 수취인 주소와 수취인, 전화번호를 변경해 주십시오. 새로운 내용은 다음과 같습니다.
麻烦您帮我修改一下Y264号订单的收货地址，收货人和联系电话。新的信息如下：
⊕ 收货地址 shōuhuò dìzhǐ 물품 수령 주소 | 信息 xìnxī 정보

수량을 100개에서 200개로 변경해야 합니다.
我们需要把数量从一百个变更为两百个。
⊞ 变更为 biàngēngwéi ~로 변경하다

원래의 주문서에 녹차 100상자를 추가하여 주십시오.
请在原来的订单中再加一百箱绿茶。

084 주문 취소

죄송하지만 저희 주문서를 취소해 주실 것을 요청합니다.
很抱歉，我需要请求您取消我们的订单。
⊞ 请求 qǐngqiú 요청하다 | 取消 qǔxiāo 취소하다 | 订单 dìngdān 주문서

부득이하게 제667호 주문서의 제품을 취소해야 함을 알려드립니다. 이에 대해 매우 유감스럽게 생각합니다.
兹通知贵方我们不得不取消第667号订单下的货物，对此我方深表遗憾。
⊞ 兹 zī 이에, 지금 | 深表遗憾 shēnbiǎo yíhàn 깊은 유감을 표하다

판매 성수기를 놓쳐, 특별히 제333호 주문서를 취소합니다.
由于赶不上销售旺季，特此取消我们第333号订单。
⊞ 由于 yóuyú ~로 인하여 | 赶不上销售旺季 gǎnbushàng xiāoshòu wàngjì 판매 성수기를 놓치다 | 特此 tècǐ 특별히

죄송합니다. 저희의 몇몇 큰 거래처에서 신제품을 구매하는 것을 연기하였기에, 부득이하게 주문을 취소하게 되었습니다.
很抱歉，由于我们几个大客户决定推迟购入新产品，我们不得不取消订单。
⊞ 客户 kèhù 고객, 거래처 | 推迟 tuīchí 연기하다 | 购入 gòurù 구입하다

저희 고객이 이 주문서의 제품을 필요로 하지 않게 되어, 부득이하게 녹차 100상자의 주문을 취소합니다.
因为我们的客户不再需要此订单的产品，我们不得不取消一百箱绿茶的订单。

최근의 불경기로 인하여 어쩔 수 없이 주문을 취소할 수밖에 없게 되었습니다.
由于最近经济不景气，我们被迫取消订单。
⊞ 不景气 bùjǐngqì 불경기 | 被迫取消 bèipò qǔxiāo 어쩔 수 없이 취소하다

저희의 재고가 올해 다 팔리지 않아서, 본 메일을 통해 계약을 취소할 것을 요청합니다. 저희의 상황을 이해해 주셨으면 좋겠습니다.
由于我们的库存今年销售不完，因此，我写此信要求取消我们的合同。希望贵方能理解我们的处境。
⊞ 库存 kùcún 재고 | 销售 xiāoshòu 판매하다 | 合同 hétong 계약서 | 处境 chǔjìng 처지

국내 업계의 사정이 변하여, 이번 물건의 주문을 취소하려고 합니다.
由于国内行情有变化，我们打算取消此货物的订单。
⊞ 行情 hángqíng 업계 상황

주문을 즉시 취소할 수 있는지 알려주십시오.
请告知可否立即取消我们的订单。
⊞ 告知 gàozhī 알리다 | 可否 kěfǒu ~할 수 있는지 없는지 | 立即 lìjí 즉시

이 일에 대해 매우 유감스럽게 생각합니다. 그러나 귀사에서 이해해 주시리라 믿습니다.
对此我们很深表遗憾，但相信贵公司会理解。

저희도 똑같이 유감스럽습니다. 그러나 이 상황에서는 이러한 결정을 내릴 수밖에 없습니다.
我方同样感到遗憾，但是，在此情况下只能做出这样的决定。

이번 거래가 실패하였지만, 이후에도 양사가 지속적으로 좋은 관계를 유지할 수 있기를 바랍니다. 머지 않은 장래에 다시 구매를 할 수 있으리라 생각합니다.
虽然这次交易失败，但是希望以后可以继续维持双方的友好关系，我们相信在不久的将来能再次订购。
⊞ 订购 dìnggòu 구매하다

판매 상황이 호전되는 대로, 반드시 다시 연락을 드리겠습니다.
一旦我们的销售情况有了好转，我们定会再与贵方联系。
⊞ 有好转 yǒu hǎozhuǎn 호전되다

TIP 중국에서 쇼핑을 하려면 이 시기를 노리세요!

중국에서는 劳动节, 国庆节, 春节 등 연휴를 전후로 큰 상점에서 세일을 많이 합니다. 그리고 최근에는 미국의 블랙 프라이데이처럼, 11월 11일이 전국적인 쇼핑데이(Shopping Day)로 자리잡았습니다. 11월 11일은 1이 네 개가 겹친다고 하여, 젊은이들 사이에서 '싱글데이(Single Day)'라는 의미의 '单身节' 또는 '光棍节'라고 불렸습니다. 그러다가 2011년부터 인터넷 쇼핑몰에서 11월 11일에 외로운 싱글들을 위한 세일을 대대적으로 진행하면서, '11月11日(双十一)网购节'로 자리잡았고, 2013년 11월 11일에는 중국 최대 인터넷 쇼핑몰 그룹 阿里巴巴의 하루 매출액이 350억 위안을 돌파하는 기록을 세우기도 했습니다.

⊞ 光 guāng 다만, 홀로 | 棍 gùn 막대기 | 网购 wǎnggòu 인터넷 쇼핑

02 주문에 대한 회신

상대방의 주문에 대해 회신할 때는, 주문사항 확인을 비롯하여, 주문에 대한 감사, 빠르고 정확한 처리 약속, 두 회사 간의 지속적인 거래 요청 등의 내용을 포함하는 것이 좋습니다.

 ☆ 第345号销售合同支付方式确认函

金主管：

　　非常高兴收到贵方5月7日的订单。现附寄第345号销售合同，我方立即办理，货物将在贵方要求的日期内到达仁川港。

　　对所订货物，我方要求用保兑的、不可撤销的、允许分装和转船的信用证支付。请贵方尽快告知是否同意我方支付方式。一收到贵方的答复，我方将尽快提交货物。

　　感谢贵方的惠顾，希望贵我双方继续友好往来。

新华贸易有限公司
赵平良
2014年5月10日

〈제345호 판매계약서 지불방식 확정 메일〉

김 과장님께：
5월 7일에 보내신 주문서를 받게 되어 기쁘며, 제345호 판매계약서를 첨부해 드립니다. 귀사의 주문을 빨리 처리하여 요청하신 날짜 내에 화물이 인천항에 도착하도록 하겠습니다.
구입하신 물건에 대해 확인, 철회 불가, 분할 선적 및 환적 허용 신용장으로 지불해 주실 것을 요청드립니다. 저희의 지불방식에 동의하시는지 빠른 답변 부탁드립니다. 귀사의 답변을 듣는 즉시 물건을 보내도록 하겠습니다.
저희 제품을 구매해 주셔서 감사하며, 두 회사가 지속적으로 우호적인 관계를 유지하길 바랍니다.

销售合同 xiāoshòu hétong 판매계약서 | 支付 zhīfù 지불하다 | 确认 quèrèn 확인하다 | 函 hán 편지 | 订单 dìngdān 주문서 | 附寄 fùjì 첨부하다 | 立即 lìjí 즉시 | 办理 bànlǐ 처리하다 | 保兑信用证 bǎoduì xìnyòngzhèng 확인 신용장 | 不可撤销 bùkě chèxiāo 철회 불가 | 允许 yǔnxǔ 허용하다 | 分装 fēnzhuāng 분할 선적 | 转船 zhuǎnchuán 환적 | 答复 dáfù 답변 | 提交 tíjiāo 제출하다, 보내다 | 惠顾 huìgù 보살핌, 애용[고객에게 쓰는 표현] | 双方 shuāngfāng 양측

085 주문 감사 및 주문 내용 확인

3월 20일에 보내신 남성셔츠 주문서를 받게 되어 매우 기쁩니다.
很高兴收到贵方3月20日男式衬衫的订单。
⊞ 衬衫 chènshān 셔츠 | 订单 dìngdān 주문서

4월 5일에 보내신 메일 잘 받았습니다. 이번 주문에 대해 감사드립니다.
贵公司4月5日函已收悉，对此次订货，我公司表示感谢。
⊞ 函 hán 편지 | 收悉 shōuxī 받아보다 | 订货 dìnghuò 주문

귀사의 주문서를 받게 되어 기쁩니다. 현재 처리 중에 있습니다.
很高兴收到贵方订单，我们正在处理中。

귀사의 제345호 주문서를 접수하였습니다. 감사합니다.
我们已经收到贵方第345号订单，谢谢。

저희 노트북을 구매하신 제236호 주문서를 오늘 오전에 접수하였습니다.
贵方订购我们笔记本的第236号订单，今天上午已收到。
⊞ 订购 dìnggòu 주문하다

귀사의 주문서를 접수하였음을 알려드립니다.
我方确认接受贵公司订单，特此告知。
⊞ 确认 quèrèn 확인하다 | 特此 tècǐ 특별히 | 告知 gàozhī 알리다

귀사의 주문을 받아 매우 기쁘며, 저희 회사의 고객이 되신 것을 환영합니다.
我方非常高兴收到贵方订单，欢迎贵公司成为我方客户。
⊞ 客户 kèhù 고객

2월 24일에 보내신 메일과 제104호 주문서에 대해 감사드리며, 귀사가 제시하신 조건에 동의합니다.
十分感谢贵方2月24日的来信及第104号订单，我们同意贵方提出的条件。
⊞ 来信 láixìn 보내온 편지 | 提出 tíchū 제시하다

저희 회사 제품을 구매해 주셔서 감사합니다.
感谢贵方购买本公司产品。
⊞ 购买 gòumǎi 구매하다

귀사를 위해 일할 수 있는 기회가 있어서 영광입니다.
很荣幸有机会为贵公司效劳。
⊞ 荣幸 róngxìng 영광스러운 | 效劳 xiàoláo (~를 위해) 힘쓰다

086 빠르고 정확한 처리에 대한 약속

저희 제품을 이용해 주셔서 감사합니다. 현재 귀사의 주문서를 처리 중이며, 수시로 진행 상황을 알려드리도록 하겠습니다.
感谢贵方对我方产品的惠顾，我们正在处理贵方订单，并将随时告知贵方进展情况。
⊕ 惠顾 huìgù 보살핌, 애용[고객에게 쓰는 표현] | 告知 gàozhī 알리다 | 进展情况 jìnzhǎn qíngkuàng 진전 상황

주문서를 즉시 처리 중입니다. 기한 내에 화물을 운송하도록 하겠습니다.
贵方订单正在及时处理，我方会在贵方的时限内装运。
⊕ 及时 jíshí 즉시, 때맞춰 | 时限 shíxiàn 기한 | 装运 zhuāngyùn 운송하다

귀사의 주문을 즉시 처리하도록 하겠습니다.
我们将立即办理贵方的订货。
⊕ 立即 lìjí 즉시 | 办理 bànlǐ 처리하다 | 订货 dìnghuò 주문

때맞춰 물건을 운송할 것을 보장해 드립니다.
我们可以保证及时装运。
⊕ 保证 bǎozhèng 보증하다

선적날짜를 통지해 드리도록 하겠습니다.
我们将会通知贵方装运日期。

걱정하지 마십시오. 규정하신 시간 내에 물건을 납품하도록 하겠습니다.
贵方可放心，我们可以在贵方规定的时间内交货。
⊕ 交货 jiāohuò 납품하다

안심하십시오. 즉시 주문서를 처리하도록 하겠습니다.
请放心，我方会立即处理贵方订单。
⊕ 订单 dìngdān 주문서

반드시 신속하게 주문서를 처리하여 두 회사 간의 장기적인 협력을 촉진시키겠습니다.
我方一定会迅速处理订单，以促进我们之间的长期合作。
⊕ 迅速 xùnsù 신속한 | 促进 cùjìn 촉진하다

087 판매확인서 및 계약서 발송 안내

지금 귀사의 주문서를 받아서 확인하였습니다. 34호 판매확인서 2부를 첨부하오니, 사인을 하신 후 1부를 저희에게 보내주십시오.
兹确认收到贵方订单，现随函附寄34号销售确认书一式两份，请签字后退回一份。

⊞ 兹 zī 지금, 여기서 | 确认 quèrèn 확인하다 | 订单 dìngdān 주문서 | 随函附寄 suíhán fùjì 편지와 함께 첨부하다 | 销售确认书 xiāoshòu quèrènshū 판매확인서 | 签字 qiānzì 서명하다 | 退回 tuìhuí 돌려보내다

귀사의 주문서를 접수하였다는 것을 알려드립니다. 판매확인서 2부를 첨부하오니, 사인하시어 1부는 보관용으로 저희에게 보내주십시오.
我们特此确认接受贵方订单，并附上销售确认书一式两份，请签字并寄还一份供我方备份。

⊞ 附上 fùshàng 첨부하다 | 寄还 jìhuán 되돌려 보내다 | 备份 bèifèn 예비분

34호 계약서 2부를 보내드리오니, 사인하시고 한 부를 저희에게 보관용으로 보내주십시오.
兹附寄34号合同一式两份，请签字并寄还一份供我方存档。

⊞ 合同 hétong 계약서 | 存档 cúndàng 보관하다

저희 판매확인서 2부를 보내드리오니, 사인하시고 한 부를 저희 쪽 보관용으로 보내주십시오.
今寄上我方销售确认书一式两份，请签字后退回一份，以便我方存档。

제123호 판매확인서 원본 2부를 보내드리오니, 한 부에 사인하시고 저희에게 보관용으로 보내주십시오.
兹附寄第123号销售确认书原件两份，请签署其中一份并寄回我方存档。

⊞ 原件 yuánjiàn 원본 | 签署 qiānshǔ 정식서명하다 | 寄回 jìhuí 되돌려보내다

66호 판매확인서 2부를 보내드리니 보관을 위해 한 부에 사인하여 보내주십시오.
现随函附寄66号售货确认书一式两份，请签回一份以便存档。

⊞ 售货确认书 shòuhuò quèrènshū 판매확인서

088 납기 및 배송일정 안내

모든 물건은 재고가 있으므로, 되도록 빨리 보내드리도록 하겠습니다.
所有货物均有现货，我们将会尽快为您发货。

⊞ 现货 xiànhuò 현재 있는 물건 | 发货 fāhuò 물품을 발송하다

신용장 수령 후 20일 내에 납품하도록 약속드리겠습니다.
我们保证在收到信用证后20天内交货。

⊞ 信用证 xìnyòngzhèng 신용장 | 交货 jiāohuò 납품하다

최대한 노력하여 5월 말 전에 물건을 납품하도록 하겠습니다.
我方尽最大努力争取在5月底前交货。
⊞ 争取 zhēngqǔ ~을 이루어내다 | 月底 yuèdǐ 월말

관련 신용장을 받은 후 1개월 이내에 모든 물건을 납품할 수 있습니다.
在收到相关信用证后一个月内我们可以全部交货。

5월 초에 납품을 할 예정입니다.
我们预计将于5月初交货。
⊞ 预计 yùjì ~할 예정이다

안심하십시오. 귀사에서 규정하신 시간 내에 틀림없이 물건을 납품할 수 있습니다.
贵方可以放心，我们完全可以在贵方规定的时间内交货。

089 맺음말 – 주문에 대한 감사, 앞으로 지속적인 거래 부탁

귀사의 구매에 감사드리며, 저희 회사가 귀사와 장기적으로 유쾌한 거래를 할 수 있기를 바랍니다.
感谢贵方的惠顾，希望我方能与贵方有长久愉快的合作。
⊞ 惠顾 huìgù 보살핌, 애용[고객에게 쓰는 표현]

이번 거래가 원만히 달성되어 기쁩니다. 두 회사가 앞으로 자주 거래를 할 수 있기를 바랍니다.
我们很高兴圆满达成这项交易，希望我们能保持经常的贸易关系。
⊞ 圆满 yuánmǎn 원만하다 | 达成 dáchéng 달성하다 | 项 xiàng '거래'를 세는 양사 | 保持 bǎochí 유지하다

저희의 고객이 되신 것을 환영하며, 앞으로 더욱 많이 협력할 수 있기를 바랍니다.
欢迎您成为我们的客户，希望以后能有更多的合作。
⊞ 客户 kèhù 고객, 거래처

앞으로 귀사의 주문서를 더욱 많이 받을 수 있기를 희망합니다.
希望以后能接到贵公司更多的订单。
⊞ 订单 dìngdān 주문서

이번 거래를 계기로 양사가 장기적인 무역관계를 맺길 원합니다.
希望我们以此次交易为契机，建立长久的贸易关系。
⊞ 以…为契机 yǐ…wéi qìjī ~을 계기로

이번 첫 주문으로 두 회사 간의 거래가 더욱 많아지고, 협력관계가 더욱 유쾌해지기를 바랍니다.
希望首批订单能促进彼此更进一步的业务往来，发展愉快的合作关系。
⊞ 批 pī 화물 등의 무리를 세는 양사 | 促进 cùjìn 촉진하다 | 彼此 bǐcǐ 피차 | 进一步 jìnyíbù 나아가, 진일보하여

귀사의 노력과 협조에 대단히 감사드리며, 이번 거래가 이후의 업무 협력의 시작이 되길 바랍니다.
非常感谢贵方的努力与合作，希望这是我们今后业务往来的开端。
⊞ 开端 kāiduān 시작, 발단

앞으로 두 회사 간의 협력이 더욱 많고 더욱 좋아지기를 바랍니다.
希望今后我们之间有更多更好的合作。

앞으로 두 회사의 협력이 더욱 긴밀하고 더욱 순조롭기를 바랍니다. 양사의 협력이 유쾌하기를 바랍니다!
愿今后我们的合作更加紧密，更加顺利。祝我们合作愉快！
⊞ 更加 gèngjiā 더욱 | 紧密 jǐnmì 긴밀하다

이번 거래를 통하여 양사의 관계가 더욱 긴밀해졌습니다. 앞으로 더욱 많은 협력 사업이 있기를 바랍니다.
通过这次交易，我们之间的关系更加紧密，希望今后有更多的合作项目。
⊞ 项目 xiàngmù 사업, 프로젝트

앞으로 귀사와 더욱 긴밀하게 협력하길 원합니다.
希望今后与贵公司能有更加深入的合作。
⊞ 深入 shēnrù 깊다

이후에도 양사가 더욱 긴밀하게 협력하길 진심으로 원합니다!
真诚希望在以后的日子里，贵我双方进行更密切的合作！
⊞ 真诚 zhēnchéng 진심으로 | 贵我双方 guìwǒ shuāngfāng 귀사와 우리 회사 양측 | 密切 mìqiè 밀접한

귀사와의 진일보한 협력을 기대하겠습니다.
期盼与贵公司的进一步合作。
⊞ 期盼 qīpàn 기대하다

두 회사가 지속적으로 무역관계를 유지하기를 바랍니다.
希望贵我双方继续保持贸易关系。

이번 협력으로 두 회사 사이에 더 많은 거래가 있기를 바랍니다.
希望这次合作能使我们之间有更多生意往来。
⊞ 生意 shēngyi 사업

이번 기회를 빌어 두 회사 사이에 오랫 동안 좋은 협력관계가 성립되길 바랍니다.
希望借此机会贵我双方能建立一个长久愉快的合作。
⊞ 借此机会 jiècǐ jīhuì 이 기회를 빌어

귀사의 협조에 감사드리며, 다시 귀사의 주문을 받을 수 있기를 바랍니다.
感谢贵方的合作，希望再次收到贵方订单。

090 기타 업무 진행 상황 안내

두바이 프로젝트가 순조롭게 진행되고 있습니다. 10월 말까지 연간 목표의 90%를 달성하였습니다.
迪拜项目进展得很顺利，截至10月底，该项目已完成年度计划的90%。
⊞ 迪拜 Díbài 두바이 | 项目 xiàngmù 프로젝트 | 进展 jìnzhǎn 진전하다, 진행하다 | 截至 jiézhì ~까지 | 月底 yuèdǐ 월말

7월 말까지 본 사업의 1, 2구간은 각각 총 공정량의 50%와 60%를 완성하였습니다.
截至7月底，该项目一、二标段已分别完成了工程总量的50%和60%。
⊞ 标段 biāoduàn 구간, 구역 | 工程总量 gōngchéng zǒngliàng 총 공정량

5월 말까지 프로젝트가 60% 완성되었습니다.
截止到5月底，项目已经完成60%。
⊞ 截止到 jiézhǐdào ~까지

최소 3개월을 연장해야만 사업이 완성될 것이라고 예측됩니다.
我们预计项目至少要推迟三个月才能完成。
⊞ 预计 yùjì 예측하다, 추산하다 | 至少 zhìshǎo 적어도 | 推迟 tuīchí 연기하다

가능한 한 수시로 일의 진전 상황을 알려드리겠습니다.
我们将尽量随时通知您事情的进展情况。
⊞ 尽量 jǐnliàng 가능한 한 | 随时 suíshí 수시로 | 通知 tōngzhī 통지하다

이 일의 진전 상황에 대해 곧 알려드리도록 하겠습니다.
我们将通知您有关此事的进展情况。

CHAPTER
05

결제 및 보험

01 결제
02 신용장 오류 알림 및 수정 요청
03 보험

01 결제

결제 관련 메일을 쓸 때는 지불방식과 지불 기간, 관련 전문용어 및 협상 표현에 주의해야 합니다. 결제 용어는 중국어와 영어 표현 모두 많이 쓰입니다.

☆ 付款条件征求意见函

李经理：

　　我想同您讨论一下付款条件。我们以L/C付款方式进行交易已有三年多，鉴于我们之间长期的业务关系，希望贵方能接受更便捷的付款方式。由于这次交易金额少于一千美元，因此希望贵公司允许我们用付款交单方式付款。如果贵方能接受付款交单方式，将使我方大受裨益。希望贵方能同意我们对付款条件的要求。

　　此致

敬礼

J&T科技股份有限公司

韩东秀

2014年6月5日

〈지불조건 의견 문의 메일〉

이 부장님께:
결제조건에 대해 상의하고 싶습니다. 저희가 L/C 지불방식으로 거래를 한 지가 이미 3년이 넘었습니다. 두 회사 간의 오랜 거래 관계를 감안하여, 더욱 간편한 지불방식을 받아주셨으면 좋겠습니다. 이번에는 거래 금액이 1천 달러보다 적으므로, D/P 방식으로 지불하도록 허용해 주시면 좋겠습니다. 귀사가 D/P 방식을 받아들여 주신다면 저희에게 많은 도움이 될 것입니다. 결제조건에 대한 저희의 요청에 동의해 주시기를 희망합니다.
이와 같은 내용을 보내드립니다.
정중히 올립니다.

付款 fùkuǎn 지불하다 | 征求 zhēngqiú (의견을) 구하다 | 函 hán 편지 | 鉴于 jiànyú ~을 감안하여 | 便捷 biànjié 간편하다 | 允许 yǔnxǔ 허락하다 | 付款交单 fùkuǎn jiāodān 지불인도조건(D/P) | 大受裨益 dàshòu bìyì 크게 이익을 얻다 | 此致 cǐzhì 이와 같은 내용을 보내드립니다

☆ 回复: 付款条件征求意见函

韩经理:

　　贵方以付款交单方式付款的要求,我方已予以考虑。鉴于双方长期良好的业务关系,我们决定接受远期付款交单。对于今后的交易,如果金额不超过三千美元,我们同意接受付款交单方式。感谢贵方的惠顾,希望我方能与贵方保持长久愉快的合作。

　　顺祝工作顺利!

北方电子产品有限公司
李　刚
2014年6月7日

〈회신: 지불조건 의견 문의 메일〉

한 부장님께:
귀사의 D/P 방식 지불 요청에 대해 고려해 보았습니다. 두 회사 간의 오랜 양호한 업무관계를 감안하여, D/P Usance 방식을 받아들이기로 결정하였습니다. 이후의 거래에 대해, 만약 금액이 3천 달러를 넘지 않으면, D/P 방식을 사용하는 데 동의합니다. 저희 제품을 구매해 주신 데 대해 감사드리며, 귀사와 장기적으로 유쾌하게 거래할 수 있기를 바랍니다.
하시는 일 순조롭게 진행되시기를 바랍니다!

回复 huífù 회신 | **付款交单** fùkuǎn jiāodān 지불인도조건(D/P) | **予以考虑** yǔyǐ kǎolǜ 고려하다 | **远期付款交单** yuǎnqī fùkuǎn jiāodān D/P Usance(기한부 지불인도조건) | **金额** jīn'é 금액 | **惠顾** huìgù 보살핌, 애용[고객에게 쓰는 표현] | **保持** bǎochí 유지하다 | **顺祝** shùnzhù ~하는 김에 축원하다

091 지불방식 문의

결제조건에 대해 상의를 좀 하고 싶습니다.
我们想同您讨论一下付款条件。
⊕ 付款条件 fùkuǎn tiáojiàn 지불조건

귀사의 결제조건에 대해 알려주실 수 있나요?
能否告知贵方的付款条件?
⊕ 告知 gàozhī 알리다

귀사는 보통 어떤 지불방식을 사용하십니까?
贵方一般采用哪些支付方式?
⊕ 采用 cǎiyòng 채택하다 | 支付方式 zhīfù fāngshì 지불방식

어떤 지불방식이 귀사에 적합한가요?
什么样的付款方式对贵方合适?
⊕ 合适 héshì 적합하다

귀사의 결제방식을 알려주십시오.
请告诉我们贵方的付款方式。

092 지불방식 문의에 대한 답변

저희의 지불방식은 일반적으로 확인, 철회불가, 일람출급 어음 방식의 신용장입니다.
我们的支付方式，一般是以保兑的、不可撤销的、凭即期汇票支付的信用证。
⊕ 保兑 bǎoduì (지불)확인 | 不可撤销 bùkě chèxiāo 철회불가(Irrevocable) | 凭⋯支付 píng⋯zhīfù ~로 지불하다 | 即期汇票 jíqī huìpiào 일람출급 어음(Sight bill) | 信用证 xìnyòngzhèng 신용장

저희의 지불조건은 철회불가 일람출급 신용장 방식을 사용하고, 선적항에서 중국은행을 통해 지불하는 것입니다.
我方的付款条件是使用不可撤销即期信用证，在装运港通过中国银行支付。
⊕ 即期信用证 jíqī xìnyòngzhèng 일람출급 신용장(Sight L/C) | 装运港 zhuāngyùngǎng 선적항

저희는 보통 Sight L/C 지불 방식을 사용하며, 신용장은 저희가 허가한 은행에서 개설해야 합니다.
我们通常接受即期信用证付款方式，信用证应通过我们认可的银行开出。
⊕ 认可 rènkě 인가하다 | 开出 kāichū 개설하다

저희 회사는 일반적으로 확인, 철회불가, 송장금액에 따라 지불하는 Sight L/C 방식을 사용합니다. 이 신용장은 저희 회사를 수익자로 하고, 저희 회사가 받아들일 수 있는 은행에서 개설해야 합니다.
我们一般使用保兑的、不可撤销的、按发票金额支付的即期信用证。该信用证以我方为受益人，并通过我方可接受的银行开出。

⊞ 发票 fāpiào 송장 | 受益人 shòuyìrén 수익자

저희의 지불조건은 저희 회사를 수익자로 하는 확인, 철회불가 신용장으로, 선적 한 달 전에 저희 측에 도착해야 합니다.
我们的付款条件是用保兑的、不可撤销的、以我方为受益人的信用证，在装运前一个月抵达我处。

⊞ 抵达 dǐdá 도착하다

저희는 현재 D/P 방식을 받아들이고자 준비하고 있습니다.
我们正准备接受付款交单方式。

⊞ 付款交单 fùkuǎn jiāodān 지불인도조건(D/P)

귀국에 수출할 때는 보통 Sight L/C 지불 방식을 채택합니다.
向贵国出口一般采用即期信用证付款方式。

⊞ 采用 cǎiyòng 채택하다

저희는 철회불가, 분할 선적 허용 및 전체 물품대금 금액, 저희 회사를 수신인으로 하는 신용장 사용을 요청합니다.
我们要求用不可撤销的、允许分批装运的、金额为全部货款并以我方为抬头人的信用证。

⊞ 允许 yǔnxǔ 허락하다 | 分批装运 fēnpī zhuāngyùn 분할 선적 | 货款 huòkuǎn 물품대금 | 抬头人 táitóurén 수신인

신용장의 수익자는 한국 J&T테크놀로지 주식회사입니다.
信用证的受益人为韩国J&T科技股份有限公司。

주의해 주십시오. 결재는 확인, 철회불가, 분할 선적 및 환적 허용, 일람출급 어음 방식의 신용장으로 지불합니다.
请注意，付款是以保兑的、不可撤销的、允许分装和转船、凭即期汇票的信用证支付。

⊞ 转船 zhuǎnchuán 환적, 배를 환승하다 | 即期汇票 jíqī huìpiào 일람출급 어음(Sight bill)

주의해 주십시오. 신용장은 우리나라에서 지불하며 선적 후 30일 내에는 유효합니다.
请注意，信用证在我国支付，装船后30天内有效。

⊞ 装船 zhuāngchuán 선적하다

093 지불방식 변경/특정 지불방식 사용 요청

이 거래를 성사시키기 위해, 양쪽이 모두 한 걸음 양보했으면 합니다.
为了做成这笔生意，希望双方都各让一步。
⊞ 让步 ràngbù 양보하다

이렇게 큰 액수의 신용장을 개설하면 비용이 너무 많이 듭니다. 50%는 L/C 방식으로 하고, 나머지 50%는 D/P 방식으로 지불하면 어떻습니까?
开具如此大额的信用证，费用很大，50%以信用证付款，另外50%以付款交单方式支付怎么样？
⊞ 开具 kāijù 개설하다 | 付款交单 fùkuǎn jiāodān 지불인도조건(D/P)

귀사에서 D/P 방식을 받아들이실 수 있는지 모르겠습니다.
不知贵方能否接受付款交单方式。

양측이 거래를 한 지 오래되었으니, 이번에는 D/P 방식으로 해도 될 것 같습니다.
贵我双方有长期的合作，我想这次用付款交单方式也可以。

솔직히 말해, 저희의 대부분의 공급업체들은 저희에게 일람 후 30일 내에 지불하는 D/A 방식 환어음을 개설해 줍니다.
坦率地讲，我方大部分的供应商都给我们开立承兑交单见票后30天付款的汇票。
⊞ 坦率 tǎnshuài 솔직하다 | 供应商 gōngyìngshāng 공급업체 | 开立 kāilì 개설하다 | 承兑交单 chéngduì jiāodān 인수인도조건(D/A) | 见票后 jiànpiào hòu 일람 후(after sight) | 汇票 huìpiào 환어음

비교적 여유 있는 지불방식을 제공해 주시면 감사하겠습니다.
如果贵方可以提供较为宽松的支付方式，我们将很感激。
⊞ 较为宽松 jiàowéi kuānsōng 비교적 여유가 있는 | 感激 gǎnjī 감격하다, 감사하다

저희가 요구하는 지불방식은 D/P At Sight 방식입니다. 저희의 새로운 지불방식에 대해 긍정적인 답변을 해 주시기를 바라겠습니다.
我们要求的支付方式是即期付款交单方式，盼望贵公司对我们新的支付方式能予以肯定的答复。
⊞ 即期付款交单 jíqī fùkuǎn jiāodān 일람지급 지불인도조건(D/P At Sight) | 盼望 pànwàng 간절히 바라다 | 予以 yǔyǐ ~을 주다 | 答复 dáfù 답변

귀사가 저희에게 비교적 우대의 지불조건을 주실 수 있기를 바랍니다. 귀사가 D/P 방식을 받아들여 주신다면 저희에게 큰 도움이 되겠습니다.
希望贵方能给予我公司较优惠的付款条件。如果贵方能接受付款交单方式，将使我方大受裨益。

⊞ 大受裨益 dàshòu bìyì 크게 이익을 얻다

L/C 지불방식으로 거래를 한 지가 이미 3년이 넘었으니, 30일 D/P Usance 지불방식으로 바꿔주시기를 희망합니다.
我们以L/C付款方式进行交易已有三年多，现在希望改用30天远期付款交单的付款方式。

⊞ 远期付款交单 yuǎnqī fùkuǎn jiāodān 기한부 지불인도조건(D/P Usance)

저희는 D/P At Sight 방식으로 지불할 것을 요청드립니다. 귀사에서 받아주셨으면 좋겠습니다.
我们要求以即期付款交单方式付款，希望贵方能接受。

094 지불방식 변경/특정 지불방식 사용 요청에 대한 답변1 – 동의

이후의 거래에 대해, 만약 금액이 3천 달러를 넘지 않으면 D/P 방식을 사용하는 데 동의합니다.
对于今后的交易，如果金额不超过三千美元，我们同意接受付款交单方式。

⊞ 付款交单 fùkuǎn jiāodān 지불인도조건(D/P)

이후의 거래는 거래액이 3천 달러보다 적거나, 당시 환율을 환산하여 현재 3천 달러에 해당하는 인민폐와 같을 경우에만 D/P 방식을 받아들일 수 있습니다.
对于今后的交易，只有在交易额低于三千美元，或按当时的汇率折合成等值的人民币时才能接受付款交单的方式。

⊞ 交易额 jiāoyì'é 교역액 | 汇率 huìlǜ 환율 | 折合 zhéhé 환산하다 | 等值 děngzhí 같은 값의

지불방식에 관하여 30일 기한의 D/P 환어음을 개설하는 데 동의합니다.
关于付款方式，我们同意开立30天有效期的付款交单汇票。

⊞ 开立 kāilì 개설하다 | 汇票 huìpiào 환어음

귀사의 D/P 방식 지불요청에 대해 고려해 보았습니다. 두 회사의 오랜 양호한 업무관계를 감안하여, D/P Usance 방식을 받아들이기로 결정하였습니다.
贵方以付款交单方式付款的要求，我方已予以考虑。鉴于双方长期良好的业务关系，我们决定接受远期付款交单。

⊞ 予以考虑 yǔyǐ kǎolǜ 고려하다 | 鉴于 jiànyú ~을 감안하여 | 远期付款交单 yuǎnqī fùkuǎn jiāodān 기한부 지불인도조건(D/P Usance)

귀사에 '일람 후 30일 내에 지불'하는 D/A 방식을 개설하는 것에 동의합니다.
我方同意向贵方开立"见票后30天付款"的承兑交单方式。
⊕ 承兑交单 chéngduì jiāodān 인수인도조건(D/A)

현재 귀사의 어려움을 감안하여, 귀사가 요구한 D/P 방식을 받아들이기로 결정하였습니다.
考虑到贵方目前的困难，我方决定接受贵方要求的付款交单方式。
⊕ 考虑到 kǎolǜdào ~을 고려하여 | 目前 mùqián 현재

양사의 오랜 무역관계를 감안하여, Sight L/C 방식을 사용하지 않고 D/P At Sight 방식으로 지불하는 것에 동의합니다.
鉴于双方的长期贸易关系，我们同意不用即期信用证，而改用即期付款交单方式付款。
⊕ 即期信用证 jíqī xìnyòngzhèng 일람출급 신용장(Sight L/C) | 即期付款交单 jíqī fùkuǎn jiāodān 일람지급 지불인도조건(D/P At Sight)

관례를 깨고 30일 D/A 방식을 받아들이겠습니다. 그러나 이번 한 번뿐으로, 다음에는 적용이 되지 않습니다.
我方破例接受30天承兑交单方式，但仅此一次，下不为例。
⊕ 破例 pòlì 관례를 깨다

지불방식 변경에 동의합니다. 단, 이번은 일회적인 예외에 불과합니다.
我公司同意变更支付方式，但这只是一次特例。
⊕ 特例 tèlì 특별한 예

두 회사 간의 장기적인 업무관계를 감안하여, 이 예외적인 경우에 동의하는 것입니다.
由于我们之间的长期业务关系，我们才同意这个例外。

095 지불방식 변경/특정 지불방식 사용 요청에 대한 답변2 – 거절

※ 'Chapter 13. 6. 의사 표현' 샘플 메일 참고(P.410)

죄송하지만 귀사에서 요청하신 지불방식은 고려해 보기 어렵습니다.
很抱歉，贵方要求的付款方式，我们难以考虑。
⊕ 付款方式 fùkuǎn fāngshì 지불방식 | 难以考虑 nányǐ kǎolǜ 고려하기 어렵다

유감스럽지만 저희는 D/P 방식을 받아들일 수 없습니다.
非常遗憾，我们无法接受付款交单方式。
⊕ 付款交单 fùkuǎn jiāodān 지불인도조건(D/P)

죄송합니다. 저희는 귀사의 신용상황에 대해 잘 알지 못하여, 현재로서는 신용장 이외의 방식을 고려해 볼 수 없습니다.
很抱歉，我们对贵方的资信情况不够清楚，目前不能考虑信用证以外的方式。
⊕ 资信情况 zīxìn qíngkuàng 신용 상황

이번 거래액이 크기 때문에 신용장 지불방식만 받아들일 수 있습니다.
因为这次交易额巨大，所以我们只能接受信用证付款方式。
⊕ 交易额 jiāoyì'é 교역액

거래액이 크기 때문에 신용장 이외의 기타 지불방식은 받아들일 수 없습니다.
因为交易总金额巨大，所以我方不接受除信用证之外的其他付款方式。

현재 국제금융시장이 불안정하여, 신용장 이외의 다른 지불방식은 받아들일 수 없습니다.
因为目前国际金融市场很不稳定，所以我们除了信用证外，不能接受别的付款方式。
⊕ 国际金融 guójì jīnróng 국제금융 | 稳定 wěndìng 안정적인

솔직히 말씀드려, 현재 두 회사 모두 상대방의 신용상황을 잘 알지 못하므로, 저희는 기존의 방식을 고수하겠습니다.
坦率地讲，目前双方都不太了解对方的资信情况，因此，我们将坚持通常做法。
⊕ 坦率 tǎnshuài 솔직한 | 坚持 jiānchí 고수하다 | 通常 tōngcháng 보통 | 做法 zuòfǎ 방법

죄송합니다. 현재 저희 회사는 해외고객과의 거래 시, D/A 지불방식을 받아들일 능력이 없습니다.
很抱歉，目前我公司与国外顾客交易时，没有能力接受承兑交单的付款方式。
⊕ 目前 mùqián 현재 | 顾客 gùkè 고객 | 承兑交单 chéngduì jiāodān 인수인도조건(D/A)

이 일이 양사의 협력관계에 영향을 미치지 않기를 바랍니다.
希望此举不会影响到贵我双方的合作关系。
⊕ 此举 cǐjǔ 이러한 행동

이것이 이후의 거래에 영향을 미치지 않길 바랍니다.
希望这不会影响我们今后的交易。

096 지불기한 연장 요청

오늘 편지를 드리는 이유는 결제기한 연장 처리 문제에 협조를 요청하기 위해서입니다.
今日致函是希望贵公司协助处理延长付款期限这一问题。
⊕ 致函 zhìhán 편지를 보내다 | 协助 xiézhù 협조하다 | 付款期限 fùkuǎn qīxiàn 지불기한

이곳의 경기가 불경기여서, 최근 시장의 매출액이 급격히 하락하였습니다. 이러한 상황은 단기간 내에 개선되지 않을 것 같습니다.
由于本地经济不景气，最近市场销售额急剧下降。我们认为，这样的状况短期内难以改善。

⊕ 本地 běndì 이곳 | 不景气 bùjǐngqì 불경기 | 销售额 xiāoshòu'é 매출액 | 急剧下降 jíjù xiàjiàng 급격히 하락하다 | 难以改善 nányǐ gǎishàn 개선하기 어려운

현재 우리나라의 경제위기가 매우 심각하여, 죄송하지만 결제기한을 3개월 연장해 주실 것을 요청합니다.
由于目前我国的经济危机很严重，很抱歉我们要求将付款期延长三个月。

⊕ 严重 yánzhòng 심각하다 | 付款期 fùkuǎnqī 지불기간 | 延长 yáncháng 연장하다

환어음 결제기일을 60일 연장해 주셨으면 좋겠습니다.
我们希望贵公司将汇票支付期延长60天。

⊕ 汇票 huìpiào 환어음

저희의 결제기간 연장 요청에 동의해 주신다면 저희에게 매우 큰 도움이 될 것입니다.
若贵公司同意我方延迟付款的要求，将是对我们极大的帮助。

⊕ 若 ruò 만약 | 延迟付款 yánchí fùkuǎn 지불 지연

097 지불기간 연장 요청에 대한 답변

8월 4일 자 메일에서 요청하신 것을 흔쾌히 받아들여, 결재일을 30일까지 연장하는 것에 동의합니다.
对于贵公司8月4日来函的要求，我们乐意配合，同意将付款期限延至30日。

⊕ 来函 láihán 보내온 편지 | 乐意 lèyì 기쁘게 ~하다 | 配合 pèihé 협력하다 | 付款期限 fùkuǎn qīxiàn 지불기한 | 延至 yánzhì ~까지 연기하다

두 회사 간의 오랜 업무관계를 감안하여, 이번에는 특별히 지불기간을 30일 연장하는 것에 동의합니다.
鉴于我们之间的长期业务关系，这次特例同意延期付款30天。

⊕ 鉴于 jiànyú ~을 감안하여 | 特例 tèlì 특별한 예

귀사가 현재 처한 어려움을 고려하여, 특별한 케이스로 귀사의 지불연장 요청에 동의합니다.
考虑到贵方目前所处困境，作为一个特例，我们同意贵方延期付款的要求。

⊕ 考虑到 kǎolǜdào ~을 고려하여 | 困境 kùnjìng 곤경 | 延期 yánqī 연기하다

두 회사 간의 좋은 무역관계를 감안하여, 귀사에 최대한 협조하도록 하겠습니다.
鉴于我们之间的良好贸易关系，我公司愿意尽力协助贵公司。

⊕ 尽力 jìnlì 최대한 | 协助 xiézhù 협조하다

상황이 이러하니, 관례를 깨고 귀사의 요청을 받아들여 지불기한을 30일 연장하도록 하겠습니다.
既然是这样的情况，我们愿意破例答应贵方要求，将付款期限延长30日。
⊞ 既然 jìrán 이왕 이렇게 된 바에야 | 破例 pòlì 관례를 깨다 | 答应 dāying 대답하다

다행히 현재 저희 회사의 유동자금이 여유로우므로, 귀사의 요청을 받아들이기로 결정하였습니다.
幸好，现在我公司的流动资金充裕，我们决定接受贵方的要求。
⊞ 幸好 xìnghǎo 다행히 | 流动资金 liúdòng zījīn 유동자금 | 充裕 chōngyù 여유로운

죄송하지만 저희 회사는 결제 연기를 허락하지 않습니다.
很抱歉，我公司不允许延期付款。
⊞ 允许 yǔnxǔ 허락하다

저희는 이제껏 결제 연기를 받아들인 적이 없습니다.
我们从未接受过延期付款。

죄송하지만 귀사의 지불 연기 요청을 받아들일 수 없습니다.
很抱歉，我公司不能接受贵方延期付款的要求。

계약서에서 규정한 기한 내에 지불을 하시기 바랍니다.
希望贵公司在合约所规定的期限内付款。
⊞ 合约 héyuē 계약 | 期限 qīxiàn 기한

098 신용장 개설 관련 요청사항

판매계약서 규정에 의하면 귀사는 10월 말 전에 신용장을 개설하셔야 합니다.
根据销售合同规定，贵方应在10月底前开立信用证。
⊞ 销售合同 xiāoshòu hétong 판매계약서 | 月底 yuèdǐ 월말 | 开立信用证 kāilì xìnyòngzhèng 신용장을 개설하다

때맞춰 화물을 선적할 수 있도록 즉시 신용장을 개설해 주십시오.
请即时开立信用证，以便可以按时装运货物。
⊞ 即时 jíshí 즉시 | 以便 yǐbiàn ~에 편리하도록 | 按时 ànshí 제시간에 | 装运 zhuāngyùn 운송하다

때맞춰 화물을 선적할 수 있도록, 되도록 빨리 신용장을 개설해 주시기 바랍니다.
希望贵公司能尽快开立信用证，以便我方按时装运。
⊞ 尽快 jǐnkuài 되도록 빨리

순조롭게 화물을 선적할 수 있도록, 신용장은 반드시 되도록 빨리 개설되어야 합니다.
信用证务必尽早开出，以便我方顺利装运。
- 务必 wùbì 반드시 ~해야 한다 | 尽早 jǐnzǎo 최대한 빨리 | 开出信用证 kāichū xìnyòngzhèng 신용장을 개설하다

신용장이 제때에 개설되기만 하면, 저희도 제때에 물건을 발송할 것을 약속드립니다.
只要信用证按时开立，我方保证按时发货。
- 保证 bǎozhèng 보증하다 | 发货 fāhuò 물품을 발송하다

이후에 수정하는 일이 없도록, 신용장을 반드시 계약규정과 엄격히 일치하도록 해 주십시오.
为避免以后修改，请务必使信用证与合同条款严格保持一致。
- 为避免 wèi bìmiǎn ~을 피하기 위해 | 修改 xiūgǎi 수정하다 | 条款 tiáokuǎn 조항 | 严格保持 yángé bǎochí 엄격히 유지하다

주의해 주십시오. 이후에 수정하는 일이 없도록, 신용장 규정은 반드시 우리 측 판매확인서의 조항과 완전히 일치해야 합니다.
请注意，信用证的规定必须与我方售货确认书的条款完全相符，以免日后修改。
- 售货确认书 shòuhuò quèrènshū 판매확인서 | 相符 xiāngfú 서로 일치하다 | 以免 yǐmiǎn ~하지 않도록 | 日后 rìhòu 훗날, 나중에

이후에 수정하는 수고를 덜도록, 관련 신용장 규정을 판매확인서의 조항과 완전히 일치하게 해 주십시오.
为了避免以后修改的麻烦，请确保相关信用证的规定与我方销售确认书中的条款完全一致。
- 确保 quèbǎo 확실히 보장하다

주의해 주십시오. 신용장 조항은 반드시 판매확인서 조항과 일치해야 합니다.
请注意，信用证条款应与销售确认书条款一致。

이후에 신용장을 고치는 일이 없도록, 다음 사항을 주의해 주십시오.
为了避免以后修改信用证，请注意下列事项：
- 下列 xiàliè 아래에 열거한 | 事项 shìxiàng 사항

주의해 주십시오. 신용장에는 반드시 다음의 증빙서류들이 첨부되어야 합니다.
请注意，信用证须随附如下单据：
- 须 xū 반드시 | 随附 suífù 함께 첨부한 | 单据 dānjù 증빙서류

099 신용장 개설 공지

중국은행을 통해 귀사를 수익자로 하는 신용장을 개설하였습니다. 유효기간은 2015년 1월 4일까지입니다.
我们已通过中国银行开立了以贵方为受益人的信用证，有效期至2015年1月4日。

⊞ 开立 kāilì 개설하다 | 受益人 shòuyìrén 수익자 | 信用证 xìnyòngzhèng 신용장 | 有效期 yǒuxiàoqī 유효기간

저희는 이미 중국은행 왕징 지점에서 귀사를 수익자로 하는 철회불가 신용장을 개설하였습니다.
我方已在中国银行望京分行开立了以贵方为受益人的不可撤销信用证。

⊞ 不可撤销 bùkě chèxiāo 철회불가

귀사를 수익자로 하는 신용장이 어제 개설되었음을 기쁘게 알려드립니다.
很高兴通知贵方，以贵方为受益人的信用证已于昨天开立。

귀사를 수익자로 하고, 금액은 1만 달러인 철회불가 신용장이 개설되었습니다. 유효기간은 7월 4일까지입니다.
以贵方为受益人、金额为一万美元的不可撤销信用证已开出，有效期至7月4日。

⊞ 金额 jīn'é 금액 | 开出 kāichū 개설하다

중국은행을 통하여 귀사를 수익자로 하고, 계약서 금액에 해당하는 신용장을 개설하였음을 알려드립니다.
我方已通过中国银行开立了以贵方为受益人的相当于合同金额的信用证，特告知。

⊞ 相当于 xiāngdāngyú ~에 해당하다 | 告知 gàozhī 알리다

중국은행을 통하여 귀사를 수익자로 하는 상업 신용장을 개설하였음을 알려드립니다.
现通知贵方，我们已通过中国银行开立了以贵方为受益人的商业信用证。

귀사를 수익자로 하는 1만 달러 금액의 철회불가 Sight L/C를 개설하였습니다. 신용장의 유효기한은 2014년 12월 15일까지입니다.
我方已开立了一份以贵方为受益人的金额为一万美元的不可撤销即期信用证，信用证的有效期至2014年12月15日。

⊞ 即期信用证 jíqī xìnyòngzhèng 일람출급 신용장(Sight L/C)

저희 122호 판매확인서의 녹차 100상자에 관하여 중국은행을 통해 확인, 철회불가 신용장을 개설하였음을 알려드립니다. 총금액은 1만 달러이며, 유효기간은 1월 30일까지입니다.
关于我们122号销售确认书中的一百箱绿茶，现通知贵方，我们已由中国银行开立了保兑的、不可撤销的信用证。总金额为一万美元，有效期至1月30日。

⊞ 保兑 bǎoduì (지불)확인

저희 회사는 이미 중국은행에 귀사를 수익자로 하고, 금액은 1천 달러인 철회불가 신용장을 개설해달라고 지시하였습니다.
我公司已指示中国银行开出以贵方为受益人的、金额为一千美元的不可撤销的信用证。

100 신용장 수령 확인

제234호 주문서에 대해 개설하신 신용장에 대해 감사드립니다.
感谢贵方对第234号订单开来的信用证。
⊞ 开来 kāilái 개설하여 보내오다

제123호 판매계약서에 대해 개설하신 신용장 받았습니다. 감사합니다.
我们已收到贵方对第123号销售合同开立的信用证，谢谢。
⊞ 销售合同 xiāoshòu hétong 판매 계약 | 开立 kāilì 개설하다

귀사의 123호 신용장을 받았습니다. 감사합니다.
我方已收到贵方123号信用证，谢谢。

귀사의 제123호 신용장을 받았습니다. 감사합니다.
贵方第123号信用证收到，谢谢。

101 신용장 내용 변경 요청

이번 달 화물선의 자리가 부족해, 제234호 신용장의 유효기간을 4월 30일까지 연장해 주실 것을 요청합니다.
由于本月的舱位不够，我方要求将第234号信用证的有效期延至4月30日。
⊞ 舱位 cāngwèi (비행기, 배의) 자리 | 有效期 yǒuxiàoqī 유효기간 | 延至 yánzhì ~까지 연기하다

귀사의 신용장 개설 지연으로 인해, 희망호에 물건을 선적할 수 없게 되었습니다. A-98 신용장을 홍콩 환적 허용으로 수정해 주십시오.
因贵方信用证延期开立，我方无法将货物装上"希望"号轮，请修改A-98号信用证允许在香港转船。
⊞ 延期开立 yánqī kāilì 개설 지연 | 轮 lún 기선 | 修改 xiūgǎi 수정하다 | 允许 yǔnxǔ 허락하다 | 转船 zhuǎnchuán 환적

이쪽 항구에서 그쪽 항구까지는 직항선박이 없으므로, 신용장에서 '직항선박 선적' 조항을 삭제해 주십시오.
由于我港至您港之间无直达船，请从信用证中删除"装运直达船"的条款。
⊞ 直达船 zhídáchuán 직항선박 | 删除 shānchú 삭제하다 | 装运 zhuāngyùn 선적하여 운송하다 | 条款 tiáokuǎn 조항

신용장에 '환적 허용' 항목을 넣어주십시오.
请在贵方信用证中加入"允许转船装运"这一条款。

⊞ 加入 jiārù 첨가하다

제234호 신용장을 환적 허용으로 수정해 주십시오.
请将第234号信用证修改为允许转船。

저희의 사정을 이해해 주셔서 신용장을 5월 말까지 연장해 주시길 간절히 바랍니다. 정중히 양해를 구합니다.
我方迫切希望贵方能理解我方处境，将信用证延期到5月底，敬请谅解。

⊞ 迫切 pòqiè 절박하다 | 处境 chǔjìng 처지 | 敬请谅解 jìngqǐng liàngjiě 정중히 양해를 구하다

신용장의 선적일을 5월 6일로 연장해 주십시오.
请将信用证的装运期延至5月6日。

⊞ 装运期 zhuāngyùnqī 선적일

납기일을 2014년 3월 20일로 고쳐주시고, 유효기간을 4월 10일로 연장해 주십시오.
请将交货日期改为2014年3月20日，有效期延至4月10日。

⊞ 交货日期 jiāohuò rìqī 납품일 | 延至 yánzhì ~까지 연기하다

신용장 상의 선적기한과 유효기한을 각각 3월 19일과 3월 31일로 연장해 주십시오.
请把信用证上的装运期和有效期分别延至3月19日和3月31日。

102 신용장 내용 변경 요청에 대한 답변

⚙ '250 거절'(P.413), '082 빠른 처리 요청'(P.175), '121 기한 내 선적 요청' 참고(P.231)

요청하신 대로, 선적 유효기간을 4월 5일까지 연기하였습니다.
根据要求，装船有效期已延至4月5日。

⊞ 装船有效期 zhuāngchuán yǒuxiàoqī 선적 유효기간 | 延至 yánzhì ~까지 연기하다

귀사의 요청대로, 선적기한을 한 달 연장하는 데 동의합니다.
按贵方要求，我方同意将装船期推迟一个月。

⊞ 推迟 tuīchí 연기하다

5월 4일에 보내신 메일에 근거하여, 이미 은행에 제234호 신용장의 선적기한과 유효기한을 각각 5월 20일과 6월 10일로 연기해 달라고 통지하였음을 알려드립니다.
根据贵方5月4日来函，我们已通知银行将234号信用证的装船期和有效期分别延展至5月20日和6月10日，特告知。

⊞ 来函 láihán 보내온 편지 | 延展至 yánzhǎnzhì ~까지 늘리다 | 告知 gàozhī 알리다

귀사의 요청을 받아들이고 싶지만, 저희 측 고객이 급히 이 화물을 필요로 합니다. 귀사의 선적기한 연장 요청을 받아들일 수 없어 유감입니다.
尽管我方很想接受贵方的要求，但是我方客户急需此货。我们很遗憾不能接受贵方延期装运的要求。

⊕ 尽管 jǐnguǎn ~에도 불구하고 | 客户 kèhù 고객, 거래처 | 急需 jíxū 급히 필요로 하다

103 입금 완료 공지 및 입금 확인

중국은행을 통해 1천 달러의 물품대금을 지불하였으니, 확인해 주십시오.
我方已通过中国银行将一千美元的货款支付给贵方，请查收。

⊕ 货款 huòkuǎn 물품대금 | 查收 cháshōu 살펴보고 받다

오늘 오전에 상술한 물품대금을 중국은행을 통해 송금하였음을 알려드립니다.
我方已于今日上午将上述货款通过中国银行电汇贵方，特此通知。

⊕ 电汇 diànhuì 송금하다

저희는 이미 계약 조항의 규정에 근거하여 전체 대금을 지불하였습니다. 다시 한 번 확인해 주시기 바랍니다.
我方已经根据合同条款规定支付了全部货款，请再次确认一下。

⊕ 条款 tiáokuǎn 조항 | 确认 quèrèn 확인하다

4월 6일에 저희는 이미 1천 달러를 귀사의 계좌로 송금하였으니, 확인해 보십시오. 참고하시라고, 송금 영수증도 팩스로 보냈습니다.
4月6日，本公司已将一千美元汇入贵方账户里，请查收。汇款收据也已经传真给您，以供参考。

⊕ 汇入 huìrù 송금하다 | 账户 zhànghù 계좌 | 汇款 huìkuǎn 송금하다 | 收据 shōujù 영수증 | 以供参考 yǐgōng cānkǎo 참고하시라고

물품 대금을 오늘 오전에 받았습니다. 감사합니다.
货款今天上午已收到，谢谢。

오늘 오전에 저희 은행계좌를 확인해 보았으나, 송금된 돈이 없었습니다. 다시 한 번 자세히 검토해 주십시오.
我今日上午查了我们的银行账户，未发现有钱汇入。请贵方再仔细核查一下。

⊕ 核查 héchá 대조검사하다

TIP 결제 및 신용장 관련 용어

- **'지불하다' 관련 용어**

支付, 承付 zhīfù, chéngfù	지불하다	付款 fùkuǎn	대금을 지불하다
付清 fùqīng	청산하다	结算 jiésuàn	정산하다
偿付, 偿还 chángfù, chánghuán	지불하다, 상환하다		

- **'신용장' 관련 용어**

开立, 开具 kāilì, kāijù	(신용장을) 개설하다	即期信用证 jíqī xìnyòngzhèng	Sight L/C (일람출급 신용장)
远期信用证 yuǎnqī xìnyòngzhèng	Usuance L/C (기한부 신용장)	不可撤销信用证 bùkě chèxiāo xìnyòngzhèng	Irrevocable L/C (취소불능 신용장)
保兑信用证 bǎoduì xìnyòngzhèng	Confirmed L/C (확인 신용장)	可转让信用证 kě zhuǎnràng xìnyòngzhèng	Transferable L/C (양도가능 신용장)
可分割信用证 kě fēngē xìnyòngzhèng	Divisible L/C (분할가능 신용장)	跟单信用证 gēn dān xìnyòngzhèng	Documentary L/C (화환 신용장)
付款交单 fùkuǎn jiāodān	D/P, Documents aganist Payment (지불인도조건)	承兑交单 chéngduì jiāodān	D/A, Document against Acceptance (인수인도조건)
远期付款交单 yuǎnqī fùkuǎn jiāodān	D/P Usance (기한부 지불인도조건)	即期付款交单 jíqī fùkuǎn jiāodān	D/P At Sight (일람지급 지불인도조건)
汇票 huìpiào	Bill of Exchange, draft (환어음)		

02 신용장 오류 알림 및 수정 요청

 문서 등의 오류 사항을 알릴 때에는 주로 '유감스럽게도 ~와 같은 오류 사항을 발견하였습니다.'라는 표현으로 시작하여, 구체적인 오류 사항을 알린 뒤, 수정 요청으로 마무리하면 됩니다.

 ☆ 第345号合同修改意见函

张主任：

　　今日我方收到了贵方第345号合同。我们遗憾地告知贵方，我们发现合同条款上有一些差错。请贵方按照如下要求修改合同：

　　1. 金额应为三万元，而不是三万三千元；
　　2. 将目的港由"仁川"改为"釜山"；
　　3. 数量应增至三百瓶；
　　4. 受益人应为"东安物产有限公司"，而不是"东洋物产有限公司"。

希望贵方尽快修改上述条款。

　　　　祝一切很顺利！

东安物产有限公司
金周赫
2014年8月6日

〈제345호 계약서 수정 건의 메일〉

장 주임님께：

오늘 귀사의 제345호 계약서를 받았습니다. 유감스럽게도 계약서 상에서 다음과 같은 몇 가지 오류를 발견하였음을 알려드립니다. 다음의 요청대로 계약서를 수정해 주십시오.

　1. 금액은 3만 위안이어야 하며, 3만 3천 위안이 아닙니다.
　2. 목적항을 '인천'에서 '부산'으로 바꿔주십시오.
　3. 수량은 300병으로 늘려야 합니다.
　4. 수익자는 '동안물산 유한회사'이며, '동양물산 유한회사'가 아닙니다.

상기 조항을 빨리 수정해 주시기 바랍니다.
모든 일이 순조롭게 진행되기를 바랍니다!

合同 hétong 계약서 | 修改 xiūgǎi 수정하다 | 函 hán 편지 | 遗憾 yíhàn 유감이다 | 告知 gàozhī 알리다 | 条款 tiáokuǎn 조항 | 差错 chācuò 착오 | 目的港 mùdìgǎng 목적항 | 增至 zēngzhì ~로 늘리다 | 受益人 shòuyìrén 수익자 | 尽快 jǐnkuài 되도록 빨리 | 上述 shàngshù 상술한

104 오류 발견 알림

> 오류 발견 알림 메일의 서두는 '004 상대방 메일 수신 확인 및 감사'(P.61), '005 상대방의 메일에 대한 회신'(P.62) 참고

제122호 신용장 잘 받았습니다. 자세히 살펴본 후, 몇 가지 착오를 발견하였습니다.
贵方第122号信用证收悉。在仔细检查后，我们发现有些不符之处。

- 收悉 shōuxī 받아보다 | 不符之处 bùfú zhī chù 부합하지 않는 곳

귀사의 제101호 신용장의 가격조항이 저희의 제243호 판매확인서와 일치하지 않습니다.
贵方第101号信用证的价格条款与我方第243号销售确认书不符。

- 条款 tiáokuǎn 조항 | 销售确认书 xiāoshòu quèrènshū 판매확인서

제223호 신용장을 받았을 때, A23호 제품의 수량이 계약서 조항과 부합하지 않는다는 것을 발견하였습니다.
当我们收到贵方第223号信用证时，发现A23号货的数量与合同条款不符。

- 合同 hétong 계약서

자세히 조사한 후, 유감스럽게도 몇 가지 틀린 점을 발견하였습니다. 귀사의 신용장 규정이 계약서와 일치하지 않습니다.
在仔细检查后，我方很遗憾地发现有些不符之处。贵方信用证的规定与合同不一致。

유감스럽게도 귀사가 개설하신 제123호 신용장이 철회불가 신용장이 아니라는 것을 발견하였습니다. 이 점은 제345호 판매계약서의 규정에 부합하지 않습니다.
我们遗憾地发现，贵方开立的第123号信用证不是不可撤销的，这与第345号销售合同的规定不符。

- 开立 kāilì 개설하다 | 不可撤销 bùkě chèxiāo 철회불가

유감스럽게도 제123호 신용장의 내용 중 다음과 같이 계약서 조항과 부합하지 않는 사항을 발견하였습니다.
我们遗憾地发现，第123号信用证与合同条款有如下不符之处：

- 如下 rúxià 다음과 같이

귀사의 제122호 신용장을 방금 받았습니다. 그러나 신용장의 몇몇 조항들이 계약서 조항과 부합하지 않는다는 것을 발견하였습니다.
贵方第122号信用证刚刚收到，然而我们发现信用证中有些条款与合同条款不符。

- 然而 rán'ér 그러나

105 구체적인 오류 내용 전달 및 수정 요청

> 오류 내용 수정 요청 메일의 맺음말 표현으로, '082 빠른 처리 요청'(P.175) 참고

계약서에 따라 이러한 규정을 수정해 주십시오.
请按合同修改这些规定。
⊞ 合同 hétong 계약서 | 修改 xiūgǎi 수정하다

그러므로 수정해 주실 것을 요청합니다.
因此，我们要求做出修改。

다음과 같은 요청대로 신용장을 고쳐주십시오: 1.—; 2.—; 3.—.
请按照如下要求修改信用证：1. ——；2. ——；3. ——。

제123호 신용장을 다음과 같이 고쳐주십시오: 1.—; 2.—; 3.—.
请将第123号信用证作如下修改：1. ——；2. ——；3. ——。

신용장에는 상자당 단가가 100달러라고 적혀 있으나, 계약서에 규정된 단가는 110달러입니다.
贵方信用证上的单价为每箱一百美元，而合同规定的单价是一百一十美元。
⊞ 单价 dānjià 단가

신용장 규정의 보험금액은 송장금액의 120%로, 계약서 상의 110%가 아닙니다.
贵方信用证上规定的保险额是发票金额的120%，而不是合同上的110%。
⊞ 保险额 bǎoxiǎn'é 보험금액 | 发票 fāpiào 송장

귀사의 신용장 규정이 계약서와 일치하지 않으니 계약서에 맞게 고쳐주십시오. 저희는 확인, 철회불가 신용장을 받으며, 전신환이 아니라 일람출급 어음으로 지불합니다.
贵方信用证的规定与合同不一致，请按合同将其修改，我方接受保兑的、不可撤销的信用证，以即期汇票而不是以电汇形式偿付。
⊞ 保兑 bǎoduì (지불)확인 | 不可撤销 bùkě chèxiāo 철회불가 | 即期汇票 jíqī huìpiào 일람출급 어음 | 电汇 diànhuì 전신환 | 偿付 chángfù 상환하다

신용장에서 '전쟁위험' 항목을 삭제해 주십시오.
请从信用证上删除"战争险"条款。
⊞ 删除 shānchú 삭제하다 | 战争险 zhànzhēngxiǎn 전쟁위험 | 条款 tiáokuǎn 조항

수량을 200상자로 늘려야(→낮춰야) 합니다.
数量应该增至(→降至)两百箱。
⊞ 增至 zēngzhì ~로 늘리다[→ 降至 jiàngzhì ~로 낮추다]

수익자는 J&T테크놀로지 주식회사로 되어야 합니다.
受益人应为J&T科技股份有限公司。
⊞ 受益人 shòuyìrén 수익자 | 股份有限公司 gǔfèn yǒuxiàn gōngsī 주식회사

상자마다 15다스 담기를 20다스로 바꿔주십시오.
每箱装15打改为每箱装20打。
⊞ 打 dǎ 다스

기타 항목은 잘못된 곳이 없습니다.
其他条款齐全无误。
⊞ 齐全无误 qíquán wúwù 전부 오류가 없다

필요한 수정을 해 주시기 바랍니다.
望贵方作出必要的修改。

3월 15일 전에 수정된 신용장을 받기를 요청합니다. 그렇지 않으면 정해진 기간 내에 화물을 선적할 수 없습니다.
我们要求在3月15日之前收到修改后的信用证，否则，我们不能按时装运货物。
⊞ 按时 ànshí 제시간에 | 装运 zhuāngyùn 선적하다

106 오류 수정 완료 통지

🔧 오류 수정 요청 메일에 대한 회신의 앞부분은 '004 상대방 메일 수신 확인 및 감사'(P.61), '005 상대방의 메일에 대한 회신'(P.62) 참고

저희 신용장의 오류를 지적해 주셔서 대단히 감사합니다.
非常感谢您指出我方信用证的错误。

귀사의 요청에 따라 신용장 조항을 수정하였으니 대조해 보십시오.
按照贵方的要求，我方已修改了信用证条款，请核对一下。
⊞ 条款 tiáokuǎn 조항 | 核对 héduì 대조확인하다

수정된 신용장 한 부를 메일에 첨부하오니 확인해 주십시오.
现随函附寄一份修改好的信用证，敬请查收。
⊞ 随函附寄 suíhán fùjì 편지와 함께 첨부하다 | 修改 xiūgǎi 수정하다 | 敬请 jìngqǐng 정중히 청하다 | 查收 cháshōu 살펴보고 받다

귀사의 요청에 따라 이미 453호 신용장을 다음과 같이 수정하였습니다.
按照贵公司要求，我们已将453号信用证作了如下修改：

이미 귀사의 요청에 따라 신용장을 수정하였습니다.
我已经按贵方的要求修改了信用证。

귀사의 요청에 따라 이미 신용장을 수정하였습니다.
应贵公司要求，我们已经修改了信用证。
⊞ 应 yìng ~에 응하다

오늘 저희의 거래 은행인 중국은행에 해당 신용장을 수정해 달라고 통지하였습니다.
我们今天已通知我方中国银行，修改该信用证。

곧 수정 통지서를 받으실 수 있을 것입니다.
贵方很快会收到修改通知书。

당신의 피드백에 다시 한 번 감사드립니다.
再次感谢您的反馈。
⊞ 反馈 fǎnkuì 피드백

불편을 끼쳐드린 점, 양해 부탁드립니다.
不便之处，敬请谅解。
⊞ 敬请 jìngqǐng 정중히 청하다 | 谅解 liàngjiě 양해하다

TIP 글에서 순서를 표시하는 방법

문장 또는 문단을 순서대로 병렬할 때, 순서를 표시하는 방법으로 다음의 몇 가지가 쓰입니다.

1	首先 / 其次 / 再次 / 然后 / 最后	먼저 / 그 다음 / (다시) 그 다음 / 그리고 / 마지막으로
2	第一 / 第二 / 第三 / 最后	첫째 / 둘째 / 셋째 / 마지막으로
3	一 / 二 / 三 / 四	일 / 이 / 삼 / 사
4	1 / 2 / 3 / 4	일 / 이 / 삼 / 사

03 보험

보험과 관련하여, 양측이 '보장 내역/보장 금액/보험 요율' 등의 구체적인 내용을 상의합니다. 중국어로 '보험'이라는 용어는 한국어와 같이 '保险'이라고 쓰지만, '보험에 가입하다'라는 표현은 '投保 tóubǎo/承保 chéngbǎo'라고 합니다.

☆ 保险方式确认函

金主管：

　　现写信要商讨关于贵公司所订货物的具体保险事宜。按照我们的惯例，按CIF价出售的货物，一般向ABC保险公司投保。我们按发票金额的110%投保，只保基本险。如果贵方需要我方对这批货物投保特殊险，贵方需要支付额外保险费。请速告知贵方对保险的具体指示。

　　敬上

北方电子产品有限公司
赵新华
2014年8月10日

〈보험 방식 확인 메일〉

김 과장님께:

귀사가 구입하신 화물에 대한 구체적인 보험 사안을 상의하고자 메일을 드립니다. 저희의 관례에 의하면, CIF 가격으로 판매되는 화물은 일반적으로 ABC보험회사에 보험을 의뢰합니다. 저희는 송장금액의 110%로 보험에 가입하며, 기본위험만 보장합니다. 이 화물에 대해 특수위험 보장에 가입하기 원하시면 추가보험비를 부담하셔야 합니다. 보험에 대한 구체적인 지시를 속히 알려주십시오.

정중히 올립니다.

保险 bǎoxiǎn 보험	确认函 quèrènhán 확인 편지	商讨 shāngtǎo 논의하다	事宜 shìyí 일, 사안	惯例 guànlì 관례
投保 tóubǎo 보험에 가입하다	发票 fāpiào 송장	基本险 jīběnxiǎn 기본위험	批 pī 사람, 물건 등의 무리를 나타내는 양사
特殊险 tèshūxiǎn 특수위험	额外 éwài 초과의	速 sù 속히	告知 gàozhī 알리다

107 보험 가입 관례 문의 및 위탁 요청

귀사가 보통 사용하는 CIF 가격 조건에 의하면, 어떤 종류의 위험 보장을 포함하십니까?
根据贵方常用的CIF价格条件，所保的险别包括哪些？
⊞ 所保的 suǒbǎo de 보장하는 것 | 险别 xiǎnbié 위험 종류 | 包括 bāokuò 포함하다

저희의 이 화물이 가입하는 보험의 상세 위험 종류에 대해 알려주십시오.
请告知我方该批货物投保的详细险别。
⊞ 告知 gàozhī 알리다 | 批 pī 사람, 사물 등의 무리를 세는 양사 | 投保 tóubǎo 보험에 가입하다

저희는 CIF 가격으로 주문하였으므로, 귀사에서 보험에 가입하셔야 합니다.
由于我方是按CIF价订货的，应由贵方投保。
⊞ 订货 dìnghuò 주문하다

저희를 위해 아래 화물을 보험에 가입해 주십시오.
请为我们投保下列货物：
⊞ 下列 xiàliè 아래에 열거한

계약서 규정에 따라 보험을 처리해 주십시오.
请按合同规定办理保险。
⊞ 合同 hétong 계약서 | 办理 bànlǐ 처리하다

보험 문제는 귀사에 맡기겠습니다. 화물을 전위험보험에 가입해 주십시오.
保险事宜交由贵方安排，请为该货物投保一切险。
⊞ 事宜 shìyí 일, 사안 | 交由…安排 jiāoyóu…ānpái ~에게 처리를 맡기다 | 一切险 yíqièxiǎn 전위험

ABC보험회사에 해당 화물의 보험을 가입해 주시면 좋겠습니다.
希望贵公司能向ABC保险公司投保该货。

108 보험 가입 관례 설명

저희는 귀사를 위해 전위험보험과 전쟁보험에 가입하겠습니다.
我们将为贵方投保一切险和战争险。
⊞ 投保 tóubǎo 보험에 가입하다 | 战争险 zhànzhēngxiǎn 전쟁위험

저희가 보험을 대신 처리해 드릴 수 있습니다.
我们可以代办保险。
⊞ 代办 dàibàn 대행하다

저희 쪽에서 보험 업무를 처리하도록 하겠습니다.
我们将在我地办理保险。
⊞ 我地 wǒdì 우리가 있는 곳 | 办理 bànlǐ 처리하다

해당 화물에 대하여 어떤 종류의 보험에 가입하고 싶으신지 알려주십시오.
对该批货物贵方想投保哪些险别，请告知我方。
⊞ 险别 xiǎnbié 위험 종류 | 告知 gàozhī 알리다

CIF 가격으로 판매되는 화물은 일반적으로 ABC보험회사에 전위험보험을 가입합니다.
按CIF价出售的货物，我们一般向ABC保险公司投保一切险。
⊞ 出售 chūshòu 팔다 | 一切险 yíqièxiǎn 전위험

CIF 가격으로 판매되는 화물은 보통 단독해손보험에 가입합니다.
按CIF价出售的货物，我们一般投保水渍险。
⊞ 水渍险 shuǐzìxiǎn 분손/단독해손

고객의 구체적인 지시가 없을 경우, 보통 전위험보험에 가입합니다.
如果客户没有具体指示，我们通常投保一切险。
⊞ 指示 zhǐshì 지시

고객 측에서 특별한 요구사항이 없으실 경우, 보통 단독해손보험과 전쟁보험에 가입합니다.
如果顾客没有特殊要求，我们一般投保水渍险和战争险。

고객의 명확한 지시를 받지 않은 상황에서, 저희는 보통 전쟁보험을 들지 않습니다.
在没有收到客户明确指示的情况下，我们通常不投保战争险。
⊞ 明确 míngquè 명확하다 | 通常 tōngcháng 보통

국제 관례에 따라, 고객 측이 요청하지 않으면 저희는 이런 종류의 보험에 가입하지 않습니다.
按照国际惯例，除非买主提出要求投保，我们不投保这些险别。
⊞ 惯例 guànlì 관례 | 除非 chúfēi ~를 제외하고는 | 买主 mǎizhǔ 바이어, 고객

이 화물에 대하여 저희는 단독해손보험에 가입하지 않습니다.
对此货物我方不投水渍险。

저희의 관례에 의하면 기본위험만 보장합니다.
依照我们的惯例，只保基本险。
⊞ 基本险 jīběnxiǎn 기본위험

저희의 관례에 의하면, 송장금액의 110%로 보험에 가입하며 기본위험만 보장합니다.
按照我们的惯例，按发票金额的110%投保，只保基本险。

⊞ 发票 fāpiào 송장

109 보험 금액 범위 관련 요청/답변

송장금액에 10%를 더하여 보험에 가입해 주십시오.
请按发票金额加10%投保。

⊞ 投保 tóubǎo 보험에 가입하다

송장금액의 110%로 보험에 가입해 주십시오.
请按发票金额的110%投保。

제123호 계약서에 따라, 해당 화물을 송장금액의 130%로 전위험보험에 가입해 주십시오.
根据第123号合同，请将该货物按发票金额的130%投保综合险。

⊞ 综合险 zōnghéxiǎn 전위험

귀사는 반드시 제23호 계약서 항목의 화물에 대해 전위험보험을 가입하셔야 하며, 보장금액은 송장금액의 150%입니다.
贵方必须对第23号合同项下的货物投保一切险，保额为发票金额的150%。

⊞ 保额 bǎo'é 보장금액

이런 종류의 화물은 보통 송장금액의 110%로 보험에 듭니다.
对此类货物我们通常按发票金额的110%投保。

저희가 위의 화물에 대해 제공하는 보험의 요율은 0.7%입니다.
我公司为上述货物提供保险的保率为0.7%。

⊞ 上述 shàngshù 상술한 | 保率 bǎolǜ 보험요율[保险费率의 줄임말]

주의해 주십시오. 저희의 보험 범위는 송장금액의 110%입니다.
请注意，我们的保险范围是发票金额的110%。

⊞ 保险范围 bǎoxiǎn fànwéi 보험 범위

모든 화물은 저희 CIF 가격의 110%로 보험에 듭니다.
所有的货物将由我方按CIF价值的110%投保。

⊞ 价值 jiàzhí 가치

이 보험이 보장하는 범위는 송장금액의 110%로 목적항까지입니다.
这些保险所保范围是按发票金额的110%保至目的港。

⊞ 保至目的港 bǎozhì mùdìgǎng 목적항까지 보장하다

110 보험 항목 추가 및 금액 증액 요청

화물을 전쟁보험에 들어주십시오.
请为货物投保战争险。

⊞ 投保 tóubǎo 보험에 가입하다 | 战争险 zhànzhēngxiǎn 전쟁위험

해당 화물은 반드시 단독해손보험을 들어야 합니다.
该货物必须投保水渍险。

⊞ 水渍险 shuǐzìxiǎn 분손/단독해손

해당 화물에 대한 보험을 들 때, 파손보험을 포함시켜 주십시오.
当贵方为该货物投保时，请包括破碎险。

⊞ 包括 bāokuò 포함하다 | 破碎险 pòsuìxiǎn 파손위험

송장금액의 130%로 종합보험을 들어주십시오. 귀사의 일반 관례가 송장금액에 10%를 더해 보험에 가입하는 것이라 알고 있습니다. 따라서 추가 보험료는 저희가 부담하겠습니다.
请按发票金额的130%投保综合险。我们知道贵方的一般惯例是按发票另加10%投保，因此额外保险费由我方负责。

⊞ 综合险 zōnghéxiǎn 전위험 | 惯例 guànlì 관례 | 发票 fāpiào 송장 | 另加 lìngjiā 따로 더하다 | 额外 éwài 초과의 | 由…负责 yóu…fùzé ~가 책임지다

이 화물에 대해 단독해손보험과 파손보험만 가입하는 것은 아무래도 부족할 것 같습니다. 저희를 위해 전위험보험을 들어주실 수 있나요?
对这批货物，只投保水渍险和破碎险恐怕不够，能否为我方投保一切险?

⊞ 批 pī 사람, 물건 등의 무리를 나타내는 양사 | 恐怕 kǒngpà (나쁜 결과를 예상하고) ~일지도 모른다 | 一切险 yíqièxiǎn 전위험

이런 종류의 화물에 대해 단독해손보험만 가입하는 것은 충분하지 못합니다. 도난보험을 추가해 주십시오.
针对这种货物只保水渍险是不够的，请加保偷窃险。

⊞ 针对 zhēnduì ~에 대해서 | 加保 jiābǎo 보험을 추가하다 | 偷窃险 tōuqièxiǎn 도난위험

저희 고객 쪽에서 반드시 도난보험을 들어달라고 요청하였습니다.
我们的客户要求货物一定要投保偷窃险。
⊞ 客户 kèhù 고객, 거래처

해당 화물은 반드시 송장금액의 130%로 전위험보험에 들어야 합니다.
该批货物保险必须按发票金额的130%投保一切险。

이 화물을 단독해손보험과 도난불착손보험에 들어주십시오.
请为这批货物投保水渍险和偷窃、提货不着险。
⊞ 偷窃、提货不着险 tōuqiè、tíhuò bùzháo xiǎn 도난불착손

저희가 5월 10일 메일에서 언급한 보험 종류 외에, 저희가 구입한 상품을 도난보험에 들어주시기를 바랍니다.
除了我方5月10日来函中提到的投保险种外，希望贵方为我方的货物承保偷窃险。
⊞ 来函 láihán 보내온 편지 | 提到 tídào 언급한 | 承保 chéngbǎo 보험을 들다

111 보험 항목 추가 및 금액 증액 요청에 대한 답변

특수보험에 가입하고 싶으시면 추가 보험 비용을 받도록 하겠습니다.
如贵方想投保特殊险别，我们将向贵方收取额外保险费用。
⊞ 特殊险别 tèshū xiǎnbié 특수위험 종류 | 收取 shōuqǔ 받다 | 额外 éwài 초과의

귀사의 요청을 받아들일 수 있으나, 추가 보험료는 귀사에서 부담하셔야 합니다.
我方可接受贵方要求，但额外保费须由贵方负责。
⊞ 保费 bǎofèi 보험료 | 由…负责 yóu…fùzé ~가 책임지다

기타 보험을 추가해야 한다면, 추가 보험 비용은 귀사에서 부담하셔야 합니다.
如需增加其他险别，额外保险费由贵方支付。
⊞ 增加 zēngjiā 늘리다

전쟁보험의 보험요율은 2%입니다. 전쟁보험에 들기 원하시면 저희가 대신 처리해 드릴 수 있습니다.
战争险的保险费率是2%，如贵方愿意投保战争险，我们可以代为办理。
⊞ 保险费率 bǎoxiǎn fèilǜ 보험요율 | 代为办理 dàiwéi bànlǐ 대신 처리하다

저희의 일반적인 관례는 송장금액의 110%로 보험에 가입하는 것입니다. 만약 송장가격의 150%를 요청하신다면, 추가 보험 비용은 귀사에서 부담하셔야 합니다.
我们的一般惯例是按发票金额的110%投保。如贵方要求按发票价的150%投保，额外保险费由贵方承担。
⊞ 惯例 guànlì 관례 | 投保 tóubǎo 보험에 가입하다 | 承担 chéngdān 담당하다

우리의 계약규정은 송장금액의 110%로 보험에 가입하는 것입니다. 저희는 귀사에서 요청하신 송장금액의 140%로 보험을 진행할 수 없습니다.
我们的合同规定是按发票金额的110%投保，我方不能依照贵方所提的按发票金额的140%投保的要求办理。
⊞ 依照 yīzhào ~에 따라 | 所提 suǒtí 언급한

해양운수 조항 중에는 이 위험 항목이 없으므로 이 항목에 가입할 수 없습니다.
海洋运输条款中没有包括这一险别，我们不能投保此项险别。
⊞ 运输 yùnshū 운수 | 条款 tiáokuǎn 조항 | 包括 bāokuò 포함하다 | 险别 xiǎnbié 위험 종류

112 보험 가입 완료 공지

저희는 이미 녹차 300상자에 대하여 송장금액의 110%로 전위험보험과 전쟁보험에 가입하였습니다.
我们已为三百箱绿茶按发票金额的110%投保了一切险和战争险。
⊞ 发票 fāpiào 송장 | 投保 tóubǎo 보험에 가입하다 | 一切险 yíqièxiǎn 전위험 | 战争险 zhànzhēngxiǎn 전쟁위험

저희는 이미 면직물 1천 마에 대하여 송장금액의 110%로 한국 ABC보험회사에 전위험보험에 가입하였습니다.
我们已将一千码棉布按发票金额的110%向韩国ABC保险公司投保了一切险。
⊞ 码 mǎ 마[길이의 단위] | 棉布 miánbù 면직물

보험에 대한 귀사의 명확한 요구가 없는 상황에서, 관례대로 송장금액의 110%로 전위험보험에 가입하였습니다.
在没有得到贵方明确的保险要求情况下，我们按惯例按发票金额110%投保了一切险。

이미 화물을 전쟁보험과 전위험보험에 가입하였습니다.
我们已将货物投保了战争险和一切险。

저희는 이미 화물을 송장금액에 20%를 더하여 텐진항까지 보장하는 보험에 가입하였습니다.
我方已将货物按发票价另加20%投保至天津港。
⊞ 发票价 fāpiàojià 송장가격 | 另加 lìngjiā 따로 더하다 | 保至 bǎozhì ~까지 보장하다

저희는 이미 이 화물을 송장금액에 10%를 더하여 종합보험에 가입하였습니다.
我们已将此货按发票金额加10%投了综合险。
⊞ 综合险 zōnghéxiǎn 종합위험

저희는 이미 이 화물을 송장금액에 10%를 더하여 종합보험에 가입하였습니다.
我们已经将这批货物按发票金额加10%投保了综合险。

보험증권과 보험료 명세서는 이번 달 말에 귀사에 도착할 것입니다.
保单和保险费的账单本月底送抵贵方。
⊞ 保单 bǎodān 보험증권 | 账单 zhàngdān 명세서 | 本月底 běn yuèdǐ 이번 달 말 | 送抵 sòngdǐ (보내서) 도착하다

저희는 이미 보험수속을 마쳤습니다. 보험비용은 귀사의 수수료 중에서 제하면 됩니다.
我们已办理保险手续,至于保险费,可从贵方的佣金中扣除。
⊞ 办理 bànlǐ 처리하다 | 至于 zhìyú ~에 있어서는 | 佣金 yòngjīn 수수료 | 扣除 kòuchú 제하다

TIP 보험 관련 용어

投保 tóubǎo, 承保 chéngbǎo	보험에 들다	保费 bǎofèi	보험료
险别 xiǎnbié	위험 종류	保额 bǎo'é	보장금액
保率 bǎolǜ, 保险费率 bǎoxiǎn fèilǜ	보험요율	保险单据 bǎoxiǎn dānjù	보험서류
保单 bǎodān	보험증권	保险账单 bǎoxiǎn zhàngdān	보험명세서
综合险 zōnghéxiǎn, 一切险 yíqièxiǎn	전위험(all risks)	水渍险 shuǐzìxiǎn	단독해손(with particular average(W.P.A) 분손(with average(W.A.))/
破碎险 pòsuìxiǎn	파손위험 (risk of breakage)	偷窃、提货不着险 tōuqiè, tíhuò bùzháo xiǎn	도난불착손(TPND Theft, Pilferage and Non-Delivery)
战争险 zhànzhēngxiǎn	전쟁위험(war risk)		

CHAPTER

06

포장 및 선적

01 포장
02 선적

01 포장

 포장과 관련하여, 포장 재질/외부 마크/포장 용량/비용 등의 내용을 상의합니다. 운반 시의 제품 파손이나 분실 등을 막기 위해, 포장과 마크에 대해 상세하게 논의하는 것이 좋습니다.

☆ 拖鞋产品包装详细要求

张主任：

　　现写信，要通知您有关包装事宜。请将拖鞋装在有塑胶布的防水纸箱里。请在外包装上刷上我公司名称缩写，在名称缩写下面印刷目的港和订单号码。附件中已对包装要求做了具体描述，请仔细阅读。希望贵方能够遵循我方对包装的具体要求。

　　如果贵方能立即办理此事，我们将不胜感激。

东安物产有限公司
林秀珍
2014年8月10日

〈슬리퍼 포장 상세 요청〉

장 주임님께:

포장 관련 일에 대해 알려드리고자 메일을 드립니다. 슬리퍼를 비닐천이 있는 방수 종이박스에 넣어주십시오. 외부 포장에 저희 회사 이름 약자를 써주시고, 그 아래에는 목적항과 주문서 번호를 인쇄해 주십시오. 첨부파일에서 포장 요청에 대한 구체적인 설명을 하였으니 자세히 읽어주십시오. 포장에 대한 저희 측의 구체적인 요구를 준수해 주실 수 있기를 바랍니다.

이 일을 빨리 처리해 주신다면 대단히 감사하겠습니다.

| 拖鞋 tuōxié 슬리퍼 | 包装 bāozhuāng 포장 | 事宜 shìyí 일, 사안 | 塑胶布 sùjiāobù 비닐천 | 防水纸箱 fángshuǐ zhǐxiāng 방수 종이박스 | 刷上 shuāshàng 인쇄하다 | 名称缩写 míngchēng suōxiě 이름 약자 | 印刷 yìnshuā 인쇄하다 | 目的港 mùdìgǎng 목적항 | 订单号码 dìngdān hàomǎ 주문서 번호 | 附件 fùjiàn 첨부파일 | 描述 miáoshù 묘사, 설명 | 遵循 zūnxún 따르다 | 立即 lìjí 즉시 | 办理 bànlǐ 처리하다 | 不胜感激 búshèng gǎnjī 대단히 감사하다 |

113 포장 요구사항 문의

주문하신 물건의 선적이 이미 준비되었음을 기쁘게 알려드립니다. 운송 표지와 운송 시의 요구사항에 대해 알려주십시오.
很高兴通知贵方，所订货物已备妥待运，请告知装运标志及装运要求。
⊞ 备妥待运 bèituǒ dàiyùn 운반할 준비가 되다 | 告知 gàozhī 알리다 | 装运标志 zhuāngyùn biāozhì 운송 표지

주문하신 화물의 선적이 이미 준비되었음을 기쁘게 알려드립니다. 포장 및 선적 요구사항에 대해 알려주십시오.
我方很高兴通知贵方所订购的货物已备妥待运，请告知包装及装运要求。
⊞ 订购 dìnggòu 주문하다

귀사의 주문서의 화물이 이미 생산 완료되었으니, 선적 요구사항에 대해 빨리 알려주십시오.
贵方订单所订货物已生产完毕，请速告知装运要求。
⊞ 订单 dìngdān 주문서 | 完毕 wánbì 마치다 | 速 sù 빨리

주문하신 화물의 운송이 곧 준비됩니다. 지시하시는 대로 선적을 하겠습니다.
贵方所订货物很快将备妥待运，我方将按贵方指示装运。

포장에 대해 특별한 요구사항이 있으신지 알고 싶습니다. 요구하시는 대로 포장을 진행하겠습니다.
我们想知道贵方对包装有什么意见，我们将按贵方的要求进行包装。

귀사에서 주문하신 화물의 구체적인 포장 방식에 대해 상의하고자 메일을 드립니다.
现写信要商讨贵公司所订货物的具体包装方式。
⊞ 商讨 shāngtǎo 논의하다

포장에 대해 무엇이든 요구사항이 있으시면 알려주십시오.
如果贵方在包装方面有任何要求，请通知我们。
⊞ 任何 rènhé 어떠한

반대 의견이 없으시면, 예전과 같은 방식으로 포장을 하겠습니다.
如果贵方没有反对意见，我们将按过去的方式包装。

포장에 대해 특별한 요청이 없으시면, 이전 방식대로 해당 화물을 포장하겠습니다.
如果贵方在包装方面没有什么要求，我们将按过去的习惯方式包装该货物。

114 포장 상세 요청 및 답변

이 물건을 세심하게 포장해 주십시오.
请细心包装此货。

선적 및 운송 과정에서 파손되지 않도록 화물 포장에 주의해 주십시오.
请注意货物的包装，以免装运时受损。
⊞ 以免 yǐmiǎn ~하지 않도록 | 装运 zhuāngyùn 선적하여 운송하다 | 受损 shòusǔn 손상되다

운반 과정에서 손상을 입지 않도록, 포장은 반드시 견고해야 합니다.
包装必须牢固，以免搬运过程中受损。
⊞ 牢固 láogù 견고하다 | 搬运 bānyùn 운송

주의해 주십시오. 포장은 반드시 견고하고 운반에 용이하며, 해양운수에 적합해야 합니다.
请贵方注意，包装必须十分坚固、易于搬运且适合海洋运输。
⊞ 坚固 jiāngù 견고하다 | 易于 yìyú ~하기 쉽다 | 海洋运输 hǎiyáng yùnshū 해양운수

알람시계는 반드시 국제 표준 카톤박스에 포장해야 합니다.
闹钟必须装在国际标准的纸板箱内。
⊞ 闹钟 nàozhōng 알람시계 | 纸板箱 zhǐbǎnxiāng 카톤박스(carton box)

박스 모퉁이마다 금속 테두리를 둘러 견고하게 해 주시고, 박스 안에는 화물이 눌리는 것을 막도록 스티로폼을 깔아주십시오.
每个箱角都用金属角加固，箱子里垫有泡沫塑料以免货物受压。
⊞ 金属角 jīnshǔjiǎo 금속 테두리 | 加固 jiāgù 견고하게 하다 | 垫 diàn 깔다 | 泡沫塑料 pàomò sùliào 스티로폼 | 受压 shòuyā 눌리다

금속 띠로 포장을 견고하게 해 주십시오.
请用金属带加固包装。
⊞ 金属带 jīnshǔdài 금속 띠

운반 중에 손상이 없도록, 포장에 특별히 주의해 주실 것이라 믿습니다.
我们相信贵公司会特别注意包装，以免运输途中受损。
⊞ 运输途中 yùnshū túzhōng 운수 도중

저희는 포장에 대한 요구가 비교적 엄격합니다. 첨부파일의 구체적인 요청에 따라 화물을 포장해 주십시오.
我方对包装要求比较严格，请按照附件中的具体要求包装该货物。
⊞ 附件 fùjiàn 첨부문서

첨부파일에서 포장 요청에 대해 구체적으로 설명하였으니 자세히 읽어주십시오.
附件中已对包装要求做了具体描述，请仔细阅读。
- 描述 miáoshù 묘사하다

따로 공지가 없으면, 예전의 방식대로 해당 화물을 포장해 주십시오.
除非另行通知，请按照过去的习惯包装该批货物。
- 批 pī 사람, 물건 등의 무리를 나타내는 양사

포장에 대한 저희 측의 구체적인 요구를 준수해 주실 수 있기를 바랍니다.
希望贵方能够遵循我方对包装的具体要求。
- 遵循 zūnxún 따르다

화물이 온전하고 손상없이 도착하도록, 가장 적절한 포장방법을 제공해 주시기 바랍니다.
我们希望贵方可以提供最适宜的包装方式，以确保货物到达时完好无损。
- 适宜 shìyí 알맞다 | 确保 quèbǎo 확실히 보장하다 | 完好无损 wánhǎo wúsǔn 완전하고 손상이 없다

효과적인 조치를 취해, 포장에 대한 귀사의 요구를 만족시키도록 하겠습니다.
我们将采取有效措施，以满足贵公司对包装的要求。
- 采取 cǎiqǔ 취하다 | 措施 cuòshī 조치

저희는 이미 견고한 수출용 포장을 준비하였으며, 화물의 습기 문제에 대해 특별히 주의를 기울였습니다.
我方已准备了坚固的出口包装，并且，在货物受潮方面给予了特别关注。
- 坚固 jiāngù 견고하다 | 受潮 shòucháo 습기가 차다 | 给予关注 jǐyǔ guānzhù 관심을 기울이다

희망호가 내일 출항하므로, 지금 포장을 바꿀 수가 없습니다.
由于"希望"号轮船明天就起航，我们来不及更换包装。
- 由于 yóuyú ~로 인하여 | 轮船 lúnchuán 기선 | 起航 qǐháng 출항하다 | 更换 gēnghuàn 교체하다

귀사의 포장 지시를 확인하였습니다. 그러나 매우 죄송하게도 귀사의 특수포장 요청은 들어드릴 수 없습니다.
贵方的包装指示收悉，但是很抱歉，我方难以满足贵方的特殊包装要求。
- 收悉 shōuxī 받아보다 | 难以满足 nányǐ mǎnzú 만족시키기 어렵다 | 特殊 tèshū 특수한

115 포장 관례 설명

저희가 사용하는 카톤박스는 모두 국제 표준에 부합하는 것으로 해상운송에 적합하며, 이미 여러 고객들에게 널리 받아들여지고 있습니다.
我们所用的纸板箱均符合国际标准，适于海运，已经被其他客户广泛接受。
⊞ 纸板箱 zhǐbǎnxiāng 카톤박스 | 符合 fúhé 부합하다 | 适于 shìyú ~에 알맞다 | 客户 kèhù 고객, 거래처 | 广泛 guǎngfàn 널리

저희가 수출하는 차는 일반적으로 작은 상자로 포장합니다. 작은 상자 24개가 팔레트 하나에 담기고, 팔레트 10개가 컨테이너 하나에 담깁니다.
我们出口的茶叶通常用盒子包装，24盒装一托盘，10个托盘装一集装箱。
⊞ 盒子 hézi 상자(小) | 托盘 tuōpán 팔레트 | 集装箱 jízhuāngxiāng 컨테이너

저희는 국제운송 전용 종이박스를 사용합니다. 이 종이박스는 화학경화처리를 거친 5겹 카톤박스입니다.
我们使用国际托运专用纸箱，是经过化学硬化处理的五层纸板箱。
⊞ 托运 tuōyùn 위탁 운송 | 化学硬化处理 huàxué yìnghuà chǔlǐ 화학경화처리 | 纸板箱 zhǐbǎnxiāng 카톤박스

여성 구두는 먼저 비닐봉투에 담은 후 다시 작은 종이상자에 담고, 종이상자 10개가 큰 종이박스 하나에 담기는데, 종이박스 내부에 방수지를 깔고 외부는 노끈으로 묶습니다.
女式皮鞋先装塑料袋，再装一纸盒，10盒装一纸箱，内衬防水纸，外用麻绳捆扎。
⊞ 塑料袋 sùliàodài 비닐봉지 | 纸盒 zhǐhé 종이상자(小) | 纸箱 zhǐxiāng 종이박스(大) | 内衬 nèichèn 안에 덧대다 | 防水纸 fángshuǐzhǐ 방수지 | 麻绳 máshéng 노끈 | 捆扎 kǔnzā 단단히 묶다

여러 해외 고객들이 저희의 표준화된 포장을 인정하였습니다.
许多国外客户已经认可我们的标准化包装。
⊞ 认可 rènkě 인가하다

특별한 지시가 없으면, 저희는 정상적인 수출용 컨테이너를 사용합니다.
除非得到特别指示，我们使用正常的出口集装箱。
⊞ 除非 chúfēi ~을 제외하고 | 集装箱 jízhuāngxiāng 컨테이너

저희의 일반적인 관례에 의하면, 알람시계는 국제 표준 종이상자로 포장합니다.
按照我方一般习惯，闹钟用国际标准纸盒包装。

저희의 면직물은 대개 천가방으로 포장하며, 천가방 안에는 방수지를 덧대고, 가방 하나에 600마의 단색 면직물이 담깁니다.
我们的棉布通常用布包包装，布包内衬防水纸，每一布包单色六百码。
⊞ 棉布 miánbù 면직물 | 布包 bùbāo 천가방 | 内衬 nèichèn 안에 덧대다 | 码 mǎ 마[길이 단위]

116 포장 용량

볼펜은 12자루가 한 상자에 담기며, 100개 상자가 종이박스 하나에 담깁니다.
圆珠笔12支装一盒，一百盒装一纸箱。
⊞ 盒 hé 상자(小)

저희가 수출하는 녹차는 500g이 한 캔에 담기며, 50개 캔이 우드박스 하나에 담깁니다.
我方出口的绿茶五百克装一听，五十听装一木箱。
⊞ 克 kè 그램(g) | 听 tīng 캔

화물은 보통 드럼통에 담으며, 통마다 순중량이 100kg입니다.
货物通常用铁桶装，每桶净重一百千克。
⊞ 铁桶 tiětǒng 철통 | 净重 jìngzhòng 순중량 | 千克 qiānkè 킬로그램(kg)

제품은 드럼통이나 포대로 포장합니다. 드럼통의 경우 순중량이 50kg과 100kg이고, 포대식일 경우 순중량이 100kg이며, 포장중량은 ±3‰의 오차를 허용합니다.
产品采用铁桶或袋式包装。桶装每桶净重50kg和100kg，袋装每袋净重100kg，包装重量允许±3％的误差。
⊞ 采用 cǎiyòng 채택하다 | 袋式 dàishì 포대식 | 允许 yǔnxǔ 허락하다 | 误差 wùchā 오차

드럼통 포장은 순중량이 100kg씩이며, 납으로 통 덮개를 봉하고, 드럼통을 포함하여 103kg입니다.
铁桶包装，每桶净重100kg，铅封桶盖，含铁桶103kg。
⊞ 铅封桶盖 qiānfēng tǒnggài 납으로 통 덮개를 봉하다

드럼통 포장은 순중량이 180kg 혹은 200kg씩입니다.
铁桶装，每桶净重一百八十千克或者两百千克。

TIP 일상생활에서 쓰이는 무게 단위

공식적인 비즈니스에서는 g(克), kg(千克)이 무게 단위로 쓰이지만, 중국사람들이 일상생활에서 가장 많이 사용하는 무게 단위는 斤(근)과 两(량)입니다. 1斤은 500g이며, 1两은 50g으로, 10两이 1斤이 됩니다. 과일, 채소, 고기 등의 무게 및 사람의 몸무게는 주로 斤으로 표현하고 찻잎, 쌀밥, 饺子 등의 무게는 주로 两으로 표현합니다.

⊞ 克 kè 그램(g) | 千克 qiānkè 킬로그램(kg) | 斤 jīn 근 | 两 liǎng 량

117 포장 마크

운송마크 조항에 대해 특별한 의견이 있으십니까?
有关运输唛头的条款贵方有什么意见吗?
⊞ 运输 yùnshū 운수 | 唛头 màtóu 마크 | 条款 tiáokuǎn 조항

다른 요청이 없으시면, 화물에 귀사의 이전 마크를 인쇄하도록 하겠습니다.
如果没有其他要求，我们将在货包上刷上和贵方以前一样的唛头。
⊞ 刷上 shuāshàng 인쇄하다

외부 포장 위에 '취급주의'라는 문구를 표시해 주십시오.
请在外包装上标明"小心轻放"字样。
⊞ 小心轻放 xiǎoxīn qīngfàng 취급 주의 | 字样 zìyàng 자구, 문구

모든 화물마다 목적항, 제품번호, 중량과 순중량을 표시해 주십시오.
请在每件货物上标明到货口岸、件号、每件毛重及净重。
⊞ 到货口岸 dàohuò kǒu'àn 목적항 | 毛重 máozhòng 총중량 | 净重 jìngzhòng 순중량

외부 포장에 저희 회사 이름 약자를 써주시고, 그 아래에는 목적항과 주문서 번호를 인쇄해 주십시오.
请在外包装上刷上我公司名称缩写，在名称缩写下面印刷目的港和订单号码。
⊞ 名称缩写 míngchēng suōxiě 이름 약자 | 印刷 yìnshuā 인쇄하다 | 目的港 mùdìgǎng 목적항 | 订单号码 dìngdān hàomǎ 주문서 번호

보내드린 도안대로 상자마다 마크를 인쇄해 주십시오.
请按所给的图样在每个盒子上刷唛头。
⊞ 图样 túyàng 도안 | 盒子 hézi 작은 상자

50개 상자를 한 박스에 담고, DA라는 마크를 인쇄해 주십시오. 1번부터 시작하여 순서대로 번호도 매겨주십시오.
每五十盒装一箱，刷上唛头DA，从第一号开始往上循序编号。
⊞ 往上循序编号 wǎngshàng xúnxù biānhào 오름차순으로 번호를 매기다

상자 위에 '취급주의'와 '파손주의'라는 경고 표시를 인쇄해 주십시오.
请在箱子上印刷"小心轻放"和"易碎"的警示标志。
⊞ 易碎 yìsuì 깨지기 쉬운 | 警示标志 jǐngshì biāozhì 경고 표지

저희 회사 약자인 ABC를 마름모 테두리 안에 인쇄해 주십시오.
请把我公司的缩写字母ABC印刷在一个菱形框里面。
⊞ 菱形 língxíng 마름모 | 框 kuàng 틀, 테두리

주의해 주십시오. 상자 겉면에는 '파손주의' 또는 '취급주의' 표시를 분명히 해야 합니다.
请注意，箱子外面要注明"易碎品"或"小心轻放"的标志。
⊞ 注明 zhùmíng 분명히 표시하다

마름모 테두리 안에 저희 회사의 약식 명칭인 ABC를 써주시고, 그 아래에 목적항과 주문서 번호를 인쇄해 주십시오.
请在菱形框内印刷我公司缩写名称ABC，其下注明目的港及订单号。

118 포장 개선 완료 및 추가비용 발생 안내

이미 귀사에서 요청하신 대로 포장해 달라고 제조업체에 공지하였습니다.
我们已经通知厂商按照贵方的要求包装。
⊞ 厂商 chǎngshāng 제조업체

포장에 대한 귀사의 의견을 이미 제조업체에 전달하였습니다.
我们已经把贵方对包装的意见转达给厂商。
⊞ 转达 zhuǎndá 전달하다

귀사의 의견대로 이미 내부포장을 개선하였습니다.
根据贵方的建议，我们已改进了内包装。
⊞ 改进 gǎijìn 개선하다 | 内包装 nèibāozhuāng 내부포장

귀사의 요청에 따라 내부포장을 개선하였습니다. 추가로 발생한 포장 비용은 귀사에서 지불하셔야 합니다.
我们按照贵方的要求改进了内部包装，但多出的包装费用由贵方负责。
⊞ 由…负责 yóu…fùzé ~가 책임지다

포장 디자인으로 인하여 추가인력과 원가가 발생하여, 부득이하게 포장비용을 올릴 수밖에 없습니다.
包装设计增加了人力和成本，我们不得不提高包装费用。
⊞ 设计 shèjì 디자인 | 增加 zēngjiā 늘리다 | 成本 chéngběn 원가 | 提高 tígāo 높이다

저희는 이미 포장을 개선하였습니다. 새로운 포장이 귀사의 요구를 만족시킬 수 있으리라 확신합니다.
我方已经改进了包装，我们相信新的包装能够满足贵方的要求。

귀사의 요청에 따라 이미 포장을 크게 개선하였습니다.
我方已经按贵方的要求，在包装方面做了很大改进。
⊞ 做改进 zuò gǎijìn 개선하다

TIP 자주 쓰이는 포장 마크

- 发货人: 위탁자(CONSIGNOR)
- 收货人: 인수자(CONSIGNEE)
- 净重: 순중량(NET WEIGHT)
- 发运人: 발송인(SHIPPER)
- 货号: 화물 번호(ARTICLE NO.)
- 毛重: 총중량(GROSS WEIGHT)

- 此面向上/此端向上: 이 면이 위로(THIS SIDE UP)
- 上部: 위(TOP)
- 玻璃器皿: 유리제품(GLASS WARE)
- 小心轻放: 취급 주의(HANDLE WITH CARE)
- 易碎物品: 파손 주의(FRAGILE)
- 下部: 아래(BOTTOM)
- 小心玻璃: 유리제품(GLASS WITH CARE)
- 谨慎搬运: 취급 주의(HANDLE WITH CARE)
- 请勿叠放: 이 물건 위에 적재 금지(DO NOT STACK)

- 保持干燥: 건조한 곳에 보관(KEEP DRY)
- 防潮: 습기 주의(CAUTION AGAINST WET)
- 易燃物: 화기 주의(FLAMMABLE)
- 放于凉处/保持冷藏: 서늘한 곳에 보관(KEEP COLD)
- 切勿受潮: 습기 주의(CAUTION AGAINST WET)

TIP 자주 쓰이는 포장 마크의 예

02 선적

선적과 관련하여서는 선적일자 문의 및 답변/선적 선박 지정/빠른 선적 요청/선적이 늦을 경우에 대한 경고/선적 지연 안내/출항 공지/관련 서류 발송 안내 등의 내용을 포함할 수 있습니다.

☆ 建议使用10月1日启航的"希望"号轮进行装运

张主任：

　　从本地船公司得知"希望"号轮定于10月1日从大连驶往仁川，如果可以的话，请尽量交由该轮装运。该产品用于万圣节销售，因此最晚应于10月10日之前抵达。如果装运有任何延误，我们将不得不取消订单。请贵方尽最大的努力加紧装运。我们等待贵方的装船通知。

明日贸易公司

金元浩

2014年9月20日

〈10월 1일에 출항하는 희망호에 선적 요망〉

장 주임님께：
이곳 해운사로부터 희망호가 10월 1일에 다롄에서 인천으로 출항한다고 들었습니다. 가능하다면 가급적 그 선박을 이용해 주십시오. 이 제품은 할로윈데이 판매용이므로, 최소한 10월 10일 전에는 도착해야 합니다. 배송이 조금이라도 늦어지면, 부득이하게 주문을 취소해야 합니다. 최선을 다해 선적을 서둘러 주십시오. 귀사의 선적 통지를 기다리겠습니다.

启航 qǐháng 출항하다 | 轮 lún 기선 | 本地 běndì 이곳 | 船公司 chuángōngsī 선박회사 | 得知 dézhī 알게 되다 | 定于 dìngyú ~로 정해지다 | 驶往 shǐwǎng ~를 향해 항해하다 | 装运 zhuāngyùn 선적하여 운송하다 | 万圣节 Wànshèng Jié 할로윈데이 | 抵达 dǐdá 도착하다 | 任何 rènhé 어떠한 | 延误 yánwù 지체 | 订单 dìngdān 주문서 | 加紧 jiājǐn 속도를 내다 | 等待 děngdài 기다리다 | 装船 zhuāngchuán 선적

☆ 装运通知（第456号合同货物）

金主管：

　　我们很高兴告知贵方第456号合同下的货物今日上午已装上"希望"号轮，该轮将于明日驶往贵方港口。另外，我们已经航邮寄去该批货物装运单据一套，包括一份不可转让的提单、两份商业发票、一份质量证书、一份数量证书、一份保单及重量单一式两份。没有意外的话，您将于10月4日收到货物。收到货物后请立刻告知我方。相信贵方会对该货物的质量感到满意。

　　此致

敬礼

新华贸易有限公司
赵平良
2014年10月2日

〈선적 통지(제456호 계약서 물건)〉

김 과장님께:

456호 계약서의 화물이 오늘 오전 희망호에 선적되었음을 기쁘게 알려드립니다. 희망호는 내일 그쪽 항구로 출항할 것입니다. 또한 이미 항공편으로 양도불가 선하증권 1부와 상업송장 2부, 품질증서 1부, 수량명세서 1부, 보험증권 1부, 중량명세서 2부를 포함한 선적서류를 보냈습니다. 특별한 일이 없다면, 10월 4일에 화물을 받으실 수 있을 겁니다. 화물 수령 후 곧바로 저희에게 알려주십시오. 해당 화물의 품질에 대해 만족하시리라 확신합니다.

이와 같은 내용을 보내드립니다.

경례를 올립니다.

裝运 zhuāngyùn 선적 | 合同 hétong 계약서 | 告知 gàozhī 알리다 | 轮 lún 기선 | 驶往 shǐwǎng ～를 향해 항해하다 | 航邮寄去 hángyóu jìqù 항공우편으로 보내다 | 单据 dānjù 증빙서류 | 包括 bāokuò 포함하다 | 不可转让 bùkě zhuǎnràng 양도불가 | 提单 tídān 선하증권 | 商业发票 shāngyè fāpiào 상업송장 | 质量证书 zhìliàng zhèngshū 품질증서 | 保单 bǎodān 보험증권 | 重量单 zhòngliàngdān 중량명세서 | 立刻 lìkè 즉시 | 此致 cǐzhì 이와 같은 내용을 보내드립니다

119 출고 예정 일자 문의/답변

보통 언제쯤 물건을 납품하십니까?
通常贵方什么时候交货？
⊞ 交货 jiāohuò 납품하다

가장 빨리 선적할 수 있는 일자가 어떻게 되십니까?
贵方最早什么时候可以装运？
⊞ 装运 zhuāngyùn 운송하다

선적 3일 전에 미리 통지해 주십시오.
请将装船时间提前三天通知我方。
⊞ 装船 zhuāngchuán 선적하다 | 提前 tíqián 미리

선적시간을 때맞춰 통지해 주십시오.
请将装船时间及时通知我方。
⊞ 及时 jíshí 즉시, 때맞춰

보통 관련 신용장을 받은 후 1개월 안에 납품할 수 있습니다.
我们通常在收到有关信用证后一个月内可交货。
⊞ 信用证 xìnyòngzhèng 신용장

가장 빠른 선박운항일은 5월 중순입니다.
最近的船期是在5月中旬。
⊞ 船期 chuánqī 선박항행일 | 中旬 zhōngxún 중순

신용장을 받은 후 15일 내에 납품할 것을 보장하겠습니다.
我们保证在收到信用证后15天内交货。
⊞ 保证 bǎozhèng 보증하다

지금 재고가 있으므로 신용장을 받는 즉시 납품할 수 있습니다.
我们有现货，一旦收到信用证，就可以马上交货。
⊞ 现货 xiànhuò 현재 있는 물건

저희의 모든 제품은 대량의 재고가 있으므로, 신용장을 받은 후 1개월 내에 납품할 것을 약속드릴 수 있습니다.
我们所有型号均有大量现货，可承诺在收到信用证后一个月内交货。
⊞ 型号 xínghào 모델 | 承诺 chéngnuò 승낙하다

저희는 보통 신용장을 받은 후 30일 내에 납품을 합니다. 선적 선박명과 출항날짜는 다시 공지해 드리겠습니다.
我们一般是收到信用证后30天内交货。我方将告知装运货物的船名及启航日期。

⊕ 告知 gàozhī 알리다 | 船名 chuánmíng 선박명 | 启航日期 qǐháng rìqī 출항날짜

120 수입업체의 선적 선박 및 날짜 지정

화물을 월요일에 출항하는 톈진호에 실어주십시오.
请将货物装运周一启航的"天津"号。

⊕ 装运 zhuāngyùn 선적하여 운송하다 | 启航 qǐháng 출항하다

톈진호가 4월 5일에 톈진항에서 인천항으로 출발합니다. 가능하면 톈진호에 선적해 주십시오.
"天津"号将于4月5日从天津港驶往仁川港,请尽量由该轮装运。

⊕ 驶往 shǐwǎng ~를 향해 항해하다 | 港 gǎng 항구 | 尽量 jǐnliàng 가능한 한 | 轮 lún 기선

저희 화물을 이전에 알려드린 '칭펑호'가 아니라 '톈진호'에 실어주십시오.
请将我方货物装上"天津"号轮,而不是以前所通知的"清风"号轮。

칭펑호가 4월 5일 쯤에 그곳으로부터 이쪽 항구로 출항합니다. 가능하다면 될 수 있는 한 그 선박에 선적해 주십시오.
"清风"号轮4月5日左右从贵地开往我港,如可能,请尽量设法交由该轮装运。

⊕ 开往 kāiwǎng ~를 향하여 출발하다 | 设法 shèfǎ 방법을 강구하다

이곳 운수회사에서 칭펑호가 이번 달 15일에 그쪽 항구에서 출항할 예정이라고 공지하였습니다. 최대한 빨리 그 선박에 물건을 실어주십시오.
本地运输公司通知我们,"清风"号轮预计本月15日从贵方港口起航,请尽量将货物赶装该轮船。

⊕ 运输 yùnshū 운수 | 预计 yùjì ~로 예상하다 | 起航 qǐháng 출항하다 | 赶 gǎn 서두르다

121 기한 내 선적 요청

우리 고객이 제123호 주문서의 물품을 급히 필요로 하므로, 규정된 일정에 맞춰 발송해 주시기 바랍니다.
由于我方客户急需第123号订单所订货物，请按规定的时间发运。
⊕ 客户 kèhù 고객, 거래처 | 急需 jíxū 급히 필요로 하다 | 订单 dìngdān 주문서 | 发运 fāyùn 물건을 발송하다

저희 고객이 이 물건을 급히 필요로 하므로, 되도록 빨리 발송해 주시기 바랍니다.
由于我方客户急需此货，希望贵方尽早发运。
⊕ 尽早 jǐnzǎo 되도록 빨리

판매성수기가 다가옴에 따라 물건이 급히 필요하오니, 납품을 서둘러 주십시오.
由于销售季节将至，我们急需货物，请贵方抓紧交货。
⊕ 销售季节 xiāoshòu jìjié 판매계절 | 将至 jiāngzhì 곧 다가오다 | 抓紧 zhuājǐn 서두르다 | 交货 jiāohuò 납품하다

계약규정에 따라 반드시 5월 전에 납품을 하셔야 합니다.
按合同规定，贵方须于5月之前交货。
⊕ 合同 hétong 계약서 | 须 xū 반드시

4월 말 전에 납품을 해 주시기 바랍니다. 그렇지 않으면 판매시기를 놓치게 됩니다.
希望贵方4月底前交货，否则我们会赶不上销售季节。
⊕ 月底 yuèdǐ 월말 | 否则 fǒuzé 그렇지 않으면 | 赶不上 gǎnbushàng (기한을) 놓치다

이번 달 말 전에는 화물이 반드시 선적되어야 합니다. 그렇지 않으면 판매시기를 놓치게 됩니다.
本月底前货物必须装船，否则我们就赶不上销售季节。
⊕ 装船 zhuāngchuán 선적하다

이 물건이 급히 필요하오니, 선적을 서둘러 주십시오.
因我们急需这批货物，请贵方加紧装运。
⊕ 批 pī 사람, 사물 등의 무리를 세는 양사 | 加紧 jiājǐn 속도를 내다 | 装运 zhuāngyùn 운송하다

5월 내로 화물이 반드시 선적되어야 합니다. 그렇지 않으면 저희 측도 납품일을 지키지 못합니다.
5月份以前，货物必须装上船，否则我们不能赶上我们自己的交货日期。
⊕ 赶上 gǎnshàng 시간에 대다 | 交货日期 jiāohuò rìqī 납품일

최선을 다해 선적을 서둘러 주십시오. 계약서에 규정된 일자대로 이행해 주시기를 바랍니다.
请贵方尽最大的努力加紧装运。希望贵方能按合同规定的日期履行。
⊕ 履行 lǚxíng 이행하다

5월 4일 전에 화물을 칭펑호에 실을 수 있도록 보장해 주십시오.
请确保5月4日前，货物由"清风"号轮装运。
⊞ 确保 quèbǎo 확실히 보장하다

122 납기가 늦을 경우에 대한 경고

화물이 제때에 도착하지 못하면, 계약서에 따라 화물을 수령하지 않겠습니다.
如货物不能按时到达，我方将根据合同拒收货物。
⊞ 按时 ànshí 제시간에 | 合同 hétong 계약서 | 拒收 jùshōu 수령을 거부하다

4월 말 전에 납품을 하시지 못하면, 저희 쪽에서 주문을 취소하고 화물수령을 거절할 권리가 있습니다.
如果贵方不能在4月底前交货，我公司有权撤销该订单，拒收货物。
⊞ 交货 jiāohuò 납품하다 | 有权 yǒuquán 권리가 있다 | 撤销 chèxiāo 철회하다

5월 5일 전에 물건을 받지 못하면, 어쩔 수 없이 귀사에 손해배상을 청구할 수밖에 없습니다.
如果我们5月5日之前不能收到货物，我们将不得不向贵方提出索赔。
⊞ 提出索赔 tíchū suǒpéi 배상을 요구하다

만약 계약서 상의 납기일에 선적을 하지 못하시면, 저희는 다른 업체를 찾을 수 밖에 없습니다. 그렇게 되면 귀사는 중요한 바이어를 잃게 되실 겁니다.
如果不能按合同上的交货期装船，我们就只得另寻供货商，贵方将会失去一个重要的买主。
⊞ 装船 zhuāngchuán 선적하다 | 另寻 lìngxún 따로 찾다 | 供货商 gōnghuòshāng 공급업체 | 失去 shīqù 잃다 | 买主 mǎizhǔ 바이어

배송이 조금이라도 늦어진다면, 부득이하게 주문을 취소해야 합니다.
如果装运有任何延误，我们将不得不取消订单。
⊞ 任何 rènhé 어떠한 | 延误 yánwù 지체

123 빠른 납품 요청에 대한 답변

5월 말 전에 물건을 넘길 수 있도록 최선을 다하겠습니다.
我们会尽最大努力争取5月底之前交货。
⊞ 尽最大努力 jìn zuìdà nǔlì 최대한의 노력을 다하다 | 争取 zhēngqǔ 이루다, 쟁취하다

이번 주 내로 물건을 발송하도록 최선을 다하겠습니다.
我们将尽最大的努力争取本周内发货。
⊕ 发货 fāhuò 물품을 발송하다

이번 달 말 전에 귀사의 화물을 발송할 것임을 약속드리겠습니다.
我们保证能在本月底前将货物装运给贵方。
⊕ 保证 bǎozhèng 보증하다 | 装运 zhuāngyùn 선적하여 운송하다

이달 말에 귀사의 화물을 보내드릴 수 있으리라 확신합니다.
我们相信定能在本月底将货物装运给贵方。

주문하신 물건은 현재 재고가 있습니다. 6월 말 전에 착오 없이 발송하도록 하겠습니다.
贵方订购的货物我方有现货，我们可保证在6月底前发货。
⊕ 订购 dìnggòu 주문하다 | 现货 xiànhuò 현재 있는 물건

귀사가 주문하신 화물을 지금 준비중입니다. 월말에는 발송을 시작하도록 하겠습니다.
贵方所订货物正在准备中，争取月底开始发货。

124 납기일을 앞당겨줄 것을 요청

5월 말 납품은 너무 늦어 저희 쪽에서 판매성수기를 놓치게 됩니다. 더 일찍 납품해 주실 수 있습니까?
5月底交货太晚了，我们赶不上销售旺季，贵方可以提前交货吗？
⊕ 交货 jiāohuò 납품하다 | 赶不上销售旺季 gǎnbushàng xiāoshòu wàngjì 판매 성수기를 놓치다 | 提前 tíqián 미리

지금 이 물건이 급히 필요하오니, 먼저 100박스를 항공편으로 보내주십시오.
我们现急需此货物，请先空运一百箱给我们。
⊕ 急需 jíxū 급히 필요로 하다 | 空运 kōngyùn 항공편으로 수송하다

저희는 이 물건이 매우 급히 필요합니다. 주문서의 납기일을 5월에서 4월로 앞당겨주셨으면 합니다.
我方迫切需要这批货物，我们希望贵方能将订单的交货日期从5月提前至4月。
⊕ 迫切 pòqiè 절박하다 | 提前至 tíqiánzhì ~로 앞당기다

계약서 조항에 의하면 납기일이 7월 말이지만, 7월 초로 앞당겼으면 좋겠습니다.
按照合同条款，交货日期定在7月底，我们现在希望把交货日期提前到7月初。
⊕ 条款 tiáokuǎn 조항 | 交货日期 jiāohuò rìqī 납품일

판매성수기가 곧 다가오고 있으므로, 이번 달 말로 선적일을 앞당겨 주셨으면 합니다.
销售季节马上就要到了，所以希望贵方能提前到本月底装运。
⊞ 提前到 tíqián dào ~로 앞당기다

그 물건이 매우 필요하오니, 납품을 빨리 진행해 주셨으면 합니다.
我方迫切需要该货物，希望贵方加快装运。
⊞ 加快 jiākuài 속도를 올리다

저희의 일시적인 납기일 변경으로 귀사에 끼친 불편에 대해 깊이 사과드립니다.
对于我们临时更改交货日期给贵方造成的不便我们深表歉意。
⊞ 临时 línshí 일시적인 | 造成不便 zàochéng búbiàn 불편을 끼치다 | 深表歉意 shēnbiǎo qiànyì 깊이 죄송한 마음을 나타내다

125 납기일을 앞당겨 달라는 요청에 대한 답변

납기일을 3월로 앞당기도록 최선을 다하겠습니다.
我们会尽最大努力将交货期提前到3月。
⊞ 交货期 jiāohuòqī 납품일

가능한 한 며칠 앞당겨 물건을 발송하도록 힘쓰겠습니다.
我们会尽量争取早几天交货。
⊞ 争取 zhēngqǔ 이루다, 쟁취하다

납품 준비작업이 현재 진행 중입니다. 납기일을 6월 말로 앞당기도록 하겠습니다.
交货准备工作正在进行之中，我们会将交货期提前到6月底。

이미 공장 측과 연락을 하였습니다. 그쪽에서 최대한 납기일을 앞당기겠다고 대답을 하였습니다.
我们已与厂方联系，他们答应尽力提前交货。
⊞ 厂方 chǎngfāng 공장측 | 答应 dāying 대답하다 | 尽力 jìnlì 힘껏 | 提前 tíqián 미리

저희는 최대한 납기일을 앞당길 수 있습니다. 그렇지만 귀사에서 신용장을 되도록 빨리 개설하셔야 합니다.
我方可以尽量提前交货，但贵方必须尽早开出信用证。
⊞ 尽早 jǐnzǎo 되도록 빨리 | 开出信用证 kāichū xìnyòngzhèng 신용장을 개설하다

납기일을 최대한 10월로 앞당기도록 하겠습니다.
我们尽量把交货日期提前到10月份。
⊞ 尽量 jǐnliàng 최대한

5월 말 납품은 분명 큰 문제가 없을 겁니다.
我想5月底交货应该没有问题。

죄송합니다. 납품 업무가 너무 많아, 납기일을 5월에서 4월로 앞당길 수 없습니다.
很抱歉，我们交货任务实在繁重，不能把交货日期从5月份提前到4月份。
⊞ 繁重 fánzhòng (일, 임무 등이) 많고 무겁다

다음 달 말 발송을 보장해 드릴 수 없습니다.
我们不能保证下月底发货。
⊞ 保证 bǎozhèng 보증하다 | 发货 fāhuò 물품을 발송하다

죄송합니다만, 예정보다 일찍 납품을 할 수 없습니다.
很抱歉，我们不能提前交货。

대단히 죄송하지만, 납기일을 앞당길 수는 없습니다.
非常抱歉，我们不能把交货期提前。

5월 말이 저희가 가장 빨리 물건을 납품할 수 있는 시간입니다. 납기일을 1개월 앞당기는 것은 불가능합니다.
5月底是我们能够做到的最早交货日期，把交货期提前一个月是不可能的。

126 선적 및 출항 공지

주문하신 화물이 이미 선적되었음을 특별히 알려드립니다.
贵方所订的货物已装船，特此奉告。
⊞ 装船 zhuāngchuán 선적하다 | 特此奉告 tècǐ fènggào 특별히 알려주다

제123호 주문서의 화물이 오늘 부산호를 통해 인천항에서 텐진항으로 출발하였음을 기쁘게 알려드립니다.
我们很高兴通知贵方，第123号订单的货物今天已由"釜山"号轮从仁川港运往天津港。
⊞ 运往 yùnwǎng ~로 운행하다

알려드립니다. 제888호 주문서의 화물이 이미 준비되어, 3일 내로 받아보실 수 있으리라 예상됩니다.
很高兴通知贵方，第888号订单已经备妥货物，预计贵方能在三天内收到。
⊞ 订单 dìngdān 주문서 | 备妥 bèituǒ 준비가 되다 | 预计 yùjì ~할 예정이다

출항 예정시간은 10시 30분이며, 도착 예정시간은 중국 시간으로 다음날 12시 30분입니다.
预计离港时间是10:30，预计到达时间是中国时间第二天12:30。
⊞ 离港时间 lígǎng shíjiān 출항시간 | 到达时间 dàodá shíjiān 도착시간

제34호 주문서의 물건이 오늘 오전에 선적되었음을 알려드립니다. 항공화물 수령번호는 3654입니다.
特此通知第34号订单的货物今天上午已装运，航空货物的领取号码是3654。
- 领取 lǐngqǔ 수령하다

모든 화물이 오늘 오전에 이미 선적되어 10일 내로 도착할 것입니다.
所有货品今天上午已装运，相信十天之内即可到达。
- 装运 zhuāngyùn 선적하다 | 即可 jíkě 바로 가능하다

특별한 일이 없다면, 10일에 화물을 받으실 수 있을 겁니다. 화물 수령 후 곧바로 저희에게 알려주십시오.
没有意外的话，您将于十日收到货物。收到货物后请立刻告知我方。
- 立刻 lìkè 즉시 | 告知 gàozhī 알리다

화물이 도착하면 저희에게 공지해 주십시오.
到货时，请通知我们。

127 선적 관련 서류 발송 안내

이 화물의 송장과 선적 서류를 첨부해 드리오니 확인해 주십시오.
现附上这批货物的发货票与装运单据一套，请查收。
- 附上 fùshàng 첨부하다 | 批 pī 사람, 사물 등의 무리를 세는 양사 | 发货票 fāhuòpiào 송장 | 装运单据 zhuāngyùn dānjù 선적 서류 | 查收 cháshōu 살펴보고 받다

신용장의 관련 조항에 따라, 해당 화물의 다음과 같은 서류를 보내드립니다.
根据信用证中的有关条款，现随函附寄这批货物的如下单据。
- 条款 tiáokuǎn 조항 | 随函附寄 suíhán fùjì 편지와 함께 첨부하다 | 单据 dānjù 서류

화물 선적 후, 즉시 항공편으로 모든 선적 서류 사본을 보내드리겠으며, 원본은 중국은행을 통해 보내드리겠습니다.
在货物装船后，我们即向贵方航寄全套装运单据副本，正本通过中国银行寄往贵方。
- 即 jí 곧, 바로 | 航寄 hángjì 항공편으로 부치다 | 全套 quántào 한 세트 | 副本 fùběn 사본 | 正本 zhèngběn 원본 | 寄往 jìwǎng ~에게 보내다

선적 서류 원본을 중국은행을 통해서 귀사로 발송 중임을 알려드립니다.
装运单据正本正通过中国银行寄送贵方，特告知。
- 告知 gàozhī 알리다

128 출고 지연 안내

최근 공장에 화재가 발생하여, 계약서상의 납기일을 맞추지 못하게 되었습니다. 이에 대해 깊은 유감을 표합니다.
由于最近工厂发生了火灾，我们不能按合同条款上的交货日期交货，对此我们深表歉意。

⊞ 火灾 huǒzāi 화재 | 合同 hétong 계약서 | 条款 tiáokuǎn 조항 | 交货日期 jiāohuò rìqī 납품일 | 歉意 qiànyì 죄송(유감)스러운 마음

제품의 부품이 일본에 억류되어 있어, 3월 4일 납기일을 맞추지 못하게 되었습니다.
由于产品的部件被滞留在日本，我们赶不上3月4日的交货日期。

⊞ 部件 bùjiàn 부품 | 被滞留 bèi zhìliú 억류되다 | 赶不上 gǎnbushàng (기한을) 놓치다

납품업체의 납기가 지체되어, 신용장 규정대로 5월 5일 이전에 제품을 발송할 수 없게 되었습니다. 하지만 납품업체 측도 귀사에서 이 물건을 매우 급히 필요로 한다는 점을 잘 알고 있습니다. 5월 15일 전에는 반드시 납품을 하도록 하겠습니다.
由于供货厂家的延误，我们不能按信用证的规定在5月5日前发货。但是供货商非常清楚贵方急需该货，我们保证5月15日之前一定能交货。

⊞ 供货厂家 gōnghuò chǎngjiā 공급업체 | 延误 yánwù 지체 | 发货 fāhuò 물품을 발송하다 | 急需 jíxū 급히 필요로 하다 | 保证 bǎozhèng 보증하다

공급업체의 납품 연기로 인해, 매우 죄송하게도 신용장 규정대로 10월에 귀사의 화물을 발송하지 못하게 되었습니다.
由于供货厂家的延误，非常遗憾我们不能按信用证的规定在10月发运贵方的货物。

⊞ 发运 fāyùn 물건을 발송하다

제조업체에 예상치 못한 어려움이 생겨 원래 계획대로 납품을 하지 못하게 되었습니다.
由于制造商遇到了不可预见的困难，我们不能按原计划交货。

⊞ 制造商 zhìzàoshāng 제조업체 | 不可预见的困难 bùkě yùjiàn de kùnnan 예상치 못한 어려움

태풍으로 부득이하게 생산이 몇 주일 중지되어, 12월 말 전에 선적을 할 수 없습니다.
由于台风，我们不得不停产了几周，因此我方12月底前无法装船。

⊞ 停产 tíngchǎn 생산을 중지하다 | 装船 zhuāngchuán 선적하다

공장이 파업을 하여, 신용장의 규정대로 9월 28일 전에 발송할 수 없게 되었습니다.
由于工厂罢工，我们不能按信用证的规定在9月28日前发货。

⊞ 罢工 bàgōng 파업하다

아시는 것처럼, 이 지역에 지진이 발생하여 유감스럽게도 신용장의 유효기간 내에 선적을 할 수 없게 되었습니다.
正如贵方所知，由于本地区发生了地震，很遗憾我们不能在信用证的有效期内装运。
- 正如…所知 zhèngrú…suǒzhī ~가 아는 것처럼 | 本地区 běn dìqū 이 지역 | 地震 dìzhèn 지진

납기 지연으로 인한 불편에 대해 매우 죄송하다는 말씀을 드립니다. 이것은 순전히 저희가 통제할 수 없는 요인으로 인해 일어난 일이란 것을 이해해 주시기 바랍니다.
对延迟交货造成的不便我们深表歉意。希望贵方了解这完全是由于不可控制因素造成的。
- 延迟 yánchí 지연되다 | 不可控制 bùkě kòngzhì 통제할 수 없다 | 因素 yīnsù 요인

129 선적 및 선박 출항 지연 안내

귀사에서 신용장을 늦게 개설하였으므로, 선적을 기한에 맞춰 진행할 수가 없습니다. 신용장의 선적기한과 유효기간을 각각 5월 2일과 5월 20일로 연장해 주시고, 분할선적과 환적을 허용하여 주십시오.
由于贵方延迟开证，因此装运不能按时进行，请将信用证装船期和有效期分别延至5月2日和5月20日，并准许分批装运和转船。
- 延迟 yánchí 미루다 | 开证 kāizhèng 신용장을 개설하다 | 装船期 zhuāngchuánqī 선적기일 | 分别 fēnbié 각각, 따로따로 | 延至 yánzhì ~까지 연기하다 | 准许 zhǔnxǔ 허가하다 | 分批装运 fēnpī zhuāngyùn 분할선적 | 转船 zhuǎnchuán 환적

최근 수출 통제 제도의 변화로 귀사의 주문을 집행하기가 어렵습니다. 납품을 부득이하게 연장해야 합니다.
近来因出口管制的变化，我们难以执行贵方的订货，交货不得不延迟。
- 出口管制 chūkǒu guǎnzhì 수출 통제 제도 | 难以执行 nányǐ zhíxíng 집행하기 어렵다 | 订货 dìnghuò 주문

매우 유감스럽게도 귀국으로 수출하는 스틸파이프의 운송이 금지되어, 주문하신 화물의 처리를 연기할 수밖에 없음을 알려드립니다.
非常遗憾地告知贵方，由于向贵国出口的钢管被禁运，我们不得不延期处理贵方所订货物。
- 告知 gàozhī 알리다 | 钢管 gāngguǎn 스틸파이프 | 被禁运 bèi jìnyùn 운송이 금지되다 | 延期 yánqī (기간을) 연장하다

유감스럽게도 항구의 문제로 인하여 2월 5일 전에 물건을 보내드린다는 보장을 할 수가 없음을 알려드립니다.
很遗憾地告知贵方，由于码头问题，我们无法保证2月5日前发货。
- 码头 mǎtou 부두 | 保证 bǎozhèng 보증하다 | 发货 fāhuò 물품을 발송하다

3월 말 전의 선박은 이미 자리가 꽉 찬 상태라고 해운회사에서 통지해 왔습니다. 4월 초 선박을 이용할 수밖에 없습니다.
船务公司告知我们，由于3月底前的舱位已全部订满，我们只能由4月初的轮船装运。
⊞ 船务公司 chuánwù gōngsī 해운회사 | 舱位 cāngwèi (비행기, 배의) 자리 | 订满 dìngmǎn 예약이 다 차다 | 轮船 lúnchuán 기선

선박의 자리가 부족해 어쩔 수 없이 납기가 조금 늦어지게 될 것 같습니다.
由于舱位不足，迟些交货在所难免。
⊞ 迟 chí 늦어지다, 지연되다 | 在所难免 zàisuǒ nánmiǎn 불가피하다

악천후로 인하여 항구가 얼어 출항을 할 수 없습니다.
由于天气恶劣，港口封冻不能启航。
⊞ 恶劣 èliè 열악하다 | 封冻 fēngdòng 얼어붙다 | 启航 qǐháng 출항하다

130 물건 도착 안내

귀사의 녹차 100상자가 3월 18일에 저희 회사에 도착하였습니다.
贵公司的一百箱绿茶，已于3月18日运抵本公司。
⊞ 运抵 yùndǐ (화물이) 도착하다

저희는 이미 123호 주문서의 화물을 수령하였습니다.
我们已经提取了我方123号订单的货物。
⊞ 提取 tíqǔ 수령하다 | 订单 dìngdān 주문서

주문한 화물을 이미 받았습니다. 감사합니다.
我们订购的货物已经收到，谢谢。
⊞ 订购 dìnggòu 주문하다

제때에 납품을 해 주셔서 대단히 감사합니다.
非常感谢贵公司及时安排装运。
⊞ 及时 jíshí 즉시, 때맞춰 | 装运 zhuāngyùn 선적하다

제품을 이렇게 신속하게 보내주셔서 대단히 감사합니다.
非常感谢贵公司把产品如此迅速地寄过来。
⊞ 迅速 xùnsù 신속한

> **TIP** '운송하다'와 관련된 표현

- 交货 jiāohuò, 发货 fāhuò, 发运 fāyùn **물품을 보내다, 발송하다**
- 装运 zhuāngyùn **적재하여 운송하다**
- 交运 jiāoyùn **탁송하다**
- 装船 zhuāngchuán **선적하다**
- 运来 yùnlái **운송해 오다**
- 运抵 yùndǐ **운송하여 도착하다**
- 送达 sòngdá, 送抵 sòngdǐ **배송되다**

CHAPTER
07

항의 및 배상 청구

01 항의
02 항의에 대한 회신

01 항의

업무 중 발생하는 다양한 문제를 해결하려면, 정중하면서도 단호하게 항의하는 법을 배우는 것은 필수입니다. 항의 메일은 '~하게 되어 유감입니다'라는 표현으로 시작하고, 가능하면 객관적인 증거자료를 첨부하여 구체적인 불만사항을 알리면 좋습니다.

☆ 督促交货函

李主任：

　　很遗憾，我方不得不通知贵方，我们至今仍未收到5月4日我们所订的货物。贵方曾承诺5月10日交货，但是现在这批货已延误一周，而贵方也未告知确切交货时间。

　　我们客户急需这批货物，贵方的延误给我方带来了困扰。需要特别提醒的是，此次延误已不是贵方第一次延误。今后此类情况如再发生，我们只得取消订单，以后我们的交易也将很难长久进行。

　　希望贵方5月25日前安排交货，勿再拖延。

　　望速办理。

明日贸易公司
金元浩
2014年5月20日

〈납품 독촉 메일〉

이 주임님께:

유감스럽게도 아직까지 5월 4일에 주문한 제품을 받지 못했음을 부득이하게 알려드립니다. 이전에 귀사에서 5월 10일에 발송을 하겠다고 확답을 주셨으나, 현재 제품의 도착이 1주일이나 지연되었고, 귀사에서도 정확한 납품일을 아직 공지하지 않으셨습니다.

저희 고객이 이 화물을 급히 필요로 하는 실정이라, 귀사의 납기 연기로 저희가 매우 곤란하게 되었습니다. 특별히 말씀드려야 할 것은, 이번 연기가 처음이 아니라는 점입니다. 앞으로 이런 상황이 다시 발생한다면, 저희는 부득이하게 주문을 취소할 수밖에 없으며 이후 양사의 거래도 오래 지속되지 못할 것입니다.

5월 25일 전에 납품을 해 주시고, 다시는 납품 지연이 없기를 바랍니다.

빠른 처리를 부탁드립니다.

督促 dūcù 독촉하다 | 交货 jiāohuò 납품하다 | 函 hán 편지 | 至今 zhìjīn 지금까지 | 曾 céng 이전에 | 承诺 chéngnuò 승낙하다 | 批 pī 사람, 물건 등의 무리를 나타내는 양사 | 延误 yánwù 지체되다 | 告知 gàozhī 알리다 | 确切 quèqiè 확실하다 | 客户 kèhù 고객, 거래처 | 急需 jíxū 급히 필요로 하다 | 带来困扰 dàilái kùnrǎo 곤란을 가져오다 | 提醒 tíxǐng 상기시키다 | 取消订单 qǔxiāo dìngdān 주문을 취소하다 | 勿再拖延 wùzài tuōyán 다시 늦추지 마십시오 | 办理 bànlǐ (일을) 처리하다

131 부드러운 어조의 항의

🔧 항의 메일의 서두는 '009 좋지 않은 소식을 전할 때'(P.66) 참고

부득이하게 다시 한 번 알려드려야 겠습니다. 제233호 신용장이 8월 20일에 만료됩니다. 저희는 이 신용장을 다시 연장할 수가 없습니다.

我们不得不再次提醒贵方，第233号信用证将于8月20日到期，我们已不能再次展期该信用证。

➕ 提醒 tíxǐng 상기시키다 | 信用证 xìnyòngzhèng 신용장 | 到期 dàoqī 기한이 되다 | 展期 zhǎnqī 연장하다

저희가 아직까지 주문한 화물을 받지 못했다는 것을 상기시켜 드려야겠습니다.

需要提醒您，我们至今尚未收到所订的货物。

➕ 至今 zhìjīn 지금까지 | 尚 shàng 아직

귀사의 업무가 바빠 대금지불을 잊으신 것 같습니다.

贵方业务繁忙，可能忽略了承付。

➕ 繁忙 fánmáng 바쁜 | 忽略 hūlüè 소홀히하다 | 承付 chéngfù 지불하다

귀사의 업무가 너무 바빠 대금지불에 소홀하셨던 것 같습니다.

可能由于贵方业务过于繁忙，以致疏忽付款。

➕ 过于 guòyú 너무 | 以致 yǐzhì ~을 초래하다 | 疏忽 shūhu 소홀히 하다 | 付款 fùkuǎn 지불하다

특별히 편지를 보내 알려드리니, 결제를 속히 집행해 주십시오.

现特致信提醒，请立即执行结算。

➕ 致信 zhìxìn 편지를 쓰다 | 立即 lìjí 즉시 | 执行 zhíxíng 집행하다 | 结算 jiésuàn 결산하다

빨리 결제를 진행해 주시기를 정중히 청합니다.

敬请尽快安排付款事宜。

➕ 敬请 jìngqǐng 정중히 청하다 | 尽快 jǐnkuài 되도록 빨리 | 事宜 shìyí 일, 사안

특수한 상황이 있다면 저에게 조속히 연락 주십시오.

如有特殊情况，请立即与我联系。

132 강한 어조의 항의

귀사가 아직 납품을 하지 않은 것에 대해 저희는 매우 실망했습니다.

对于贵公司至今尚未交货一事，我们感到非常失望。

➕ 至今 zhìjīn 지금까지 | 尚 shàng 아직

여러 번 상기시켜 드렸음에도 불구하고, 대금지불에 관한 문제가 지금까지도 해결되지 않았습니다.
尽管我方多次提醒，有关付款问题至今仍未解决。
⊞ 尽管 jǐnguǎn ~에도 불구하고 | 提醒 tíxǐng 상기시키다 | 付款 fùkuǎn 지불

저희가 여러 번 귀사에 메일을 보냈지만 아직도 개선되지 않았습니다.
我们多次向贵方发邮件，但是至今没有改善。
⊞ 改善 gǎishàn 개선되다

이상의 사항에 대하여 여러 번 말씀을 드렸으나, 아직까지도 귀사의 회신을 받지 못했습니다.
关于以上事宜，我们曾多次提醒，但至今没有收到贵方的回复。
⊞ 事宜 shìyí 일, 사안 | 回复 huífù 회신

저희가 이미 수차례 메일을 보내 지불을 독촉한 바 있습니다.
我们已经数次给您发邮件，催促贵公司付款。
⊞ 催促 cuīcù 독촉하다

왜 아직도 물품 대금을 청산하지 않으시는지 이해할 수 없습니다.
我们不能理解贵方为什么还没有付清货款。
⊞ 付清 fùqīng 청산하다 | 货款 huòkuǎn 상품 대금

왜 납품이 지연되는지 이해할 수 없습니다.
我们不明白贵方为什么延迟交货。
⊞ 延迟 yánchí 지연하다 | 交货 jiāohuò 납품

이번이 마지막 공지입니다. 이후에는 다시 공지를 하지 않을 것입니다.
这是我们最后一次通知，我方不再另行通知。
⊞ 另行通知 lìngxíng tōngzhī 따로 공지하다

분명히 지적해야 할 점은, 이번이 첫 번째 연기가 아니라는 점입니다.
我方必须向贵方指出，这已经不是第一次延误。
⊞ 指出 zhǐchū 지적하다 | 延误 yánwù 지체

귀사의 결제지연으로 인해 저희 측에 어떠한 손해가 생긴다면 반드시 귀사가 책임지셔야 합니다.
由于贵方的付款延误可能对我方造成的任何损失必须由贵方负责。
⊞ 任何 rènhé 어떠한 | 损失 sǔnshī 손실 | 由…负责 yóu…fùzé ~가 책임지다

133 연락/보고 지연에 대한 항의

기계 고장 문제에 관해 이미 2월 24일에 메일을 드려 문의를 하였으나, 아직까지도 답장을 받지 못했습니다.
关于机器故障问题，我方已于2月24日写信询问，但至今尚未收到回复。

⊞ 故障 gùzhàng 고장 | 询问 xúnwèn 문의하다 | 至今 zhìjīn 지금까지 | 尚 shàng 아직 | 回复 huífù 회신

23일에 메일로 공지한 사안에 대해 귀사는 아직까지 답을 하지 않으셨습니다.
关于23日我公司曾在电子邮件中通知的事宜，贵方至今没有回复。

⊞ 曾 céng 이전에 | 事宜 shìyí 일, 사안

저희는 계속 화물선적 일에 관한 답장을 기다리고 있으나 아직도 소식이 없습니다. 저희의 자료를 받으셨는지 모르겠습니다.
我们一直在等待关于货物装运事宜的答复，但是至今没有消息，不知您是否收到我们的资料。

⊞ 装运 zhuāngyùn 선적 | 答复 dáfù 답변

이미 4월 3일과 5일에 운송 관련 일을 문의하였는데, 아직까지 어떠한 답신도 받지 못했습니다.
我已于4月3日和5日询问过装运事宜，但至今未收到贵方任何回复。

⊞ 任何 rènhé 어떠한

제가 5월 3일에 환불을 신청했는데, 고객센터에서 빨리 처리해 주겠다고 하였으나 아직까지도 피드백을 받지 못했습니다.
我5月3日申请退款，客服答应尽快处理，但至今没有任何反馈。

⊞ 申请 shēnqǐng 신청하다 | 退款 tuìkuǎn 환불 | 客服 kèfú 고객서비스 센터 | 答应 dāying 대답하다 | 尽快 jǐnkuài 되도록 빨리 | 反馈 fǎnkuì 피드백

귀사에서 6월 5일 전에 프로젝트의 진전상황에 대해 공지해 주겠다고 하셨는데, 지금까지 아무런 공지도 받지 못했습니다.
贵方承诺我方6月5日之前通知项目进展情况，但至今没有收到任何通知。

⊞ 项目 xiàngmù 사업, 프로젝트 | 进展情况 jìnzhǎn qíngkuàng 진전상황

이번 기회를 빌어 다시 한번 다음과 같은 내용을 상기시켜 드리고자 합니다.
我们借机再提醒您一下：

⊞ 借机 jièjī 기회를 빌다 | 提醒 tíxǐng 상기시키다

134 신용장 개설 지연에 대한 항의

귀사의 신용장이 2014년 3월 1일 이전에 저희에게 도착했어야 하는데, 유감스럽게도 신용장에 대해 어떠한 소식도 듣지 못했습니다.
贵方信用证应于2014年3月1日前送达我方，但是很遗憾，我们没有收到关于信用证的任何消息。
- 送达 sòngdá 배송되다 | 任何 rènhé 어떠한

유감스럽게도 귀사의 신용장 연기로 인해, 화물을 6월에 출발하는 선박에 실을 수 없습니다.
我们很遗憾由于贵方信用证耽误，货物无法装上6月份的船。
- 耽误 dānwu 지체하다

신용장 개설이 늦어져서, 제품 선적을 계약서대로 진행할 수 없게 되어 10월로 미뤄야 합니다.
由于开证延误，装运不能按合同进行，要推迟到10月份。
- 开证 kāizhèng 신용장을 개설하다 | 延误 yánwù 지체하다 | 装运 zhuāngyùn 선적하다 | 推迟到 tuīchídào ~까지 연기하다

선적날짜가 점점 다가오고 있습니다. 규정된 시간 안에 물건을 보낼 수 있도록 속히 신용장을 개설해 주시기 바랍니다.
装船日期日益临近，请速开上述信用证，以便我方能在规定的时间内交货。
- 装船日期 zhuāngchuán rìqī 선적기일 | 日益临近 rìyì línjìn 하루하루 다가오다 | 速开 sùkāi 빨리 개설하다 | 以便 yǐbiàn ~하는 데 편리하도록

관련 신용장을 즉시 개설해 주시고, 저희에게 공지해 주십시오.
请立即开立相关信用证，并通知我方。
- 立即 lìjí 즉시 | 开立 kāilì 개설하다

저희가 순조롭게 주문서를 집행할 수 있도록, 신용장을 빨리 개설해 주시기를 요청드립니다.
我方要求贵方尽快开出信用证，以便我们能顺利执行订单。
- 开出信用证 kāichū xìnyòngzhèng 신용장을 개설하다 | 执行订单 zhíxíng dìngdān 주문서를 집행하다

판매계약서 규정에 의하면, 이번 달 말 전에 관련 신용장을 개설하셔야 합니다.
根据销售合同的规定，贵方应在本月底前开出有关信用证。
- 销售合同 xiāoshòu hétong 판매계약서

주문하신 물건이 이미 준비되었으니 즉시 신용장을 개설해 주십시오. 신용장을 받는 즉시 선적을 하겠습니다.
贵方所订货物已备妥待运，请立即开信用证，我方收到信用证后将立即装船。
- 备妥待运 bèituǒ dàiyùn 운반할 준비가 되다

신용장이 저희 측에 3월 말까지 도착하지 않으면 어쩔 수 없이 주문을 취소할 수밖에 없습니다.
如信用证不能在3月底前开到我处，我方将被迫取消订货。
⊞ 被迫取消 bèipò qǔxiāo 어쩔 수 없이 취소하다 | 订货 dìnghuò 주문

135 지불 지연에 대한 항의

저희 기록에 의하면 아직까지 물품대금을 받지 못하였습니다.
根据我方记录，至今为止，我方尚未收到货款。
⊞ 至今为止 zhìjīn wéizhǐ 지금까지 | 货款 huòkuǎn 상품대금

귀사는 아직 1만 달러의 대금을 결제하지 않으셨습니다. 살펴봐 주시기 바랍니다.
贵公司尚有一万美元款项未付，请核查。
⊞ 款项 kuǎnxiàng 대금항목 | 未付 wèifù 미지급하다 | 核查 héchá 검사하다

귀사의 첫 번째와 두 번째 2만 위안이 모두 결제 지연되고 있음을 알려드려야겠습니다. 10일 이내로 전체금액을 지불해 주십시오.
我们要提醒贵方，贵方的第一笔和第二笔两万元均过期未付。请在10日内付清全款。
⊞ 提醒 tíxǐng 상기시키다 | 付清 fùqīng 청산하다 | 全款 quánkuǎn 전체 대금

귀사가 5천 달러를 미지급한 지 현재로 이미 30일이 넘었음을 알려드려야겠습니다.
我们需要提醒贵方，贵方欠款五千美元，现在已过期30天。
⊞ 欠款 qiànkuǎn 미지급 금액

지난 번 저희가 귀사의 주문을 처리한 후로 이미 2개월의 시간이 지났습니다. 왜 지불을 계속 미루시는지 이해할 수 없습니다.
我公司两个月前已处理完贵方订单，不明白贵方为什么迟迟不能结账。
⊞ 订单 dìngdān 주문서 | 迟迟 chíchí 느릿느릿 | 结账 jiézhàng 계산하다

저희는 3월 1일과 3월 7일에 두 차례 메일을 보내어 연체된 대금을 청산할 것을 요구하였으나, 아직까지 귀사의 어떠한 회신도 받지 못하였습니다.
我们先后于3月1日和3月7日两次写信给您，要求结清拖欠的货款，但是至今没有收到贵方的任何回复。
⊞ 结清 jiéqīng 청산하다 | 拖欠 tuōqiàn 빚을 연체하다 | 回复 huífù 회신

이번에 왜 지불을 미루시는 것인지 이해할 수 없습니다. 상세한 이유를 설명해 주십시오.
我们不明白贵方这次为何迟付，请说明详细的理由。
⊞ 迟付 chífù 지불을 미루다

지금까지 저희는 물건대금에 관한 어떤 소식도 듣지 못했습니다. 계약규정에 따라 되도록 빨리 결제사항을 처리해 주시기 바랍니다.
至今我方未收到任何有关货物款项的消息。敬请贵公司按照合同规定，尽快办理付款事宜。
⊞ 敬请 jìngqǐng 정중히 청하다 | 办理 bànlǐ 처리하다 | 付款 fùkuǎn 지불 | 事宜 shìyí 일, 사안

두 회사가 오랫동안 좋은 협력관계를 유지해 왔지만, 저희는 장기적인 결제연기를 받아들일 수 없습니다.
虽然贵我双方长时间维持着良好的合作关系，但我们无法接受账款长期被拖欠。
⊞ 双方 shuāngfāng 양측 | 维持 wéichí 유지하다 | 账款 zhàngkuǎn 장부의 금액 | 被拖欠 bèi tuōqiàn 연체되다

해당 항목의 물품대금이 아직 지불되지 않아, 저희 회사의 자금 회전에 영향을 주고 있습니다.
该项货款至今未付，影响了我公司资金的周转。
⊞ 资金 zījīn 자금 | 周转 zhōuzhuǎn 회전

7일 이내에 미지급 금액을 지불해 주시기 바랍니다.
盼望贵方在7天内将欠款付至我方。
⊞ 盼望 pànwàng 간절히 바라다 | 欠款 qiànkuǎn 미지급 대금 | 付至 fùzhì ~에게 지불하다

일주일 이내로 귀사의 대금을 받을 수 있기를 바랍니다.
希望一周之内，能收到贵方的付款。

본 메일을 받으신 후 5일 내에 결제를 하지 못하시면, 저희는 소송을 제기하겠습니다.
如果贵方不能在收到此信后5天内付款，我们将提起公诉。
⊞ 提起公诉 tíqǐ gōngsù 소송을 제기하다

만약 이번 주말 전에 대금을 청산하지 못하시면, 법적인 조치를 취할 수밖에 없습니다.
如贵方未能在本周末之前付清货款，我们只能采取法律行动。
⊞ 付清 fùqīng 청산하다 | 采取法律行动 cǎiqǔ fǎlǜ xíngdòng 법적인 조치를 취하다

8월 3일 전에도 여전히 결제를 하지 않으시면 저희는 계약규정에 따라 배상금 지불을 요청하겠습니다.
如果8月3日之前仍不付款，我方将按照合同规定，要求贵方支付赔偿金。
⊞ 赔偿金 péichángjīn 배상금

즉시 전액을 결제해 주시기 바랍니다.
请立即全额付清。

136 배송 지연에 대한 항의

오늘까지도 선적에 대한 귀사의 어떠한 소식도 듣지 못했습니다.
直到今日，我们尚未收到贵公司关于装运的任何消息。

⊞ 尚未 shàngwèi 아직 ~하지 않다 | 装运 zhuāngyùn 선적하여 운송하다

지금까지 저희는 화물 도착 통지를 받지 못했습니다.
到目前为止，我方仍未接到到货通知。

⊞ 到货 dàohuò 입하하다, 상품이 도착하다

주문할 때 이미 제때에 제품을 발송하는 것이 매우 중요하다고 명확하게 말씀드렸습니다.
当我们下订单时，已经明确指出按时发货非常重要。

⊞ 下订单 xià dìngdān 주문하다 | 按时 ànshí 제시간에 | 发货 fāhuò 물품을 발송하다

주문한 물건의 도착이 이미 2주나 지연되었습니다. 물건이 이번 달 말까지 도착하지 않으면 주문을 취소할 수밖에 없습니다.
我们所订的货物已延迟两周，除非货物在本月底之前到达，否则我们只得取消订单。

⊞ 延迟 yánchí 지연되다 | 除非…，否则… chúfēi…fǒuzé… ~해야지, 그렇지 않으면 ~하다

저희가 지금 매우 곤란하게 되었습니다. 귀사에서 납품을 미뤄 저희도 납기일을 맞추지 못하게 되었습니다.
我们现在很为难，由于贵方延迟交货使得我们没能赶上自己的交货期。

⊞ 为难 wéinán 난처하다 | 交货 jiāohuò 납품하다 | 使得 shǐde ~한 결과를 낳게 하다 | 没能赶上 méinéng gǎnshàng 시간을 맞추지 못하다

이번이 벌써 세 번째 납기 연기입니다. 주문을 취소하는 것밖에는 다른 방법이 없다는 것을 알려드리지 않을 수 없습니다.
这已经是第三次延迟交货，我方必须向贵方指出，我们除了取消订单别无选择。

⊞ 指出 zhǐchū 지적하다 | 别无选择 biéwú xuǎnzé 선택의 여지가 없다

화물이 이미 일주일 연기되었으며, 귀사에서는 구체적인 납품일도 아직 확정하지 않았습니다.
货物已延迟一周，并且贵方从未确认具体的交货日期。

⊞ 确认 quèrèn 확정하다

화물이 일주일 내로 도착하지 않으면, 화물수령을 거부하겠습니다.
除非货物一周内到达我方，否则我们将拒收货物。

⊞ 拒收 jùshōu 수령을 거부하다

화물이 다음 주말 전에 도착하지 않으면 선택의 여지 없이 주문을 취소할 수밖에 없습니다.
如果货物不能在下周末之前到达，我们别无选择，只能取消订单。

분명히 지적해야 할 것은 이번 연기가 저희 측에 큰 불편을 입혔다는 것입니다.
我方必须向贵方指出，这次延误给我方带来了严重不便。

⊞ 延误 yánwù 지체

137 배송 물품 착오에 대한 항의

매우 유감스럽게도 귀사가 2월 1일에 보내신 물건은 저희가 주문한 것이 아님을 알려드립니다. 배송 착오가 있었던 것 같습니다.
我们非常遗憾地通知贵方，贵方于2月1日所发送的货物并非我方所订，可能是贵方发货错误。

⊞ 发货 fāhuò 물건을 보내다

유감스럽게도 저희가 받은 물건은 저희가 주문한 물건이 아닙니다. 분명 착오가 있었던 것 같습니다.
遗憾的是，我们收到的货物不是我们所订的，显然发生了差错。

⊞ 显然 xiǎnrán 분명히 | 差错 chācuò 착오

상자를 개봉한 후, 유감스럽게도 제품을 잘못 보내셨다는 것을 발견하였습니다. 저희가 주문한 것은 23호인데, 귀사에서 보내신 제품은 24호입니다.
在开箱后，我们很遗憾地发现贵方发错了货。我们订的是23号型，而贵方寄来的是24号型。

⊞ 发错 fācuò 잘못 보내다

상자 안에 담긴 제품은 저희가 주문한 것이 아니라 다른 주문서의 제품이라는 것을 발견하였습니다.
我们发现，箱里装的货物不是我们所订的，是另一订单的。

⊞ 订单 dìngdān 주문서

저희가 받은 것은 저희가 주문한 제품이 아닙니다.
我们收到的，并不是我们所订的货物。

저는 남성구두를 구매하였는데, 제품이 도착한 후에 보니 제가 주문한 디자인이 아님을 알게됐습니다.
我订购了男式皮鞋，但收到货物后发现并不是我所订的款式。

⊞ 订购 dìnggòu 구매하다 | 款式 kuǎnshì 스타일, 디자인

귀사가 보내신 첫 번째 화물을 검사한 후, 이 화물이 저희가 주문한 종류가 아니라는 것을 발견하였습니다.
检测贵公司运来的第一批货，我们发现此货并不是我们所订的种类。

➕ 检测 jiǎncè 검사하다 | 运来 yùnlái 운송해오다

귀사에서 제품을 잘못 보내셨기 때문에 화물수령을 거부할 수밖에 없습니다.
由于贵方发错货物，我方只能拒收。

➕ 拒收 jùshōu 수령을 거부하다

속히 물건을 회수하고 원래 주문서에서 요청한 제품을 보내실 것을 요청합니다.
我们要求尽快退货，并再寄送原订单要求的货物。

➕ 退货 tuìhuò 반품하다

138 제품과 견본품의 불일치에 대한 항의

도착한 물건이 원래 샘플과 완전히 다르다는 것을 발견했습니다.
我们发现收到的货物与原来的样品完全不符。

➕ 样品 yàngpǐn 샘플 | 不符 bùfú 맞지 않다

유감스럽게도 도착한 물건이 원래의 샘플과 색깔이 다르다는 것을 발견하였습니다.
很遗憾，我们发现收到的货物与原来的样品颜色不相同。

➕ 相同 xiāngtóng 똑같다

의아하게도 도착한 제품과 샘플의 색깔이 다르다는 것을 발견하였습니다.
我们惊讶地发现收到的货物和样品颜色不相同。

➕ 惊讶 jīngyà 놀랍고 의아하다

유감스럽게도 저희가 받은 화물이 샘플과 다르다는 것을 알려드립니다.
我们很遗憾地通知贵方，我们收到的货物与样品不符。

검사 후에 이번 제품들이 원래의 샘플과 색깔이 다르다는 것을 발견하였습니다. 이에 대해 불만을 표합니다.
检查后我们发现这批货与原来的样品颜色不相同，我们对此表示不满。

유감스럽게도 이번 물건이 원래의 샘플과 다르다는 것을 발견하였습니다.
我们遗憾地发现这批货与原来的样品不相同。

도착한 제품이 보내주신 샘플과 일치하지 않습니다.
到货与所寄样品不符。

➕ 到货 dàohuò 도착한 물건

물건을 받고 나서 실제 제품과 제품설명서의 설명이 다르다는 것을 발견하였습니다.
我们收到货物后发现，实物与商品说明书中的详情不符。
⊞ 实物 shíwù 실물 | 详情 xiángqíng 자세한 상황

139 품질 문제에 대한 항의

보내신 물건의 품질이 낮아 협의규정에 어긋납니다.
所交货物质量低劣，与协议的规定不符。
⊞ 低劣 dīliè (품질이) 낮다, 나쁘다 | 协议 xiéyì 협의

제34호 주문서 물건의 품질이 저희의 요구기준에 미치지 못하여, 부득이하게 손해배상을 청구할 수밖에 없습니다.
第34号订单货物的质量达不到我们要求的标准，我们不得不向贵方提出索赔。
⊞ 提出索赔 tíchū suǒpéi 배상을 요구하다

검사 후, 유감스럽게도 제품의 품질이 일반적으로 받아들여지는 기준에 미치지 못한다는 것을 발견하였습니다. 저희는 매우 실망스럽습니다.
检验后遗憾地发现货物的质量达不到普遍接受的标准，本公司极感失望。
⊞ 检验 jiǎnyàn 검사하다 | 普遍 pǔbiàn 보편적인

유감스럽게도 귀사 제품의 품질이 우리의 협의규정에 미치지 못한다는 것을 발견하였습니다.
我们遗憾地发现贵方货物质量未能达到我们协议的规定。

저희 고객 측에서 귀사 텔레비전의 품질에 대해 의문을 제기하였습니다.
我们的顾客对贵方电视的质量提出质疑。
⊞ 顾客 gùkè 고객 | 提出质疑 tíchū zhìyí 의문을 제기하다

저희 고객 측에서 귀사 제품의 품질이 나쁘다고 항의를 하였습니다.
我们的客户投诉贵方的产品质量低劣。
⊞ 客户 kèhù 고객, 거래처 | 投诉 tóusù 항의하다

귀사가 보내신 제품의 품질과 규격이 모두 샘플과 부합하지 않습니다.
贵方发来的货物质量和规格都与样品不符。
⊞ 规格 guīgé 규격 | 样品 yàngpǐn 샘플

제품의 품질이 전혀 만족스럽지 않습니다.
货物的质量远不能令人满意。
⊞ 远不能令人满意 yuǎn bùnéng lìng rén mǎnyì 사람을 만족시키는 것과 거리가 멀다

유감스럽게도 상자를 연 후 화물선적 전에 이미 하자가 있었다는 것을 발견하였음을 알려드립니다.
很遗憾地通知您，在开箱后我们发现，货物装运前已有瑕疵。

⊞ 装运 zhuāngyùn 선적 | 瑕疵 xiácī 하자

상자를 연 후 유감스럽게도 13호 상자 속의 일부 의류에 얼룩이 있다는 것을 발견하였습니다.
开箱后我们遗憾地发现，13号箱内的部分服装有污点。

⊞ 污点 wūdiǎn 얼룩

9일에 도착한 화물이 저희 회사의 품질검사를 통과하지 못하였습니다. 불량률이 약 15%에 이릅니다.
贵公司9日的到货未能通过本公司的质检，不良率达到15%左右。

⊞ 质检 zhìjiǎn 품질검사 | 不良率 bùliánglǜ 불량률

저희 쪽 관련 직원들이 최대한 노력해 보았으나, 폐수처리설비가 여전히 귀사의 기술설명서에서 설명한 성능에 도달하지 못하였습니다.
我方有关人员尽了最大的努力，但废水处理设备仍无法达到贵公司技术说明书中所描述的性能。

⊞ 尽最大努力 jìn zuìdà nǔlì 최대한의 노력을 다하다 | 废水处理设备 fèishuǐ chǔlǐ shèbèi 폐수처리설비 | 性能 xìngnéng 성능

140 수량/중량 부족에 대한 항의

유감스럽게도 물건이 도착했을 때 30kg이 부족하였습니다.
很遗憾，货物抵达时短重三十千克。

⊞ 抵达 dǐdá 도착하다 | 短重 duǎnzhòng 중량 부족 | 千克 qiānkè 킬로그램(kg)

모든 상자의 평균중량이 96kg으로, 계약서에 규정된 100kg이 아닙니다.
每箱的平均重量为九十六千克，而不是合同规定的一百千克。

⊞ 平均 píngjūn 평균 | 重量 zhòngliàng 중량

유감스럽게도 화물의 중량과 송장 상의 중량이 200kg 차이가 난다는 것을 발견하였습니다.
我们遗憾地发现，货物重量和发票上的重量相差两百千克。

⊞ 发票 fāpiào 송장 | 相差 xiāngchà 차이가 나다

유감스럽게도 상자마다 4~5kg씩 부족하다는 것을 알려드립니다.
我们遗憾地告知贵方每箱短重4~5千克。

⊞ 告知 gàozhī 알리다

유감스럽게도 화물이 도착했을 때 90kg이 부족하였음을 알려드립니다. 부족한 화물은 다음 번 화물과 같이 보내주십시오.
我们很遗憾地指出，货到时短重九十千克。请将短缺的货物与贵方的下批货 一起交运。

⊞ 短缺 duǎnquē 부족한 | 交运 jiāoyùn 탁송하다

화물의 중량이 30kg 부족합니다. 부족분을 다시 보내실 필요 없이 송장을 고쳐주시면 됩니다.
货物短缺三十千克，贵方不必另行补货，只修改发票即可。

⊞ 另行补货 lìngxíng bǔhuò 따로 물건을 보충하다 | 修改 xiūgǎi 수정하다 | 即可 jíkě ~하면 되다

검사 후에 제123호 선하증권 항목 상의 234호 상자가 없어졌다는 것을 발견하였습니다.
检验后我们发现，第123号提单项下的234号箱子丢失。

⊞ 检验 jiǎnyàn 검사하다 | 提单 tídān 선하증권 | 丢失 diūshī 잃어버리다

화물을 200상자가 아니라 189상자만 받았습니다. 부족한 11상자를 즉시 보내주시기 바랍니다.
我们只收到了一百八十九箱货物，而不是两百箱。请立即补足我方短缺的十一箱货物。

⊞ 补足 bǔzú 보충하여 채우다

141 포장/운수 문제에 대한 항의

귀사의 물품이 오늘 오전에 도착하였는데, 그 중 상자 2개가 파손되었음을 알려드립니다.
贵方的货物今日上午已到达，其中有两箱损坏，特此告知。

⊞ 损坏 sǔnhuài 손상되다 | 告知 gàozhī 알리다

포장이 충분히 견고하지 못하여 화물이 대량으로 파손되었고, 물건이 모두 조금씩 샜습니다.
包装不够坚固，导致货物大量破损，每一件都有不同程度渗漏。

⊞ 坚固 jiāngù 견고하다 | 导致 dǎozhì 야기하다 | 破损 pòsǔn 파손되다 | 不同程度 bùtóng chéngdù 각기 다른 정도로 | 渗漏 shènlòu 스며나오다

유감스럽게도, 화물이 도착했을 때 종이박스 10개가 찢어져, 박스 안의 화물이 이미 심히 손상되어 있었음을 알려드립니다.
遗憾地通知贵方，货物到达时十个纸箱破裂，箱内货物已严重损坏。

⊞ 破裂 pòliè 찢어지다 | 严重 yánzhòng 심하게

검사 후, 일부 화물이 심하게 손상되었음을 발견하였습니다. 손상된 화물은 저희에게 전혀 쓸모가 없습니다.
检验后我们发现，部分货物严重损坏，这些破损的货物对我们毫无用处。

⊞ 毫无用处 háowú yòngchu 전혀 쓸모가 없다

유감스럽게도 A34호 상자 및 상자 안의 물건들이 모두 눌려서 깨졌음을 알려드립니다.
现很遗憾地通知贵方，A34号箱子及箱内物品均被压碎。

⊞ 被压碎 bèi yāsuì 눌려서 깨지다

마대의 꿰맨 부분이 튼튼하지 못하여 그 부분이 벌어져, 안에 있는 물건이 밖으로 나왔습니다.
麻袋的缝口不够结实，结果缝口开列，袋内物品外漏。

⊞ 麻袋 mádài 마대 | 缝口 féngkǒu 꿰맨 곳 | 结实 jiēshí 튼튼하다 | 开列 kāiliè 벌어지다 | 外漏 wàilòu 밖으로 새다

검사 결과, 화물 손상이 잘못된 포장 때문에 생긴 것이라는 것을 발견하였습니다.
经检验我们发现，货物受损是由于包装不妥造成的。

⊞ 受损 shòusǔn 손상되다 | 不妥 bùtuǒ 부적당한

상자가 충분히 튼튼하지 못했으며, 포장 또한 수출화물의 요구에 부합하지 못했다고 생각합니다.
我们认为箱子不够结实，包装也不符合出口货物的要求。

상자가 너무 얇아, 수출화물 포장의 요구에 부합하지 않았다고 생각합니다.
我们认为箱子过于单薄，不符合出口货物包装的要求。

⊞ 过于 guòyú 너무 | 单薄 dānbó 얇다

종이박스가 충분히 튼튼하지 못해 운반을 버티지 못했다고 생각합니다.
我们认为纸箱不够牢固，经不起运输。

⊞ 牢固 láogù 견고하다 | 经不起 jīngbuqǐ 견디지 못하다 | 运输 yùnshū 운수

유감스럽게도 귀사의 화물 포장이 국제 표준에 미치지 못함을 발견하였습니다.
我们遗憾地发现贵方货物的包装未能达到国际标准。

142 제품 고장에 대한 항의

유감스럽게도 저희가 구매한 폐수처리설비가 정상적으로 작동되지 않습니다. 저희는 이 제품에 대해 대단히 불만족스럽습니다.
很遗憾，我们所购买的废水处理设备不能正常运行，我们对此产品很不满意。

⊞ 购买 gòumǎi 구매하다 | 废水处理设备 fèishuǐ chǔlǐ shèbèi 폐수처리설비 | 运行 yùnxíng 작동하다

받은 지 이틀밖에 되지 않았는데 기계가 계속 고장이 나서 사용할 수가 없습니다.
刚收到两天，机器却故障连连，无法使用。

⊞ 故障连连 gùzhàng liánlián 끊임없이 고장나다

123A 시리즈 노트북 컴퓨터가 15일 동안 두 대가 연달아 고장이 났습니다.
123A系列笔记本电脑15天之内两台连续出现故障。
⊞ 系列 xìliè 시리즈

저희가 구매한 트랙터에 반복적으로 문제가 발생해, 한 달밖에 안 되는 짧은 시간 동안 잇따라 A-103 시리즈형 두 대에서 심각한 문제가 발견되었습니다.
我们购买的拖拉机反复出现问题，短短一个月的时间内，两款A-103系列机型均相继出现了严重问题。
⊞ 购买 gòumǎi 구매하다 | 拖拉机 tuōlājī 트랙터 | 款 kuǎn 양식 | 机型 jīxíng 기종 | 相继 xiāngjì 잇따라 | 严重 yánzhòng 심각한

귀사의 액정 TV를 사용할 때 화면 좌측에 심한 누광현상이 있음을 발견했습니다.
我们使用贵方的液晶电视时，发现屏幕左侧存在严重漏光现象。
⊞ 液晶电视 yèjīng diànshì 액정 TV | 屏幕 píngmù 스크린 | 漏光现象 lòuguāng xiànxiàng 누광현상

한 달이라는 짧은 시간 동안 뜻밖에도 연달아 두 모델에 심각한 품질문제가 발생할 줄은 생각하지 못했습니다.
没想到两款产品在短短一个月之内竟会连续出现严重质量问题。
⊞ 竟 jìng 뜻밖에

빨리 엔지니어를 파견하여 해당 기계를 수리해 주시면 감사하겠습니다.
如果您能尽快派一位工程人员前来维修该机器，我将不胜感激。
⊞ 派 pài 파견하다 | 工程人员 gōngchéng rényuán 기술인력 | 前来 qiánlái 이쪽으로 오다 | 维修 wéixiū 수리하다 | 不胜感激 búshèng gǎnjī 대단히 감사하다

143 서류 및 행정처리 착오에 대한 항의

귀사에서 저희에게 개설해 주신 것은 다른 제품의 명세서입니다.
贵方给我们开的是其他产品的账单。
⊞ 开账单 kāi zhàngdān 명세서를 개설하다

귀사가 100달러를 더 받으셨습니다. 해당 금액을 저희 계좌로 입금해 주시면 감사하겠습니다.
贵方多收了一百美元，请把该金额存入我方账户，我们将不胜感激。
⊞ 多收 duōshōu 더 받다 | 存入 cúnrù 입금하다 | 账户 zhànghù 계좌

저희가 구매한 녹차 100상자를 10일에 취소하였는데, 아직까지 귀사의 확인을 받지 못하였습니다.
我们订购的一百箱绿茶已于10日取消，但是我们还没有收到贵方的确认。
⊞ 订购 dìnggòu 주문하다 | 确认 quèrèn 확인

첨부하신 청구서 금액과 주문서의 금액이 다릅니다. 빨리 이 일을 처리해 주십시오.

随信附寄的请款单金额与订单金额不符，请尽早处理此事。

⊞ 随信附寄 suíxìn fùjì 편지와 함께 부치다 | 请款单 qǐngkuǎndān 청구서 | 不符 bùfú 맞지 않다 | 尽早 jǐnzǎo 되도록 빨리

제품의 포장상자를 자세히 살펴보았으나 정식 상업송장을 발견하지 못하였습니다. 통관을 위하여 속히 저희에게 송장을 보내주십시오.

我们仔细找遍了装货物的箱子，但是没有找到正式的商业发票。请立即将发票寄给我们，以便通关。

⊞ 找遍 zhǎobiàn 두루 찾아보다 | 商业发票 shāngyè fāpiào 상업송장 | 立即 lìjí 즉시 | 以便 yǐbiàn ~하는 데 편리하도록 | 通关 tōngguān 세관을 통과하다

144 피해 규모 설명 및 강조

검사 후, 대부분의 물건이 이미 사용할 수 없게 되었음을 발견하였습니다.

经检查，发现大部分物品都已无法使用。

⊞ 无法使用 wúfǎ shǐyòng 사용할 수 없다

검사 후에 포장봉투가 기준에 맞지 않아, 모두 300kg이 손실되었음을 발견하였습니다.

经检验，发现由于包装袋不合标准，共损失了三百千克。

⊞ 包装袋 bāozhuāngdài 포장봉투 | 损失 sǔnshī 손실되다 | 千克 qiānkè 킬로그램(kg)

납기가 장기간 지연되어, 현재 이미 저희 쪽에 심각한 인력낭비 및 생산손실을 초래하였습니다.

交货长期延误，现在已造成我方严重的人力浪费和生产损失。

⊞ 交货 jiāohuò 납품 | 延误 yánwù 지체하다 | 浪费 làngfèi 낭비하다

화물의 지연으로 인해 저희가 매우 번거롭게 되었을 뿐만 아니라, 심한 경제적인 손실까지 입게 되었습니다.

货物的延误，使我们遇到很大的麻烦并遭受了严重的经济损失。

⊞ 遇到 yùdào 부딪치다. 만나다 | 遭受 zāoshòu ~을 입다 | 经济损失 jīngjì sǔnshī 경제적인 손실

귀사의 대금지불 연기가 저희에게 막대한 불편을 끼쳤습니다.

贵方延期付款，给我们带来了极大的不便。

⊞ 延期付款 yánqī fùkuǎn 지불 지연

장기지연으로 저희는 현재 매우 곤란한 상황에 처했습니다.

由于长期延误，我方现处境困难。

⊞ 处境 chǔjìng 처지 | 困难 kùnnan 곤란한

귀사의 지연으로 저희가 매우 난처한 상황에 처했습니다.
贵方延误使我方处于极其尴尬的状态。
⊞ 极其尴尬 jíqí gāngà 매우 난처한 | 状态 zhuàngtài 상태

귀사가 정식 상업송장 발송을 소홀히 하여, 이미 세관통관 시에 막대한 불편을 겪었습니다.
由于贵方疏忽未发送正式的商业发票，已经给我们在海关通关时造成了莫大的困扰。
⊞ 疏忽 shūhu 소홀히 하다 | 商业发票 shāngyè fāpiào 상업송장 | 海关 hǎiguān 세관 | 造成困扰 zàochéng kùnrǎo 불편을 끼치다 | 莫大的 mòdà de 막대한

저희는 이미 엄청난 손실을 감당하였습니다.
我方已承担了巨大的损失。
⊞ 承担 chéngdān 부담하다

저희의 입장을 이해해 주시기 바랍니다. 귀사의 연기로 인해 저희가 곤경에 처하게 되었습니다.
希望贵方能够理解我方的立场，贵方的延误使我方陷入困境。
⊞ 陷入困境 xiànrù kùnjìng 곤경에 빠지다

이번 연기로 저희가 고객 앞에서 매우 난처하게 되었습니다.
此次延误使我们在客户面前非常尴尬。
⊞ 客户 kèhù 고객, 거래처 | 尴尬 gāngà (입장이) 곤란하다

귀사의 연기로 저희 측 몇몇 중요 고객들이 저희에게 매우 실망하였습니다.
贵方的延误导致我方一些重要的客户对我们很失望。
⊞ 导致 dǎozhì 야기하다

145 증빙서류 첨부

한국 국립식물검역원에서 제공한 실험보고서를 첨부합니다.
现附上韩国国立植物检疫院提供的一份检验报告。
⊞ 附上 fùshàng 첨부하다 | 植物检疫院 zhíwù jiǎnyìyuàn 식물검역원 | 检验报告 jiǎnyàn bàogào 검사보고서

참고하기 편하시라고, 칭다오 상품검사국에서 발급한 검사증명서를 첨부합니다.
为便于贵公司参考，现附上青岛商品检验局所签发的检验证明。
⊞ 为便于参考 wèi biànyú cānkǎo 참고의 편의를 위해 | 签发 qiānfā 서명하여 발급하다 | 证明 zhèngmíng 증명서

화물의 파손과 관련하여, 제품의 손실이 운수과정에서 발생한 것임을 증명하기 위해 검사보고서 한 부를 첨부합니다.
关于货物破损，现附上调查报告一份，以证明损失可能是在运输途中发生的。
➕ 破损 pòsǔn 파손되다 | 调查 diàochá 조사하다 | 证明 zhèngmíng 증명하다 | 运输途中 yùnshū túzhōng 운수 도중

칭다오 상품검사국에서 발급한 검사증명서 및 해운회사 대리인의 보고서를 첨부합니다.
现附上青岛商品检验局所签发的检验证明和船运公司代理人的报告书。
➕ 船运公司 chuányùn gōngsī 해운회사 | 代理人 dàilǐrén 대리인

첨부한 검사보고서와 사진을 통해 이번 화물파손의 상황에 대해 보실 수 있습니다.
通过附件中的检验报告与照片，您可以看到关于此次破损货物的情况。
➕ 附件 fùjiàn 첨부문서

146 원인 설명 요청

이상의 문제에 대하여 답변해 주시기 바랍니다.
请贵方对以上问题做出答复。
➕ 做出答复 zuòchū dáfù 답변하다

귀사는 이 일에 대하여 어떠한 설명도 하지 않았습니다. 저희에게 정확한 원인을 알려주시기 바랍니다.
贵方未对此事做出任何解释，请将确切原因告知我方。
➕ 确切 quèqiè 정확한 | 告知 gàozhī 알리다

생산단계 중의 모든 과정을 자세히 살피어 구체적인 원인을 밝혀주시기 바랍니다.
希望贵公司详查生产阶段中的每个步骤，找到具体原因。
➕ 详查 xiángchá 자세히 조사하다 | 生产阶段 shēngchǎn jiēduàn 생산단계 | 步骤 bùzhòu 순서

귀사가 이 일에 대하여 합리적으로 설명해 주시기를 요청합니다. 서면으로 사과하셔야 할 뿐만 아니라 동시에 경제적으로도 배상하셔야 합니다.
我们要求贵方对此事做出一个合理的解释，不仅要书面致歉，同时还要承担经济赔偿。
➕ 致歉 zhìqiàn 사과의 뜻을 표하다 | 承担 chéngdān 담당하다 | 经济赔偿 jīngjì péicháng 경제적 배상

제품의 품질에 대하여 매우 큰 실망과 강한 불만을 표하는 바이며, 합리적인 설명과 함께 적절한 배상을 해주실 것을 요청합니다.
对产品的质量我们表示极度的失望及强烈的不满，要求贵方给出一个合理的解释，并做出适当的赔偿。
➕ 强烈 qiángliè 강렬한 | 适当 shìdàng 적절한 | 赔偿 péicháng 배상

147 배상 요구1 - 해결 방법 제시

귀사가 이 문제를 어떻게 처리하실지 알고 싶습니다.
我们想知道贵方如何处理此问题。

귀사가 이 일을 어떻게 결정하실지 알려주십시오.
请告知贵公司将如何决定此事。

가능한 한 빨리 답변 및 처리를 해 주시기 바랍니다.
希望贵公司尽早回复并做出处理。
⊞ 尽早 jǐnzǎo 되도록 빨리 | 回复 huífù 회신하다

그러므로 부득이하게 이 일을 귀사에서 해결하시도록 맡길 수밖에 없습니다.
因此，我们不得不将此事提交贵处解决。
⊞ 提交 tíjiāo 제출하다

저희는 잠시 손해배상을 제기하지 않고, 귀사와 해결방법을 상의하기 원합니다.
我方暂不提出索赔，愿意与贵方商榷解决办法。
⊞ 暂 zàn 잠시 | 提出索赔 tíchū suǒpéi 배상을 제기하다 | 商榷 shāngquè 논의하다

이 문제를 타당하게 처리해 주시기 바랍니다.
希望您能妥善处理此问题。
⊞ 妥善 tuǒshàn 타당하게

저희는 위에서 언급한 상자를 보관하고, 귀사의 처리를 기다리겠습니다.
我们将保管上述箱子，等待贵方处理。
⊞ 上述 shàngshù 상술한 | 等待 děngdài 기다리다

귀사의 회신을 받기 전에, 화물을 창고에 보관하고 귀사의 처리를 기다리겠습니다.
在贵方回复之前，我们将货物保管在仓库中，等候贵方的处理。
⊞ 仓库 cāngkù 창고 | 等候 děnghòu 기다리다

화물을 그대로 두고 귀사의 처리를 기다리겠습니다. 창고비용은 귀사에서 부담하셔야 합니다.
货物将留待等候贵方的处理，仓储费由贵方负担。
⊞ 留待 liúdài 남겨두다 | 仓储费 cāngchǔfèi 창고비용 | 由…负担 yóu…fùdān ~가 부담하다

속히 귀사의 회신을 받기를 바랍니다.
我们希望立刻听到贵方的答复。
⊞ 立刻 lìkè 즉시 | 答复 dáfù 답변

이상의 요구에 대해 답변해 주십시오.
请贵方对以上要求做出答复。

148 배상 요구2 – 손해 금액 배상

부득이하게 귀사에 배상을 요청할 수밖에 없습니다.
我们不得不向贵方提出索赔。
⊕ 提出索赔 tíchū suǒpéi 배상을 요구하다

제품을 판매할 수 없게 되었으므로, 귀사에서 1만 달러를 배상할 것을 요구합니다.
由于货物无法销售，我们要求贵方赔偿一万美元。
⊕ 销售 xiāoshòu 판매하다 | 赔偿 péicháng 배상하다

이에 대해 저희 측은 귀사에 500달러의 배상을 청구할 수밖에 없습니다.
对此，我们必须向贵方索赔五百美元。
⊕ 索赔 suǒpéi 배상을 요구하다

저희는 귀사에 손해배상을 청구할 수밖에 없으며, 금액은 모두 1천 달러입니다.
我们必须向贵方提出索赔，金额共计一千美元。
⊕ 共计 gòngjì 모두 합쳐

화물의 중량 부족 문제에 있어서, 귀사가 3천 달러를 배상해 주실 것을 요청합니다.
至于贵方货物的短重问题，我方要求贵方赔偿三千美元。
⊕ 至于 zhìyú ~에 있어서 | 短重 duǎnzhòng 중량 부족

중량 부족으로 인해, 1천 달러의 배상을 요구합니다.
因短重，我方提出金额为一千美元的索赔。

귀사에 이 화물에 대한 손해배상을 청구하며, 금액은 500달러입니다.
就这批货物我们要向贵方提出索赔，金额为五百美元。

손상된 화물에 대하여 배상해 주실 것을 요구합니다.
我们要求贵方对损坏的货物进行赔偿。
⊕ 损坏 sǔnhuài 파손되다

계약규정에 의해, 귀사는 저희 측에 전체 계약금액의 5%를 배상해야 합니다.
按合同规定，贵公司要赔偿我方合同全部金额的5%。

귀사는 저희에게 계약금액의 10%를 배상해야 하며, 상품 검사비용 또한 귀사에서 부담해야 합니다.
贵公司要赔偿我方合同金额的10%，商检费也应该由贵方承担。
➕ 商检费 shāngjiǎnfèi 상품 검사비용 | 承担 chéngdān 부담하다

149 배상 요구3 - 물품 재발송 및 환불

이 제품들의 품질이 좋지 않아, 부득이하게 반송할 수밖에 없습니다. 빠른 시일 내에 교환을 준비해 주십시오.
由于这些产品质量低劣，我们不得不退回这些货物，请立即安排换货。
➕ 低劣 dīliè (품질이) 낮다, 나쁘다 | 退回 tuìhuí 반송하다 | 立即 lìjí 즉시 | 换货 huànhuò 교환하다

제품을 귀사 측으로 반송하겠으니, 파손분을 즉시 보충하여 보내주십시오.
我方将把货物退还贵处，请立即补寄破损的货物。
➕ 退还 tuìhuán 돌려주다 | 补寄 bǔjì 보충하여 부치다 | 破损 pòsǔn 파손되다

100상자를 전부 반송합니다. 반드시 이 제품들을 교환해 주시기 바랍니다.
我方把一百箱全部退回，请贵方务必更换这批产品。
➕ 务必 wùbì 반드시 ~해야 한다 | 更换 gēnghuàn 교환하다

유감스럽게도 이 물건들을 반송합니다. 최대한 빨리 올바른 대체품을 보내주십시오.
我方很遗憾退回这些货物，希望贵方能尽快发来正确的货物替换。
➕ 替换 tìhuàn 대체하다

이 메일을 받고 일주일 내로 컴퓨터 세 대를 대체용으로 보내주시기 바랍니다.
请在收到这封信后一周内另外发来三台电脑替换。

이 기계를 반송하기 원하며, 운송료는 귀사에서 부담하시기 바랍니다.
我方希望退回这台机器，并由贵方承担运费。
➕ 承担 chéngdān 담당하다 | 运费 yùnfèi 운송비

저희는 반품처리를 할 수밖에 없습니다. 물품대금과 운송료는 저희 계좌로 환불해 주십시오.
我们只能做退货处理，并请将货款和运费退还到我方账户内。
➕ 退货 tuìhuò 반품하다 | 货款 huòkuǎn 물품대금 | 账户 zhànghù 계좌

즉시 물품대금 전부를 환불해 주시면 감사하겠습니다.
请尽快将全部货款退还，十分感谢。

150 배상 요구4 - 주문 취소

선적이 늦어졌으므로, 계약을 파기할 수밖에 없습니다.
由于贵方装船延误，我方只好撤销合同。
⊞ 装船 zhuāngchuán 선적 | 延误 yánwù 지체 | 撤销 chèxiāo 철회하다 | 合同 hétong 계약

제품의 품질이 샘플과 부합하지 않아, 부득이하게 계약규정대로 제품수령을 거부하겠습니다.
贵方货物质量与样品不符，我们不得不按合同规定拒收货物。
⊞ 样品 yàngpǐn 샘플 | 不符 bùfú 맞지 않다 | 拒收 jùshōu 수령을 거부하다

죄송합니다. 신용장 상의 최종 선적기일이 이미 지나 저희가 판매성수기를 놓쳤습니다. 그러므로 주문을 취소할 수밖에 없습니다.
很抱歉，信用证上最迟装运期已过，我们未能赶上销售季节。因此，我们只能取消订单。
⊞ 最迟装运期 zuìchí zhuāngyùnqī 최종 선적기일 | 赶不上销售季节 gǎnshàng xiāoshòu jìjié 판매계절을 맞추다

규정된 시간 안에 납품을 하지 못하셨으므로 주문을 취소하겠습니다.
由于贵方未能在规定的时间内交货，我们将取消订单。
⊞ 交货 jiāohuò 납품하다 | 取消订单 qǔxiāo dìngdān 주문을 취소하다

선적 연기가 저희 쪽에 큰 불편을 가져왔으므로, 계약 규정대로 주문을 취소하도록 하겠습니다.
装运的延迟给我方带来了极大不便，我方将按照合同规定取消订单。
⊞ 延迟 yánchí 지연

151 소송 제기 통보

다음 주 내로 대금을 결제하지 못하시면 법원에 고소할 수밖에 없습니다.
如果贵方未能于下周内将货款付清，我们只能向法院起诉。
⊞ 货款 huòkuǎn 상품대금 | 付清 fùqīng 청산하다 | 法院 fǎyuàn 법원 | 起诉 qǐsù 고소하다

법원을 통해 이 일을 해결하고 싶지 않으시면, 이번 주 내로 대금을 청산해 주십시오.
如果贵方不希望经法院解决此事，请本周内付清货款。
⊞ 经法院解决 jīng fǎyuàn jiějué 법원을 통해 해결하다

저희가 불필요한 법적인 조치를 취하지 않을 수 있도록, 3월 7일 전에 연락을 주십시오.
请于3月7日前跟我联系，以避免我们采取不必要的法律行动。
⊞ 以避免 yǐ bìmiǎn ~을 피하기 위해 | 采取法律行动 cǎiqǔ fǎlǜ xíngdòng 법적인 조치를 취하다

선택의 여지 없이, 이 문제를 저희 쪽 변호사에게 맡기는 수밖에 없습니다.
我们别无选择，只能把这个问题移交给我们的律师。
⊞ 别无选择 biéwú xuǎnzé 선택의 여지가 없다 | 移交给律师 yíjiāo gěi lǜshī 변호사에게 맡기다

그렇지 않으면 법적인 해결방법을 찾도록 하겠습니다.
否则，我们将寻求法律解决。
⊞ 否则 fǒuzé 그렇지 않으면 | 寻求法律解决 xúnqiú fǎlǜ jiějué 법적으로 해결방법을 찾다

저희는 법적인 조치를 취할 것입니다.
我们将会采取法律行动。

유감스럽게도 선택의 여지 없이 귀사를 기소할 수밖에 없습니다.
遗憾的是我们别无选择，只得起诉贵方。
⊞ 起诉 qǐsù 고소하다

저희는 부득이하게 법적인 방법으로 해결할 수밖에 없습니다.
我方将不得不诉诸法律途径来解决。
⊞ 诉诸 sùzhū ~의 방식을 취하다 | 途径 tújìng 방법, 수단

우리는 강경한 조치를 취하여, 법적인 방식으로 해결하도록 하겠습니다.
我方将采取强硬措施，诉诸法律来解决。
⊞ 强硬 qiángyìng 강경한 | 措施 cuòshī 조치

저희는 이미 결제연기 문제를 법원에 기소하였습니다.
我公司已就延期付款一事向法院提出申诉。
⊞ 提出申诉 tíchū shēnsù 고소를 제기하다

법원에서 12월 3일에 소환장을 보낼 것임을 알려드립니다.
法院将于12月3日传唤您，特此通知。
⊞ 传唤 chuánhuàn 소환하다

152 맺음말

🔅 빠른 처리를 부탁하며 끝내고 싶은 경우 '082 빠른 처리 요청'(p.175) 참고

저희의 배상 요청을 합리적으로 고려해 주십시오.
请合理考虑我们的索赔要求。
⊞ 索赔 suǒpéi 배상 요구

화물의 중량 부족 문제를 신속히 처리해 주십시오.
就货物短重这一事件，敬请迅速处理。
⊕ 短重 duǎnzhòng 중량 부족 | 敬请 jìngqǐng 정중히 청하다 | 迅速 xùnsù 신속히

이 일을 특별히 중시해 주시기 바랍니다.
关于此事，请贵方给予特别重视。
⊕ 给予重视 jǐyǔ zhòngshì 중시하다

이 일에 대해 속히 관심을 가져주십시오.
希望贵方能够尽快关注此事。
⊕ 关注 guānzhù 관심을 갖다

이 일에 대해 속히 관심을 가져주신다면 대단히 감사하겠습니다.
如果您能立即关注此事，我们将非常感谢。
⊕ 立即 lìjí 즉시

배상 문제를 빠른 시일 내에 해결해 주십시오.
请早日解决索赔问题。
⊕ 早日 zǎorì 빠른 시일 안에

만족스러운 결과를 기대하겠습니다.
我们期待着令人满意的结果。

이 문제를 우호적으로 처리할 수 있기를 진심으로 바랍니다.
本公司真诚希望能友好地解决该问题。

이 일에 대해서 앞으로 어떤 공지도 하지 않겠습니다.
我们将不再为此发送任何通知。
⊕ 发送 fāsòng 편지 등을 보내다 | 任何 rènhé 어떠한

이 일의 원만한 처리가 앞으로 두 회사의 협력에 큰 도움이 될 것입니다.
此事的妥善解决将极有利于今后贵我双方之间的合作。
⊕ 妥善 tuǒshàn 타당하다 | 有利于 yǒulìyú ~에 유리하다

이 기회를 빌어 다시 한 번 강조합니다. 이런 일이 앞으로 다시는 발생하지 않기를 바랍니다.
我们借此机会再次强调，希望这样的事情不再发生。
⊕ 借此机会 jiècǐ jīhuì 이 기회를 빌어

필요한 조치를 취하여 이러한 일이 다시는 발생하지 않도록 해 주십시오.
请贵方采取必要措施，防止此类事情再次发生。
⊞ 采取必要措施 cǎiqǔ bìyào cuòshī 필요한 조치를 취하다 | 防止 fángzhǐ 방지하다

귀사에서 즉각 행동을 취해 이러한 좋지 않은 상황을 개선해 주시기 바랍니다.
希望贵方能立即采取行动来改善此类不良的情况。
⊞ 此类 cǐlèi 이런 종류의

TIP 중국의 휴대전화 제도

중국에서는 휴대전화를 사용할 때 전화를 거는 사람뿐만 아니라 받는 사람도 요금을 냅니다. 그래서 긴 통화나 국제전화를 할 경우, 가급적 상대방의 유선전화 번호로 거는 것이 좋습니다.
예전에는 중국에서 휴대전화를 개통할 때 신분증 없이 USIM 카드를 구입할 수 있었습니다. 그러나 2013년 9월부터는 USIM 카드 실명제가 실시되어, 여권 등 신분증이 있어야만 휴대전화를 개통할 수 있습니다.

02 항의에 대한 회신

 상대방의 항의에 어떻게 대처하느냐는 해당 거래뿐 아니라 이후의 거래를 위해서도 매우 중요합니다. 항의에 대해 답변할 때는, 먼저 정중하게 유감의 뜻을 표하고 상대방의 지적에 대해 감사를 표하는 것이 좋습니다. 자기 회사의 잘못이 분명할 경우, 적극적으로 대처할 것이라는 말과 함께 해결책을 제시합니다. 자기 회사의 잘못이 아니라면 이쪽에 책임이 없음을 정중하고 단호하게 표현합니다. 사과는 매우 정중하게 하며, 이후에도 지속적으로 거래를 할 수 있기를 바란다는 맺음말을 붙이는 것도 좋습니다.

☆ 延误发货致歉函

金主管：

　　非常抱歉，从贵方5月20日的来函中得知贵方还未收到所订的货物。我们发现，因为是销售部员工的疏忽，将贵方的订单安排至5月底出货。我们将两天内发出贵方所订的货物，若您于一周内还未收到货物，请与我们联系。

　　我们决定给予贵方5%的额外折扣，以作补偿。对因疏忽带给贵方的麻烦，再次表示歉意。希望您能谅解。

　　我们希望这一事件不会影响到我们双方之间的合作。我们保证今后不再出现类似的事件。

　　顺祝商祺！

新华贸易有限公司
赵平良
2014年5月21日

〈제품 발송 지연 사과 편지〉

김 과장님께：

대단히 죄송합니다. 5월 20일에 보내신 메일을 통해 귀사가 아직 주문하신 제품을 받지 못하셨다는 것을 알게 되었습니다. 알아보니 영업부 직원의 부주의로, 귀사의 주문서가 5월 말 납품으로 되어 있었습니다. 이틀 내로 주문하신 제품을 보내도록 하겠습니다. 일주일 내로 물건을 받지 못하시면 저희에게 연락 주십시오.

이에 대한 보상으로 귀사에 5%의 추가할인을 해 드리기로 결정하였습니다. 저희의 부주의로 불편을 끼쳐드린 점, 다시 한 번 사과드립니다. 양해해 주시기 바랍니다.

이 일이 앞으로 두 회사 간의 협력에 영향을 미치지 않기를 바랍니다. 이런 일이 다시는 없을 것이라 약속드립니다.

사업의 발전을 기원합니다!

延误 yánwù 연기 | 致歉 zhìqiàn 사과의 뜻을 표하다 | 来函 láihán 보내온 편지 | 得知 dézhī 알게 되다 | 销售部 xiāoshòubù 영업부 | 员工 yuángōng 직원 | 疏忽 shūhu 소홀히 하다 | 出货 chūhuò 출하하다 | 若 ruò 만약 | 给予额外折扣 jǐyǔ éwài zhékòu 추가할인을 해주다 | 补偿 bǔcháng 보상 | 歉意 qiànyì 죄송(유감)스러운 마음 | 谅解 liàngjiě 양해하다 | 保证 bǎozhèng 보증하다 | 顺祝 shùnzhù ~하는 김에 축원하다 | 商祺 shāngqí 사업이 번창하다

153 머리말

5월 4일에 보내신 메일 받았습니다. 저희 업무 과실에 대해 지적해 주셔서 감사합니다.
贵方5月4日来函收到，感谢贵方在信中指出我们工作的差错。
⊞ 来函 láihán 보내온 편지 | 指出 zhǐchū 지적하다 | 差错 chācuò 착오

먼저, 저희 회사 제품을 애용해 주셔서 감사합니다.
首先，感谢贵方对本公司产品的厚爱。
⊞ 厚爱 hòu'ài 큰 사랑

남성셔츠 100벌을 적게 보낸 문제에 대해 보내신 7월 6일의 배상 요구 메일을 확인하였습니다.
贵方7月6日就短交的一百件男式衬衫提出索赔的来函收悉。
⊞ 短交 duǎnjiāo 수량(중량) 부족 | 衬衫 chènshān 셔츠 | 提出索赔 tíchū suǒpéi 배상을 요구하다 | 收悉 shōuxī 받아보다

이 일에 대해 알려주셔서 감사합니다.
感谢您告知此事。
⊞ 告知 gàozhī 알리다

저희에게 피드백을 주셔서 감사합니다.
谢谢贵方给我们的反馈。
⊞ 反馈 fǎnkuì 피드백

이 일에 대해 알려주셔서 감사합니다. 이런 종류의 실수에 대하여는 변명의 여지가 없습니다.
感谢您告知我们此事。对于这种失误，我们没有任何借口。
⊞ 失误 shīwù 실수 | 任何 rènhé 어떠한 | 借口 jièkǒu 핑계

저희가 이번 과실에 대해 알게 해 주신 것과 이 일을 처리할 기회를 주신 것에 대해 감사드립니다.
感谢您让我们注意到此次失误，并给予我们处理此事的机会。
⊞ 给予机会 jǐyǔ jīhuì 기회를 주다

귀사의 제456호 주문서 화물의 배송이 연기된 것에 대해 이 편지를 통해 특별히 사과드립니다.
我特致信对贵方第456号订单货物的延期发送一事表示歉意。
⊞ 致信 zhìxìn 편지를 보내다 | 订单 dìngdān 주문서 | 歉意 qiànyì 죄송(유감)스러운 마음

화물의 중량 부족에 대한 귀사의 불만에 대해 알게 되었습니다. 이에 대해 깊은 유감의 뜻을 표합니다.
我们得知贵方关于货物短重的意见，对此我们深表歉意。
⊞ 得知 dézhī 알게 되다 | 短重 duǎnzhòng 중량 부족 | 意见 yìjiàn 의견, 불만

언급하신 기계고장 발생사항에 대해 저희도 이미 인지하고 있습니다.
贵方所提机器发生故障一事，已引起我方关注。
⊕ 提 tí 언급하다 | 故障 gùzhàng 고장 | 引起关注 yǐnqǐ guānzhù 관심을 일으키다

제품의 품질문제에 대하여 충분히 연구를 하였습니다.
对产品质量问题，我们进行了充分的研究。

저희의 부주의로 불편을 끼쳐드려 매우 유감스럽게 생각합니다.
对因疏忽带给贵方的麻烦，我们深感遗憾。
⊕ 疏忽 shūhu 부주의

저희 회사의 제품이 귀사의 요구를 만족시켜 드리지 못한 점, 대단히 죄송합니다.
本公司的产品无法满足贵公司的要求，我们深表歉意。

저희는 이미 귀사에서 언급하신 사안에 대해 주목하고 있습니다.
我们已经注意到贵方所提及的事宜。
⊕ 提及 tíjí 언급하다 | 事宜 shìyí 일, 사안

154 지불 지연에 대한 사과 및 해명

4월 8일에 1천 달러를 미지불한 일과 관련하여, 즉시 저희의 기록을 검토해 보았습니다.
关于4月8日一千美元未付一事，我们立即核查了我方的记录。
⊕ 未付 wèifù 미지급하다 | 立即 lìjí 즉시 | 核查 héchá 대조검사하다

검토 후에 회계팀의 부주의로 귀사에 결제하는 것을 잊었다는 것을 발견하였습니다.
核查后我们发现由于会计部门疏忽未向贵方付款。
⊕ 会计 kuàijì 회계 | 疏忽 shūhu 소홀히 하다 | 付款 fùkuǎn 지불하다

확실히 저희의 부주의로 1천 달러를 지불하지 않았습니다.
确实是由于我方的疏忽，致使一千美元未支付。
⊕ 确实 quèshí 확실히 | 致使 zhìshǐ ~을 초래하다

대금결제 연기에 대해 사과드립니다.
我们对付款延迟表示歉意。
⊕ 延迟 yánchí 지연 | 歉意 qiànyì 죄송(유감)스러운 마음

매우 죄송합니다. 저희 고객 측에서 뜻밖에 결제를 연기하여, 저희가 대금을 결제하지 못하게 되었습니다.
非常抱歉，由于我方客户意料之外延期付款，导致目前我们不能付清货款。
⊞ 客户 kèhù 고객, 거래처 | 意料之外 yìliào zhīwài 예상 밖의 | 导致 dǎozhì 야기하다 | 目前 mùqián 현재 |
　付清 fùqīng 청산하다 | 货款 huòkuǎn 물품대금

저희가 생각하기에, 회사의 현재 경영상태는 단기간에 개선되기 어려울 것 같습니다.
我们认为，公司目前的经营状况短期难以改善。
⊞ 经营状况 jīngyíng zhuàngkuàng 경영상황 | 难以改善 nányǐ gǎishàn 개선하기 어려운

상황이 예상한 것보다 순조롭게 진행된다면, 즉시 대금을 청산하도록 하겠습니다.
如果情况的发展比预计顺利，我们将立即结清账目。
⊞ 预计 yùjì ~로 예상하다 | 结清账目 jiéqīng zhàngmù 장부를 청산하다

1천 달러가 이미 귀하의 계좌에 입금되었으니 확인해 주십시오.
一千美元已存入您的账户，请查收。
⊞ 存入 cúnrù 입금하다 | 账户 zhànghù 계좌 | 查收 cháshōu 살펴보고 받다

오늘 오전에 대금을 중국은행의 귀사 계좌로 이체시켰습니다.
我方今日上午已将货款电汇到贵公司中国银行的账户内。
⊞ 电汇 diànhuì 계좌이체하다

오늘 해당 금액의 은행 환어음을 보냈습니다. 3일 내로 받아보실 수 있을 것입니다.
我方今日已将该金额的银行汇票寄出，预计三天之内您就能收到。
⊞ 银行汇票 yínháng huìpiào 은행 환어음

155 배송 지연에 대한 사과 및 해명

☞ 배송 지연과 유사한 내용으로 '128 출고 지연 안내'(P.237)/
'129 선적 및 선박 출항 지연 안내'(P.238) 참고

주문하신 제품을 아직 받지 못하셨다니 대단히 죄송합니다.
我们很抱歉您还没收到所订货物。
⊞ 抱歉 bàoqiàn 죄송하다

대단히 죄송합니다. 저희의 부주의로 제때 물건을 발송하지 못하였습니다.
非常抱歉，由于我们的疏忽，未能及时发货。
⊞ 疏忽 shūhu 부주의 | 及时 jíshí 즉시, 때맞춰 | 发货 fāhuò 물품을 발송하다

유감스럽게도 최근 공장에 화재가 발생해 일부 재고가 타버려 제때에 납품을 할 수 없음을 알려드립니다.
非常遗憾地告知贵方，由于最近工厂发生火灾烧毁了部分库存，我们无法及时交货。
⊞ 告知 gàozhī 알리다 | 火灾 huǒzāi 화재 | 烧毁 shāohuǐ 불사르다 | 库存 kùcún 재고 | 交货 jiāohuò 납품하다

저희 제품의 수입부품이 홍콩에 억류되어 있어, 규정된 납기일 내에 발송을 할 수 없습니다.
由于我们产品的进口零部件被滞留在香港，我们将无法在规定的交货日期之内发货。
⊞ 零部件 língbùjiàn 부품 | 被滞留 bèi zhìliú 억류되다 | 交货日期 jiāohuò rìqī 납품일

공장이 파업하여, 귀사의 주문을 시간 내에 처리하기 어렵습니다.
由于工厂罢工，我们难以按时处理贵方的订货。
⊞ 罢工 bàgōng 파업하다 | 难以 nányǐ ~하기 어렵다 | 按时 ànshí 제시간에 | 订货 dìnghuò 주문

화물선의 자리가 부족하여, 신용장의 규정대로 5월 6일 전에 발송을 할 수 없습니다.
因为舱位不足，我们不能按信用证的规定在5月6日之前发货。
⊞ 舱位 cāngwèi (비행기, 배의) 자리 | 信用证 xìnyòngzhèng 신용장

공급업체의 지연으로, 이번 달 말에 선적을 하지 못합니다.
由于供货厂家的延误，我们无法在本月底前装船。
⊞ 供货厂家 gōnghuò chǎngjiā 공급업체 | 延误 yánwù 지체 | 装船 zhuāngchuán 선적하다

항구의 문제로 인하여, 신용장 상의 납기일을 맞추지 못하게 되었습니다.
由于码头问题，我们赶不上信用证上的交货日期。
⊞ 码头 mǎtou 부두 | 赶不上 gǎnbushàng (기한을) 놓치다

귀국에 수출되는 목이버섯의 운송이 금지되어, 귀사의 제123호 주문서의 화물선적을 부득이하게 연기해야 합니다.
因为向贵国出口的黑木耳被禁运，我们不得不延期装运贵方第123号订单的货物。
⊞ 黑木耳 hēimù'ěr 목이버섯 | 被禁运 bèi jìnyùn 운송이 금지되다 | 订单 dìngdān 주문서

즉시 새로운 부품을 구입하였으나, 여전히 원래의 납기일은 지키지 못하며 5일 정도 지연될 것 같습니다.
我方已立即订购新零件，但是依旧赶不上原来的交货日期，可能延误5天左右。
⊞ 立即 lìjí 즉시 | 零件 língjiàn 부품 | 依旧 yījiù 여전히

죄송합니다. 태풍의 영향으로 귀사에 화물 발송이 늦어지게 되었습니다.
很抱歉，受台风影响，贵公司的货物发出日期被延迟了。
⊕ 发出日期 fāchū rìqī 발송일 | 延迟 yánchí 지연하다

납품지연으로 불편을 끼쳐드려 유감스럽게 생각합니다.
对延迟交货给您造成的不便，我们深表遗憾。

저희는 8일에 이미 물건을 발송하였습니다. 이번 주 내로 반드시 물건을 받으실 수 있을 것입니다.
我们8日已经发货本周之内贵方一定能收到货物。

저희의 화물은 이미 발송되었습니다. 아마 물류 측에 문제가 있는 것 같은데, 최대한 빨리 협조하여 한 시간 내로 답변을 드리도록 하겠습니다.
我们的货物已经发出。可能是物流出现问题，我们会尽快协调，一小时内给您答复。
⊕ 物流 wùliú 물류 | 协调 xiétiáo 협조하다 | 答复 dáfù 답변

현재 최선을 다해 생산을 회복하고 있습니다. 2주 후 납품을 할 수 있을 것이라 예상됩니다.
我们现在正尽力恢复生产，预计两周后能够交货。
⊕ 尽力 jìnlì 힘껏 | 恢复 huīfù 회복하다 | 预计 yùjì ~할 예정이다

156 배송 물품 착오에 대한 사과 및 해명

조사 결과, 포장과정에서 번호가 섞여 발송에 착오가 생겼음을 발견했습니다. 이에 대해 매우 유감스럽게 생각합니다.
经调查，我们发现由于包装时号码混淆导致发送错误。对此，我们深表歉意。
⊕ 混淆 hùnxiáo 뒤섞이다 | 导致 dǎozhì 야기하다 | 歉意 qiànyì 죄송(유감)스러운 마음

죄송하게도 귀사에서 주문하신 A-21모델이 아니라 A-20모델을 잘못 보냈습니다.
我们很抱歉的是，我们向您误发了A-20号型，而不是您所订的A-21号型。
⊕ 误发 wùfā 잘못 보내다

이번 발송 착오에 대해 진심으로 사과드립니다.
我们真诚地对这次发货失误表示歉意。
⊕ 真诚 zhēnchéng 진심으로

죄송합니다. 저희가 부주의하여 다른 물건을 보내드렸습니다.
很抱歉，我们不慎给您发错了货。
⊕ 不慎 búshèn 부주의하다

직원을 파견해 이 일을 조사한 결과, 분명 착오가 있어 다른 물건을 보냈습니다.
我方派出工作人员调查此事，显然发生了差错，以致发错了货。
⊞ 派出 pàichū 파견을 보내다 | 显然 xiǎnrán 분명히 | 差错 chācuò 착오 | 以致 yǐzhì ~을 초래하다

제품번호에 문제가 있어 물건 배송에 착오가 생겼습니다.
由于货号有误，致使到货错误。
⊞ 货号 huòhào 제품번호 | 致使 zhìshǐ ~을 초래하다

제품번호에 문제가 있어 물건 발송에 착오가 생겼습니다. 이에 대해 사과드립니다.
货号有错导致发送错误，我们对此表示歉意。

157 품질 문제에 대한 사과 및 해명

※ 품질 문제에 대한 사과는 'Chapter 13. 감사/축하/위로/사과/부탁/의사 표현 - 04. 사과'(p.402~404) 참고

제품의 품질에 대한 귀사의 불만을 알게 되어 매우 유감입니다.
我们遗憾地得知贵方关于货物质量的意见。
⊞ 得知 dézhī 알게 되다 | 意见 yìjiàn 의견, 불만

저희 제품의 품질에 만족하지 못하신다니 매우 죄송합니다.
我们很抱歉贵方不满意我们货物的质量。

품질기준에 미달하는 제품을 보내드려 죄송합니다.
我们很抱歉给贵方发出不符合质量标准的产品。
⊞ 发出 fāchū 발송하다 | 符合 fúhé 부합하다

저희의 업무 소홀로 인해 제품설명서와 실제 제품 사이에 차이가 있었습니다.
由于我们工作的疏忽，造成产品介绍与产品实样存在差异。
⊞ 疏忽 shūhu 소홀 | 造成 zàochéng 초래하다 | 实样 shíyàng 실물

죄송합니다. 보온병이 확실히 샘플과 미세한 차이가 난다는 것을 발견하였습니다.
很抱歉，我们发现保温瓶确实与样品存在细微差异。
⊞ 保温瓶 bǎowēnpíng 보온병 | 确实 quèshí 확실히 | 细微 xìwēi 미세한

대단히 죄송합니다. 제품의 품질에 대한 귀사의 요구를 만족시켜 드리지 못했습니다. 이 점 양해해 주시기 바랍니다.
非常抱歉，我们没能满足贵方对货物质量的要求，希望贵方能谅解。
⊞ 谅解 liàngjiě 양해하다

조사 결과, 제품에 확실히 결함이 있었음을 발견했습니다.
经调查，我方发现产品确实有缺陷。
⊞ 缺陷 quēxiàn 결함

TV화면에 대해 신중히 연구해 본 결과, 생산단계에서 문제가 발생한 것 같습니다.
我方对电视屏幕进行了慎重的研究，我们认为问题似乎出现在生产阶段。
⊞ 屏幕 píngmù 스크린 | 慎重 shènzhòng 신중하다 | 生产阶段 shēngchǎn jiēduàn 생산단계

저희 회사 컴퓨터가 귀사의 요구에 부합하지 못한 점, 매우 유감스럽게 생각합니다.
本公司的电脑未能符合贵方的要求，深感遗憾。

이로 인해 끼쳐드린 곤란과 불편에 대해 유감을 표하며, 이에 대해 책임을 지도록 하겠습니다.
因此造成的困扰及不便，我们在此表示十分的歉意，并会对此承担责任。
⊞ 困扰 kùnrǎo 곤란 | 承担责任 chéngdān zérèn 책임을 지다

158 수량/중량 부족에 대한 사과 및 해명

죄송합니다. 저희 직원의 실수로 한 상자를 적게 보냈습니다.
很抱歉，由于员工的疏忽我们少交了一个箱子。
⊞ 员工 yuángōng 직원 | 疏忽 shūhu 소홀 | 少交 shǎojiāo 적게 보내다

중량 부족에 관하여 조사보고서 한 부를 첨부합니다. 중량 부족은 아마 운수과정에서 발생한 것 같습니다.
关于短重，我们随函附寄调查报告一份，短重可能是在运输途中发生的。
⊞ 短重 duǎnzhòng 중량 부족 | 随函附寄 suíhán fùjì 편지와 함께 첨부하다 | 运输途中 yùnshū túzhōng 운수 도중

부족한 제품은 1주일 이내로 발송하겠습니다.
短装的货物将于一周之内交运。
⊞ 短装 duǎnzhuāng 적하 부족 | 交运 jiāoyùn 탁송하다

부족한 제품은 귀사의 다음 번 화물과 같이 발송하겠습니다.
短装的货物将与贵方的下批货物一起发送。
⊞ 批 pī 사람, 물건 등의 무리를 나타내는 양사

159 포장/운수 문제에 대한 사과 및 해명

조사해 본 결과, 포장직원의 불찰로 주문서에서 요구하신 5겹 카톤박스로 포장하지 못하였습니다.
经调查，发现由于包装的员工疏忽，未能按订单要求以五层纸板箱包装。
⊞ 疏忽 shūhu 소홀히 하다 | 订单 dìngdān 주문서 | 纸板箱 zhǐbǎnxiāng 카톤박스

일부 이음새 부분이 파손된 것은 저희가 창고에서 꺼낼 때 운반에 신중하지 못하여 일어난 것임을 발견하였습니다.
我们发现，至于部分接口破裂，是由我方在出仓时搬运不慎造成的。
⊞ 接口 jiēkǒu 이음새 | 破裂 pòliè 찢어지다 | 出仓 chūcāng 창고에서 꺼내다 | 搬运不慎 bānyùn búshèn 운송에 부주의하다

이제껏 저희는 화물포장에 특별히 주의하였음에도 불구하고 운수 중에도 파손이 일어날 수 있습니다.
尽管本公司包装货物一向特别小心，但运输途中也可能引起破损。
⊞ 尽管 jǐnguǎn ~에도 불구하고 | 一向 yíxiàng 줄곧 | 引起破损 yǐnqǐ pòsǔn 파손을 일으키다

손상된 수량을 알려주시고, 손상된 제품의 사진을 보내주십시오.
请将受损数量告知我方，并将受损产品的图片发给我们。
⊞ 受损 shòusǔn 손상되다 | 告知 gàozhī 알리다

저희는 이미 포장을 개선하였습니다. 이후에는 이러한 착오가 발생하지 않을 것이라 생각합니다.
我方已经改进了包装，我们相信以后不会再出现这种失误。
⊞ 改进 gǎijìn 개선하다 | 失误 shīwù 실수

저희는 화물의 파손상태에 관하여 보험회사에 배상을 제기하였습니다.
我们就货物的破损情况向保险公司提出了索赔。
⊞ 提出索赔 tíchū suǒpéi 배상을 요구하다

화물은 운수과정에서 손상된 것입니다. 저희는 이미 보험회사에 1만 위안의 배상을 청구하였습니다.
货物是在运输途中受损的，我们已经向保险公司提出索赔一万元人民币。
⊞ 运输途中 yùnshū túzhōng 운수 도중

160 서류 및 행정처리 착오에 대한 사과 및 해명

15일에 청구서 금액이 잘못되었다고 서신으로 알려주신 일에 대해 답변해 드리겠습니다.
对15日贵公司来信通知我方请款单金额有误一事，现作出答复。
⊞ 请款单 qǐngkuǎndān 청구서 | 金额 jīn'é 금액 | 有误 yǒuwù 오류가 있다 | 答复 dáfù 답변하다

명세서에 착오가 발생하여 죄송합니다.
我们很遗憾账单出现了错误。
⊞ 账单 zhàngdān 명세서

귀사의 메일을 받고 즉시 조사해 본 결과, 직원의 실수로 금액차이가 나게 되었다는 것을 알게 되었습니다. 수정된 청구서는 즉시 우편으로 보내드리겠습니다.
收到贵方来信，我们立即进行调查，证实了金额误差是员工失误所致。修改后的请款单会即刻邮寄给贵公司。
⊞ 立即 lìjí 즉시 | 证实 zhèngshí 사실을 증명하다 | 所致 suǒzhì (어떠한 까닭으로) 발생하다 | 修改 xiūgǎi 수정하다 | 即刻 jíkè 곧, 즉각 | 邮寄 yóujì 우편으로 부치다

저희는 이미 조사하여 필요한 수정을 완료하였습니다. 수정된 청구서는 오늘 오후에 보내드리겠습니다.
我们已经核查并进行了相应的修改，更正后的请款单将于今日下午发给您。
⊞ 核查 héchá 검사하다 | 修正 xiūzhèng 정정하다

대단히 죄송합니다. 말씀하신 대로 해당 화물의 송장이 첨부되지 않았습니다.
非常抱歉，正如您所指出，该货物的发票没有及时附上。
⊞ 及时 jíshí 즉시, 때맞춰 | 附上 fùshàng 첨부하다

이미 재무 직원에게 즉시 송장을 발급하라고 공지하였습니다. 송장이 준비되면 즉시 보내겠습니다.
我们已经通知了财务人员立即开具发票，发票准备好后会立即寄出。
⊞ 财务人员 cáiwù rényuán 재무 인원 | 开具发票 kāijù fāpiào 송장을 발급하다

당신의 메일을 받은 후, 즉시 송장을 발행하고 택배로 보냈습니다.
收到您的邮件后，我们立即开好发票并已经快递给您。
⊞ 快递 kuàidì 택배

착오가 이미 수정되었습니다. 첨부파일은 수정된 송장입니다.
错误已更正，附件是修改后的发票。
⊞ 附件 fùjiàn 첨부문서

161 배상 동의

제기하신 배상문제에 대해 이미 자세히 조사해 보았습니다.
我们已经就贵方提出的索赔事宜做了详细的调查。
⊞ 提出索赔 tíchū suǒpéi 배상을 요구하다 | 事宜 shìyí 일, 사안

이것은 저희 업무상의 부주의로 발생한 일이므로, 이에 대해 필요한 책임을 지겠습니다.
这是我们工作上的疏忽，我们愿意对此承担相应的责任。

疏忽 shūhu 소홀히 하다 | 相应 xiāngyìng 상응하다

현재 이 문제를 빨리 해결하고자 최선을 다하고 있습니다.
目前，我们正尽全力安排，尽早解决此问题。

目前 mùqián 현재 | 尽全力 jìn quánlì 전력을 다해 | 尽早 jǐnzǎo 되도록 빨리

귀사가 입은 손실에 대해 매우 죄송하다는 말씀을 드리며, 이 일에 대한 귀사의 요구를 받아들이는 데에 동의합니다.
我们对贵方遭受的损失深表歉意，我方同意接受贵方对此事所提要求。

遭受损失 zāoshòu sǔnshī 손실을 입다 | 深表歉意 shēnbiǎo qiànyì 죄송(유감)스러운 마음을 나타내다 | 提 tí 제기하다

이 일에 대해 책임을 지기 원하며, 아울러 죄송하다는 말씀을 드립니다.
我们愿意对此承担责任，并表示歉意。

承担责任 chéngdān zérèn 책임을 맡다

당신에게 입힌 모든 손실을 저희가 책임지겠습니다.
我们将承担给您造成的一切损失。

造成损失 zàochéng sǔnshī 손해를 입히다

계약서대로 합당한 배상을 해 드리겠습니다.
我们愿意按照合同进行适当的赔偿。

合同 hétong 계약서 | 适当 shìdàng 적절한 | 赔偿 péicháng 배상

이로 인해 귀사에 곤란과 불편을 끼쳐드린 데 대해 죄송하다는 말씀을 드리며, 이에 대해 책임을 지겠습니다.
对于因此给贵方造成的困扰及不便，我们表示十分的歉意，并愿意对此承担责任。

困扰 kùnrǎo 곤란

162 '다른 부서에 넘겼습니다'

더 자세히 조사하고 적절히 처리하기 위해, 귀사의 편지를 이미 재무 담당자에게 넘겼습니다.
为了进一步调查并作出适当处理，我们已将贵公司的来信转交财务人员。

转交 zhuǎnjiāo 전달하다 | 财务人员 cáiwù rényuán 재무 인원

3월 2일에 보내신 메일을 이미 고객서비스팀의 한민수 주임에게 전달하였습니다.
您3月2日的来信，我们已转交客户服务部的韩敏秀主任。
⊞ 来信 láixìn 보내온 편지 | 客户服务部 kèhù fúwùbù 고객서비스팀 | 主任 zhǔrèn 주임[대리와 비슷한 직위]

13일 메일에서 제기하신 사항에 대해, 관련 부서에 즉시 처리하도록 요청하였습니다.
对于贵方在13日来函中提出的事宜，我已要求有关部门尽快处理。
⊞ 来函 láihán 보내온 편지 | 提出 tíchū 제기하다 | 事宜 shìyí 일, 사안 | 尽快 jǐnkuài 되도록 빨리

관련 부서에 연락하여 배상문제를 함께 논의하겠습니다.
我们会联系相关部门，共同商讨赔付事宜。
⊞ 商讨 shāngtǎo 논의하다 | 赔付 péifù 배상하다

현재 관련 부서에서 배상문제를 논의하고 있습니다.
目前，相关部门正在商讨赔付事宜。

이 일에 대하여 저희 회사 재무부의 이영준 선생과 연락하시기를 건의합니다. 이영준 선생이 이 일을 처리하도록 도와드릴 것입니다.
就此事我们建议您与本公司财务部的李英俊先生联系，他将会帮您解决。

163 구체적 배상1 – 손해 비용 부담

귀사가 입은 손실에 매우 죄송하다는 말씀을 드립니다. 저희 쪽에서 5천 위안을 배상하려고 준비 중입니다.
对贵方遭受的损失深表歉意，我方准备赔偿五千元人民币。
⊞ 遭受 zāoshòu ~을 입다 | 损失 sǔnshī 손실 | 深表歉意 shēnbiǎo qiànyì 깊이 죄송한 뜻을 나타내다 | 赔偿 péicháng 배상하다

귀사 측 손실의 50%를 배상하고, 추가로 상품 검사비를 지불하겠습니다.
我们将赔偿贵方50%的损失，另外加上商检费。
⊞ 商检费 shāngjiǎnfèi 상품 검사비용

저희는 귀사에 1천 달러를 배상하는 것에 동의합니다.
我们同意向贵方赔偿一千美元。

저희의 실수로 불편을 끼쳐드린 것에 대해 사과드립니다. 귀사에 1천 달러를 배상하는 데 동의합니다.
对由于我方错误给贵方带来的不便我们表示歉意，我们同意赔偿一千美元。

저희가 귀사에 50%의 손실을 배상하고 상품 검사비용도 부담할 것에 동의합니다.
我们同意赔偿贵方50%的损失，商检费也由我方承担。

⊕ 由…承担 yóu…chéngdān ~가 부담하다

저희는 손실의 50%를 배상하려고 준비하고 있습니다. 화물손실과 관련된 비용 총합 1만 위안을 배상하고자 귀사의 계좌로 이체하겠습니다.
我方准备赔偿50%的损失，将赔付货物损失相关费用共计一万元人民币汇入贵方账户。

⊕ 赔付 péifù 배상하여 지불하다 | 共计 gòngjì 모두 계산하여 | 汇入 huìrù 이체하다 | 账户 zhànghù 계좌

파손된 화물과 귀사가 지불한 검사비용에 대한 배상으로, 이미 5천 달러를 귀사의 계좌로 이체하였습니다.
我方已将五千美元汇入贵方账户以赔偿破损的货物和贵方所支付的商检费。

⊕ 破损 pòsǔn 파손되다

164 구체적 배상2 – 물건 반송 및 재발송

이미 대체품을 즉각 발송할 수 있도록 준비하였습니다.
现已准备立即运送代替货物。

⊕ 立即 lìjí 즉시 | 运送 yùnsòng 운송하다

주문하신 화물을 보내드리도록 즉시 준비하겠습니다.
我们将立刻安排把所订的货物发给贵方。

⊕ 立刻 lìkè 즉시

현재 귀사에서 주문하신 화물을 발송하고, 잘못 발송된 화물을 회수하려고 준비 중에 있습니다.
我们正在准备寄送您所订购的货物，并同时收回误发的货物。

⊕ 寄送 jìsòng 우편으로 부치다 | 收回 shōuhuí 회수하다 | 误发 wùfā 잘못 보내다

이번 주 내로 주문하신 화물을 발송할 수 있으리라 예상합니다.
我们预计本周之内可以发送您订购的货物。

⊕ 预计 yùjì ~할 예정이다 | 订购 dìnggòu 주문하다

진행이 순조롭다면, 주문하신 화물이 23일에 도착할 것입니다.
若顺利，您所订的货物将在23日到达。

⊕ 若 ruò 만약 | 到达 dàodá 도착하다

귀사의 요청에 따라, 제품교환을 준비 중입니다.
按照贵方的要求，我们正安排给贵方换货。
⊞ 换货 huànhuò 제품을 교환하다

대체품 선적이 준비되면, 즉시 연락드리겠습니다.
代替品准备装船时，我们会立刻通知您。
⊞ 代替品 dàitìpǐn 대체품 | 装船 zhuāngchuán 선적

요청하신 대로, 제품교환을 준비 중에 있습니다. 대체품은 3월 8일 오전에 발송될 것입니다.
按照您的要求，我们正安排给您换货，替代品将于3月8日上午发出。
⊞ 替代品 tìdàipǐn 대체품

오늘 오전에 정확한 물건을 항공편으로 보냈습니다. 주말이면 도착할 것으로 예상됩니다.
我方今日上午已将正确货物空邮贵方，预计周末可以到达。
⊞ 空邮 kōngyóu 항공편으로 보내다

오늘 대체할 물품을 발송하였습니다. 정중히 귀사의 양해를 구합니다.
我们今天已发送替换的货物，敬请贵方的谅解。
⊞ 替换 tìhuàn 대체하다 | 敬请 jìngqǐng 정중히 청하다 | 谅解 liàngjiě 양해하다

165 구체적 배상3 – 추가할인

귀사에 끼친 불편에 대한 보상으로, 송장금액의 3%를 할인해 드리고자 합니다.
为补偿给贵方所造成的不便，我们愿意给您发货单上3%的折扣。
⊞ 补偿 bǔcháng 보상하다 | 发货单 fāhuòdān 송장 | 折扣 zhékòu 할인

이번 불편에 대한 보상으로, 귀사에 5%의 특별할인을 드리고자 준비하고 있습니다.
作为对这次不便的补偿，我们准备给予贵方5%的特别折扣。
⊞ 给予特别折扣 jǐyǔ tèbié zhékòu 특별할인을 해주다

불량포장에 대한 귀사의 항의를 받아들여, 건의하신 대로 5%의 추가할인을 해 드리고자 합니다.
我方接受贵方对不良包装的抗议，愿意按贵方的建议给予5%的额外折扣。
⊞ 抗议 kàngyì 항의 | 额外 éwài 추가금액의

귀사의 요청을 받아들여, 품질이 미달된 일부 제품을 원래 계약한 가격에서 25% 할인을 해 드리겠습니다.
我们愿意接受贵方的要求，部分质量不符合的产品按降低原成交价格25%的折扣价处理。
⊞ 降低 jiàngdī 내리다 | 原成交价格 yuán chéngjiāo jiàgé 원래 거래가격

166 구체적 배상4 – 환불

전액 환불해 드리도록 하겠습니다.
我们将全额退款。
⊞ 全额退款 quán'é tuìkuǎn 전액 환불

요청하신 대로 현재 대금환불을 준비하고 있습니다.
按照您的要求，我们正准备退款。

이미 대금 전액을 중국은행을 통해 귀사에 이체하였습니다.
我方已将全部货款通过中国银行电汇贵方。
⊞ 货款 huòkuǎn 물품대금 | 电汇 diànhuì 이체하다

대금 전액 2천 달러가 이미 당신의 계좌로 입금되었습니다.
全部货款两千美元已存入您的账户。
⊞ 存入 cúnrù 입금하다 | 账户 zhànghù 계좌번호

167 구체적 배상5 – 담당자 파견 및 고장난 물건 수리

며칠 안에 귀사의 작업현장으로 엔지니어를 파견하겠습니다.
几天之内我们会派送一位工程师前往贵方工程现场。
⊞ 派送 pàisòng 파견하다 | 工程师 gōngchéngshī 엔지니어 | 前往 qiánwǎng ~에 가다

설비 고장 문제를 해결하기 위해, 이미 특별업무팀을 파견하기로 결정하였습니다. 해당 업무팀의 모든 비용은 저희가 부담하겠습니다.
为了解决设备故障问题，我们已决定派一支特别工作组，该工作组的一切费用由我方负担。
⊞ 派 pài 파견하다 | 支 zhī 부대, 대오 등을 세는 양사 | 特别工作组 tèbié gōngzuòzǔ 특별작업반 |
  由…负担 yóu…fùdān ~가 부담하다

관련 기술인력이 가서 기계고장의 원인을 분석하도록 하겠습니다.
我们将安排有关技术人员前往分析机器故障原因。
⊞ 技术人员 jìshù rényuán 기술인력 | 分析 fēnxī 분석하다 | 故障 gùzhàng 고장

폐수처리설비의 성능을 높이기 위하여, 이후 가능한 한 지속적으로 귀사에 협조하겠습니다.
为提高废水处理设备的性能，今后我方愿尽可能继续与贵公司合作。
⊞ 提高性能 tígāo xìngnéng 성능을 향상시키다 | 废水处理设备 fèishuǐ chǔlǐ shèbèi 폐수처리설비

168 배상 거절

저희는 이미 이 배상 안건에 대해 진지하게 조사해 보았습니다.
我们已经对此索赔案件做了认真的调查。
⊞ 索赔案件 suǒpéi ànjiàn 배상 안건 | 认真 rènzhēn 진지한

저희 회사가 귀사의 요구를 만족시키지 못한 점, 정말 죄송합니다.
我公司无法满足贵公司要求，实感抱歉。
⊞ 实感抱歉 shígǎn bàoqiàn 정말로 미안하게 생각하다

그러나 조사 결과에 근거하여, 귀사가 제기한 요구를 받아들일 수 없다고 결정하였습니다.
但根据调查结果，我方决定不能接受贵公司提出的要求。
⊞ 提出 tíchū 제기하다

그러나 매우 죄송하게도 저희는 귀사의 배상 요구를 받아들일 수 없습니다.
但是很抱歉，我们不能接受贵方的索赔要求。

죄송합니다. 저희는 제품 파손에 대한 귀사의 배상 요구를 받아들일 수 없습니다.
很抱歉，我们不能接受贵方关于货物破损的索赔。
⊞ 破损 pòsǔn 파손

계약 규정에 의하면, 저희는 화물의 손상에 대해 책임이 없습니다. 그러므로 물건을 교환해 드릴 수 없습니다.
根据合同规定，我方对货物的损坏不负有责任。因此，我们不能给您换货。
⊞ 合同 hétong 계약서 | 损坏 sǔnhuài 손상 | 不负有责任 búfùyǒu zérèn 책임이 없다 | 换货 huànhuò 교환하다

근거가 부족하므로, 저희는 귀사의 배상 요구를 받아들일 수 없습니다.
由于缺乏证据，我们无法接受贵方索赔。
⊞ 缺乏证据 quēfá zhèngjù 증거가 부족하다

근거가 부족하므로, 귀사의 배상 요구를 거절합니다.
由于缺乏证据，我们拒绝贵方索赔要求。
⊞ 拒绝 jùjué 거절하다

해당 화물은 선적할 때에는 상태가 온전하였으므로, 귀사의 배상 요구를 거절합니다.
该货在装船时是完整的，我们拒绝贵方索赔要求。
⊞ 装船 zhuāngchuán 선적하다 | 完整 wánzhěng 온전한

지금까지 저희의 포장에 대해 이의를 제기했던 사람은 없었습니다.
到现在为止，没有人对我们的包装提出过异议。
⊞ 提出异议 tíchū yìyì 이의를 제기하다

중량 부족은 저희의 책임이 아니라고 생각합니다.
我们认为短重问题不是我方的责任。
⊞ 短重 duǎnzhòng 중량 부족

계약규정에 의하면, 중량은 ±5%의 차이가 허용됩니다. 중량 부족으로 배상을 제기하신 것은 계약규정에 어긋납니다.
按合同规定，溢短装允许±5%的差额。贵方因短重而向我方提出的索赔不符合合同规定。
⊞ 溢短装 yìduǎnzhuāng 적하 과부족 | 允许 yǔnxǔ 허락하다 | 差额 chā'é 차액

귀사의 클레임과 저희의 검사결과가 일치하지 않습니다. 다시 한 번 전면적인 조사를 해 보실 것을 정중히 청합니다.
贵方的申诉与我方的检验结果不符，敬请贵方再做一次全面的调查。
⊞ 申诉 shēnsù 클레임 | 检验 jiǎnyàn 검사 | 敬请 jìngqǐng 정중히 청하다

저희 기술인력의 조사에 따르면, 기계에서는 어떠한 시스템 고장도 발견되지 않았습니다.
经我们的技术人员检验，机器并未发现任何系统故障。
⊞ 技术人员 jìshù rényuán 기술인력 | 系统 xìtǒng 시스템 | 故障 gùzhàng 고장

화물 손상은 명백히 운수과정에서 일어난 것입니다. 이것은 저희의 통제능력을 벗어난 문제입니다.
很明显，货物受损是在运输途中发生的，这是一个超出我们控制能力的问题。
⊞ 明显 míngxiǎn 분명하다 | 运输途中 yùnshū túzhōng 운수 도중 | 超出 chāochū 벗어나다 | 控制能力 kòngzhì nénglì 통제능력

저희는 운수과정 중의 화물손상에 대한 책임이 없습니다.
我们并没有责任承担运输过程中的货物受损。
⊞ 承担 chéngdān 담당하다 | 运输 yùnshū 운수 | 受损 shòusǔn 손상되다

저희는 운수과정 중의 손상에 대해 책임을 지지 않습니다.
我方对运输过程中的损坏不负责。
⊞ 不负责 bùfùzé 책임을 지지 않다

화물파손 문제는 명백히 저희의 책임이 아닙니다.
显然货物破损问题不是我方的责任。
⊞ 显然 xiǎnrán 분명히

저희는 이 일에 대해 어떠한 책임도 없습니다.
我方对此事没有任何责任。

169 보험사/해운사에 손해배상을 청구하도록 건의

보험회사에 배상을 청구하십시오.
请找保险公司索赔。
⊞ 找…索赔 zhǎo…suǒpéi ~를 찾아가 배상을 요구하다

저희 생각으로는 보험회사가 이 문제를 처리하는 것이 가장 적합할 것 같습니다.
我们认为由保险公司解决此问题最为适合。
⊞ 适合 shìhé 적합하다

화물이 CIF 조건으로 배송된 것이므로, 이 문제는 보험회사에 제기하십시오.
由于货物是以CIF条款交货的，请将此问题向保险公司提交。
⊞ 条款 tiáokuǎn 조항 | 提交 tíjiāo 제출하다

화물의 손상은 부적절한 운송문제로 인해 발생한 것이므로, 이 일을 보험회사에 제기하여 처리하도록 하십시오.
货物损坏是由于搬运不当造成的，请贵方将此事提交保险公司处理。
⊞ 损坏 sǔnhuài 손상되다 | 搬运 bānyùn 운반 | 不当 búdàng 적절하지 않다 | 造成 zàochéng 야기하다

이 손해는 해운회사의 책임이므로, 배상문제를 그 쪽이 처리하도록 넘기셔야 합니다.
由于该损坏由船运公司负责，贵方应将索赔问题提交他们处理。
⊞ 由…负责 yóu…fùzé ~가 책임지다 | 船运公司 chuányùn gōngsī 해운회사

해운회사가 이 일에 책임이 있으므로, 저희 생각으로는 해운회사와 연락하여 배상문제를 해결하셔야 할 것 같습니다.
由于海运公司对此事负有责任，我们认为，贵方应找他们索赔解决。
⊞ 海运公司 hǎiyùn gōngsī 해운회사 | 负有责任 fùyǒu zérèn 책임이 있다

170 부득이한 사정으로 인한 양해 부탁

한국이 지난 주에 엄청난 태풍 피해를 입었다는 소식을 들으셨을 것입니다. 저희 공장의 일부 부품도 이번 재해로 인해 손상되었습니다.
贵公司也应听闻韩国上周遭遇特大台风灾害，我厂部分零件也因这次灾难而损毁。

⊞ 听闻 tīngwén 듣다 | 遭遇 zāoyù ~을 당하다 | 灾害 zāihài 재해 | 零件 língjiàn 부품 | 灾难 zāinàn 재난 | 损毁 sǔnhuǐ 훼손되다

저희의 상황을 이해해 주셔서 납기 연기를 받아주시기를 바랍니다. 귀사의 양해를 정중히 구합니다.
希望贵公司理解我们的处境，接受延误的安排。敬请贵方的谅解。

⊞ 处境 chǔjìng 처지 | 延误 yánwù 지체하다 | 敬请谅解 jìngqǐng liàngjiě 정중히 양해를 구하다

이번 지연에 대해 대단히 죄송하다는 말씀을 드립니다. 그러나 납기 지연이 저희가 제어할 수 없는 이유로 일어났다는 것을 이해해 주시기 바랍니다.
对于此次延误我们深表歉意，但是希望贵方应该了解延误装运的原因非我方所能控制。

⊞ 深表歉意 shēnbiǎo qiànyì 깊이 죄송한 뜻을 나타내다 | 装运 zhuāngyùn 운송하다 | 控制 kòngzhì 제어하다

다시 한 번 제123호 주문의 손해배상 문제를 고려해 주시기 바랍니다. 이번 일은 특수한 상황에 속하므로, 특별한 예외로 봐주시길 바랍니다.
敬请贵方重新考虑第123号订单索赔一事。这次属少有的特殊情况，请将其视为一次特例。

⊞ 重新 chóngxīn 다시 | 属 shǔ ~에 속하다 | 特例 tèlì 특수한 예

저희의 상황을 이해해 주시기 바랍니다. 당시 상황은 저희로서도 어쩔 도리가 없었습니다. 정중히 양해를 구합니다.
希望贵方能理解我们的情况，当时情况非我方所能控制。敬请原谅。

⊞ 原谅 yuánliàng 양해

이번 일은 순전히 저희가 어찌할 수 없는 상황 때문에 발생했다는 것을 이해해 주시기 바랍니다.
希望贵方了解这完全是我们无法控制的原因造成的。

⊞ 无法控制 wúfǎ kòngzhì 제어할 수 없다

171 맺음말1 – 신속한 처리 약속

이 일을 진지하게 처리할 것을 약속드립니다.
我们保证认真处理此事。
⊞ 保证 bǎozhèng 보증하다 | 认真 rènzhēn 진지하게

이 일을 지속적으로 주목하고 성실히 처리할 것을 약속드립니다.
我们保证持续关注并认真处理此事。
⊞ 关注 guānzhù 주목하다

이 일을 최선을 다해 처리하겠으며, 귀사에 불편을 끼치지 않기를 바랍니다.
我方会尽力办理此事，望不会给贵公司造成不便。
⊞ 尽力 jìnlì 힘껏 | 办理 bànlǐ 처리하다 | 造成不便 zàochéng búbiàn 불편을 끼치다

조금만 더 기다려주십시오. 머지 않아 구체적인 답변을 들으실 수 있을 것입니다.
请贵方耐心等待，不久，贵方将会收到具体的答复。
⊞ 耐心等待 nàixīn děngdài 끈기 있게 기다리다 | 不久 bùjiǔ 머지않아, 곧 | 答复 dáfù 답변

양해해 주셔서 감사합니다. 가까운 시일 내에 명확한 답변을 드리겠습니다.
感谢贵方的谅解，不日内将给予明确答复。
⊞ 谅解 liàngjiě 양해하다 | 不日内 búrì nèi 며칠 안에 | 给予答复 jǐyǔ dáfù 대답을 주다

이러한 사정을 감안하여, 좀 더 기다려주시기를 진심으로 바랍니다. 곧 피드백을 드리겠습니다.
鉴于这种情况，衷心地希望贵方能耐心等待。我们将尽快做出反馈。
⊞ 鉴于 jiànyú ~을 감안하여 | 衷心 zhōngxīn 진심으로 | 反馈 fǎnkuì 피드백

관련 부서가 해결할 수 있도록 조속히 협조하고, 또한 답변을 드리도록 하겠습니다.
我们会尽快协调相关部门解决，并给您答复。
⊞ 尽快 jǐnkuài 되도록 빨리 | 协调 xiétiáo 협조하다

현재 창고 측과 적극적으로 협조하고 있습니다. 되도록 빨리 만족스러운 대답을 드리겠습니다.
我们正在积极和仓储部门协调，将尽快给您一个满意的回复。
⊞ 仓储 cāngchǔ 창고에 저장하다 | 回复 huífù 회신

문제의 처리에 미흡한 점이 있다고 생각되시면 언제든 저에게 직접 연락주십시오.
如果贵方认为问题的处理还有不妥之处，尽管直接与我联系。
⊞ 不妥之处 bùtuǒ zhīchù 타당하지 못한 점 | 尽管 jǐnguǎn 얼마든지

이미 잘못을 바로잡았습니다. 만족하실 수 있기를 바랍니다.
我们已经纠正这一错误，希望贵方能满意。
⊞ 纠正 jiūzhèng 교정하다

172 맺음말2 – 사과 및 지속적인 거래 요청

이 문제는 저희의 부주의로 발생한 것입니다. 양해 부탁드립니다.
这是我们的疏忽，请您谅解。
⊞ 疏忽 shūhu 소홀히 하다 | 谅解 liàngjiě 양해하다

귀사의 손실에 대해 다시 한 번 죄송한 뜻을 표합니다.
对贵方的损失，我们再次深表歉意。
⊞ 损失 sǔnshī 손실 | 深表歉意 shēnbiǎo qiànyì 죄송(유감)스러운 마음

저희가 끼친 불편에 대하여 다시 한 번 죄송한 뜻을 표합니다.
再次对给您造成的不便表示歉意。
⊞ 造成不便 zàochéng búbiàn 불편을 끼치다

이번 업무상의 과실로 귀사에 불편을 끼쳐드려 대단히 죄송합니다.
由于此次工作上的过失，给贵方带来不便，深表歉意。

이 일에 대한 저희의 사과를 받아주십시오.
请接受我们对此事的致歉。
⊞ 接受致歉 jiēshòu zhìqiàn 사과를 받아들이다

불편을 끼쳐드린 점, 양해바랍니다.
不便之处，敬请见谅。
⊞ 敬请见谅 jìngqǐng jiànliàng 정중히 양해를 바라다

다시 한 번 사과드립니다.
再次向您致歉。
⊞ 致歉 zhìqiàn 사과(유감)의 뜻을 표하다

이번 문제에 대하여 다시 한 번 사과드립니다.
对此次问题，我们再次表示道歉。
⊞ 道歉 dàoqiàn 사과하다

귀사에서 양해해 주실 수 있기를 바랍니다.
希望贵方能谅解。

당신의 피드백에 다시 한 번 감사드립니다.
再次感谢您的反馈。
⊞ 反馈 fǎnkuì 피드백

오랫동안 기다려 주셔서 감사합니다.
谢谢您的耐心等待。
⊞ 耐心等待 nàixīn děngdài 끈기 있게 기다리다

귀사의 협조에 대해 다시 한 번 감사드립니다.
再次感谢贵方的合作。

귀사의 이해와 협조에 대해 다시 한 번 감사드립니다.
对于贵方的理解和合作，再次表示感谢。

다시는 이런 일이 없도록 약속드리겠습니다.
我们保证今后不再出现此类事件。
⊞ 保证 bǎozhèng 보증하다

필요한 조치를 취하여, 이러한 일이 다시 발생하지 않도록 하겠습니다.
我们将采取必要措施，防止此类事情再次发生。
⊞ 采取必要措施 cǎiqǔ bìyào cuòshī 필요한 조치를 취하다 | 防止 fángzhǐ 방지하다

이후에 귀사의 주문을 처리할 때, 반드시 각별히 주의하도록 하겠습니다.
履行贵方今后的订单时，我们一定会特别注意。
⊞ 履行 lǚxíng 이행하다 | 订单 dìngdān 주문서

귀사의 양해를 구하며, 아울러 계속해서 귀사를 위해 일할 기회가 있기를 바랍니다.
我们希望能得到贵方的谅解，并能有机会继续为贵方服务。
⊞ 得到谅解 dédào liàngjiě 양해를 얻다

배상 요구 문제에 대해 다시 고려해 주시기 바라며, 아울러 저희가 스스로를 증명할 수 있는 기회를 다시 한 번 주시기 바랍니다.
希望您重新考虑索赔一事，并给我们再次证明自己的机会。
⊞ 索赔 suǒpéi 배상 요구 | 证明 zhèngmíng 증명하다

이번 사건이 귀사와 저희의 앞으로의 협력에 영향을 미치지 않기를 바랍니다.
希望本次事件不会影响贵我双方日后的合作。
⊞ 双方 shuāngfāng 양측 | 日后 rìhòu 훗날

앞으로 양사가 업무관계를 더욱 강화할 수 있기를 바랍니다.
盼今后双方进一步加强业务联系。
⊞ 盼 pàn 바라다 | 加强 jiāqiáng 강화하다

이후에도 지속적으로 협력할 수 있기를 진심으로 희망합니다.
真诚地希望今后能继续合作。
⊞ 真诚 zhēnchéng 진심으로

이후에도 계속 당신을 위해 일할 수 있기를 원합니다.
我们希望今后能继续一直为您服务。
⊞ 服务 fúwù 일하다, 봉사하다

저희의 곤란한 상황을 이해해 주셔서 감사합니다. 이후에도 당신을 위해 일할 수 있기를 바랍니다.
感谢您理解我们的尴尬处境，希望我们以后还能为您服务。
⊞ 尴尬 gāngà 곤란한 | 处境 chǔjìng 처지

이 해결방안이 만족스러우시기를 바라며, 이해해 주신 데 대해 다시 한 번 감사드립니다.
希望这个解决方案会使贵方满意。再次谢谢贵方的理解。

이번 지연으로 너무 큰 문제가 생기지 않기를 바랍니다. 당신의 이해와 협조에 다시 한 번 감사드립니다.
我希望这一延误不会造成太大的问题。再次感谢您的理解与配合。
⊞ 配合 pèihé 협력

TIP 중국 손님을 접대할 때는?

중국 손님을 접대할 경우, 생선회나 육회 등 날것은 피하는 것이 좋습니다. 대부분의 중국인들이 생선이나 고기를 날로 먹는 것에 익숙하지 않습니다. 또한 중국인들은 좌식 생활을 하지 않기 때문에, 의자 없이 바닥에 앉는 곳도 피하는 것이 좋습니다.

CHAPTER

08

대행사 신청/사업 제안

01 대행사 신청
02 대행사 신청에 대한 답변
03 사업 제안
04 사업 제안에 대한 답변

01 대행사 신청/사업 제안

 대행사 신청 메일을 작성할 때는 간략한 회사 소개와 함께, 자신의 회사가 상대 회사의 대행사로서 갖추어야 할 어떠한 장점들을 갖추었는지 설명합니다. 구체적인 내용은 따로 자료를 첨부합니다. 끝부분은 '대행사 신청 제의에 대해 고려해 주셔서 감사합니다'라는 인사와 사업상의 축복 표현 등으로 마무리하면 좋습니다.

 ☆ 代理申请函

东天贸易有限公司：

　　经新华贸易公司介绍，知悉贵公司主营工艺品出口业务。现写信想了解贵公司是否需要一家具有工艺品经销经验的韩国代理公司。我公司从事工艺品进出口业务30多年，在这个行业拥有丰富的经验和资源。我们非常了解我国消费者的需求，相信能够以最有效的方式代理贵方的产品。如果贵方给予我们代理权，我们保证将尽力在我方市场上推销贵方产品。

　　随信附上介绍我公司的小册子，望您细读。如果贵方需要的话，我们将乐意提供更具体的资料。

　　感谢贵方花时间考虑我们的提议。

　　盼望早日收到贵方的来函。

顺祝商祺！

东安物产有限公司
金周赫
2014年4月5日

〈대행사 신청 메일〉

둥톈무역 유한회사 앞：

신화무역회사의 소개로, 귀사가 공예품 수출업무를 전문으로 한다는 것을 알게 되었습니다. 본 메일을 드리는 이유는, 귀사가 공예품 판매 경험을 지닌 한국 대행사를 필요로 하시는지 알아보기 위해서입니다. 저희 회사는 공예품 수출입 업무에 30여 년간 종사하여, 이 분야에서 풍부한 경험과 자원을 가지고 있습니다. 저희는 국내 소비자들의 필요를 매우 잘 이해하고 있으므로, 가장 효율적인 방식으로 귀사 제품을 판매할 수 있을 것이라 생각합니다. 저희에게 대행권을 주신다면, 저희 시장에서 귀사 제품을 최선을 다해 판매할 것을 약속드립니다.

저희 회사 소개 팸플릿을 첨부하오니 자세히 읽어봐 주십시오. 필요하시다면 더욱 구체적인 자료를 제공해 드리겠습니다.

저희의 제안을 고려하는 데 시간을 할애해 주셔서 감사합니다.

빠른 시일 내에 회신을 받기를 기대하겠습니다.

사업이 번영하시길 빕니다！

知悉 zhīxī ~을 알게 되다 | **主营** zhǔyíng 전문적으로 경영하다 | **经销** jīngxiāo 위탁 판매하다 | **消费者** xiāofèizhě 소비자 | **给予代理权** jǐyǔ dàilǐquán 대행권을 주다 | **推销** tuīxiāo 판매하다 | **随信附上** suíxìn fùshàng 편지와 함께 첨부하다 | **小册子** xiǎocèzi 소책자, 팸플릿 | **细读** xìdú 자세히 읽다 | **乐意** lèyì 기꺼이 ~하다 | **盼望** pànwàng 간절히 바라다 | **来函** láihán 보내온 편지 | **顺祝** shùnzhù ~하는 김에 바라다 | **商祺** shāngqí 사업이 번영하다

173 대행사 신청

🔸 대행사 신청 메일에 포함할 수 있는 내용으로 '002 첫 번째 이메일에서의 자기소개 및 인사'(p.59), '034-045 회사 소개'(p.105~119) 참고

신화무역 유한회사의 소개로 귀사가 대행사를 물색하고 있다는 것을 알게 되었습니다.
承蒙新华贸易有限公司的介绍，获悉贵公司正在物色一家代理。
⊞ 承蒙 chéngméng ~을 받다 | 获悉 huòxī 알게 되다 | 物色 wùsè 물색하다 | 代理 dàilǐ 대행사, 대행하다

이 편지를 드려 귀사의 한국 대행사를 맡는 일에 대해 제안합니다.
现致函提出担任贵方在韩国的代理。
⊞ 致函 zhìhán 편지를 보내다 | 担任 dānrèn 맡다

한국에 대행사가 있으신지 모르겠습니다. 한국에서의 귀사 제품 대행판매 문제를 상의하고 싶습니다.
我们不知道贵公司在韩国是否有代理，我想同贵方商谈贵方产品在我国的代理问题。
⊞ 商谈 shāngtán 협의하다

귀사의 한국 시장 독점판매 대행사를 맡기를 희망합니다.
我们希望担任贵公司在我国市场的独家代理。
⊞ 独家代理 dújiā dàilǐ 독점대행사

저희 회사를 귀사의 대행사로 지정해 주시길 희망합니다.
我们希望贵方指定我们作为贵方的代理。
⊞ 指定 zhǐdìng 지정하다

저희가 귀사 면제품의 이 지역 독점대행사가 되기를 요청합니다.
我们要求作为贵方棉制品在我地区的独家代理。
⊞ 棉制品 miánzhìpǐn 면제품 | 我地区 wǒ dìqū 우리가 있는 이 지역

저희는 이 업계에서 풍부한 경험을 가지고 있습니다. 귀사의 한국 대행사가 되고자 신청합니다.
我们在此行业有着丰富经验，现提出担任贵方在韩国的代理。
⊞ 行业 hángyè 업계 | 提出 tíchū 제시하다

저희가 한국에서 귀사를 대신해 사무용품을 판매하고 싶습니다.
本公司愿意代理贵方在我国销售办公用品。
⊞ 销售 xiāoshòu 판매하다 | 办公用品 bàngōng yòngpǐn 사무용품

저희는 귀사와 장기적인 독점대리 협약을 체결하고 싶습니다.
我们希望与贵方达成长期独家代理合约。
⊞ 达成合约 dáchéng héyuē 계약을 달성하다

저희가 귀사의 대행사가 될 가능성에 대해 고려해 주시기를 바랍니다.
希望贵公司考虑我们成为贵方代理公司的可能性。

이곳에는 아직 귀사의 대행사가 없으므로, 저희가 귀사의 독점대행사가 되기를 원합니다.
本地尚没有贵公司的代理商，我方愿成为贵方的独家代理。
⊞ 本地 běndì 이곳 | 尚 shàng 아직 | 代理商 dàilǐshāng 대행사

저희를 귀사의 유리용기 판매대행사로 지정해 주실 수 있는지 알고 싶습니다.
我们想知道，贵方能否指定我方为贵方玻璃器皿销售代理商。
⊞ 玻璃器皿 bōli qìmǐn 유리용기

이곳에서의 귀사 녹차 대행판매 문제에 대해 논의하고 싶습니다.
我们想与贵方商讨一下贵方绿茶在此地的代理问题。
⊞ 商讨 shāngtǎo 논의하다

이곳에는 아직 귀사의 대행사가 없습니다. 저희가 귀사의 이곳 대행사를 맡고자 자천합니다.
此地区尚无贵方的代理，我们想自荐担任贵方在此地的代理。
⊞ 自荐 zìjiàn 자천하다

만약 이곳에 아직 귀사의 대행사가 없다면, 저희가 이곳의 독점공급 및 판매 권리를 갖고 싶습니다.
如果贵方在此地尚无代理，我们希望有此地区独家供销的权利。
⊞ 独家供销 dújiā gōngxiāo 독점공급 및 판매

귀사와 계약기간 3년의 독점대행 협의를 맺고 싶습니다.
我想和贵方签订一份为期三年的独家代理协议。
⊞ 签订 qiāndìng 체결하다 | 为期 wéiqī 기한 | 协议 xiéyì 협의

귀사가 저희 회사를 한국 독점대행사로 임명해 주신다면 매우 감사하겠습니다.
贵方如能任命我公司为韩国的独家代理，将不胜感激。
⊞ 任命 rènmìng 임명하다 | 不胜感激 búshèng gǎnjī 대단히 감사하다

저희의 신청을 고려해 주셔서 귀사 제품의 한국 판매대행사로 임명해 주신다면 대단히 감사하겠습니다.
如果贵方能考虑我们的申请，使我们成为贵公司产品在韩国的销售代理，我们将不胜感激。
⊞ 申请 shēnqǐng 신청하다

고려해 주신 것에 감사드리며, 빠른 시일 내에 회신을 받기를 원합니다.
谢谢贵方能给予考虑，并愿早日收到贵方的回信。
⊞ 给予考虑 jǐyǔ kǎolǜ 고려해주다 | 早日 zǎorì 빠른 시일 안에

174 회사 장점 소개

저희는 이 업계에서 풍부한 경험이 있습니다.
我们在此行业有着丰富的经验。
⊞ 行业 hángyè 업계

귀사의 제품은 저희의 취급범위 안에 있습니다.
贵方产品在我们的经营范围之内。
⊞ 经营 jīngyíng 취급하다

저희는 이 업계에서 광범위한 고객을 확보하고 있습니다.
我们在此行业拥有广泛的客户。
⊞ 拥有 yōngyǒu 보유하다, 가지다 | 广泛 guǎngfàn 광범위한 | 客户 kèhù 고객, 거래처

저희는 이미 유사한 제품을 판매한 경험이 있습니다.
我们已拥有推销类似产品的经验。
⊞ 推销 tuīxiāo 판매하다 | 类似 lèisì 유사한

저희 회사는 이미 난팡식품 주식유한회사의 한국 대행사를 맡았던 적이 있습니다.
本公司已担任过南方食品股份有限公司在韩国的代理。
⊞ 担任 dānrèn 맡다

아시는 것처럼, 저희는 주방용품 분야에 경험이 많습니다. 그리고 이 업계의 모든 도매업체 및 소매업체들과 좋은 업무관계를 맺고 있습니다.
正如贵方所知，我方在经营厨房用品业务方面很有经验，而且和这一行业中的所有大批发商和零售商有很好的业务关系。
⊞ 厨房用品 chúfáng yòngpǐn 주방용품 | 批发商 pīfāshāng 도매상 | 零售商 língshòushāng 소매상

저희는 국내시장의 반을 장악하고 있어, 국내시장에서 귀사 제품의 매출액을 늘릴 자신이 있습니다.
我们控制着一半国内市场，我们有信心增加贵方产品在我地的销售额。
⊞ 控制 kòngzhì 제어하다 | 增加 zēngjiā 늘리다 | 销售额 xiāoshòu'é 매출액

저희는 고객 유치 능력이 탁월하여, 귀사의 독점대행사가 될 수 있으리라 확신합니다.
我方具备兜揽生意的强大能力，相信能成为贵方的独家代理。
⊞ 兜揽生意 dōulǎn shēngyì 손님을 모아 사업하다

저희는 이곳에 대해 잘 알고 있으며, 광범위한 인맥이 있어 귀사의 독점대행사가 될 수 있을 것입니다.
我们了解本地，有广泛的人脉，能成为贵方的独家代理。
⊞ 人脉 rénmài 인맥

저희를 귀사의 대행사로 지정해 주신다면, 매월 1천만 위안의 매출액을 보장하겠습니다.
如果贵方指定我们作为贵方的代理，我们保证每月销售额达到一千万元人民币。
⊞ 保证 bǎozhèng 보증하다

저희를 귀사의 대행사로 지정해 주신다면, 매출액이 현재의 다섯 배가 될 것입니다.
如果贵方指定我们作为贵方的代理，营业额将是现在的五倍。
⊞ 营业额 yíngyè'é 영업액

저희 회사가 귀사를 위해 판로를 만들면, 반드시 귀사의 사업에 더 좋은 발전 기회가 있으리라 확신합니다.
我方相信，如果我公司为贵方建立营销渠道，贵方的事业一定会有更好的发展机会。
⊞ 建立营销渠道 jiànlì yíngxiāo qúdào 영업 경로를 만들다

저희 회사의 무역 및 영업 방면에서의 경험에 대해 매우 만족하실 것이라 확신합니다.
我们相信贵方将对我方在外贸和营销方面的经验十分满意。
⊞ 外贸 wàimào 대외무역 | 营销 yíngxiāo 판매

저희가 이곳에서 귀사 제품의 수요를 많이 창출할 수 있을 것이라 확신합니다.
我们相信，我们可以在此地区为贵方的产品创造很大的需求。
⊞ 创造需求 chuàngzào xūqiú 수요를 창출하다

필요하시다면 기꺼이 더욱 구체적인 자료를 제공해 드리겠습니다.
如果您需要的话，我们将乐意提供更具体的资料。
⊞ 乐意 lèyì 기쁘게 ~하다

175 구체적 계약 조항

저희 측에서는 매출의 2%를 커미션으로 요구하며, 은행 수수료는 0.3%입니다.
我们要求，按销售额的2%支付佣金，银行手续费是0.3%。
⊞ 销售额 xiāoshòu'é 매출액 | 佣金 yòngjīn 커미션, 중개수수료 | 手续费 shǒuxùfèi 수속 비용, 수수료

이런 제품의 대행에 있어, 저희는 모두 5%의 커미션을 가집니다.
做此类产品的代理，我们都拿5%的佣金。

보통 저희가 갖는 커미션은 거래액 당 5%입니다.
通常我们取得的佣金是每笔成交额的5%。
⊞ 取得 qǔdé 얻다 | 笔 bǐ 매매, 거래 등을 세는 양사 | 成交额 chéngjiāo'é 거래액

우리는 5%의 커미션을 원합니다.
我们希望有5%的佣金。

저희가 원하는 최저 커미션은 5%입니다.
我方希望最低佣金为5%。

저희는 보통 5%의 커미션을 받습니다.
我方通常接受5%的佣金。

저희는 유효기간 3년의 녹차 전매독점대행 협의를 맺을 것을 건의합니다. 첫 해는 3만 상자, 둘째 해는 5만 상자, 셋째 해는 7만 상자를 판매하며, 지역은 한국 전지역, 커미션은 5%입니다.
我方建议签订一份为期三年的专销绿茶的独家代理协议，第一年销三万箱，第二年销五万箱，第三年销七万箱，地区是整个韩国，佣金是5%。

⊞ 专销 zhuānxiāo 전매하다 | 协议 xiéyì 협의

176 맺음말

저희의 제의에 대해 관심이 있으신지 알려주시면 대단히 감사하겠습니다.
对于我方的建议，贵公司是否感兴趣，敬请告知，我们将不胜感激。

⊞ 敬请 jìngqǐng 정중히 청하다 | 告知 gàozhī 알리다 | 不胜感激 búshèng gǎnjī 대단히 감사하다

이 지역에서 귀사 제품의 시장을 확대하는 데 최선을 다하겠습니다.
我们将尽一切努力在我地区扩大贵方产品的市场。

⊞ 尽一切努力 jìn yíqiè nǔlì 모든 노력을 다하다 | 扩大 kuòdà 확대하다

귀사의 모든 요구를 최선을 다해 준수할 것을 약속드립니다.
我们保证将尽力遵守贵方的一切要求。

⊞ 保证 bǎozhèng 보증하다 | 尽力 jìnlì 힘껏 | 遵守 zūnshǒu 준수하다

저희는 귀사의 이익을 위해 힘껏 일하겠습니다.
我们将不遗余力为贵方争取利益。

⊞ 不遗余力 bùyí yúlì 전력을 다하다 | 争取利益 zhēngqǔ lìyì 이익을 얻어내다

최대한 협조할 것을 약속드립니다. 감사합니다.
我们保证做出最大的协助，谢谢。

⊞ 协助 xiézhù 협조

저희를 귀사의 독점대행사로 지정해 주신다면 모든 노력을 다해 판매량을 늘리겠습니다.
如果贵方指定我们作为独家代理，我们将尽一切努力增加销售量。
⊞ 增加 zēngjiā 늘리다

이곳에서 귀사 제품의 수요 창출을 위해 최선을 다하겠습니다.
我们将尽力在我地区为贵方的产品创造很大的需求。

이것이 두 회사 모두에게 이익이 될 것이라 확신합니다.
我相信这使我们双方都受益。
⊞ 受益 shòuyì 이익을 얻다

귀사가 빠른 시일 내에 긍정적인 답변을 해 주시기를 바라겠습니다.
我方很希望贵方能尽早给予肯定的答复。
⊞ 尽早 jǐnzǎo 되도록 빨리 | 给予肯定的答复 jǐyǔ kěndìng de dáfù 긍정적인 대답을 주다

02 대행사 신청에 대한 답변

 대행사 신청 메일에 대한 회신은 상대방의 제의에 대한 감사 인사로 시작하는 것이 좋습니다. 현재 상대방의 제의에 대해 고려 중이며, 구체적으로 어떠한 자료가 더 필요하고, 대략 언제쯤이면 결정을 내릴 수 있다는 등의 내용으로 구성할 수 있습니다. 대행사 신청 제의를 거절할 때에는, 상대방의 제의에 대한 감사와 거절 이유, 이후의 협력에 대한 기대 등의 내용을 쓸 수 있습니다.

回复: 代理申请函

尊敬的金先生：

　　感谢贵方有关在韩国独家代理销售我方产品的来函，我们正在认真考虑此事。为方便我方更深入考察贵方的建议，我们需要了解贵公司详细的销售计划、销售渠道、预计销售额以及贵方的财务资信情况。请贵方把这些资料尽早寄给我方，我们将在一个星期之内作出决定。再次感谢贵公司对我公司的关注。

　　祝贵公司生意兴隆！

东天贸易有限公司

马建新

2014年5月21日

〈회신: 대행사 신청 메일〉

존경하는 김 선생님께:

저희 제품의 한국 독점대행 판매 관련 메일에 대해 감사드립니다. 현재 이 일을 진지하게 고려 중입니다. 귀사의 건의를 더 깊이 고려하는 데 도움이 되도록 귀사의 상세한 영업계획과 영업경로, 예상매출액, 재무신용상황을 알고 싶습니다. 이 자료들을 최대한 빨리 저희에게 보내주시면 일주일 내로 결정을 하도록 하겠습니다. 저희 회사에 관심을 가져주신 것, 다시 한 번 감사드립니다.

사업이 번창하시기를 바랍니다!

独家代理 dújiā dàilǐ 독점대행사 | 销售 xiāoshòu 판매하다 | 来函 láihán 보내온 편지 | 认真 rènzhēn 진지하게 | 深入 shēnrù 깊이 | 渠道 qúdào 경로 | 预计销售额 yùjì xiāoshòu'é 예상 매출액 | 财务资信情况 cáiwù zīxìn qíngkuàng 재무신용상황 | 关注 guānzhù 관심 | 兴隆 xīnglóng 번창하다

177 메일 수신 알림 및 감사

> '004 상대방 메일 수신 확인 및 감사'(P.61), '005 상대방의 메일에 대한 회신'(P.62) 참고

저희 제품의 중국 독점대행 판매에 관한 일을 문의해 주셔서 감사합니다.
感谢贵方函询有关在中国独家代理销售我方产品的事宜。
⊞ 函询 hánxún 편지로 문의하다 | 代理销售 dàilǐ xiāoshòu 대행 판매하다 | 事宜 shìyí 일, 사안

귀사에서 저희의 대행사가 되고자 요청하신 메일 받았습니다.
我方已收到贵方要求成为我方在贵地的代理商的来函。
⊞ 代理商 dàilǐshāng 대행사 | 来函 láihán 보내온 편지

저희의 중국 독점대행사를 신청하신 5월 16일의 편지를 이미 읽었습니다.
我们已阅读贵公司5月16日申请我方在中国的独家代理的来函。
⊞ 独家代理 dújiā dàilǐ 독점대행사

3월 1일에 보내신 메일 받았습니다. 귀사가 저희 제품의 독점대행사를 맡고 싶으시다니 기쁩니다.
贵方3月1日的来函收悉，很高兴得知贵公司想担任我们产品的独家代理。
⊞ 收悉 shōuxī 받아보다 | 得知 dézhī 알게 되다

178 '현재 고려 중입니다'

저희는 현재 귀사가 저희의 독점대행사를 맡는 문제를 자세히 고려 중입니다.
我们正在仔细考虑贵方担任我方独家代理的问题。
⊞ 担任 dānrèn 맡다

현재 귀사가 저희의 독점대행사를 신청하신 일에 대해 진지하게 고려 중입니다.
我们正在认真考虑贵方申请担任我方独家代理的事宜。
⊞ 认真 rènzhēn 진지하게 | 事宜 shìyí 일, 사안

대행사 문제는 여전히 고려 중에 있습니다.
代理问题仍在考虑中。

저희는 현재 귀사의 독점대행사 신청을 고려 중에 있습니다.
我们正在考虑贵方的独家代理申请。

현재까지 이에 대해 결정을 내리지 못했습니다. 다음 주 내로 공지해 드리겠습니다.
截至目前仍未就此作出决定，下周之内我将通知贵方。
⊞ 截至 jiézhì ~까지 | 目前 mùqián 현재

일주일 내로 명확한 결정을 내리겠습니다.
我们将在一周之内作出明确的决定。
⊕ 作出决定 zuòchū juédìng 결정을 내리다 | 明确 míngquè 명확한

179 기획서 등 서류 제출 요구

관례대로 1년간의 판매계획과 예상매출액을 제출해 주십시오.
按惯例，请提交一份年度销售计划及预计销售额。
⊕ 惯例 guànlì 관례 | 提交 tíjiāo 제출하다 | 年度销售计划 niándù xiāoshòu jìhuà 연간 판매계획 | 预计销售额 yùjì xiāoshòu'é 예상매출액

귀사의 계획에 대해 더 알고 싶습니다. 시장보고서 한 부를 보내주십시오.
我们想更多了解贵方的计划，请递交市场报告一份。
⊕ 递交 dìjiāo 건네다

귀사의 영업계획과 시장판매량, 1년 매출액을 알려주십시오.
请把贵方的销售计划、市场销量及年营业额告知我方。
⊕ 销量 xiāoliàng 판매량 | 营业额 yíngyè'é 매출액 | 告知 gàozhī 알리다

귀사의 자세한 판매계획과 예상매출, 판매경로를 알아야 합니다.
我们需要了解贵方详细的销售计划、预估营业额及销售渠道。
⊕ 预估 yùgū 짐작하다 | 销售渠道 xiāoshòu qúdào 판매 경로

두 회사가 이후에 더욱 잘 협력할 수 있도록 영업계획서를 한 부 제공해 주십시오.
为了便于我们双方今后更好地合作，请贵公司给我们提供一份销售计划书。

관례대로 1년간의 판매계획과 예상매출액을 제출해 주십시오.
按惯例，希望贵方提交一份年度销售计划及预估营业额。

귀사의 판매계획과 그쪽 시장에서의 달성 가능한 연매출액을 알려주십시오.
请把贵方的销售计划和在贵地市场可能达到的年营业额告知我方。

귀사의 업무상황과 관련된 최신자료를 얻고 싶습니다.
我们希望获得有关贵公司业务情况的最新资料。
⊕ 获得 huòdé 획득하다

이 일을 더 깊이 논의하기 전에, 저희는 귀사의 판촉계획과 현실적인 예상 연매출액을 알고 싶습니다.
在进一步谈论此事之前，我方想了解贵方的促销计划和预计实现的年营业额。

⊞ 促销 cùxiāo 판촉

귀사의 대행사 건의를 더 깊이 고려하는 데 도움이 되도록, 상술한 자료를 가능한 한 빨리 우편으로 보내주십시오.
为方便我方更深入考察贵方成为我方代理商的建议，请贵方把上述资料尽早邮寄至我方。

⊞ 代理商 dàilǐshāng 대행사 | 上述 shàngshù 상술한 | 尽早 jǐnzǎo 되도록 빨리 | 邮寄至 yóujìzhì ~에게 우편으로 보내다

180 대행사 신청 수락

귀사가 이 업계에서 매우 좋은 고객관계와 풍부한 경험을 가지고 있다고 알고 있습니다. 이에 귀사를 저희 회사의 한국 독점대행사로 임명하기로 결정하였습니다.
据了解，贵公司在此行业有很好的客户关系及丰富的经验，因此我方决定委托贵方担任我方产品在韩国的独家代理。

⊞ 行业 hángyè 업계 | 客户 kèhù 고객, 거래처 | 委托 wěituō 위탁하다 | 独家代理 dújiā dàilǐ 독점대행사

귀사를 저희의 독점대행사로 임명하게 된 것을 기쁘게 생각합니다. 귀사가 업무를 대행하는 것이 그 지역에서 우리 회사 제품의 판매에 도움이 되기를 바랍니다.
我们很乐意任命贵方为我方的独家代理，希望贵方担任代理将有助于我们的产品在贵地的销售。

⊞ 乐意 lèyì 기쁘게 ~하다 | 担任 dānrèn 맡다 | 有助于 yǒuzhùyú ~에 도움이 되다 | 销售 xiāoshòu 판매

저희는 매우 기쁘게 귀사를 저희 제품의 중국 독점대행사로 지정합니다.
我们很乐意指定贵方成为我方产品在中国的独家代理。

저희를 위해 노력해 주셔서 감사합니다. 귀사의 건의를 받아들여 귀사를 저희의 서울 대행사로 임명합니다.
我们感谢贵方为我们做出的努力，我们接受贵方的建议，任命贵方在首尔代理我方产品。

⊞ 做出努力 zuòchū nǔlì 노력하다

4월 3일에 보내신 편지 잘 받았습니다. 조사를 통해, 귀사를 그 지역 대행사로 임명하기로 결정하였습니다.
贵公司4月3日函已收悉，经过调查我们决定由贵方担任我方在贵地的代理。

⊞ 函 hán 편지 | 收悉 shōuxī 받아보다

귀사가 이 업계에서 풍부한 경험이 있는 것을 고려하여, 귀사를 서울 대행사로 임명하며 기한은 2년입니다.
考虑到贵方在此行业有丰富的经验，我们愿意任命贵方在首尔代理我方，为期2年。

⊞ 考虑到 kǎolǜdào ~을 고려하여 | 为期 wéiqī 기한

자세하게 고려해 본 후, 저희는 귀사의 신청을 받아들여 귀사를 저희 제품의 중국 독점대행사로 임명하기로 결정하였습니다.
经过仔细考虑，我们决定接受贵方的申请，任命贵方为我方产品在中国的独家代理。

저희는 귀사와 2년 기한의 독점대행사 협의를 맺기로 결정하였습니다.
我们决定和贵方签订一份为期2年的独家代理协议。

⊞ 签订 qiāndìng 체결하다 | 协议 xiéyì 협의

저희는 귀사와 3년 기간의 컴퓨터 전문판매 독점대행협약을 체결하고 싶습니다.
我们想同贵方签订一份为期3年专营电脑的独家代理协议。

⊞ 专营 zhuānyíng 전문으로 경영하다

귀사가 저희 제품의 중국 독점판매 대행사를 맡게 되어 기쁩니다.
我们很高兴由贵方担任我方产品在中国的独家销售代理。

양사의 오랜 업무관계를 고려하여, 귀사를 저희의 독점대행사로 임명하기로 결정하였습니다.
鉴于我们之间长期的业务关系，我们决定任命贵方为我公司的独家代理。

⊞ 鉴于 jiànyú ~을 감안하여

4월 30일에 보내신 메일 받았습니다. 저희는 귀사를 저희 제품의 독점대행사로 임명하기 원합니다.
我方已收到贵方4月30日的来信，我们愿意委托贵方为我方产品的独家代理商。

⊞ 来信 láixìn 보내온 편지

귀사가 요청하신 그 지역 독점대행사 위임건과 관련하여, 귀사를 대행사로 위임하기로 결정합니다.
关于贵方要求在贵市担任我方独家代理一事，我方现决定委托贵方为代理商。

181 조건부 수락

만약 매출액을 더 늘리실 수 있다면, 귀사를 독점대행사로 임명하겠습니다.
如果贵公司能有更高的营业额，我们将委托贵方为独家代理。
➕ 营业额 yíngyè'é 매출액, 영업액 | 委托 wěituō 위탁하다 | 独家代理 dújiā dàilǐ 독점대행사

만약 최소 30만 달러의 연간 무역액을 보장할 수 있다면, 귀사와 대행사 협의를 체결하는 것을 고려해 보겠습니다.
如果贵方能保证最少三十万美元的年贸易额，我们将考虑与贵方签定代理协议。
➕ 保证 bǎozhèng 보증하다 | 签定代理协议 qiāndìng dàilǐ xiéyì 대행사 협의를 체결하다

예상하시기로 귀사가 달성할 수 있는 최대 연간 판매량은 얼마입니까?
据贵方估计，贵方能完成的最大年销售量是多少？
➕ 估计 gūjì 예측하다 | 销售量 xiāoshòuliàng 판매량

먼저 1년을 시행해 볼 것을 건의합니다. 만약 두 회사 모두 만족한다면 유효기간 연장을 협의할 수 있습니다.
我们建议试行一年，如果双方满意，可以延长协议有效期。
➕ 试行 shìxíng 시험적으로 시행하다 | 延长 yáncháng 연장하다 | 协议 xiéyì 협의

저희는 귀사와 대행사 협의를 맺고 싶습니다. 조건은 귀사의 매년 매출액이 100만 달러가 되어야 한다는 것입니다.
我方愿意与贵方签代理协议，条件是贵方每年的营业额要达到一百万美元。

저희의 조건을 받아들이신다면, 귀사를 저희 제품의 독점대행사로 임명하겠습니다.
如果贵方接受我方的条件，我方将委托贵方担任我方产品的独家代理商。

제시한 조건이 실행 가능하다면, 귀사를 우리 회사의 중국 대행사로 지정하겠습니다.
如果贵方条件可行，我方将指定贵方为我方的中国代理。

지금부터 6개월 내에 귀사의 매출액이 20만 달러가 될 수 있다면, 귀사를 저희의 대행사로 임명하겠습니다.
如果在今后的六个月内贵方的销售额能达到二十万美元，我方将委托贵方为代理商。
➕ 销售额 xiāoshòu'é 매출액

182 맺음말

귀사의 매년 매출액이 매우 이상적인 실적을 거두길 바랍니다.
希望贵方每年销售额都取得理想的成绩。

귀사가 최대한 소비를 촉진시키기를 바랍니다.
希望贵方能尽力促进消费。
⊕ 促进消费 cùjìn xiāofèi 소비를 촉진시키다

귀사가 우리 회사의 대행업무를 맡는 것이 그쪽 시장에서 우리 제품의 판매에 도움이 될 것이라 믿습니다.
我们相信贵方担任我公司代理，将有助于我们产品在贵地的销售。
⊕ 担任 dānrèn ~을 맡다 | 有助于 yǒuzhùyú ~에 도움이 되다

귀사가 우리 회사의 대행사를 맡는 것이 두 회사 모두에게 이익이 되기를 바랍니다.
希望贵公司担任我们的代理，将给我们双方带来利益。
⊕ 带来利益 dàilái lìyì 이익을 가져오다

귀사의 우수한 영업판로를 이용하여, 그곳에서 저희 제품을 매우 잘 판매하시리라 믿습니다.
我方相信，凭借贵方良好的销售渠道，贵方能在当地很好地推销我方产品。
⊕ 凭借 píngjiè ~에 의지하여 | 销售渠道 xiāoshòu qúdào 판매 경로 | 推销 tuīxiāo 마케팅 하다, 널리 팔다

183 대행사 신청 거절

그 지역의 K-Sports사가 이미 저희의 독점대행사를 담당하고 있으므로, 죄송하지만 귀사의 요청을 받아들일 수 없습니다.
贵地的K-Sports公司已作为我们的独家代理，很抱歉我们不能接受贵方的要求。
⊕ 接受 jiēshòu 받아들이다

저희는 그 지역에 이미 독점대행사를 임명하였습니다. 죄송합니다.
我们在贵地已任命了独家代理，很抱歉。

우리는 이미 K-Sports사를 그 지역 대행사로 위탁하였습니다. 그러므로 귀사의 독점대행 제안을 거절할 수밖에 없습니다. 이에 대해 깊은 유감을 표합니다.
我们已经委托K-Sports公司为贵地的代理。因此我们只能拒绝贵方作为我方独家代理的提案，对此我们深表遗憾。
⊕ 委托 wěituō 위탁하다 | 提案 tí'àn 제안 | 深表遗憾 shēnbiǎo yíhàn 깊이 유감을 표하다

지금 대행사에 대해 논하는 것은 너무 이른 것 같습니다.
我们认为目前谈任命代理的事尚为时过早。
⊞ 目前 mùqián 현재 | 尚为时过早 shàng wéishí guòzǎo 아직 시기가 너무 이르다

대행사 문제는 현재 고려하고 있지 않습니다.
关于代理问题，目前我们不打算考虑。

죄송하지만, 현재 저희는 대행사 문제를 고려할 계획이 없습니다.
很抱歉，目前我们不打算考虑代理事宜。
⊞ 事宜 shìyí 일, 사안

저희 제품의 독점판매 건의에 감사드립니다. 그러나 이 일은 나중에 논의하는 것이 좋을 것 같습니다.
感谢贵方独家销售我方产品的建议，但是我们认为推迟讨论此事为宜。
⊞ 销售 xiāoshòu 판매하다 | 推迟 tuīchí 연기하다 | 为宜 wéiyí 적당하다

양사의 과거 교역총액이 많지 않아, 아직 대행사 임명 요구에는 미치지 못합니다.
我们过去的交易总额并不高，尚未满足任命代理的要求。
⊞ 交易总额 jiāoyì zǒng'é 교역총액 | 尚未满足 shàngwèi mǎnzú 아직 만족시키지 못하다

매출액을 늘리지 않으시면, 귀사를 우리의 독점대행사로 지정할 수 없습니다.
除非贵方增加营业额，否则我们无法指定贵方作为我方的独家代理。
⊞ 除非…否则 chúfēi…fǒuzé ~하지 않으면 ~하다 | 增加 zēngjiā 늘리다 | 营业额 yíngyè'é 영업액

귀사가 이미 달성한 매출액이 아직 저희 대행사 임명 요구에 미치지 못합니다.
贵方已达成的营业额还达不到我方任命代理的要求。
⊞ 达不到 dábudào 미치지 못하다

귀사를 저희의 독점대행사로 지정하는 것은 어렵겠습니다. 귀사가 약속한 연매출액이 너무 적습니다.
我们难以同意指定贵方作为我们的独家代理，因为贵方所承诺的年销售额太少。
⊞ 难以 nányǐ ~하기 어렵다 | 承诺 chéngnuò 승낙하다

귀사의 최근 3년 동안의 주문 총량이 많지 않아, 대행사 자격에 미치지 못합니다. 매출액을 늘리지 않으면 귀사와 계약을 할 수 없습니다.
贵方最近3年的订货总量不大，达不到做代理的资格。除非增加营业额，否则我们无法与贵方签定合同。
⊞ 签定合同 qiāndìng hétong 계약서에 서명하다

저희 제품의 판매 가능성에 대해 전면적으로 이해하신 후, 다시 더 깊이 논의하기를 바랍니다.
希望等贵方全面了解我们产品的销售可能性后，再进一步商谈。
⊞ 商谈 shāngtán 논의하다

양사 모두 업무관계가 만족스러울 정도로 진전된 후에 다시 이 일에 대해 논의하기 바랍니다.
希望在业务关系进展到双方都满意时，再议此事。
⊞ 再议 zàiyì 다시 논의하다

죄송합니다. 현재 저희는 아직 독점대행사 문제에 대해 고려할 준비를 하고 있지 않습니다. 양사의 업무관계가 더욱 깊어지면, 다시 이 일에 대해 논하도록 하겠습니다.
很抱歉，我们目前还不准备考虑有关独家代理的问题。当我们业务关系成熟时，我们将再谈此事。
⊞ 成熟 chéngshú 무르익다

다음 번에는 커미션과 대행협의 조건에 대해 일치된 의견을 얻을 수 있기를 바랍니다.
希望下次我们能在佣金和代理协议的条款上取得一致意见。
⊞ 佣金 yòngjīn 커미션 | 代理协议 dàilǐ xiéyì 대행사 협의 | 条款 tiáokuǎn 조항 | 取得 qǔdé 얻다

귀사의 건의를 보류하였다가, 이후에 필요가 있을 때 다시 고려해 보겠습니다.
我们将贵公司的建议保留，以后需要时再作考虑。
⊞ 保留 bǎoliú 보류하다

어쨌든 귀사가 제공해 주신 정보에 감사드립니다. 양사의 업무관계가 지속적으로 발전하기를 바랍니다.
无论如何，非常感谢贵公司提供的信息，希望继续发展我们之间的业务关系。

저희 업무에 관심을 가져주신 데 대하여 다시 한 번 감사드립니다.
再次感谢贵公司对我公司业务的关注。
⊞ 关注 guānzhù 주목하다

184 대행사 신청 승낙에 대한 회신

귀사의 한국 독점판매 대행사를 맡게 되어 매우 기쁩니다.
我们很高兴担任贵方在韩国的独家销售代理。
⊞ 担任 dānrèn 맡다

저희에게 귀사 제품의 중국 판매대행권을 주셔서 감사합니다.
谢谢贵方授权我公司作为贵方在中国的销售代理。
⊞ 授权 shòuquán 권한을 부여하다 | 销售代理 xiāoshòu dàilǐ 판매 대행

Chapter 08 대행사 신청/사업 제안　307

저희가 귀사 제품의 판매를 대행하게 해 주신 데 감사드리며, 저희를 신뢰해 주셔서 감사합니다.
谢谢贵方允许我们代理贵方产品，我们很感激贵方对我们的信任。
⊞ 感激 gǎnjī 감격하다 | 信任 xìnrèn 신임하다

귀사의 대행사로서, 귀사 제품의 판매에 더욱 노력하겠습니다.
作为贵方的代理，我们将更加努力地推销贵方产品。
⊞ 更加 gèngjiā 더욱 | 推销 tuīxiāo 판매하다

힘을 다해 업무 범위를 늘리겠습니다.
我们将竭力扩大业务范围。
⊞ 竭力 jiélì 힘껏 | 扩大 kuòdà 확대하다

귀사의 슬리퍼 판매 위탁과 관련하여, 저희 회사는 귀사의 요구에 따르길 원하며, 특별히 감사의 말씀을 전합니다.
关于委托销售贵方拖鞋一事，本公司愿按照贵公司的要求执行，特此致谢。
⊞ 委托 wěituō 위탁 | 销售 xiāoshòu 판매하다 | 致谢 zhìxiè 감사의 뜻을 표하다

기꺼이 귀사와 장기적인 무역 협력관계를 맺어, 귀사와 손잡고 더욱 큰 시장을 개척하겠습니다.
我们很乐意与贵公司建立长期的贸易伙伴关系，携手开拓更大的市场。
⊞ 伙伴 huǒbàn 파트너 | 携手 xiéshǒu 손잡다 | 开拓 kāituò 개척하다

TIP 중국의 숫자 관념

중국사람들은 숫자에 많은 의미를 부여하여, '좋은 번호'로 이루어진 휴대전화 번호, 자동차 번호판 등이 비싼 값에 거래되기도 합니다.

중국사람들이 좋아하는 대표적인 숫자는 6, 8, 9입니다. '6'은 고대 역사서 《左传(좌전)》에 나오는 '君义, 臣行, 父慈, 子孝, 兄爱, 弟敬, 此数者累谓六顺也.(임금이 의롭고, 신하가 임금의 명을 행하며, 아비가 자애롭고, 자식이 효도하며, 형이 아우를 사랑하고, 아우가 형을 공경하는 것, 이 몇 가지를 6가지 순조로운 일이라 한다)'라는 구절에서 유래하여, '六六大顺'이라 하여, '매우 순조로움'을 뜻합니다. '8'은 '发财 fācái(돈을 벌다)'의 '发'와, '9'는 '长久 chángjiǔ(오래 가다)'의 '久'와 음이 유사합니다. 그래서 6, 8, 9가 몇 개씩 연속되는 숫자는 매우 좋은 숫자로 여겨집니다.

또한 발음이 유사하다 하여, '5'는 '我', '1'(yāo라고도 읽힘)은 '要'로 읽히기도 하는데, '5'와 '1'을 다른 숫자와 함께 쓰면 몇 가지 문장을 구성할 수도 있습니다. 예를 들어, '518'은 '我要发(나는 돈을 많이 벌 것이다)'와 발음이 유사해, 5월 18일에 각종 회사 및 상점의 개업식이 많이 열립니다.

중국사람들이 기피하는 숫자도 있습니다. '4'는 '死'와 비슷하여 '죽음'을 뜻합니다. 또한 '2'는 '바보같다'는 의미로 사용됩니다. (예) "我太二了吧? 나 너무 바보 같지?") 특히 '250'은 '머저리' 정도의 나쁜 의미를 가진 욕으로 사용됩니다. 가격을 흥정할 때 '250'을 고집한다면, 상대방이 매우 불쾌할 수 있으므로 주의해야 합니다.

03 사업 제안

 사업이나 업무협력을 제안할 때는 간략한 회사 소개 및 사업내용을 메일로 작성하고, 구체적인 내용은 자료로 첨부합니다. 사업에 대해 논의하기 위해 약속을 잡을 필요가 있다면, 이쪽에서 가능한 시간이 언제인지 대략적인 범위를 제시한 후 상대방이 선택하게 하면 시간 조정에 수월합니다.

☆ 关于拜访商讨双方未来合作的可能性

尊敬的朱总经理：

您好，我是J&T科技的李成勋。上周五在中国企业协会举行的迎新春晚会上我有幸就我们的产品和服务跟您简单地聊了一下。

不知您是否介意我们下周拜访商讨双方未来合作的可能性，我们从1月27日星期一到29日星期三都有时间。请告知您哪天比较方便，会面时间不会超过30分钟。

随函寄上介绍我方业务概要的小册子，供您参考。期待有机会与您合作。

敬上

祝您新年愉快！

J&T科技股份有限公司
李成勋
2014年1月20日

〈양사의 이후 협력 가능성을 논의하기 위해 귀사를 방문하고 싶습니다〉

존경하는 주 사장님께:
안녕하십니까? 저는 J&T테크놀로지의 이성훈입니다. 지난 주 금요일에 중국 기업협회에서 거행한 신춘완후이에서 운이 좋게도 저희의 제품과 서비스에 대해 간략히 소개해 드릴 기회가 있었습니다.
다음 주에 두 회사의 이후 협력 가능성에 대해 상담하기 위해 저희가 방문해도 괜찮은지 모르겠습니다. 저희는 1월 27일 월요일부터 29일 수요일까지 시간이 있습니다. 언제가 비교적 편하신지 알려주십시오. 회담시간은 30분을 넘지 않을 것입니다.
참고를 위해 저희 업무개요를 소개한 팸플릿을 첨부합니다. 귀사와 협력할 기회가 있기를 기대하겠습니다.
정중히 드립니다.
즐거운 새해 맞으시길 바랍니다!

拜访 bàifǎng 방문하다 | 商讨 shāngtǎo 논의하다 | 举行 jǔxíng 거행하다 | 新春晚会 xīnchūn wǎnhuì 신춘완회(신년 맞이 파티) | 有幸 yǒuxìng 운 좋게 | 介意 jièyi 개의하다 | 告知 gàozhī 알리다 | 随函寄上 suíhán jìshàng 편지와 함께 부치다 | 小册子 xiǎocèzi 소책자 | 提前 tíqián 미리

185 업무 제휴/협력 제안

✿ 업무 제휴 제안 메일에 포함할 수 있는 내용으로, '002 첫 번째 이메일에서의 자기소개 및 인사'(P.59), '034-045 회사 소개'(P.105~119) 참고

저희 회사는 현재 업무협력 파트너를 찾고 있습니다.
我公司正在寻找业务合作伙伴。
⊞ 寻找 xúnzhǎo 찾다 | 伙伴 huǒbàn 파트너

귀사와 폐수처리설비 제조의 협력 파트너가 되는 문제에 대해 상의해 보고 싶습니다. 간단한 프로젝트 기획서를 첨부해 드립니다.
我们希望与贵方探讨一下成为废水处理设备制造的合作伙伴问题。随函奉上简要的项目计划书。
⊞ 探讨 tàntǎo 논의하다 | 废水处理设备 fèishuǐ chǔlǐ shèbèi 폐수처리설비 | 随函奉上 suíhán fèngshàng 편지와 함께 드리다 | 项目 xiàngmù 사업, 프로젝트

귀사의 최신 디지털 컬러인쇄기술에 대해 가능한 사용 허가 협의를 상의하고 싶습니다.
我们想就贵方的最新数字彩色印刷技术商量一个可能的使用许可协议。
⊞ 数字彩色印刷 shùzì cǎisè yìnshuā 디지털 컬러인쇄 | 使用许可协议 shǐyòng xǔkě xiéyì 사용 허가 협의

저희 회사는 고객의 필요에 따라 사이즈를 측정해 기계설비를 맞춤제작할 수 있습니다. 협력할 기회가 있기를 바랍니다.
我公司可根据客户需求量身定做机械设备，希望有机会合作。
⊞ 量身 liángshēn 몸체를 측정하다 | 定做 dìngzuò 주문제작하다 | 机械设备 jīxiè shèbèi 기계 설비

저희는 중국 시장을 개발하기 위해, 여성의류 업종에 대한 일정한 이해가 있으며 고객 자원을 보유한 협력파트너를 찾고 있습니다.
为了开发中国市场，我公司在寻找一些对女士服装行业有一定的了解、有客户资源的合作伙伴。
⊞ 客户 kèhù 고객, 거래처

회사에 관한 더 많은 정보는 저희 회사 홈페이지 www.J&T.com을 방문해 주십시오. 의향이 있으시면 MJ-Kim@J&T.com으로 메일을 보내주십시오.
有关公司更多的信息，请访问我公司网站www.J&T.com，如有意向，请发电子邮件至MJ-Kim@J&T.com。
⊞ 信息 xìnxī 정보 | 访问 fǎngwèn 방문하다 | 网站 wǎngzhàn 웹사이트

186 상담 및 회의 요청

저희 사장님께서 당신을 뵙고 회담을 하고 싶어하십니다.
我公司经理很希望有机会与您见面会谈。
⊞ 会谈 huìtán 회담하다

저희 회사 김 사장님과의 만남을 요청드리기 위해 이 편지를 드립니다. 물론 당신이 원하신다면 말입니다.
现特发此函邀请您与我公司金经理会面，当然是以您感到方便为前提。
⊞ 邀请 yāoqǐng 요청(초청)하다 | 以…为前提 yǐ…wéi qiántí ~을 전제로 하다

이번 전람회에 참석하신다면, 4월 5일 서울호텔에서 저희 회사 사장님과 미팅을 갖고, 양사의 다음 번 협력 문제에 대해 논의하기를 요청드립니다.
如果您来参观这次展览会，我公司将邀请您4月5日在首尔酒店与我公司经理会面，讨论我们下次合作的问题。
⊞ 参观 cānguān 참관하다 | 展览会 zhǎnlǎnhuì 전람회

5월 말에 베이징에 오셔서 베이징페어에 참가하실 계획이라고 들었습니다. 시간이 되시면, 저희 회사 사장님께서 만나고 싶어하십니다.
得知您计划5月底来北京参加京交会。如果您的时间允许的话，我公司经理希望与您会面。
⊞ 得知 dézhī 알게 되다 | 京交会 Jīngjiāohuì '中国(北京)国际服务贸易交易会'의 줄임말(Beijing Fair) | 允许 yǔnxǔ 허락하다

서울에 오실 때, 당신께 저희 작업장을 보여드리고 싶습니다.
当您来首尔时，我们想带您参观一下我们的车间。
⊞ 车间 chējiān 작업장

시간이 괜찮으시다면 귀사를 방문하고 싶습니다.
希望能在贵方时间允许的情况下拜访贵公司。
⊞ 拜访 bàifǎng 방문하다

제가 8월 7일에 베이징에 갑니다. 베이징에서 귀사 영업부 부장님을 뵈었으면 합니다.
我将于8月7日前往北京，希望在北京会见贵公司销售部总监。
⊞ 会见 huìjiàn 회견하다 | 销售部 xiāoshòubù 영업부 | 总监 zǒngjiān 총감독, 책임자

당신께서 저희 설비에 관심이 있으실지도 모르겠습니다. 저희 회사의 여러 설비를 소개해 드릴 기회가 있기를 바랍니다.
我想您也许会对我们的设备感兴趣，因此希望有机会向您介绍我们公司的多款设备。
⊞ 设备 shèbèi 설비 | 多款 duōkuǎn 많은 종류

회견을 마련하여 무역조건과 협력방식 등의 구체적인 사항을 상의하고 싶습니다.
我们希望安排会面，商讨贸易条件和合作方式等具体事宜。
⊞ 商讨 shāngtǎo 상의하다 | 事宜 shìyí 일, 사안

일정이 되시면, 저희가 귀사의 사무실에 가서 양사의 협력에 관한 구체적인 일에 대해 논의할 수 있습니다.
如果您的日程允许，我们可以去您办公室讨论一下双方合作的具体事宜。
⊞ 日程 rìchéng 일정

제가 베이징에 고객을 방문하러 가는데, 이참에 찾아뵙고 내년 업무에 대해 논의하고 싶습니다. 회의시간은 약 2시간 정도 걸릴 것입니다.
我要到北京拜访一位客户，想顺道拜访您，和您讨论一下明年的业务，会议时间约为两个小时。
⊞ 客户 kèhù 고객, 거래처 | 顺道 shùndào 가는 길에

저는 3월 21일 수요일 오후 3시나 22일 목요일 오전 10시에 시간이 있습니다. 예상 회의시간은 1시간입니다. 적당한 시간을 알려주십시오.
我在3月21日星期三下午3点，以及22日星期四上午10点有时间。预计会议时间为一小时，请您告知比较合适的时间。
⊞ 预计 yùjì ~할 예정이다 | 告知 gàozhī 알리다 | 合适 héshì 적합하다

회의는 약 1시간 동안 진행될 예정이며, 제가 가능한 시간은 다음과 같습니다.
会议时间大约进行一个小时，我可能的时间如下：

제가 언제 방문하는 게 편하신가요?
我什么时候过去拜访您比较方便呢？

다음 주 금요일에 시간을 30분 내주실 수 있으면 대단히 감사하겠습니다.
下周五如果您能抽出半个小时的话，我将非常感谢。
⊞ 抽出半个小时 chōuchū bàn ge xiǎoshí 시간을 30분 내다

괜찮으시다면, 4월 5일 오전 10시에 방문하고 싶습니다. 날짜와 시간이 괜찮으신지 알려주십시오.
如果您认为可以的话，我们想4月5日上午10点去拜访您。请告诉我这个日期和时间您是否方便。

이번 주 금요일에 다시 연락을 드려 구체적인 회담시간을 확정하도록 하겠습니다.
本周五，我会再与您联络以确定具体的会面时间。
⊞ 联络 liánluò 연락하다 | 确定 quèdìng 확정하다

187 맺음말

당신과 미팅을 가질 기회가 있기를 기대하겠습니다.
期待有机会与您会面。
⊞ 会面 huìmiàn (정식으로) 만나다

서울에서 뵙기를 기대하겠습니다.
期待与您在首尔的会面。

당신을 뵐 기회가 있기를 간절히 바랍니다.
我热切地希望能有机会与您见面。
⊞ 热切 rèqiè 간절히

당신을 뵐 수 있기를 바라겠습니다!
盼望能与您见面！
⊞ 盼望 pànwàng 간절히 바라다

빠른 시일 내에 뵐 수 있기를 바라겠습니다!
盼望早日与您见面！
⊞ 早日 zǎorì 빠른 시일 안에

귀사와 협력할 기회가 있기를 바랍니다.
希望能有机会与贵方合作。

이번 방문에서 귀사의 협조를 얻을 수 있다면 대단히 감사하겠습니다.
此次访问如能得到您的协助，我将不胜感激。
⊞ 协助 xiézhù 협조 | 不胜感激 búshèng gǎnjī 대단히 감사하다

귀한 시간을 내주신 것과 이 일에 대한 관심에 대해 매우 감사드립니다.
十分感谢您抽出宝贵的时间及对此事的关照。
⊞ 抽出时间 chōuchū shíjiān 시간을 내다 | 关照 guānzhào 관심

삼가 미리 감사를 드립니다!
谨此先向您致谢！
⊞ 谨 jǐn 삼가 | 致谢 zhìxiè 사의를 표하다

04 사업 제안에 대한 답변

 상대방의 사업 제안에 대해 답변할 때는, 먼저 제안에 대한 감사의 인사로 시작하는 것이 좋습니다. 상대방이 제시한 회의 시간에 맞추지 못할 경우, 편리한 시간을 새로 제시합니다. 사업 제안을 거절할 때는 이유를 설명하고 정중히 거절하며, '이후에 협력할 기회가 있기를 바란다'는 말을 덧붙이는 것이 좋습니다.

☆ 回复: 关于拜访商讨双方未来合作的可能性

尊敬的李总经理：

　　很高兴收到贵公司1月20日的来函，我已经详细阅读了贵方提供的小册子。我对贵方的业务很感兴趣，并愿意与贵公司建立长期友好的合作关系。下周我方便的时间为1月27日(周一)下午以及28日(周二)上午，请告知您的具体访问时间。

　　我会认真对待这件事情，希望届时能与您会面。

　　恭祝身体健康，事事顺利！

北方电子产品有限公司
朱明良
2014年1月21日

〈회신: 양사의 이후 협력 가능성 논의를 위해 귀사 방문을 희망합니다〉

존경하는 이 사장님께:
1월 20일에 보내신 메일을 받게 되어 기쁩니다. 귀사에서 제공해 주신 팸플릿은 이미 자세히 읽어보았습니다. 저는 귀사의 업무에 관심이 있으며, 귀사와 장기적으로 우호적인 협력관계를 맺고 싶습니다. 다음 주에 저에게 편한 시간은 1월 27일 월요일 오후와 28일 화요일 오전입니다. 구체적인 방문시간에 대해 알려주십시오.
이 일을 진지하게 고려해 보겠습니다. 그 때 뵙기를 기대하겠습니다.
건강하시고, 하시는 일마다 순조롭기를 빕니다!

| 回复 huífù 회신 | 拜访 bàifǎng 방문하다 | 商讨 shāngtǎo 상의하다 | 来函 láihán 보내온 편지 | 告知 gàozhī 알리다 | 认真 rènzhēn 진지하게 | 对待 duìdài 대하다 | 届时 jièshí 때가 되면 | 会面 huìmiàn (정식으로) 만나다 | 恭祝 gōngzhù 공손히 축원하다

188 제안에 대한 감사

귀사의 편지를 받아 매우 기쁩니다. 저희는 이미 귀사의 건의서를 읽었습니다. 감사합니다.
很高兴收到贵公司的来函，我们已经阅读了贵公司的建议书，谢谢。
⊞ 来函 láihán 보내온 편지 | 建议书 jiànyìshū 건의서

귀사를 저희가 참관하도록 초청해 주신 5월 4일의 메일에 감사드립니다.
感谢您5月4日的来函邀请我参观贵公司。
⊞ 邀请 yāoqǐng 요청(초청)하다 | 参观 cānguān 참관하다

귀사의 작업장을 참관하도록 초청해 주셔서 매우 감사합니다.
非常感谢您邀请我参观贵公司的车间。
⊞ 车间 chējiān 작업장

귀사의 메일을 받았으며, 내용도 자세히 읽어보았습니다. 저희 회사에 관심을 가져주셔서 감사합니다.
贵方来函已收到，内容已详阅。感谢贵方对我公司的关注。
⊞ 详阅 xiángyuè 자세히 읽다 | 关注 guānzhù 관심

189 제안 수락1 – 미팅 동의

⚙ 사업 제안 수락 메일 작성 시 포함할 수 있는 내용으로, '043 상대 회사 및 국가에 대한 관심'(P.116), '208 출장 일정 조정'(P.344) 참고

귀사와 함께 일할 수 있는 기회가 생겨 대단히 기쁘게 생각합니다. 서울에서 뵙기를 기대하겠습니다.
我们非常珍惜能与贵公司业务合作的机会，期盼在首尔相见。
⊞ 珍惜 zhēnxī 소중히 여기다 | 期盼 qīpàn 기대하다

저희는 5월 3일 베이징에 도착하여, 8일 베이징을 떠날 예정입니다. 4일에서 7일까지 미팅을 잡을 수 있습니다.
我方计划5月3日抵达北京，8日离开，4日到7日可以安排会谈。
⊞ 抵达 dǐdá 도착하다 | 会谈 huìtán 회담

요청하신 대로, 귀사를 방문하여 귀사와 장기적인 협력관계를 맺을 가능성에 대해 상의하고 싶습니다.
应贵方的要求，我愿意拜访贵公司，并商讨建立长期合作关系的可能性。
⊞ 应 yìng 응하다 | 拜访 bàifǎng 방문하다 | 商讨 shāngtǎo 논의하다

괜찮으시다면 내일 오후 2시에 귀사를 방문하고 싶습니다.
如果合适的话，我很乐意在明天下午2点到贵公司拜访。
⊞ 乐意 lèyì 기쁘게 ~하다

9일 오후에 귀사의 작업장을 방문하도록 해 주시면 가장 좋습니다.
若能在9日下午安排我参观贵公司的车间，最为合适。
⊞ 若 ruò 만약 | 参观 cānguān 참관하다 | 车间 chējiān 작업장

저에게 편한 시간은 3월 22일 목요일과 23일 금요일입니다.
我方便的时间为3月22日星期四和23日星期五。

제 일정을 확인해 봐야겠습니다. 내일 다시 연락드리겠습니다.
我需要先查看我的行程表，明天再联系您。
⊞ 查看 chákàn 살펴보다 | 行程 xíngchéng 여행 일정

이 일을 진지하게 고려해 보겠습니다. 빠른 시일 내에 뵙기를 기대하겠습니다!
我会认真对待这件事情，期待早日与您相见！
⊞ 认真 rènzhēn 진지하게 | 对待 duìdài 대하다

10일에 전화를 드려 회담시간을 확정하도록 하겠습니다.
我将于10日致电来确定会面时间。
⊞ 致电 zhìdiàn 전화하다 | 确定 quèdìng 확정하다

그 때 뵙기를 바랍니다.
希望届时能与您会面。
⊞ 届时 jièshí 때가 되면

190 제안 수락2 - 미팅 연기

죄송하지만 저희는 이번 전람회에 참석할 수 없습니다. 다음 기회에 귀사의 사장님과 만나 양사의 합작 가능성에 대해 논할 수 있기를 바랍니다.
很遗憾，我们不能参加这次展览会。希望将来能与贵公司经理会面来讨论双方合作的可能性。
⊞ 会面 huìmiàn (정식으로) 만나다

5월 4일에 저희는 귀사 사장님과의 미팅 시간을 낼 수 없습니다. 시간 변경에 동의하신다면 감사하겠습니다.
5月4日我们抽不出时间与贵方经理会面，如能同意更改时间，不胜感激。
⊞ 抽不出时间 chōubuchū shíjiān 시간을 내지 못하다 | 更改 gēnggǎi 변경하다 | 不胜感激 búshèng gǎnjī 대단히 감사하다

매우 유감스러운 내용을 알려드립니다. 이번 주 금요일에 갑자기 처리해야 할 일이 생겨, 원래 19일로 정해져 있던 방문을 부득이하게 미뤄야겠습니다.
很遗憾地通知您，由于本周五临时有事需要处理，我不得不推迟原定于19日的访问。
⊞ 推迟 tuīchí 연기하다 | 访问 fǎngwèn 방문

5일에는 다른 고객들이 방문하셔서 참석할 수 없을 것 같습니다. 미팅을 6일 동일한 시간으로 조정할 수 있겠습니까?
由于5日有另一组客户来访，我们可能无法参加。可否请您将会面安排至6日的同一时间？
⊞ 客户 kèhù 고객, 거래처 | 来访 láifǎng 방문하다 | 无法参加 wúfǎ cānjiā 참석할 수 없다

방문을 늦출 수 있으면 좋겠습니다. 가까운 시일 내에 방문할 수 있기를 바랍니다.
我们希望推迟访问，且在近期能够成行。
⊞ 成行 chéngxíng 실현되다

기꺼이 귀사와 회담을 하겠습니다. 그런데 공교롭게도 이번 달 말에 제가 미국으로 출장을 갑니다. 죄송하지만 계획하신 시간에 귀사를 방문하지는 못할 것 같습니다.
我们很乐意与贵公司进行会谈。不巧的是，本月底我将去美国出差，很抱歉不能在您安排的时间拜访贵公司。
⊞ 乐意 lèyì 기쁘게 ~하다 | 不巧 bùqiǎo 공교로운 | 月底 yuèdǐ 월말 | 拜访 bàifǎng 방문하다

아쉽게도 수요일과 목요일에는 제가 일이 있어 방문하지 못합니다. 금요일 오전 10시로 바꿀 수 있을까요?
很可惜，星期三和星期四我有事无法访问，可以改成星期五上午10点吗？

아쉽게도 그날 제가 부산에서 회의에 참석해야 합니다. 시간을 화요일 오전 10시로 바꿀 수 있을까요?
很可惜，我当天在釜山有一个会议要参加。我们可以把时间改成星期二上午10点吗？

저희가 말씀드린 시간과 장소에 동의해 주신다면 저희가 훨씬 편리하겠습니다.
如果贵方同意我方提出的时间和地点，我们会更加方便。
⊞ 提出 tíchū 제시하다 | 更加 gèngjiā 더욱

이 변경이 당신에게 너무 많은 불편을 끼치지 않기를 바랍니다.
我希望，这一变化不会给您带来太多的麻烦。

따로 회견을 마련할 수 있기를 바랍니다.
希望我们能另行安排会晤。
⊞ 另行 lìngxíng 따로 ~하다 | 会晤 huìwù 만나다, 회견하다

양해해 주셔서 감사합니다.
谢谢您的体谅。
⊞ 体谅 tǐliàng 양해하다

양해해 주셔서 감사합니다.
感谢您的谅解。
⊞ 谅解 liàngjiě 양해하다

191 제안 거절

🔹 '183 대행사 신청 거절'(P.305) 참고

죄송합니다. 저희 회사는 현재 부동산 쪽에 투자할 계획이 없습니다.
很抱歉，我公司目前没有就房地产方面投资的计划。
⊞ 目前 mùqián 현재 | 房地产 fángdìchǎn 부동산 | 投资 tóuzī 투자

현재 저희 회사는 아직 새로운 판매 협의를 맺을 수가 없습니다. 정중히 양해를 구합니다.
目前我公司尚不能签订新的经销协议，敬请贵公司谅解。
⊞ 尚 shàng 아직 | 签订 qiāndìng 체결하다 | 经销协议 jīngxiāo xiéyì 판매 협의 | 敬请谅解 jìngqǐng liàngjiě 정중히 양해를 구하다

죄송하지만 저희는 현재 아직 이 분야의 계획이 없습니다.
很抱歉，我们目前还没有这方面的计划。

죄송합니다. 저희는 부동산에 투자할 의향이 없습니다.
很抱歉，我公司没有意向投资房地产。

물류가 상당히 발전 잠재력이 있는 업종이라는 것을 주목하고 있습니다. 그러나 죄송하지만, 저희 회사가 지금 물류에 투자하는 것은 좀 곤란할 것 같습니다.
我注意到物流是一个比较有发展潜力的行业，但很抱歉，我公司现在再去投资物流，可能会有一些困难。
⊞ 物流 wùliú 물류, 물품 유통 | 发展潜力 fāzhǎn qiánlì 발전 잠재력 | 行业 hángyè 업종

당신의 따뜻한 초청에 다시 한 번 감사드리며, 이후에 귀사와 협력할 수 있기를 기대하겠습니다.
再次感谢您的热情邀请，期待将来与贵方进行合作。
⊞ 热情 rèqíng 열정적인 | 邀请 yāoqǐng 초청

CHAPTER

09

사내 회의 공지/행사 초대

01 사내 회의 공지
02 행사 초대

01 사내 회의 공지

 사내 회의 공지 메일에는 회의의 목적, 시간, 장소 등 핵심내용을 간략하게 적습니다. 마지막에는 '협조해 주셔서 감사합니다' 등의 인사말과 '特此通知(알려드립니다)'라는 표현을 붙이면 좋습니다.

 ☆ 软件开发项目会议邀请函

电脑研究中心、电子技术开发中心:
  为推进软件开发项目实施进度，我团队特邀请贵中心软件开发部委派相关技术人员参加软件开发项目会议。

  会议主题: 与ABC科技有限公司技术人员共同讨论软件开发项目流程
     及相关需求变更
  会议时间地点: 2014年1月17日(周五) 9:00-11:30 总部大楼-8F视频会议室
  我团队联系人: 胡建平(932号办公室)

  感谢贵中心对软件开发项目的大力支持!
  特此通知!

                  计算机管理中心
                  2014年1月13日

〈프로그램 개발 프로젝트 회의 참석 요청 메일〉
컴퓨터 연구센터, 컴퓨터 기술개발센터 앞:
프로그램 개발 프로젝트의 진행을 위해, 우리 팀은 특별히 귀 센터 프로그램 개발부에 관련된 기술인력을 프로그램 개발 프로젝트 회의에 참여하도록 파견해 주실 것을 요청드립니다.
  회의 주제: ABC테크놀로지 유한회사 기술인력과 함께 프로그램 개발 프로젝트 공정 및 관련 필요사항 변경에 대해 토론
  회의 시간 및 장소: 2014년 1월 17일(금) 9:00-11:30 본사 건물 8층 영상회의실
  우리 팀 연락 담당자: 후지엔핑(932호 사무실)
프로그램 개발 프로젝트를 지지해 주셔서 감사합니다!
특별히 공지합니다!

软件 ruǎnjiàn 프로그램 | 项目 xiàngmù 사업, 프로젝트 | 邀请 yāoqǐng 요청(초청)하다 | 推进 tuījìn 추진하다 | 实施 shíshī 실시하다 | 进度 jìndù 진도, 진행 속도 | 团队 tuánduì 팀 | 委派 wěipài 임명하여 파견하다 | 流程 liúchéng 공정, 과정 | 视频 shìpín 영상 | 支持 zhīchí 지지하다

☆ 软件开发项目会议纪要确认函

电脑研究中心、电子技术开发中心：

　　针对软件开发项目，我部紧急召开协调会议，会上达成以下共识，请各位予以确认。如有疑问或不妥之处，请与1月20日16点前予以回复，如无回复则视为认同本会议纪要。

　　参会人员：
　　　　电脑研究中心：松雷、王建新、李伟
　　　　电子技术开发中心：徐明华、刘丹峰、吴真真
会议时间地点：2014年1月17日(周五) 9:00-11:30 总部大楼-8F视频会议室

会议达成以下共识：
1. 电脑研究中心于2014年2月5日完成资料调查任务，负责人陈德怀；
2. 电子技术开发中心于2014年2月12日完成资料分析任务，负责人林大伟。

　　针对以上说明如存有疑问，请与1月20日16点前回复本邮件或联系我部负责人胡建平(932号办公室)。

　　　　　　　　　　　　　　　　　　　　　　　　　计算机管理中心
　　　　　　　　　　　　　　　　　　　　　　　　　2014年1月18日

〈프로그램 개발 프로젝트 회의 회의록 확인 메일〉
컴퓨터 연구센터, 컴퓨터 기술개발센터 앞:
프로그램 개발 프로젝트와 관련하여 우리 부서는 급히 협력회의를 열어 다음과 같은 결과를 얻었으니, 여러분의 확인을 바랍니다. 의문점이나 타당하지 못한 점이 있다면, 1월 20일 16시 전에 회신을 주십시오. 회신이 없으면 회의 결과에 동의하는 것으로 간주하겠습니다.
　　회의 참석 인원: 컴퓨터 연구센터: 쑹레이, 왕지엔신, 리웨이
　　　　　　　　　　전자기술 개발센터: 쉬밍화, 리우단펑, 우쩐쩐
　　회의 시간 및 장소: 2014년 1월 17일(금) 9:00-11:30 본사 건물 8층 영상회의실
회의에서 다음과 같은 결과를 얻었습니다.
　　1. 컴퓨터 연구센터는 2014년 2월 5일에 자료조사 임무를 완수한다. 책임자 천더화이.
　　2. 전자기술 개발센터는 2014년 2월 12일에 자료분석 임무를 완수한다. 책임자 린따웨이.
이상 설명에 대해 의문이 있으시면, 2014년 1월 20일 16시 전에 본 메일에 회신을 주시거나 부서 책임자 후지엔핑(932호 사무실)에게 연락주십시오.

纪要 jìyào 요약 기록 | 针对 zhēnduì ~에 있어서 | 召开 zhàokāi (회의를) 열다 | 协调 xiétiáo 협조 | 共识 gòngshí 공통의 인식 | 予以确认 yǔyǐ quèrèn 확인해 주다 | 不妥之处 bùtuǒ zhīchù 타당하지 못한 점 | 回复 huífù 회신 | 视为 shìwéi ~로 여기다 | 认同 rèntóng 동의하다

192 회의 공지

다음 팀미팅은 다음 주 수요일에 14층 회의실에서 열립니다.
我们下次的小组会议定于下周三在14F会议室召开。
⊞ 召开 zhàokāi (회의를) 열다

16일 오전 10시에 사무실에서 제1차 프로젝트 회의를 열겠습니다.
16日上午10点我们将在办公室召开第一次项目会议。
⊞ 项目 xiàngmù 사업, 프로젝트

제1차 프로젝트 회의가 23일 오전 10시 본사 건물 14층 회의실에서 열립니다.
第一次项目会议将于23日上午10点在总部大楼14层会议室召开。
⊞ 总部大楼 zǒngbù dàlóu 본사 빌딩

15일 15시에 본사 건물 14층 회의실에서 회의를 열어, 내년 영업계획에 대해 토론하겠습니다.
15日15点将在总部大楼14F会议室开会，讨论明年的销售计划。
⊞ 销售 xiāoshòu 영업

4일 오후 3시에 회의를 열어 지난 회의 때 해결하지 못한 TV화면 누광 관련 문제를 의논하겠습니다.
4日下午3点将召开会议讨论上次会议中未解决的有关电视屏幕漏光问题。
⊞ 屏幕 píngmù 화면 | 漏光 lòuguāng 누광

프로그램 개발 작업을 위해, 2014년 3월 9일에 103호에서 기술회의를 열겠습니다.
为做好软件开发工作，兹定于2014年3月9日在103室召开技术会议。
⊞ 软件 ruǎnjiàn 프로그램, 소프트웨어 | 兹 zī 이에, 지금 | 定于 dìngyú (언제) ~로 정하다

> **TIP 회의 관련 용어**
>
> - 开会 kāihuì, 召开会议 zhàokāi huìyì 회의를 열다
> - 出席 chūxí, 参与 cānyù (회의에) 참석하다
> - 参会 cānhuì 회의에 참석하다
> - 缺席 quēxí (회의에) 참석하지 않다   · 议题 yìtí 의제
> - 议程 yìchéng 의사 일정   · 纪要 jìyào 요약 정리

193 회의 안건 및 순서

이번 회의의 주제는 '지속가능한 발전'입니다.
这次会议的主题是"可持续发展"。

이번 회의의 목적은 업무효율 높이기입니다.
本次会议的目的是提高工作效率。

다음과 같은 문제를 논의할 예정입니다.
我们将讨论以下问题：

다음 세 가지 일을 완성해야 합니다.
我们要完成如下三件事情：

이번 회의의 주요 의제에는 아래의 내용이 포함됩니다.
本次会议的主要议题包括：
⊞ 议题 yìtí 의제 | 包括 bāokuò 포함하다

회의에서 TV화면 누광현상 해결방안을 논의할 것입니다.
会议将讨论电视屏幕漏光现象解决方案。
⊞ 屏幕 píngmù 스크린 | 漏光 lòuguāng 누광

프로그램 개발 프로젝트 일정 조정에 대해 논의하기 위해, 6일 오전 9시에 3층 회의실에서 회의가 있습니다.
为讨论软件开发项目日程安排，我们将于6日上午9时在3层会议室召开会议。
⊞ 软件 ruǎnjiàn 프로그램, 소프트웨어 | 项目 xiàngmù 사업, 프로젝트 | 日程 rìchéng 일정 | 召开 zhàokāi (회의를) 열다

첨부파일은 회의 순서입니다.
附件为会议议程安排。
⊞ 附件 fùjiàn 첨부문서 | 议程 yìchéng 의사 일정

관련 사항을 다음과 같이 공지합니다.
现将有关事项通知如下：
⊞ 事项 shìxiàng 사항 | 如下 rúxià 다음과 같다

194 준비사항 공지

관련 인원들은 보고 자료를 미리 준비해 주십시오.
请相关人员提前准备好报告材料。
⊞ 提前 tíqián 미리

프로그램 개발 프로젝트 회의 계획을 잘 세워주십시오.
请做好软件开发项目会议的计划。
⊞ 项目 xiàngmù 프로젝트

관련 보고 인원들은 이상의 내용에 근거하여 미리 PPT 보고자료를 준비해 주십시오.
请相关报告人员根据以上内容提前准备好PPT报告材料。

회의에서 구체적인 관련 업무를 연구하고 안배할 예정이니, 회의 참석 인원들은 회의자료를 준비해 주십시오.
会上研究和布置有关具体工作，请参会人员准备好会议材料。
⊞ 布置 bùzhì 배치하다 | 参会 cānhuì 회의에 참석하다

프로그램 개발 프로젝트의 회의 일정을 첨부하오니, 회의 전에 읽어주시기 바랍니다.
随函附上软件开发项目会议的议程，请会前阅读。
⊞ 随函附上 suíhán fùshàng 편지와 함께 첨부하다 | 议程 yìchéng 의사 일정

실험실 설비 관리시스템 개발계획서를 가지고 오시기 바랍니다.
请带上实验室设备管理系统开发计划书。
⊞ 设备 shèbèi 설비 | 管理系统 guǎnlǐ xìtǒng 관리시스템

다른 데이터를 준비할 필요가 있으면 저에게 알려주십시오.
如果还需要准备其他数据，请告知。
⊞ 数据 shùjù 데이터 | 告知 gàozhī 알리다

195 회의시간 변경

회의 자료가 아직 준비되지 않아, 회의를 오후 5시로 연기하겠습니다.
由于会议资料尚未准备好，我们将会议推迟到下午5点。
⊞ 推迟到 tuīchídào ~로 연기하다

회의시간이 10일 오전 9시로 변경되었습니다.
我们的会议时间将改为10日上午9点开始。

여러분의 요청에 의해 회의시간을 10일 오전으로 변경하였습니다.
应大家的要求，会议时间改为10日上午。
⊞ 应⋯要求 yìng…yāoqiú ~의 요구에 응하다

주의해 주십시오. 기술회의가 원래는 오후 3시에 시작하기로 되어 있었으나, 오후 2시로 변경되었습니다.
请大家注意，技术会议原定下午3点开始，现改为下午2点。
⊞ 原定 yuándìng 원래 ~로 정하다

관련 자료가 다음 주 화요일에야 완성되어, 원래 2일(월) 오전 9시에 영상회의실에서 열리기로 했던 회의 시간이 3일(화) 오전 9시로 변경되며, 장소는 동일합니다.
由于有关资料下周二才能完成，原定于2日(周一)上午9:00在视频会议室的项目进程报告会议，因故改为3日(周二)上午9:00召开，会议地点不变。
⊞ 视频 shìpín 영상 | 因故 yīngù 이러한 이유로 | 召开 zhàokāi (회의를) 열다

금요일 3시 회의가 목요일 3시로 변경되었으니, 모두 참석해 주십시오.
星期五3点的会议改为星期四3点，请大家届时参加。
⊞ 届时 jièshí 때가 되면

불편을 끼쳐 드린 점, 정중히 양해를 부탁드립니다.
由此造成的不便，敬请谅解。
⊞ 敬请谅解 jìngqǐng liàngjiě 정중히 양해를 구하다

서로서로 전달해 주십시오.
希望大家互相通知一下。

196 맺음말

프로그램 개발 프로젝트에 대한 귀처의 전폭적인 지지와 협조에 감사드립니다!
感谢贵处对软件开发项目的大力支持与协助！
⊞ 软件 ruǎnjiàn 프로그램, 소프트웨어 | 项目 xiàngmù 사업, 프로젝트 | 支持 zhīchí 지지 | 协助 xiézhù 협조

적극적인 지지와 참여를 기다리겠습니다!
真诚期待您的积极支持与参与！
⊞ 真诚 zhēnchéng 진심으로 | 参与 cānyù 참여하다

프로그램 연구개발위원회가 회의에 참석하실 것을 요청합니다.
软件研发委员会邀请您届时出席会议。
⊞ 研发 yánfā 연구개발 | 邀请 yāoqǐng 요청(초청)하다 | 届时 jièshí 때가 되면 | 出席 chūxí 참석하다

매우 중요한 회의이니, 시간 맞춰 참석해 주십시오. 특별한 일이 없다면 반드시 참석해야 합니다.
会议十分重要，请按时参会，如无特殊情况，不得缺席。
⊞ 按时 ànshí 제시간에 | 参会 cānhuì 회의에 참석하다 | 不得 bùdé ~해서는 안 된다 | 缺席 quēxí 결석하다

회의 참석 인원들은 시간 맞춰 참석하시고, 회의에 빠져서는 안 됩니다.
与会人员请按时参加，不得缺席。
⊞ 与会 yùhuì 회의에 참가하다

모든 회의 참석 인원들은 반드시 시간 맞춰 참석해야 하며, 이유 없이 빠져서는 안 됩니다.
凡参加会议人员，务必按时参会，无故不得缺席。
⊞ 凡 fán 모든 | 务必 wùbì 반드시 ~해야 한다 | 无故 wúgù 이유없이

회의에 참석할 수 있는지 빨리 회신 부탁드립니다.
请确认您是否参加会议并速复。
⊞ 确认 quèrèn 확인하다 | 速复 sùfù 빨리 회신하다

197 회의록 정리 발송

회의에서 (다음과 같은 사항을) 결정하였습니다.
会议决定：

다음과 같은 문제를 논의하였습니다.
我们讨论了以下问题：

회의에서 논의한 결과는 다음과 같습니다.
会议中，我们讨论的结果如下：

회의에서 다음의 공통된 인식을 달성하였습니다.
会议达成以下共识：
⊞ 达成共识 dáchéng gòngshí 공통된 인식을 달성하다

첨부파일은 26일에 있었던 불량제품 처리 문제에 대한 회의 요약입니다. 확인해 주십시오.
附件是26日关于不良产品处理问题的会议纪要，请查收。
⊞ 附件 fùjiàn 첨부문서 | 纪要 jìyào 요약정리 | 查收 cháshōu 살펴보고 받다

아래의 회의내용 개요를 확인해 주십시오.
请查收下面的会议内容概要。

의문점이나 타당하지 못한 점이 있으면 2014년 3월 18일 16시 이전에 회신을 해 주십시오. 회신이 없으면 본 회의 내용에 동의하는 것으로 여기겠습니다.

如有疑问或不妥之处请于2014年3月18日16点前予以回复，如无回复则视为认同本会议纪要。

⊞ 不妥之处 bùtuǒ zhīchù 타당하지 못한 점 | 予以回复 yǔyǐ huífù 회신을 하다 | 视为 shìwéi ~로 여기다

TIP 날짜 및 연도 표기

공식적인 문서의 날짜표기는 '2014年4月5日'처럼 하는 것이 일반적이며, 부서 회의 등을 알릴 경우에는 '20140405日'이라고도 표기할 수 있습니다. 연도표기에 있어서 특이사항이 있는데, 예를 들어 '1990년대'의 경우, '1990年代'라고도 쓰지만 '上个世纪90年代(지난 세기 90년대)'라는 표현도 연설문 등에서 자주 쓰입니다.

02 행사 초대

 공식적인 행사 초청장은 매우 정중한 문체로 작성됩니다. 전형적인 표현들이 많이 쓰이므로, 이러한 표현들을 익혀두어야 합니다.

☆ 笔记本电脑展销会(4.5-4.7)邀请函

尊敬的张博伟先生:

我公司将于4月5日至7日举办笔记本电脑展销会，如能光临，不胜荣幸。

时间：2014年4月5日-7日 9:00-16:00

地点：江南会议中心2F会议室

有关展销会的详细资料将于一周内发出。如果需要更多信息，请与李敏静女士联系(82-2-8888-8888)。期待您的莅临。

TS电子股份公司
李东哲
2014年3月20日

〈노트북컴퓨터 전시판매회(4.5-4.7) 초청 메일〉

존경하는 장보웨이 선생님께:

저희 회사는 4월 5일에서 7일까지 노트북컴퓨터 전시판매회를 개최할 예정이오니, 참석해 주시면 영광이겠습니다.

　　시간: 2014년 4월 5일-7일 9:00-16:00

　　장소: 강남컨퍼런스센터 2층 회의실

전시판매회와 관련된 상세자료는 일주일 내로 보내드리겠습니다. 더 많은 정보가 필요하시면, 이민정 씨에게 연락주십시오(82-2-8888-8888). 참석해 주시길 기대하겠습니다.

| 展销会 zhǎnxiāohuì 전시판매회 | 邀请 yāoqǐng 요청(초청)하다 | 举办 jǔbàn 거행하다 | 不胜荣幸 búshèng róngxìng 대단히 영광스럽다 | 莅临 lìlín 왕림하다

198 행사소식 알림 - 신제품 발표회/세미나/개업식

저희 회사는 10월 18일에 서울에서 성대한 창업식을 거행할 예정입니다.
我公司将于10月18日在首尔举行隆重的开业典礼。
⊕ 举行 jǔxíng 거행하다 | 隆重 lóngzhòng 성대한 | 开业典礼 kāiyè diǎnlǐ 개업식, 창업식

23일 저녁 7:00-9:00 베이징호텔에서 신춘완후이를 거행하오니, 참석해 주시길 정중히 부탁드립니다.
兹定于23日晚7:00-9:00在北京饭店举行迎新春晚会，届时敬请光临。
⊕ 兹 zī 지금, 이에 | 定于 dìngyú (언제) ~로 정하다 | 届时 jièshí 때가 되면 | 敬请 jìngqǐng 정중히 청하다

저희 창업식에 모시게 되어 대단히 기쁩니다.
很高兴邀请您参加我们的开业典礼。
⊕ 邀请 yāoqǐng 요청(초청)하다

저희는 2014년 5월 4일, 서울호텔에서 전자제품 박람회를 개최합니다.
我们将于2014年5月4日在首尔酒店举办电子产品博览会。
⊕ 举办 jǔbàn 거행하다 | 博览会 bólǎnhuì 박람회

저희 회사가 5월 5일에 창업하게 되어, 특별히 귀하를 창업식에 초청하오니, 이 중요한 시간에 함께 해 주십시오.
我公司将于5月5日开张，特邀请您出席开业典礼，见证这一重要时刻。
⊕ 开张 kāizhāng 개업하다 | 出席 chūxí 참석하다 | 见证 jiànzhèng 증인이 되다 | 时刻 shíkè 시간

2014년 5월 4일 오전 9시 서울호텔 3호 회의실에서 회사 창립 10주년 축하행사를 갖습니다.
兹定于2014年5月4日上午9点在首尔酒店3号会议室举办公司成立10周年庆祝大会。
⊕ 成立 chénglì 설립하다 | 庆祝 qìngzhù 축하하다

회사 창립 5주년을 기념하여, 2014년 6월 7일에 서울호텔에서 축하행사를 거행하오니, 참석 부탁드립니다.
为纪念公司成立5周年，兹定于2014年6月7日在首尔酒店举行庆祝大会，敬请您届时光临。

4월 5일에 여의도에서 열리는 창업행사에 참석해 주시기를 기쁘게 요청드립니다.
我们很高兴邀请您前来参加即将于4月5日在汝矣岛举办的开业典礼。
⊕ 前来 qiánlái ~로 오다 | 即将 jíjiāng 곧

5월 4일 오전 10시에 서울국제호텔에서 노트북컴퓨터 전시판매회가 열립니다. 참석해 주시기를 정중히 청합니다.
谨定于5月4日上午10时在首尔国际大酒店召开笔记本电脑展销会，敬请大驾光临。
⊞ 谨 jǐn 삼가 | 展销会 zhǎnxiāohuì 전시판매회 | 大驾 dàjià 귀하

5월 8일에 서울호텔에서 거행되는 저희 회사 창립 40주년 기념행사에 참석해 주시기를 요청드리게 되어 영광입니다.
我们非常荣幸地邀请您参加将于5月8日在首尔酒店举行的本公司成立40周年纪念活动。
⊞ 荣幸 róngxìng 영광스러운 | 纪念活动 jìniàn huódòng 기념행사

저희 회사 창립 10주년 기념행사에 참석해 주시기를 매우 기쁘게 요청드립니다. 이번 행사는 16일 오후 4시 서울호텔에서 거행될 예정입니다.
我们非常高兴邀请您参加我公司成立10周年纪念活动。本次活动将于16日下午4点在首尔酒店举行。

이전에 앞으로 있을 세미나에 대해 말씀드린 적이 있습니다. 오늘 정식으로 참석을 요청드립니다.
先前我曾向您提起过将要举行的研讨会，今日正式向您发出邀请。
⊞ 先前 xiānqián 이전, 예전 | 曾 céng 일찍이 | 提起 tíqǐ 언급하다 | 研讨会 yántǎohuì 세미나

이번 세미나가 24일부터 서울호텔에서 거행됩니다. 참석해 주실 것을 삼가 정중히 요청드립니다.
本次研讨会定于24日起在首尔酒店举行，谨此诚邀您出席。
⊞ 诚邀 chéngyāo 진심으로 요청하다

회사 창립 20주년을 축하하기 위하여, 이번 달 20일부터 연속 3일 동안 축하행사를 거행할 예정입니다.
为庆祝本公司成立20周年，我们将于本月20日起连续三天举办庆祝活动。
⊞ 举办 jǔbàn 개최하다 | 庆祝活动 qìngzhù huódòng 경축행사

199 '참석해 주시면 감사하겠습니다'

참석하시어 가르침을 주시기를 정중히 청합니다.
恭请您莅临指导。
⊞ 恭请 gōngqǐng 공손히 청하다 | 莅临 lìlín 왕림하다

김 선생님께서 참석해 주시길 정중히 청합니다.
敬请金先生莅临。
⊞ 敬请 jìngqǐng 정중히 청하다

참석해 주시면 대단히 영광이겠습니다.
敬请光临，不胜荣幸。
⊞ 不胜荣幸 búshèng róngxìng 대단히 영광스럽다

귀하의 참석을 정중히 요청드립니다.
恭请大驾光临。
⊞ 大驾 dàjià 귀하

당신의 왕림을 기대하겠습니다.
期待您的莅临。

참석하실 수 있다면, 매우 영광이겠습니다.
如果您能参加，我们将万分荣幸。
⊞ 万分 wànfēn 대단히

귀하의 참석을 환영합니다.
欢迎您的光临。

참석 부탁드립니다.
请届时光临。
⊞ 届时 jièshí 때가 되면

저희와 함께 TS전자 주식회사 설립 25주년을 축하해 주실 것을 요청드립니다.
诚邀请您与我们一起庆祝TS电子股份有限公司成立25周年。
⊞ 诚邀 chéngyāo 진심으로 요청하다 | 庆祝 qìngzhù 축하하다 | 成立 chénglì 설립하다

여러분의 참석을 진심으로 기대하겠습니다.
我们真诚地期待各位的光临。
⊞ 真诚 zhēnchéng 진심으로 | 各位 gèwèi 여러분

이번 개업식에 바쁘신 중에도 시간을 내어 참석하실 수 있기를 바랍니다.
希望您能拨冗出席此次开业典礼。
⊞ 拨冗 bōrǒng 바쁜 중에 시간을 내다 | 出席 chūxí 참석하다 | 开业典礼 kāiyè diǎnlǐ 개업식, 창업식

시간을 내어 참석하시기를 열렬히 요청드립니다.
在此热情邀请您抽空出席。
⊞ 热情 rèqíng 열렬히 | 邀请 yāoqǐng 요청(초청)하다 | 抽空 chōukòng 시간을 내다

바쁘신 중에도 시간을 내어 참석해 주시길 기대하겠습니다.
期望您能百忙之中抽出时间光临。
⊞ 百忙之中 bǎimáng zhīzhōng 바쁜 중에 | 抽出时间 chōuchū shíjiān 시간을 내다

저희 회사에서 거행하는 박람회에 오신다면 큰 영광이겠습니다.
若您能参加本公司举行的博览会，我们将十分荣幸。
⊞ 若 ruò 만약

200 참석 여부 확인

참석하기를 원하시는지, 아니면 다른 일정이 있으신지 회신 부탁드립니다.
敬请回复是否有意参加，或是有其他特别的日程安排。
⊞ 敬请 jìngqǐng 정중히 청하다 | 回复 huífù 회신하다

참석을 원하시면 23일 전에 저희에게 확답을 해 주십시오.
如您有意参加，请于23日之前和我们确认。
⊞ 有意 yǒuyì ~할 의향이 있다 | 确认 quèrèn 확인하다

참석 가능하신지 10일 전에 확정해 주신다면 대단히 감사하겠습니다.
如您能在10日前和我们确认能否参加，我们将不胜感激。
⊞ 不胜感激 búshèng gǎnjī 대단히 감사하다

속히 답장을 해 주십시오. 아울러 참석하실 수 있기를 바랍니다.
请尽快回复我们，并希望您能参加。

참석하실 수 있는지 15일 전에 확정해 주십시오.
请于15日前确认您能否参加。

31일 전에 회신해 주십시오.
请于31日前给予回复。
⊞ 给予回复 jǐyǔ huífù 회신하다

확답을 받을 수 있기를 바랍니다.
盼望收到您的确认。
⊞ 盼望 pànwàng 간절히 바라다

201 강연/사회 부탁

업무효율 높이기라는 문제에 대해서 강연을 해 주시면 좋겠습니다.
我们希望您能就提高工作效率这一问题做个演讲。
⊞ 演讲 yǎnjiǎng 강연

초대를 수락하시고 또한 회의에서 발표를 해 주신다면 대단히 감사하겠습니다.
如能接受邀请并在会上发表演讲，我们将不胜感激。
⊞ 邀请 yāoqǐng 요청(초청)하다 | 不胜感激 búshèng gǎnjī 대단히 감사하다

저희 부서에게 비즈니스 매너 문제에 대해 강의를 해 주신다면 대단한 영광이겠습니다.
如果您能给我部门就商务礼仪问题做一场讲座，我们将万分荣幸。
⊞ 讲座 jiǎngzuò 강좌 | 万分荣幸 wànfēn róngxìng 매우 영광스럽다

저희에게 귀처의 신재료 기술 분야의 연구성과를 나누어 주시기를 요청드립니다.
我们邀请您来跟我们分享一下贵处在新材料技术方面的研究成果。
⊞ 分享 fēnxiǎng 함께 나누다

이번 세미나에서 기조연설을 해 주실 것을 정식으로 요청드립니다.
兹正式邀请您本次研讨会上做主旨发言。
⊞ 兹 zī 지금 | 研讨会 yántǎohuì 세미나, 심포지움 | 主旨发言 zhǔzhǐ fāyán 기조 연설

귀하께 이번 회의의 발표자를 맡아주실 것을 요청드리고 싶습니다.
我们想邀请您担任本次会议的发言人。
⊞ 担任 dānrèn 맡다 | 发言人 fāyánrén 발표자

저희의 이번 요청을 받아주실 수 있기를 진심으로 바라며, 또한 24일 전에 결정사항을 저희에게 알려주십시오.
我们衷心希望您能接受此次邀请，并请于24日前将您的决定告知我们。
⊞ 衷心 zhōngxīn 진심으로 | 告知 gàozhī 알리다

태양건설 주식회사에서 귀하께 5월 18일에 한국 서울에서 열리는 제10회 도시발전 세미나에서 발표를 해 주실 것을 요청드립니다.
太阳建设股份公有限司邀请您为5月18日在韩国首尔举行的第十届城市发展研讨会演讲。
⊞ 举行 jǔxíng 거행하다 | 届 jiè 회[비교적 큰 행사의 횟수를 나타내는 양사]

삼가 태양건설 주식회사를 대표하여 5월 18일에 한국 서울에서 열리는 제10회 도시발전 세미나에서 강연을 해 주실 것을 요청드립니다.
我谨代表太阳建设股份有限公司邀请您于5月18日在韩国首尔举办的第十届城市发展研讨会上发表演讲。

중국 중소기업의 현황 및 발전과 관련하여 고견을 발표해 주실 것을 정중히 요청드립니다.
恭请您就有关中国中小企业的现状和发展发表高见。
⊞ 恭请 gōngqǐng 공손히 청하다 | 现状 xiànzhuàng 현황

강연시간은 30분이며, 나머지 20분은 참가자들의 질문을 받습니다.
演讲30分钟，另外20分钟供出席者提问。
⊞ 出席者 chūxízhě 참석자 | 提问 tíwèn 질문하다

저희의 요청을 고려해 주실 수 있기를 희망합니다.
希望您能考虑我们的邀请。

이번 요청을 받아들이실 수 있다면, 10일(수요일) 전에 저에게 알려주십시오.
如果您能接受此次邀请，请于10日(周三)前通知我们。

202 행사 관련 기타 안내사항

'044 연락처 및 홈페이지 안내' (P.117) 참고

첨부파일은 이번 세미나의 구체적인 일정입니다.
附件是此次研讨会的具体安排。
⊞ 附件 fùjiàn 첨부문서 | 研讨会 yántǎohuì 세미나, 심포지움

첨부파일은 이번 회의에 대한 자세한 소개이니 확인해 주십시오.
附件是本次会议的详细介绍，请查收。
⊞ 查收 cháshōu 살펴보고 받다

세미나 장소의 주소와 교통 노선도를 첨부합니다. 참석해 주시기를 기대하겠습니다.
附上研讨会地址和交通路线图，期待您届时光临。
⊞ 附上 fùshàng 첨부하다 | 地址 dìzhǐ 주소 | 届时 jièshí 때가 되면

박람회 홈페이지 www.tradefair.com에 등록하셔서 최신 정보를 얻으십시오.
请登录博览会网址www.tradefair.com获得最新信息。
⊞ 登录 dēnglù 등록하다 | 博览会 bólǎnhuì 박람회 | 网址 wǎngzhǐ 웹사이트 주소 | 获得 huòdé 획득하다

자세한 사항은 이진희 씨에게 연락 주십시오. 전화번호는 82-2-123-4567입니다.
具体事宜，请与李珍熙女士联系，电话号码为82-2-123-4567。
⊞ 事宜 shìyí 일, 사안

귀하의 왕복교통비용과 숙박비용은 모두 저희 회사에서 부담하겠습니다.
您的往返交通费用和住宿费用，均由本公司承担。
⊞ 往返费用 wǎngfǎn fèiyòng 왕복요금 | 均 jūn 모두 | 由…承担 yóu…chéngdān ~가 부담하다

도시발전협회가 귀하의 모든 경비를 부담하겠습니다.
城市发展协会将承担您所有的经费。
⊞ 协会 xiéhuì 협회 | 经费 jīngfèi 경비

전람회와 관련하여 더욱 많은 정보가 필요하시면, 저에게 직접 연락 주십시오.
如果需要展览会更进一步的细节，请直接与我联系。
⊞ 细节 xìjié 세부 사항

203 초대 수락

※ '004 상대방 메일 수신 확인 및 감사'(P.61) 참고

9월 28일에 거행되는 귀사의 개업식에 초청해 주셔서 진심으로 감사합니다.
盛情邀请我参加贵公司于9月28日举行的开业典礼，不胜感激。
⊞ 盛情 shèngqíng 따뜻하게, 정성껏 | 邀请 yāoqǐng 요청(초청)하다 | 开业典礼 kāiyè diǎnlǐ 개업식, 창업식 | 不胜感激 búshèng gǎnjī 대단히 감사하다

귀사의 창립 10주년 축하행사에 초청해 주셔서 감사합니다.
感谢您邀请我参加贵公司成立10周年庆祝大会。
⊞ 成立 chénglì 설립하다 | 庆祝大会 qìngzhù dàhuì 축하대회

따뜻한 초청에 감사드리며, 꼭 시간 맞춰 참석하도록 하겠습니다.
感谢您的热情邀请，我一定准时参加。
⊞ 热情 rèqíng 따뜻한 | 准时 zhǔnshí 시간에 맞춰

초청을 기쁘게 받아들이겠습니다.
我很高兴接受您的邀请。

4월 10일에 서울호텔에서 거행되는 귀사 40주년 기념행사에 기쁘게 참석하도록 하겠습니다.
我很乐意前去参加将于4月10日在首尔酒店举办的贵公司40周年纪念活动。
⊞ 乐意 lèyì 기쁘게 ~하다 | 前去 qiánqù ~로 가다 | 举办 jǔbàn 거행하다

기쁜 마음으로 당신의 초청을 받아들여 13일의 귀사 창립식에 참석하도록 하겠습니다.
我非常乐意接受您的邀请，出席13日贵公司的开业典礼。
⊞ 出席 chūxí 참석하다

당신의 초청을 기쁘게 받아들여, 12일에 여의도에서 열리는 개막식에 참석하도록 하겠습니다.
我很高兴接受您的邀请，参加12日在汝矣岛举办的开幕典礼。
⊞ 开幕典礼 kāimù diǎnlǐ 개막식

이 역사적인 순간을 함께할 기회가 생겨 영광스럽게 생각합니다.
能够有机会见证这历史性的时刻，我感到十分荣幸。
⊞ 见证 jiànzhèng 증인이 되다 | 荣幸 róngxing 영광스러운

이번 회의에 참석할 수 있어 정말 영광입니다.
能参加这次会议，实在是我的荣幸。

초청해 주신 데 대하여 다시 한 번 감사드립니다.
对您的邀请，再次表示感谢。

따뜻한 초청에 다시 한 번 감사드립니다.
再次感谢盛情邀请。
⊞ 盛情 shèngqíng 따뜻한, 정성 어린

204 성공적인 개최 축원

회의가 성공적으로 이루어지길 바랍니다!
祝会议圆满成功！
⊞ 圆满 yuánmǎn 원만하다

세미나가 성공적으로 이루어지기를 미리 축원합니다!
预祝研讨会圆满成功！
⊞ 预祝 yùzhù 미리 축하(축원)하다 | 研讨会 yántǎohuì 세미나, 심포지움

회의가 성공적으로 개최되기를 미리 축원드립니다!
预祝会议取得圆满成功！
⊞ 取得 qǔdé 얻다

이 중요한 회의가 성공적으로 개최되기를 진심으로 축원드립니다!
衷心预祝此次重要会议圆满成功！

⊕ 衷心 zhōngxīn 진심으로

난팡디스플레이 주식회사의 창업식이 성공적으로 개최되기를 미리 축원드립니다!
预祝南方显示科技股份有限公司开业典礼圆满成功！

⊕ 显示 xiǎnshì 디스플레이 | 开业典礼 kāiyè diǎnlǐ 개업식, 창업식

삼가 J&T테크놀로지 주식회사를 대표하여 이번 개업식이 성공적으로 이루어지기를 미리 축원드립니다!
我谨代表J&T科技股份有限公司，预祝此次开业典礼取得圆满成功！

⊕ 谨 jǐn 삼가

난팡디스플레이 주식회사의 개업식이 성공적으로 거행되기를 미리 축복합니다!
预祝南方显示科技股份有限公司的开业典礼成功举行！

⊕ 举行 jǔxíng 거행하다

난팡디스플레이 주식회사의 개업행사가 원만하고 순조롭게 거행되기를 미리 축원드립니다!
预祝南方显示科技股份有限公司的开业活动圆满顺利举行！

205 초대 거절

귀사의 창립 10주년 기념행사에 초청해 주셔서 감사합니다. 아쉽게도 저희가 이미 다른 일정이 잡혀 있어 귀사의 창업식에 참석하지 못합니다.
感谢您邀请我参加贵公司成立10周年的庆典。遗憾的是由于我们预先已有安排，故不能参加贵公司的开业典礼。

⊕ 邀请 yāoqǐng 요청(초청)하다 | 庆典 qìngdiǎn 축하 의식 | 预先 yùxiān 미리 | 开业典礼 kāiyè diǎnlǐ 개업식, 창업식

아쉽게도 그 기간 동안 저는 가족을 만나러 한국에 돌아가게 되어 그때 참석할 수 없습니다.
遗憾的是，该期间我要回韩国和家人团聚，因而届时不能出席。

⊕ 团聚 tuánjù 한 자리에 모이다 | 届时 jièshí 때가 되면 | 出席 chūxí 참석하다

유감스럽게도 저는 그 날 부산에 가서 조카의 결혼식에 참석해야 합니다.
很遗憾，我必须在当日前往釜山参加我侄女的婚礼。

⊕ 前往 qiánwǎng ~에 가다 | 侄女 zhínǚ 조카딸

당신의 따뜻한 초청에 감사드립니다. 그러나 유감스럽게도 제가 이번 주 수요일에 2주 동안 일본으로 출장을 가게 되어 이번 세미나에는 참석할 수 없습니다.
谢谢您的盛情邀请，遗憾的是我本周三要去日本出差两周，不能参加此次研讨会。
⊞ 盛情 shèngqíng 따뜻한 | 研讨会 yántǎohuì 세미나, 심포지움

유감스럽게도 이미 다른 일이 계획되어 있어 참석할 수가 없습니다.
很遗憾，我先前已安排了其他工作，所以无法出席。
⊞ 先前 xiānqián 미리, 전에

귀사의 창업식에 참석하지 못하여 유감입니다.
不能参加贵公司的开业典礼，我很遗憾。

초청을 받아들이지 못해 매우 죄송합니다.
我很抱歉不能接受您的邀请。

정중히 양해를 구합니다.
敬请贵方的谅解。
⊞ 敬请 jìngqǐng 정중히 청하다 | 谅解 liàngjiě 양해

진심으로 사과드립니다.
真诚地致歉。
⊞ 真诚 zhēnchéng 진심으로 | 致歉 zhìqiàn 사과(유감)의 뜻을 표하다

초청해 주신 것 다시 한 번 감사드립니다.
再次感谢您的邀请。

TIP 행사 관련 용어 및 행사 팁

- 开业典礼 kāiyè diǎnlǐ 개업식, 창업식
- 开幕典礼 kāimù diǎnlǐ, 开幕式 kāimùshì 개막식 ↔ 闭幕式 bìmùshì 폐막식
- 庆祝大会 qìngzhù dàhuì 축하대회
- 庆典 qìngdiǎn, 庆祝典礼 qìngzhù diǎnlǐ 축하 의식
- 纪念活动 jìniàn huódòng 기념행사
- 讲座 jiǎngzuò 강좌
- 研讨会 yántǎohuì 세미나, 심포지움
- 博览会 bólǎnhuì 박람회

- 展销会 zhǎnxiāohuì **전시판매회**

- 举办 jǔbàn, 举行 jǔxíng **거행하다**
- 出席 chūxí **참석하다** ↔ 缺席 quēxí **참석하지 못하다**

- 邀请 yāoqǐng **요청(초청)하다**
- 敬请 jìngqǐng **정중히 청하다**
- 恭请 gōngqǐng **공손히 청하다**
- 诚邀 chéngyāo **진심으로 초청하다**
- 莅临 lìlín, 光临 guānglín **왕림하다**

중국에서는 회의나 모임을 할 때, 지위가 높은 분이나 손님을 위해서 따뜻한 차를 준비합니다. 테이블 위에 차를 담은 컵을 두고, 담당자가 보온병을 준비하여 손님의 컵이 비지 않도록 살피면서 수시로 따뜻한 물을 따릅니다. 여름에는 따뜻한 차 대신, 작은 페트병에 담긴 생수를 준비하기도 합니다. 가정집에 손님이 온 경우에도, 따뜻한 차나 물을 대접하는 것이 예의입니다.

CHAPTER

10

출장

01 출장

01 출장

 상대방에게 출장을 요청하거나 직접 출장을 가는 경우, 출장의 목적과 주요업무 내용, 일정 등에 관해 분명히 언급하는 것이 좋습니다.

☆ 出差邀请函

张经理:

　　为了解决机器故障问题, 希望您能够安排大约一周的时间访问我公司。可以的话, 最好从13日起开始访问。要是您不介意, 我们可以帮您预订住宿。我公司附近有一家首尔酒店, 离我们办公室很近, 步行即可。您若有任何其他的需要, 请告知。我们乐意尽力为您服务。

　　此致

敬礼

J&T科技股份有限公司

李敏哲

2014年7月3日

〈출장 요청 메일〉

장 부장님께:

기계 고장 문제를 해결하기 위해 대략 일주일 동안 저희 회사를 방문해 주셨으면 좋겠습니다. 가능하다면 13일에 오시는 것이 가장 좋습니다. 괜찮으시다면, 저희가 숙소를 예약해 드릴 수 있습니다. 저희 회사 근처에 서울호텔이 있는데, 저희 사무실과 가까워 걸어서 갈 수 있는 거리입니다. 다른 요청사항이 있으시면 알려주십시오. 기꺼이 최선을 다해 도와드리겠습니다.

이와 같은 내용을 보내드립니다.

경례를 올립니다.

出差 chūchāi 출장 | 邀请函 yāoqǐnghán 초청(요청)편지 | 故障 gùzhàng 고장 | 访问 fǎngwèn 방문하다 | 介意 jièyì 개의하다 | 预订 yùdìng 예약하다 | 步行 bùxíng 걸어가다 | 即可 jíkě ~하면 되다 | 若 ruò 만약 | 告知 gàozhī 알리다 | 乐意 lèyì 기꺼이 ~하다

206 상대방에 방문 요청/방문 의사 밝히기

기계 고장 문제에 관하여 귀사와 상세하게 논의할 수 있기를 매우 바라고 있습니다.
我们非常希望就机器故障问题能够与您详细讨论。
⊞ 故障 gùzhàng 고장

관련 문제를 상의하기 위해 저희 회사에 방문하시도록 요청하게 되어 기쁩니다.
很高兴能邀请贵方来本公司讨论相关问题。
⊞ 邀请 yāoqǐng 요청(초청)하다

업무상의 문제를 터놓고 얘기할 수 있기를 기대하겠습니다.
很期待能与您畅谈业务上的问题。
⊞ 畅谈 chàngtán 허심탄회하게 이야기하다

207 출장 주요업무 내용

방문하실 때, 저희와 신제품 도입에 관해서도 논의할 기회가 있을 것입니다.
贵方来访之时，也有机会同我们讨论新产品的引进事宜。
⊞ 引进 yǐnjìn 도입하다 | 事宜 shìyí 일, 사안

이번 출장 중에 귀사의 작업장과 연구소를 방문하고 또한 신형 트랙터 개발 사안에 대해 논의하고 싶습니다.
在此次出差中，我希望访问贵公司的车间及研究所，并与贵方讨论开发新型号拖拉机的事宜。
⊞ 车间 chējiān 작업장 | 拖拉机 tuōlājī 트랙터

이번 출장 중에 저희가 조사하고 연구할 문제는 다음과 같습니다.
此次出差中，我们要调查研究的问题如下：

저의 이번 중국 출장의 임무 중 하나는 바로 귀사와 새로운 설비 도입에 대해 논의하는 것입니다.
我此次到中国出差的任务之一，就是与贵方讨论新的设备引进事宜。
⊞ 引进 yǐnjìn 도입하다

제 이번 방문의 주요 목적은 생물제약 분야의 선진기술을 배우는 것입니다.
我此次访问的主要目的就是学习生物制药领域的先进技术。
⊞ 制药 zhìyào 제약 | 领域 lǐngyù 영역

혹시 도움이 되실까 해서 그 제품의 성능표 한 부를 첨부합니다.
随函附寄该产品的性能表一份，或许对您有帮助。
⊞ 随函附寄 suíhán fùjì 편지와 함께 첨부하다 | 或许 huòxǔ 어쩌면 ~할지도 모른다 | 对…有帮助 duì…yǒu bāngzhù ~에 도움이 되다

상술한 내용대로 일정표를 하나 짜주십시오. 최대 10일 이내에 예정된 내용들을 완성할 수 있기를 바랍니다.
请按上述内容为我方编制一份日程表，希望最多用10天的时间完成这些预定内容。
⊞ 上述 shàngshù 상술한 | 编制 biānzhì 편성하다 | 预定 yùdìng 예정하다

이번 방문이 양사의 우호적인 관계를 증진하는 데 도움이 되기를 바랍니다.
我希望这次访问会有助于增进我们之间的友好关系。
⊞ 有助于 yǒuzhùyú ~에 도움이 되다 | 增进 zēngjìn 증진하다

208 출장 일정 조정

☼ '189 제안 수락1 - 미팅 동의'(p.315), '190 제안 수락2 - 미팅 연기'(p.316) 참고

저희는 대략 3월 15일쯤에 엔지니어 두 명을 베이징에 파견할 예정입니다. 정확한 날짜는 조금 있다가 확정하겠습니다.
大约3月15日前后我们将派两位工程师前往北京，准确的日期稍后将确定。
⊞ 派 pài 파견하다 | 工程师 gōngchéngshī 엔지니어 | 前往 qiánwǎng ~에 가다 | 准确 zhǔnquè 정확한 | 稍后 shāohòu 조금 뒤 | 确定 quèdìng 확정하다

7월 1일(월요일)에서 7월 5일(금요일)에 서울에 출장을 오실 수 있다면 대단히 감사하겠습니다.
您若能安排7月1日(周一)至7月5日(周五)来首尔出差，我将十分感激。
⊞ 若 ruò 만약 | 感激 gǎnjī 감격하다, 감사하다

7월 10일에서 31일 사이 어느 때에 방문하셔도 좋습니다.
您在7月10日至31日内任何时间来访都可以。
⊞ 来访 láifǎng 방문하다

7일로 시간을 정했으면 좋겠다고 하셨는데, 저희 쪽도 문제 없습니다.
您希望将时间定在7日，对我们来说没有问题。

4월 3일(월요일)에서 4월 10일(월요일)까지, 이 기간이 저희에게도 좋습니다.
4月3日(周一)至4月10日(周一)，该时间对我们也方便。

이 기간이 저희에게 가장 적합한 기간입니다.
这个时间段对我们最合适。

5월 8일은 저희가 좀 불편합니다. 이 부장님이 그날 베이징에 출장을 가셔야 합니다.
5月8日我方稍有不便，因李经理当天要去北京出差。
⊞ 稍有不便 shāoyǒu búbiàn 약간 불편하다

일정을 다시 고려해 주셨으면 좋겠습니다.
希望您重新考虑时间安排。
⊞ 重新 chóngxīn 다시

구체적인 일정은 아직 결정되지 않았습니다. 방문 날짜가 결정되는 대로 바로 공지해 드리겠습니다.
具体日程还未决定，访问日期一旦决定，会立刻通知贵方。
⊞ 立刻 likè 즉시

일정에 변동이 생기면 반드시 알려주십시오.
行程如有变动，请务必通知我们。
⊞ 行程 xíngchéng 여행 일정 | 务必 wùbì 반드시 ~해야 한다

209 숙박 문의 및 안내

귀사 부근의 호텔을 추천해 주실 수 있나요?
您能推荐一家贵公司附近的宾馆吗？
⊞ 推荐 tuījiàn 추천하다

서울호텔에 숙소를 마련해 주십시오.
请您在首尔酒店帮忙安排一下住宿。
⊞ 住宿 zhùsù 숙소

저희를 위해서 출장 기간 동안 묵을 호텔을 예약해 주십시오. 조식 포함이면 제일 좋습니다.
请您帮我们预订一家出差期间要住的酒店，最好包含早餐。
⊞ 预订 yùdìng 예약하다 | 早餐 zǎocān 조식

저희는 12일 저녁에 체크인하고 20일 오전에 체크아웃할 예정입니다. 서울호텔의 스탠다드룸 두 개를 예약해 주실 수 있나요?
我们打算在12日晚上入住，20日上午离开。您可否为我们预订首尔酒店的两个标准间？
⊞ 入住 rùzhù 체크인하다 | 标准间 biāozhǔnjiān 스탠다드룸

서울호텔에 12일부터 15일까지 2인실 세 개를 예약해 주시면 감사하겠습니다.
如果您能在首尔酒店帮我们预订从12日到15日的三个双人间，我将非常感谢。

⊞ 双人间 shuāngrénjiān 2인실

숙소에 대해 특별한 요구사항이 있으신지 알려주십시오.
请告诉我您对住宿是否有特殊的要求。

이미 서울호텔에 2일부터 7일까지 1인실 세 개를 예약해 놓았습니다.
我已经在首尔酒店预订了2日到7日的三个单人间。

⊞ 单人间 dānrénjiān 1인실

이미 2인실 두 개를 예약해 놓았습니다. 조식을 포함하여 약 100달러입니다.
我已经帮您预订了两个双人间，含早餐大概一百美元。

⊞ 含早餐 hán zǎocān 조식 포함

2인실 두 개를 예약하였습니다. 총비용은 대략 600위안입니다.
我预订了两个单人间，总费用大约六百元人民币。

서울호텔은 저희 사무실에서 가깝습니다. 걸어서 갈 수 있는 거리입니다.
首尔酒店离我们办公室很近，步行即可。

⊞ 步行 bùxíng 보행 | 即可 jíkě 바로 가능하다

210 교통편 문의 및 안내

공항에서 귀사로 가는 가장 좋은 교통노선을 추천해 주십시오.
请您推荐一下从机场到贵公司最好的乘车路线。

⊞ 乘车 chéngchē 승차 | 路线 lùxiàn 노선

공항에서 귀사까지 택시요금이 얼마쯤 나옵니까?
从机场到贵公司的出租车费大概多少?

공항에서 귀사로 가는 차량을 준비해 주실 수 있습니까?
您可以安排一下从机场到贵公司的车辆吗?

공항으로 저희를 마중할 차를 한 대 보내주실 수 있나요?
您能安排一辆车在机场接我们吗?

⊞ 接 jiē 맞이하다

저희는 한국 시간으로 오전 8시 비행기를 타서, 베이징 시간으로 오전 9시에 서우두공항에 도착할 예정입니다.
我们是韩国时间上午8点的飞机，预计在北京时间上午9点到达首都机场。
⊞ 预计 yùjì ~할 예정이다

저희가 충분한 준비를 할 수 있도록, 정확한 도착시간을 알려주십시오.
请您告知具体到达时间，以便我们做好充分的准备。
⊞ 以便 yǐbiàn ~하는 데 편리하도록

제 동료 김승훈 씨가 인천공항에 마중을 나갈 것입니다. 그는 한쪽에 '张先生'이라고 쓰여 있는 종이를 들고 있을 겁니다.
我的同事金承勋将到仁川机场迎接您，他将手持一面写有"张先生"字样的一张纸。
⊞ 同事 tóngshì 동료 | 迎接 yíngjiē 맞이하다 | 手持 shǒuchí 손에 들다 | 字样 zìyàng 자구, 문구

차를 한 대 준비하여 공항으로 마중 나가겠습니다.
我们会安排一辆车去机场接您。

이미 공항에 마중 나갈 차량을 준비해 놓았습니다.
我们已经安排好了一辆车在机场接您。

차량 준비에 참고하도록, 묵으실 호텔을 알려주십시오.
请告诉我们您将下榻的酒店，以便为您安排车辆。
⊞ 下榻 xiàtà 투숙하다

호텔에서 저희 회사로 오는 교통편은 이미 준비해 놓았습니다.
从酒店到本公司的交通，我们已经为您安排好。

공항에서 6015번 리무진을 타고 명동역에서 내리십시오. 요금은 약 1만 원입니다. 다시 호텔까지 택시를 타면 3천 원 정도 나옵니다.
您可在机场乘坐6015号机场大巴，到明洞站下，花费约一万元韩币，再打车到酒店需约三千元韩币。
⊞ 乘坐 chéngzuò 타다 | 花费 huāfèi 비용

공항에서 저희 사무실까지 택시요금이 약 6만 원 정도 나옵니다.
从机场到我们办公室的出租车费大概需要六万元韩币。

공항에서 공항철도를 타고 공덕역으로 오신 뒤, 2번 출구로 나와서 왼쪽으로 50m 오시면 저희 사무실이 있습니다.
您可在机场乘坐地铁空港线直接到孔德站，从2号出口出来，再向左走五十米就可到达我们办公室。

제가 23일 오전 8시에 투숙하신 호텔 로비로 가서 저희 회사로 모시도록 하겠습니다.
我将于23日上午8点到您入住的酒店大厅接您去我公司。
⊞ 入住 rùzhù 묵다 | 大厅 dàtīng 로비, 홀

제가 매일 아침 8시 반에 호텔로 가서 모셔오고, 오후 6시에 호텔로 모셔다 드리겠습니다.
我将每天早上8点半在酒店接您，每天下午6点送您返回酒店。
⊞ 返回 fǎnhuí 되돌아가다

회의 기간 동안 호텔 측에서 차량으로 매일 아침 8시 반에 컨퍼런스 센터까지 모셔다 드리고, 오후 6시에 호텔로 모셔다 드릴 것입니다.
会议期间，每天早上8点半酒店派专车接送客人至会议中心，每天下午6点接回宾馆。

211 기타사항 안내

저희 회사가 이번 방문의 모든 비용을 부담하겠습니다.
我公司将支付本次访问的所有费用。
⊞ 访问 fǎngwèn 방문

또 도와드릴 것이 있으면 무엇이든 말씀해 주십시오.
如果还有其他需要帮忙的地方，请告知我们。
⊞ 告知 gàozhī 알리다

다른 방면으로도 도와드릴 일이 있으면 메일로 알려주십시오.
如果我们还能在其他方面为您效劳，请来信告知。
⊞ 效劳 xiàoláo (～를 위해) 힘쓰다 | 来信 láixìn 편지를 보내오다

그 밖에 필요한 것이 있으면 알려주십시오.
您若有任何其他的需要，请告知。
⊞ 若 ruò 만약

기꺼이 최선을 다해 도와드리겠습니다.
我们乐意尽力为您服务。
⊞ 乐意 lèyì 기쁘게 ～하다 | 尽力 jìnlì 힘껏

CHAPTER

11

안내 및 공지

01 안내 및 공지

01 안내 및 공지

업무상의 주요 안내 및 공지사항으로는 '연락처 및 담당자/각종 변경 사항/휴무/기타 공지' 등이 있습니다. 공지문에서는 '알려드립니다'에 해당하는 '特此通知'라는 표현이 자주 사용되며, 상대방에게 불편을 끼치게 될 사항을 공지할 때는 '敬请谅解(양해 부탁드립니다)', '感谢您的支持与配合(지지와 협력에 감사드립니다)' 등의 표현을 쓰는 것이 좋습니다.

 ☆ 休假通知(4.1-4.7)及备用联系方式

李先生：

　　我将从4月1日到4月7日休假，于4月8日回来上班。本周之内，我会尽量处理有关软件开发项目的未尽事宜。休假期间，我将不能查看我的邮件。如有任何紧急事情，请与金承勋先生联系，电话：82-2-123-4567，电子邮件：dytech@dongyang.com。由此给您带来的不便，敬请谅解。

　　此致

敬礼

J&T科技股份有限公司

李珍熙

2014年3月25日

〈휴가 알림(4.1-4.7) 및 휴가 중 예비 연락 방식〉

이 선생님께:

저는 4월 1일부터 7일까지 휴가이며, 4월 8일에 출근합니다. 이번 주 내로 프로그램 개발 프로젝트와 관련된 남은 사안을 최대한 처리하도록 하겠습니다. 휴가기간에는 이메일을 확인하지 못할 것 같습니다. 급한 일이 있으시면, 김승훈 씨에게 연락해 주십시오. 전화번호는 82-2-123-45670이며, 이메일 주소는 dytech@dongyang.com입니다. 불편을 끼쳐드린 점, 정중히 양해를 구합니다.

이와 같은 내용을 보내드립니다.

경례를 드립니다.

休假 xiūjià 쉬다, 휴가를 보내다 | 备用 bèiyòng 예비하다 | 软件 ruǎnjiàn 소프트웨어, 프로그램 | 项目 xiàngmù 사업, 프로젝트 | 未尽事宜 wèijìn shìyí 미진한 사안 | 查看 chákàn 살펴보다 | 敬请谅解 jìngqǐng liàngjiě 정중히 양해를 구하다

212 연락처 및 담당자 안내

안녕하십니까? 저는 김명호라고 합니다. 앞으로 제가 당신이 계신 지역의 업무를 맡게 되었습니다.
您好，我叫金明浩，我将负责您所在地区的业务。
⊞ 负责 fùzé 책임지다

이상 설명에 대해 의문이 있으시면, 저희 부서 책임자 김 부장님께 연락해 주십시오.
针对以上说明如存有疑问，请与我部负责人金经理联系。
⊞ 针对 zhēnduì ~에 대하여 | 存有 cúnyǒu ~이 있다

미진한 사항에 대해서는 언제든 저희 회사에 연락해 주십시오. 연락처는 다음과 같습니다.
未尽事宜，请随时与我公司联系，联系方式如下：
⊞ 未尽 wèijìn 미진한, 끝나지 않은 | 事宜 shìyí 일, 사안 | 随时 suíshí 수시로

남은 사항에 대해서는 재무부 박 과장님께 연락해 주십시오. 전화번호는 82-2-123-4567이며, 사무실 주소는 한국 서울시 마포구 동교로 22길 12입니다.
未尽事宜，请与财务部朴主管联系，电话：82-2-123-4567，办公地址：韩国首尔市麻浦区东桥路22-gil12。
⊞ 办公地址 bàngōng dìzhǐ 사무실 주소

관련된 사항에 대해서는 이 프로젝트 담당자인 장리잉 씨에게 연락 주십시오. 연락처는 다음과 같습니다.
相关事宜，请与此项目负责人张丽英女士联系。具体联系方式如下：
⊞ 项目 xiàngmù 사업, 프로젝트

관련된 사항에 대해서 속히 저희 회사 영업부 박민정 씨에게 연락해 주십시오. 이메일 주소는 dytech@dongyang.com입니다.
相关事宜，请速与我公司销售部朴敏静女士联系，邮箱地址：dytech@dongyang.com。
⊞ 速 sù 빨리 | 邮箱地址 yóuxiāng dìzhǐ 이메일 주소

213 담당자 변경 안내

제가 앞으로 이영수 엔지니어의 업무를 대신할 것입니다. 그는 지난 주에 베이징 지사로 발령이 났습니다.
我将接替李英秀工程师，他已于上周调到北京分公司。
⊞ 接替 jiētì 대신하여 넘겨받다 | 工程师 gōngchéngshī 엔지니어 | 调到 diàodào 이동하다 | 分公司 fēngōngsī 지사, 계열사

저는 이은혜입니다. 제가 잠시 이민정 씨의 업무를 맡게 되었습니다.
我是李恩惠，暂时接管李敏静同事的工作。
⊞ 暂时 zànshí 잠시 | 接管 jiēguǎn 이어서 맡다 | 同事 tóngshì 동료

저는 김민철입니다. 제가 17일에 이 부장님의 직위를 넘겨받아 저희 팀의 부장이 되었습니다. 이 부장님은 건강 문제로 부득이하게 사직하였습니다.
我是金敏哲，已在17日接任李经理的职位，成为本团队的总监。李经理因健康的原因，不得不提出辞职。
⊞ 接任 jiērèn 이어서 맡다 | 职位 zhíwèi 직위 | 团队 tuánduì 팀 | 总监 zǒngjiān 총감독, 책임자 | 提出辞职 tíchū cízhí 사직하다

1월 4일에 제가 영업부 부장으로 임명되었습니다.
1月4日我被任命为销售部经理。
⊞ 被任命为 bèi rènmìng wéi ~로 임명되다 | 销售部 xiāoshòubù 영업부

4월 7일부터 제가 영업부 부장의 직무를 담당하게 되었습니다.
从4月7日起，我将担任销售部经理的职务。
⊞ 担任 dānrèn 담당하다 | 职务 zhíwù 직무

오늘부터 제가 J&T테크놀로지의 영업부 부장 직위를 담당하게 되었습니다.
从今天开始，我将担任J&T科技的销售部经理一职。

이곳의 업무를 이홍기 엔지니어에게 인수인계할 것입니다. 그는 다음 주에 부산에서 이곳으로 옵니다.
我把这里的工作移交给李弘基工程师，他将于下周从釜山来到这里。
⊞ 移交给 yíjiāogěi ~에게 인계하다 | 工程师 gōngchéngshī 엔지니어

무엇이든 문제가 있으시면, 언제든 저에게 연락 주십시오.
如果有任何问题，请您随时与我联系。
⊞ 随时 suíshí 수시로

214 출장/휴가 등으로 자리 비움

저는 1월 10일부터 15일까지 오스트리아로 출장을 가며, 사무실에는 17일에 출근합니다.
1月10日至15日我将去奥地利出差，17日回办公室。
⊞ 奥地利 Àodìlì 오스트리아(Austria)

다음 주에는 제가 휴가여서 월요일부터 금요일까지 메일을 확인할 수 없습니다. 무엇이든 급한 일이 있으시면 이진희 씨에게 연락해 주십시오.
下周我将休假，周一至周五将不能查看我的邮件。如有任何紧急事情，请与李珍熙女士联系：

⊕ 休假 xiūjià 쉬다, 휴가를 보내다 | 查看 chákàn 살펴보다 | 紧急 jǐnjí 긴급한

여행 기간 동안 휴대전화는 받을 수 없으나, 이메일로는 연락할 수 있습니다.
旅行期间，我将不能接听手机，但是用电子邮件可以联系。

많아야 2–3일에 한 번 이메일을 확인할 수 있습니다.
我最多只能每隔两三天查看一下邮箱。

⊕ 隔 gé 간격을 두다 | 邮箱 yóuxiāng 메일함

제 출장 기간 동안 두바이프로젝트와 관련하여 어떤 문제나 의문점이 있으시면 김영호 엔지니어에게 연락 주십시오.
在我出差期间，关于迪拜项目，如果有什么问题或疑问，请与金英豪工程师联系。

⊕ 项目 xiàngmù 사업, 프로젝트

제가 없는 동안 저희 부서의 이진희 씨가 도와드릴 겁니다.
我不在的期间，我部门的李珍熙女士会帮助您。

제가 없는 이 기간 동안 김영호 엔지니어가 제 업무를 처리할 것입니다.
我不在的这段时间，由金英豪工程师来处理我的业务。

⊕ 段 duàn 시기, 구간의 양사

제가 3월 10일에서 13일까지 출장을 가게 되어 그 때는 메일을 확인할 수 없습니다.
我3月10日至13日出差，届时无法查看邮件。

⊕ 届时 jièshí 때가 되면

이진희 씨는 현재 중국 출장 중입니다. 이진희 씨가 제게 프로그램 개발 프로젝트의 회의 일정을 알려드리라고 했습니다.
李珍熙女士正在中国出差，她让我转告您软件开发项目会议的日程安排。

⊕ 转告 zhuǎngào 전해주다 | 软件 ruǎnjiàn 프로그램 | 项目 xiàngmù 사업, 프로젝트

215 사무실 이전 공지

알려드립니다. 저희는 업무량의 증가로 5월 4일에 마포구 동교로 22길 12에 위치한 새로운 사무실로 이전하게 되었습니다. 사무실 전화번호는 바뀌지 않습니다.
很高兴通知您，由于业务量增加，我们决定5月4日搬到位于麻浦区东桥路22-gil12的新办公室。办公室电话号码不会更改。

⊞ 增加 zēngjiā 증가하다 | 搬到 bāndào ~로 옮기다 | 位于 wèiyú ~에 위치하다 | 更改 gēnggǎi 변경하다

저희는 2014년 1월 5일에 새로운 주소로 옮기게 되었습니다. 관련사항을 다음과 같이 공지해 드립니다.
我们将于2014年1月5日迁往新址。现特将有关事项通告如下：

⊞ 迁往新址 qiānwǎng xīnzhǐ 새주소로 옮겨가다 | 有关事项 yǒuguān shìxiàng 관련사항 | 通告 tōnggào 공지하다

더욱 많은 업무상의 필요를 만족시키기 위해, 저희 사무실은 이미 여의도에 위치한 빌딩으로 이사했습니다.
为满足更多业务需求，我们办公室已搬迁到位于汝矣岛的大楼里。

⊞ 搬迁到 bānqiāndào ~로 이전하다

동양물산 영업부는 3월 31일에 신촌에 위치한 새로운 사무실로 이사합니다. 새로운 사무실 주소는 다음과 같습니다.
东洋物产销售部将于3月31日搬迁到位于新村的新办公室，我们的新地址是：

⊞ 地址 dìzhǐ 주소

저희 회사는 10일부터 서교동으로 이전합니다. 저희의 주소는 서울시 마포구 동교로 22길 12로 변경되며, 전화번호는 바뀌지 않습니다.
本公司自10日起将迁至西桥洞。我们的地址改为：首尔市麻浦区东桥路22-gil12，联系电话保持不变。

⊞ 迁至 qiānzhì ~로 이전하다 | 保持不变 bǎochí búbiàn 변함없이 유지되다

동양물산 사무실이 새로운 곳으로 이전합니다. 전화번호와 팩스번호는 변경되지 않습니다.
东洋物产办公室迁入新址，但电话和传真号码不变。

⊞ 迁入 qiānrù ~로 옮겨가다 | 传真 chuánzhēn 팩스

이전 사무실 주소: 서울시 영등포구 당산동 333-3, 변경된 사무실 주소: 서울시 마포구 동교로 22길 12.
原办公地址：首尔市永登浦区堂山洞333-3；现更改为：首尔市麻浦区东桥路22-gil12。

⊞ 原办公地址 yuán bàngōng dìzhǐ 이전 사무실 주소 | 更改为 gēnggǎiwéi ~로 변경되다

저희의 새 주소는 다음과 같습니다.
这是我们的新地址：

새로운 사무실에서도 한결같이 당신을 위해 일하겠습니다.
我们期待在新的办公室一如既往地为您服务。

⊕ 一如既往地 yìrú jìwǎng de 지난날처럼

216 이메일/전화번호 변경 안내

동양물산은 2014년 6월 8일에 새로운 사무실로 이전하여, 이날부터 새로운 주소, 팩스, 전화번호를 사용하며, 기존 연락처는 모두 사용되지 않습니다.
东洋物产已于2014年6月8日搬迁至新的办公地点，即日起启用新地址、传真、电话号码，原号码全部停用。

⊕ 搬迁 bānqiān 이전하다 | 即日 jírì 그 날, 당일 | 启用 qǐyòng 사용하기 시작하다 | 传真 chuánzhēn 팩스 | 停用 tíngyòng 사용을 중지하다

저희의 새로운 주소와 전화번호, 팩스번호는 다음과 같습니다.
我们新的地址、电话及传真号码如下：

변경된 주소 및 팩스, 전화번호는 첨부파일을 참조해 주십시오.
变更后的地址、传真及电话号码请见附件。

⊕ 变更 biàngēng 변경하다 | 附件 fùjiàn 첨부문서

J&T테크놀로지 베이징 지사는 2014년 6월 6일에 정식으로 새로운 사무실로 이전하여, 이에 사무실 주소 및 전화번호, 팩스번호가 모두 변경되었습니다. 새로운 연락처는 다음과 같습니다.
J&T科技北京分公司已于2014年6月6日正式迁入新址办公，为此，办公地址、联系电话与传真号码均发生变更，新的联系方式如下：

⊕ 迁入 qiānrù 이사하다 | 新址 xīnzhǐ 새로운 주소

기존 전화번호: 82-2-123-4567, 변경된 번호: 82-2-234-5678.
原联系电话：82-2-123-4567；现更改为：82-2-234-5678。

⊕ 更改为 gēnggǎiwéi ~로 변경되다

이상 연락처는 오늘부터 정식으로 사용되오니, 주의해 주십시오.
以上联系方式即日起正式启用，敬请大家注意。

⊕ 敬请 jìngqǐng 정중히 청하다

불편을 끼쳐드린 점, 양해 부탁드립니다.
由此给您带来的不便，敬请谅解。

⊕ 谅解 liàngjiě 양해하다

217 휴무 안내

알려드립니다. 1월 31일에서 2월 2일 춘절 기간 동안 휴업하며, 2월 3일에는 정상영업합니다.
1月31日至2月2日春节期间将停业，2月3日正常营业，特此通知。
⊞ 停业 tíngyè 휴업하다 | 正常营业 zhèngcháng yíngyè 정상영업하다

베이징 왕징점은 춘절 기간 동안 정상적으로 영업합니다.
北京望京店春节期间将照常营业。
⊞ 照常 zhàocháng 평소처럼

저희 회사는 추석에 하루 휴업합니다.
我公司中秋节将停业一天。

저희 회사는 1일에서 7일 국경절 기간 동안 휴업합니다.
我公司在1日至7日国庆节期间将停业。

회사 창립 20주년을 기념하기 위해 J&T테크놀로지 주식회사 각 부서는 7일에 업무를 쉽니다.
为庆祝公司成立20周年，J&T科技股份有限公司各部门将于7日停业。
⊞ 庆祝 qìngzhù 축하하다 | 成立 chénglì 설립하다

가게 내부를 리모델링하게 되어, 3월 23일부터 31일까지 잠시 영업을 쉽니다. 4월 1일에 다시 개장합니다.
由于店内将重新装修，所以3月23日至31日我们暂停营业。将于4月1日重新开张。
⊞ 重新装修 chóngxīn zhuāngxiū 리모델링하다 | 暂停营业 zàntíng yíngyè 잠시 휴업하다 | 重新 chóngxīn 다시 | 开张 kāizhāng 개장하다

이 기간 동안 모든 업무는 잠시 중단됩니다.
在此期间，所有业务将会暂停。
⊞ 暂停 zàntíng 잠시 중지하다

국경절 기간에 정부 규정에 따라 1일에서 7일까지 휴가이며, 8일에 업무에 복귀합니다. 불편을 끼쳐 드렸다면 이해해 주십시오. 감사합니다.
国庆节期间，我们将根据政府规定，1日至7日休假，8日恢复办公。如造成不便请见谅，谢谢。
⊞ 恢复 huīfù 회복하다 | 见谅 jiànliàng 양해를 얻다

저희 회사는 현재 추석 휴가 기간으로, 10월 6일에 업무를 시작합니다. 10월 6일 월요일에 출근한 뒤 즉시 모든 메일에 답장을 보내드리겠습니다.
我们正值中秋节假期，10月6日才开始上班。我10月6日星期一回来上班后，会立刻回复所有的邮件。
⊞ 正值 zhèngzhí 마침 ~한 때이다 | 回复 huífù 회신하다

이번 휴무로 귀하께 끼치게 될 모든 불편에 대해 양해 부탁드립니다.
对于此次暂停营业可能给您带来的任何不便，敬请见谅。
⊞ 暂停营业 zàntíng yíngyè 잠시 휴업하다 | 敬请见谅 jìngqǐng jiànliàng 정중히 양해를 구하다

이 일로 여러분께 불편을 끼쳐 드리게 된 점, 양해 바랍니다.
由此给大家带来的不便，敬请见谅。

218 기타 사항 공지

이번 행사에서 좋은 효과를 거두기 위해, 특별히 다음과 같이 공지합니다.
为使本次活动取得良好效果，特通知如下：

관련 사항에 대하여 특별히 다음과 같이 공지합니다.
现特将有关事项通告如下：
⊞ 事项 shìxiàng 사항 | 通告 tōnggào 공지하다

관련 사항을 다음과 같이 공지합니다.
现将相关事项通知如下：

포장과 관련된 주의사항을 다음과 같이 공지합니다.
现将有关包装的注意事项通知如下：

지불방식 변경사항에 대해 특별히 알려드립니다. 주요 지불조건 변경사항은 다음과 같습니다.
特寄函通知您有关付款方式的更改事宜。主要付款条件变更如下：
⊞ 寄函 jìhán 편지를 부치다 | 付款 fùkuǎn 지불 | 更改 gēnggǎi 변경하다 | 事宜 shìyí 일, 사안 | 变更 biàngēng 변경하다

5월 24일부터, 저희 영업시간이 매주 월요일에서 금요일, 8:30에서 22:30까지로 변경됩니다.
从5月24日起，我们的营业时间将变更为每周一到周五的8点半至晚10点半。
⊞ 营业时间 yíngyè shíjiān 영업시간

이 조정방안은 12월 5일에 정식으로 시행됩니다.
该调整方案将于12月5日正式执行。
⊞ 调整 tiáozhěng 조정하다 | 执行 zhíxíng 집행하다

저희 회사 제품의 가격 조정방안은 7월 1일에 정식으로 실시됩니다.
本公司商品价格调整方案7月1日起正式实施。
⊞ 实施 shíshī 실시하다

이와 같이 공지하오니, 다른 분들에게도 전해 주십시오.
特此通知，请相互转告。
⊞ 转告 zhuǎngào 전언하다

CHAPTER

12

신용 정보 문의 및 회신

01 신용 정보

01 신용 정보

거래하고자 하는 상대 회사의 신용 정보, 업무 능력, 업계 평가 등에 대해 알고 싶을 때는 그 회사의 거래 은행이나 거래처 등에 관련 상황을 문의합니다. 은행에 메일을 보낼 경우에는 '贵公司' 대신에 '贵行'이라는 표현을 사용합니다.

☆ 资信情况问询函

中国银行北京望京分行：

　　冒昧向贵行介绍，我是韩国J&T科技股份有限公司销售部的李珍熙。我们在认真考虑与北方电子产品有限公司建立业务关系，但是我们对这家公司并不十分了解。贵行作为这家公司提供资信证明的银行，能否提供给我们一些关于这家公司的财务、信用状况的信息？我们保证，贵行为我们提供的信息将作为绝密处理，不会给贵方造成任何不良影响。

　　非常感谢贵行对此事的关注。恭候贵行的尽快回复。

　　顺祝商祺！

J&T科技股份有限公司
李珍熙
2014年7月2日

〈신용상황 문의 메일〉

중국은행 베이징 왕징 지점 앞：

실례를 무릅쓰고 귀행에 제 소개를 드리겠습니다. 저는 한국 J&T테크놀로지 주식회사 영업부 이진희입니다. 저희는 베이팡전자제품 유한회사와 거래를 할 것을 진지하게 고려하고 있으나, 이 회사에 대해 잘 알지 못합니다. 이 회사가 제공한 신용증명은행으로서, 저희에게 이 회사의 재무 및 신용상황에 대한 정보를 제공해 주실 수 있습니까? 귀행이 저희에게 제공한 정보는 기밀처리할 것이며, 귀사에 어떠한 나쁜 영향도 끼치지 않을 것이라 보증합니다.

이 일에 대해 관심을 가져주셔서 매우 감사합니다. 빠른 회신을 정중히 기다리겠습니다.

사업이 번영하시기를 기원합니다!

资信 zīxìn 자금력과 신용도, 신용 | **问询** wènxún 문의하다 | **函** hán 편지 | **冒昧** màomèi 외람되다 | **贵行** guìxíng 귀행 | **认真** rènzhēn 진지하게 | **资信证明** zīxìn zhèngmíng 신용증명 | **财务** cáiwù 재무 | **信息** xìnxī 정보 | **保证** bǎozhèng 보증하다 | **绝密处理** juémì chǔlǐ 절대 기밀처리 | **造成** zàochéng 야기하다 | **不良影响** bùliáng yǐngxiǎng 좋지 않은 영향 | **关注** guānzhù 관심 | **恭候** gōnghòu 공손히 기다리다 | **尽快** jǐnkuài 되도록 빨리 | **回复** huífù 회신하다 | **顺祝** shùnzhù ～하는 김에 축복하다 | **商祺** shāngqí 사업이 잘 되다

219 은행/타회사에 거래처 신용 정보 문의

✱ 신용 정보 문의 메일의 시작 표현은 '002 첫 번째 이메일에서의 자기소개 및 인사'(P.59), '244 도움 및 협조 요청'(P.406) 참고

베이팡전자제품 유한회사가 저희 측에 그 회사의 신용상황 증명인으로 귀사를 추천하였습니다.
北方电子产品有限公司向我方推荐贵方为他们的资信状况证明人。

⊞ 推荐 tuījiàn 추천하다 | 资信状况证明人 zīxìn zhuàngkuàng zhèngmíngrén 신용상황 증명인

저희는 현재 베이팡전자제품 유한회사와 거래를 하려고 하는데, 그 회사에 대해 아는 바가 매우 적습니다. 귀사에서 이 회사의 신용정보를 제공해 주실 수 있다면 매우 감사하겠습니다.
我们正要与北方电子产品有限公司进行交易，但是我们对该公司所知甚少。贵方如果能提供这家公司的资信状况信息，我们将不胜感激。

⊞ 甚 shèn 매우 | 资信 zīxìn 자금력과 신용도, 신용 | 不胜感激 búshèng gǎnjī 대단히 감사하다

베이팡전자제품 유한회사가 귀행을 신용증명인으로 삼았습니다. 저희는 그 회사의 신용상황에 대해 구체적으로 알아보고 싶습니다.
北方电子产品有限公司以贵行做资信证明人，我公司希望具体地了解该公司的资信情况。

귀행이 그 회사의 신용, 업무능력과 평판에 대한 자세한 정보를 제공해 주시면 대단히 감사하겠습니다.
如果贵行能提供有关该公司的信用、业务能力和信誉的详细情况信息，我们将不胜感激。

⊞ 信誉 xìnyù 평판

그 업체의 상술한 상황에 대한 정보를 제공해 주시면 대단히 감사하겠습니다.
如贵行能提供该商行的上述情况信息，我们将不胜感激。

⊞ 商行 shāngháng 규모가 큰 상사 | 上述 shàngshù 상술한

베이팡전자제품 유한회사의 재정과 업무 관련 상황을 저희에게 알려주십시오.
请将有关北方电子产品有限公司财政和业务情况的信息告知我们。

⊞ 财政 cáizhèng 재정 | 告知 gàozhī 알리다

그 회사의 신용과 경영상황에 대해 솔직하게 평가해 주시면 감사하겠습니다.
如贵方能对该公司资信和商业经营情况给予坦率评价，我方将不胜感激。

⊞ 经营 jīngyíng 경영하다 | 给予…评价 jǐyǔ…píngjià ~한 평가를 내리다 | 坦率 tǎnshuài 솔직한

저희에게 베이팡전자제품 유한회사의 신용상황과 업무능력에 대한 정보를 제공해 주십시오. 정확할수록 좋습니다.
请给我方提供关于北方电子产品有限公司的信用情况和业务能力的信息，越准确越好。

⊞ 准确 zhǔnquè 정확한

저희는 다음과 같은 정보를 알고 싶습니다.
我们想了解一下以下信息：
⊞ 信息 xìnxī 정보

그 회사에 10만 달러의 신용한도를 주는 것이 괜찮은지 알려주십시오.
请告知我们给予该公司十万美元的信用额度是否可靠。
⊞ 给予 jǐyǔ 주다 | 信用额度 xìnyòng édù 신용한도 | 可靠 kěkào 믿을 만하다

그 회사가 해당금액을 지불할 능력이 있는지 알려주실 수 있습니까?
贵行能否告诉我们该公司是否有支付该金额的能力？
⊞ 金额 jīn'é 금액

이 회사가 신뢰할 만하다고 생각하십니까?
您认为这家公司值得信赖吗？
⊞ 值得信赖 zhídé xìnlài 신뢰할 만하다

제공하신 모든 자료는 모두 엄격히 기밀처리할 것이며, 귀행은 어떠한 책임도 질 필요가 없습니다.
贵行提供的所有资料我们都将严格保密，且贵行不需负任何责任。
⊞ 严格 yángé 엄격히 | 保密 bǎomì 비밀을 지키다 | 负责任 fù zérèn 책임을 지다

제공하신 정보를 엄격하게 기밀처리하겠습니다.
我们将严格保密贵方提供的信息。

그 회사의 재력과 평판에 대해 제공하신 모든 정보는 모두 엄격하게 기밀처리하겠습니다.
贵方所提供的所有关于该公司财力和信誉的信息，我方都会严格保密。
⊞ 信誉 xìnyù 신용, 평판

제공하신 모든 정보는 기밀처리할 것임을 보장합니다.
我们保证，贵方所提供的所有信息，我方都将保密。
⊞ 保证 bǎozhèn 보증하다

저희에게 제공하신 모든 정보는 절대 기밀에 부칠 것이며, 귀사는 어떤 책임도 없습니다.
贵方为我方提供的所有信息，我方都绝对保密，贵方没有任何责任。

귀사의 도움에 대해 매우 감사드립니다.
对贵方的帮助，我们不胜感激。

220 신용 정보 문의에 대한 답변1 – 긍정적인 답변

문의하신 회사의 신용상황에 대해서, 저희는 이미 조사를 마쳤습니다.
对贵方所询公司的资信情况，我们已经完成调查。
⊞ 所询 suǒxún 문의한 | 资信情况 zīxìn qíngkuàng 신용상황

귀사가 12일에 문의하신 내용에 답변해 드리겠습니다. 말씀하신 회사는 매우 실력있는 상장회사라는 것을 기쁘게 알려드립니다. 저희는 그 회사가 신뢰할 만하다고 생각합니다.
兹回复贵方12日的询问，很高兴告知贵方所提及的公司是一家实力很强的上市公司，我们认为该公司值得信赖。
⊞ 兹 zī 지금 | 回复 huífù 회신하다 | 询问 xúnwèn 문의하다 | 告知 gàozhī 알리다 | 提及 tíjí 언급하다 | 上市公司 shàngshì gōngsī 상장회사 | 值得信赖 zhídé xìnlài 신뢰할 만하다

기쁘게 알려드립니다. 저희의 조사에 의하면, 그 회사는 자금이 풍부하고 이 지역 업계에서 평판이 좋습니다.
我们很高兴告知您，根据我们的调查，该公司资金雄厚，在本地区业界信誉很好。
⊞ 雄厚 xiónghòu 풍부한 | 信誉 xìnyù 평판

그 회사는 저희 회사의 가장 좋은 고객 중 하나로, 재무상황이 양호하여 언제나 때맞춰 결제를 합니다.
该公司是本公司的最佳客户之一，这家公司财务状况良好，一直都及时付款。
⊞ 最佳 zuìjiā 가장 좋은 | 客户 kèhù 고객, 거래처 | 及时 jíshí 즉시, 때맞춰 | 付款 fùkuǎn 지불하다

우리 회사가 그 회사와 거래를 한 지 이미 20년이 되었는데, 그 회사는 항상 제 때에 약속을 이행하였습니다.
我公司与他们交易已经20年，他们一直准时履约。
⊞ 准时 zhǔnshí 시간에 맞춰 | 履约 lǚyuē 약속을 이행하다

저희가 아는 바로는, 그 회사의 재무상황은 양호합니다.
据我们所知，该公司的财务情况良好。

저희가 알기로, 언급하신 회사는 매우 높은 평가를 받는 전통 있는 회사입니다. 저희는 그 회사의 재무상황을 높게 평가합니다.
就我们所知，贵方所提及的公司是享有很高评价的老字号。我们高度认可该公司的财务情况。
⊞ 享有 xiǎngyǒu 누리다, 향유하다 | 老字号 lǎozìhào 전통 있는 회사 | 认可 rènkě 인가하다

그 회사에 50만 달러의 신용한도를 주실 것을 건의합니다. 저희가 그 회사에 준 신용한도는 이보다 많을 때도 있었습니다.
我们建议贵方可考虑给予他们五十万美元的信用额度。我们曾给过更高的信用额度。
⊞ 给予 jǐyǔ 주다 | 信用额度 xìnyòng édù 신용한도 | 曾 céng 예전에

다년간의 사업거래를 고려해 볼 때, 우리는 그 회사가 확실히 신뢰할 만한 회사라고 생각합니다. 귀사와 그 회사와의 거래가 성공적일 것이라 믿습니다.
鉴于多年的生意交往，我们认为该公司的确是可信赖的公司。我们相信贵方与该公司的交易应该会成功。
⊕ 鉴于 jiànyú ~을 감안하여 | 的确 díquè 확실히 | 信赖 xìnlài 신뢰하다

이것이 귀사에 도움이 되기를 바랍니다.
希望这对贵方有所帮助。

저희가 도울 일이 더 있다면, 알려주십시오.
如果还有我们可以帮忙的，敬请告知。
⊕ 敬请 jìngqǐng 정중히 청하다 | 告知 gàozhī 알리다

저희가 도움을 드릴 일이 더 있으면 무엇이든 알려주십시오.
如果还有我们可以帮助的，请尽管告知我们。
⊕ 尽管 jǐnguǎn 무엇이든

만약 제가 당신에게 도움이 될 수 있다면, 언제든 알려주십시오.
如果我能对您有所帮助，请随时告诉我。
⊕ 随时 suíshí 언제든

221 신용 정보 문의에 대한 답변2 - 부정적인 답변

유감스럽게도 이 일을 신중하게 처리하실 것을 제안드립니다.
我方很遗憾地建议贵方谨慎处理此事。
⊕ 谨慎 jǐnshèn 신중히

저희는 귀사가 그 회사의 신용상황에 대해 신중히 대응해야 한다고 생각합니다.
我们认为贵公司对其信用应谨慎对待。
⊕ 对待 duìdài 대응하다

이 회사에 대하여 신중하게 대응할 것을 건의드립니다. 더 정확한 결정을 내리기 위하여, 신용조회 회사를 찾아 더 깊이 조사를 해 볼 것을 건의합니다.
对这家公司，我们建议贵方谨慎对待。为做出正确决定，建议贵方再找征信公司做进一步调查。
⊕ 征信公司 zhēngxìn gōngsī 신용조회 회사

그 회사와 거래를 할 때 반드시 조심하고 신중하십시오. 다른 회사에 더 깊이 물어보시는 것이 가장 좋을 것 같습니다.
贵方与这家公司做生意时，请务必小心谨慎，最好再找其他公司进一步了解。
⊞ 务必 wùbì 반드시 ~해야 한다

그 회사와 거래하는 것을 신중하게 고려해 보아야 한다고 생각합니다.
我们认为贵方应该谨慎考虑与该公司建立业务往来。

222 신용 정보 문의에 대한 답변3 – 정확한 정보를 알지 못함

'250 거절' 참고(P.413)

저희가 현재 아는 바로는, 그 회사는 업계에서 평가가 매우 높습니다. 그러나 저희는 그 회사의 재무상황에 대해 잘 알지 못합니다.
根据我方目前所知，该公司在业界的评价很高，但是我们对他们的财务情况不太了解。
⊞ 目前 mùqián 현재

저희가 알기로, 그 회사는 비교적 믿을 만합니다. 그러나 저희는 그 회사의 실제 재무상황에 대해서는 잘 알지 못합니다.
就我方所知，该公司比较可信，但是我们对于他们的真实财务情况不太清楚。

저희는 2008년에 그 회사와 거래를 하였으나 거래액이 많지 않았습니다. 이 일에 있어서 당신을 돕지 못할 것 같습니다.
我们虽然2008年与该公司有过交易往来，但是交易额并不大。我们可能在此事上无法帮助您。
⊞ 交易额 jiāoyì'é 거래액

몇 년 전에 저희는 이 회사와 거래를 하였습니다. 그러나 거래액이 많지 않아, 신용상황에 대해 믿을 만한 정보를 제공해 드릴 정도는 못됩니다.
几年前，我们与这家公司有过一些生意往来。但是交易额并不大，不足以对其资信情况提供任何可靠的信息。
⊞ 不足以 bùzúyǐ ~하기에 부족하다 | 任何 rènhé 어떠한 | 可靠 kěkào 믿을 만하다

죄송합니다. 귀사가 메일에서 언급하신 회사에 대해, 저희는 재무상황이나 신용상황 등을 평가할 자격이 없습니다.
很遗憾，对于贵方在信中所提及的公司，我们没有资格评判其财务状况和资信情况等。
⊞ 提及 tíjí 언급하다 | 评判 píngpàn 판정하다

저희는 그 회사와 거래가 매우 적습니다. 대단히 죄송하지만 협조를 해 드릴 수 없습니다.
我们与该公司交往很少，非常抱歉无法给予协助。
⊞ 交往 jiāowǎng 왕래 | 给予协助 jǐyǔ xiézhù 협조해 주다

다시 더 알아보실 것을 건의합니다.
我们建议贵方再多询问一下。
⊞ 询问 xúnwèn 알아보다, 물어보다

223 신용 정보 문의에 대한 답변 4 – 기밀 처리 요구

이상의 정보를 엄격히 기밀처리해 주시기 바랍니다.
希望贵方对以上信息严格保密。
⊞ 严格 yángé 엄격히 | 保密 bǎomì 비밀을 지키다

저희가 제공한 정보를 기밀처리해 주시기 바랍니다.
希望贵方对我方所提供的信息保密。

이 정보는 단순 참고용이며, 우리는 이에 대해 어떠한 책임도 지지 않습니다.
这些信息仅供您参考，我方对此不承担任何责任。
⊞ 仅 jǐn 다만, 단지 | 承担责任 chéngdān zérèn 책임을 지다

이것은 저희의 개인적인 의견일 뿐이며, 단지 참고용으로 제공하는 것입니다. 저희는 아무 책임이 없습니다.
这仅代表我们的个人意见，仅供您参考，我方没有任何责任。

상술한 정보는 반드시 기밀처리해 주십시오. 저희는 이에 대해 어떠한 책임도 지지 않습니다.
上述信息请绝对保密，我方对此不承担任何责任。

CHAPTER

13

감사/축하/위로/사과/부탁/의사 표현

01 감사
02 축하
03 위로
04 사과
05 부탁 및 도움
06 의사 표현

01 감사

상대방의 도움이나 축하 등에 대해 적절히 감사를 표하는 것은 순조로운 업무 진행 및 친분 쌓기에 있어 매우 중요한 일입니다. 감사의 내용에 대해 구체적으로 언급하면, 너무 형식적이거나 딱딱하지 않게 보일 수 있습니다.

☆ 感谢推荐信

尊敬的徐建平先生：

非常感谢您将我介绍给大兴有限公司的朱先生。我已于上周与他联系，询问了一些问题，得到了许多帮助。

我之所以能够受到他的欢迎完全得益于您的推荐。承蒙您的热情帮助，我顺利完成了工作任务。为此，我再次向您表示由衷的感谢。

如果您有需要帮助之处，请随时与我联系。

最诚挚的敬礼。

J&T科技股份有限公司
韩东秀
2014年10月16日

〈추천 감사 편지〉

존경하는 쉬젠핑 선생님께:

따씽 유한회사의 주 선생님께 저를 소개해 주셔서 대단히 감사합니다. 저는 이미 지난 주에 주 선생님께 연락하여 몇 가지 문제를 문의하고 적지 않은 도움을 받았습니다.

제가 주 선생님께 환영을 받을 수 있었던 것은 모두 선생님의 추천 덕분입니다. 선생님의 적극적인 도움으로 순조롭게 업무를 완성할 수 있었습니다. 이에 대해, 다시 한 번 진심으로 감사드립니다.

제가 도와드릴 일이 있다면, 언제든 연락주십시오.

가장 진실한 경례를 드립니다.

| 推荐 tuījiàn 추천하다 | 询问 xúnwèn 문의하다 | 得益于 déyìyú ~의 덕을 보다 | 承蒙 chéngméng ~을 받다 | 热情 rèqíng 열정적인 | 由衷 yóuzhōng 진심에서 우러나오는 | 随时 suíshí 언제든지 | 诚挚 chéngzhì 진심 어린 | 敬礼 jìnglǐ 경례 |

224 도움 및 협조에 대한 감사1 - 회사

귀사의 신속한 커뮤니케이션과 관심에 매우 감사드립니다.
非常感谢贵公司的及时沟通和关心。
⊞ 及时 jíshí 즉시, 때맞춰 | 沟通 gōutōng 소통하다

먼저, 수년 동안 저희 회사에 주신 협조와 보살핌에 감사드립니다.
首先，感谢贵公司多年来给予我公司的协助和关照。
⊞ 给予 jǐyǔ 주다 | 协助 xiézhù 협조하다 | 关照 guānzhào 돌보다

이제껏 저희 회사를 크게 지지해 주셔서 감사합니다.
感谢贵方一直以来对我公司的大力支持。
⊞ 大力 dàlì 크게 | 支持 zhīchí 지지하다

저희를 위해 해 주신 모든 것에 대해 진심으로 감사를 표합니다.
对贵方为我们所做的一切表示诚挚的感谢。
⊞ 诚挚 chéngzhì 진심어린

저희에 대한 관심과 성원에 진심으로 감사드립니다!
衷心感谢贵方对我们的关注和支持！
⊞ 衷心 zhōngxīn 진심으로 | 关注 guānzhù 관심

귀사의 노력과 진심 어린 협조에 감사드립니다.
感谢贵方的努力及真诚的合作。
⊞ 真诚 zhēnchéng 진정한

저희는 줄곧 귀사의 특별한 관심을 받았습니다. 이에 대해 감사를 표합니다.
本公司一向承蒙贵公司格外关照，在此表示谢意。
⊞ 一向 yíxiàng 줄곧 | 承蒙 chéngméng ~을 받다 | 格外 géwài 특별한

20년간, 귀사는 저희 회사가 위기를 만났을 때마다 늘 큰 지지와 협조를 해 주셨습니다.
二十年来，贵公司在我公司遇到危机时，总是给予了大力支持与协助。
⊞ 遇到危机 yùdào wēijī 위기를 맞다

먼저 귀사가 이제껏 저희에게 믿음과 지지를 보내주신 데 대해 진심으로 감사드립니다.
首先对贵公司一直以来给予我们的信赖与支持表示衷心的感谢。
⊞ 信赖 xìnlài 신뢰

저희 회사가 노동자 파업 위기에 처했을 때 크게 도움과 지지를 보내주신 데 대해 진심으로 감사드립니다.
对贵公司在我公司工人罢工危急中给予的大力帮助与支持表示衷心的感谢。
⊞ 罢工 bàgōng 파업

저희 회사에 큰 지지와 도움을 주신 것에 대해 진심으로 감사드리며, 또한 숭고한 경의를 표합니다.
对贵公司给予我公司的大力支持和帮助表示衷心的感谢，并致以崇高的敬意。
⊞ 致以 zhìyǐ ~를 나타내다 | 崇高 chónggāo 숭고한 | 敬意 jìngyì 경의

금융위기 기간 동안 귀사의 큰 지지와 지도를 받았습니다.
金融危机期间我们得到了贵公司的大力支持和指导。
⊞ 金融危机 jīnróng wēijī 금융위기

귀사와 협력하는 동안, 저희에 대한 귀사의 신뢰를 깊이 느낄 수 있었습니다.
在合作中，我们深深地感受到了贵公司对我公司的信赖。
⊞ 深深地 shēnshēnde 깊이 | 信赖 xìnlài 신뢰

귀사의 도움이 없었다면, 저희 회사가 얼마나 큰 어려움을 겪었을지 상상할 수도 없습니다.
若没有贵公司的帮助，真无法想象我公司会遇到多大的困难。
⊞ 困难 kùnnan 곤란

저희 회사에 대한 변함없는 지지에 감사드리며, 앞으로 더 많이 협력할 수 있기를 바랍니다.
感谢贵公司对我公司一如既往的支持，希望在未来会有更好的合作。
⊞ 一如既往 yìrú jìwǎng 변함없는

이 기회를 빌어, 이제껏 협조해 주신 데 대해 감사를 표하며, 이후에도 지속적으로 지지해 주시기를 희망합니다.
借此机会，再次对贵方一直以来的协助表示感谢，并希望贵方今后能继续给予支持。
⊞ 借此机会 jiècǐ jīhuì 이 기회를 빌어 | 协助 xiézhù 협조 | 给予支持 jǐyǔ zhīchí 지지해 주다

225 도움 및 협조에 대한 감사2 – 개인

협조해 주셔서 감사합니다.
感谢您的协助。
⊞ 协助 xiézhù 협조

도와주셔서 감사합니다.
感谢您的帮助。

당신의 선의에 다시 한 번 감사드립니다.
再次感谢您的善举。
⊞ 善举 shànjǔ 착한 행위

이번 기회를 빌어, 당신의 협조에 감사드립니다.
借此机会感谢您的合作。
⊞ 借此机会 jiècǐ jīhuì 이 기회를 빌어

즉시 회신해 주셔서 매우 감사합니다.
非常感谢您的及时回复。
⊞ 及时 jíshí 즉시, 때맞춰 | 回复 huífù 회신하다

빠른 처리와 회신에 감사드립니다.
非常感谢您及时的处理和答复。
⊞ 答复 dáfù 답변

지난 번에 많은 도움과 성원을 받았습니다. 이에 정말 감사드립니다.
上次得到您的帮助和支持，为此我非常感谢。

이 일에 대한 당신의 관심에 깊은 감사를 표합니다.
对于您对此事的关照，我们深表感激。
⊞ 感激 gǎnjī 감격

귀하의 따뜻한 정성에 깊은 감사를 표합니다.
对您的盛情，我深表谢意。
⊞ 盛情 shèngqíng 정성, 두터운 정

저희에게 따뜻한 도움을 주셔서 진심으로 감사드립니다.
真诚感谢您给予我们的热情帮助。
⊞ 真诚 zhēnchéng 진심으로 | 给予帮助 jǐyǔ bāngzhù 도움을 주다

이러한 실적을 거둘 수 있었던 것은 모두 당신의 도움 덕분입니다.
这些成绩的取得都应当归功于您的帮助。
⊞ 取得 qǔdé 취득 | 应当 yīngdāng 반드시, 마땅히 | 归功于 guīgōngyú ~에게 공을 돌리다

따씽 유한회사의 신용상황과 관련된 자료를 제공해 주셔서 감사합니다. 저희에게 많은 도움이 되었습니다.
感谢您提供有关大兴有限公司资信情况的资料，这对我们很有帮助。
⊞ 资信情况 zīxìn qíngkuàng 신용상황

저희에게 주 선생님을 소개해 주셔서 감사합니다.
感谢您向我们介绍朱先生。

저희 회사에 동양물산을 소개시켜 주셔서 감사합니다.
感谢您将东洋物产介绍给本公司。

정말 감사합니다. 도움 주신 덕에 이번 거래가 아주 성공적이었습니다.
非常感谢，您的帮助使我们此次交易非常成功。

TIP 업무상의 도움 및 협조와 관련된 표현

支持 zhīchí 지지(하다)	配合 pèihé 협력(하다)
帮助 bāngzhù 돕다, 도움	协助 xiézhù 협조(하다)
合作 hézuò 협력(하다)	指导 zhǐdǎo 지도(하다)
惠顾 huìgù 보살피다[주로 고객에게 쓰는 표현], 보살핌	关照 guānzhào 돌보다, 돌봄
关注 guānzhù 주목(하다)	信赖 xìnlài 신뢰(하다)
信任 xìnrèn 신임(하다)	耐心等待 nàixīn děngdài 끈기 있게 기다리다, 기다림

위의 단어들은 모두 명사와 동사 용법으로 사용할 수 있습니다.

226 환대에 대한 감사

❉ 환대에 대한 감사 편지는 'chapter 1. 중국어 비즈니스 이메일의 시작 표현과 맺음말 – 02. 중국어 비즈니스 이메일의 맺음말' 샘플 메일(P.67) 참고

저는 토요일에 무사히 집에 돌아왔습니다.
我已于周六顺利返回家中。

따뜻한 환대와 세심한 배려에 감사드립니다.
感谢您的热情款待，以及您为我做出的周详的安排。
🞣 热情 rèqíng 열정적인 | 款待 kuǎndài 환대 | 周详 zhōuxiáng 세심한

귀사를 방문하는 기간 동안, 당신의 따뜻한 접대를 받았습니다.
在贵公司访问期间，我们受到了您的热情接待。
🞣 访问 fǎngwèn 방문 | 接待 jiēdài (정식으로) 접대하다

이번 방문에서 저희는 당신의 열정과 성의를 깊이 느꼈습니다.
这次访问，我们深切感受到您的热情和诚意。
⊞ 深切 shēnqiè 깊은 | 诚意 chéngyì 성의

이번 방문 중에 따뜻한 환대를 받은 것에 대해 감사를 표합니다.
此次访问中，承蒙您热情款待，在此表示感谢。
⊞ 承蒙 chéngméng ~을 받다

지난 번 귀사를 방문했을 때, 따뜻하게 환대해 주신 것에 대해 감사의 뜻을 전합니다.
上次访问贵公司，承蒙热情款待，对此深表谢意。

이번 출장 기간 동안 따뜻하게 대접해 주시고 도와주신 것에 감사드립니다.
谢谢您在此次出差中对我的招待和帮助。
⊞ 招待 zhāodài 접대하다

귀사의 공장을 방문하였을 때 따뜻한 대접을 받아 업무를 순조롭게 완성할 수 있었습니다.
参观贵工厂时，承蒙您的盛情招待，顺利完成了工作任务。
⊞ 参观 cānguān 참관하다 | 盛情 shèngqíng 따뜻한, 열정적인

귀사를 방문한 기간 동안, 바쁘신 중에도 시간을 내어 제게 베이징의 관광지를 안내해 주셔서 감사합니다.
在贵公司访问期间，感谢您在百忙之中抽出时间，陪同我游览北京的名胜古迹。
⊞ 百忙之中 bǎimáng zhīzhōng 바쁜 중에 | 抽出时间 chōuchū shíjiān 시간을 내다 | 陪同 péitóng 동반하다 | 游览 yóulǎn 둘러보다 | 名胜古迹 míngshèng gǔjì 명승고적

귀사를 방문한 기간 동안 귀중한 시간을 내어 대접해 주신 것, 매우 감사드립니다.
非常感谢您在我访问贵公司期间，腾出宝贵的时间接待我。
⊞ 腾出时间 téngchū shíjiān 시간을 내다

이번 방문으로 얻은 것이 매우 많습니다.
此次访问让我获益良多。
⊞ 获益良多 huòyì liángduō 얻은 것이 매우 많다

이번 방문을 통하여 적지 않은 수확을 얻었습니다.
此次访问让我受益匪浅。
⊞ 受益匪浅 shòuyì fěiqiǎn 얻은 것이 적지 않다

이번에 베이징에서 국제농업전람회에 참석하여 얻은 것이 많습니다.
这次来北京参加国际农业展览会，我们的收获很大。
⊞ 展览会 zhǎnlǎnhuì 전람회 | 收获 shōuhuò 수확

다시 한 번 따뜻한 환대에 감사드립니다!
再次感谢您的盛情款待！

다시 한 번 따뜻한 정성에 감사드립니다!
再次感谢您的盛情！

이번 즐거웠던 방문에 대해, 다시 한 번 감사드립니다.
对这次愉快的访问再次表示感谢。

머지 않아 다시 뵐 수 있기를 기대하겠습니다.
期待不久能与您再次会面。
⊞ 会面 huìmiàn (정식으로) 만나다

곧 서울에서 뵐 수 있기를 기대하겠습니다.
期待很快能与您在首尔会面。

서울에 오셔서 저희 회사를 참관하시는 것을 환영합니다. 저도 최선을 다해 모시겠습니다.
欢迎您来首尔参观我公司，我也将热情地招待您。
⊞ 招待 zhāodài 접대하다

사업 면에서 다시 한 번 협력할 기회가 있기를 바랍니다.
希望我们有机会在生意上再次合作。
⊞ 生意 shēngyi 사업

우리의 관계가 지속적으로 발전할 수 있기를 바랍니다.
希望我们的关系能够持续发展。

서울에서 대접할 수 있는 날을 기대하겠습니다.
期待有一天能在首尔接待您。

앞으로 당신의 따뜻한 환대에 보답할 기회가 있기를 바랍니다.
我希望将来有机会能对您的热情好客予以回报。
⊞ 好客 hàokè 손님 접대를 잘하다 | 予以回报 yǔyǐ huíbào 보답하다

227 행사 참석에 대한 감사

J&T테크놀로지가 서울에서 열린 회의에 참석해 주신 것에 감사드립니다.
J&T科技感谢您参加了在首尔举行的会议。
⊞ 举行 jǔxíng 거행하다

참석해 주신 것, 삼가 J&T테크놀로지를 대표해서 감사드립니다.
我谨代表J&T科技感谢您的光临。
⊞ 谨 jǐn 삼가

저희 회사는 2014년 4월 22일에 여의도에서 성대한 창업식을 거행하였습니다. 참석해 주셔서 감사합니다.
本公司于2014年4月22日在汝矣岛举行了隆重的开业典礼，我们非常感谢您的出席。
⊞ 隆重 lóngzhòng 성대한 | 开业典礼 kāiyè diǎnlǐ 개업행사 | 出席 chūxí 참석하다

바쁘신 중에도 시간을 내시어 이번 회의에 참석해 주셔서 감사합니다.
谢谢您在百忙之中抽出时间来参加这次会议。
⊞ 百忙之中 bǎimáng zhīzhōng 바쁜 중에 | 抽出时间 chōuchū shíjiān 시간을 내다

바쁘신 가운데 시간을 내시어 저희의 회의에 참석하시고 발표도 해 주신 것, 다시 한 번 감사드립니다.
再次感谢您从百忙中抽出时间参加我们的会议并且发言。
⊞ 发言 fāyán 발표하다

이번 행사에 대한 성원에 다시 한 번 감사드립니다!
再次感谢您对本次活动的支持！
⊞ 支持 zhīchí 지지

228 축하에 대한 감사

제 생일을 기억해 주셔서 감사합니다.
非常感谢您记得我的生日。

제 생일을 축복해 주셔서 매우 감사합니다.
十分感谢您对我的生日祝福。

제 생일을 축하해 주셔서 감사합니다.
感谢您给我的生日祝福。

제 생일을 따뜻하게 축하해 주셔서 매우 감사합니다.
非常感谢您对我生日的热情祝福。

축복해 주셔서 감사합니다.
谢谢您的祝福。

따뜻한 축복에 감사드립니다.
谢谢您温馨的祝福。
⊞ 温馨 wēnxīn 따스한

따뜻한 축복을 보내주신 데 감사드립니다.
谢谢您送来温馨的祝福。

당신의 축복에 다시 한 번 감사드립니다.
再次感谢您的祝福。

229 선물에 대한 감사

저에게 주신 선물, 정말 감사합니다.
非常感谢您送我的礼物。

이렇게 좋은 선물을 주셔서 다시 한 번 감사드립니다.
再次感谢您送我这么好的礼物。

보내주신 선물 잘 받았습니다. 정말 감사합니다.
您寄来的礼物已收到，我们非常感谢。

보내주신 크리스마스 선물에 진심으로 감사드립니다.
我衷心感谢您送我的圣诞节礼物。
⊞ 衷心 zhōngxīn 진심으로

축복과 선물에 감사드립니다.
谢谢您的祝福和礼物。

보내주신 선물과 정성에 감사드립니다.
我们非常感谢您的礼物和盛情。
⊞ 盛情 shèngqíng 정성

저희 아들에게 귀여운 인형을 선물해 주셔서 감사합니다.
谢谢您送给我儿子那个可爱的娃娃。

⊞ 娃娃 wáwa 인형

오늘 보내주신 선물 잘 받았습니다. 매우 감사합니다.
我今天收到了您寄来的礼物，非常感谢。

하지만 정말 이렇게까지 안 하셔도 되는데, 이미 저희에게 너무 많은 것을 해 주셨습니다.
不过您真的不用那么客气，您已经为我们做了很多。

이렇게 귀중한 선물을 주시다니 정말 무어라 감사드려야 할지 모르겠습니다. 지금도 저를 생각해 주시다니요.
您送来这么贵重的礼物，真是太客气了，在这个时候还惦记着我，十分感谢。

⊞ 惦记 diànjì 생각하다

TIP 중국인의 선물 습관

중국에는 '礼轻意重(작은 선물이지만 그 안에 담긴 정성은 많다)'이라는 말이 있습니다. 작은 선물이라도 잊지 않고 챙기면, '이 사람이 나를 생각해 주는구나'라고 고맙게 생각하는 것이 중국의 문화입니다. 그래서 중국사람들과 비즈니스를 할 경우에는 부담스럽지 않을 정도의 기념품이나 선물을 준비하는 것이 좋습니다. 단, 선물할 때는 다음의 몇 가지 품목은 피해야 합니다.

괘종시계(钟)	'送钟 sòng zhōng(괘종시계를 주다)'이라는 말이 '送终 sòng zhōng(장례를 치르다)'과 음이 같음
우산(伞), 부채 (扇)	'흩어지다'는 의미의 '散 sǎn'과 음이 유사함
손수건	옛날에 장례를 치른 사람에게 손수건을 주는 풍습이 있었음
녹색모자	바람난 남자를 가리켜, '戴绿帽子(녹색모자를 썼다)'라고 함

230 위로에 대한 감사

따뜻한 위로와 격려에 진심으로 감사드립니다.
我真心感谢您温暖的安慰和鼓励。

⊞ 温暖 wēnnuǎn 따뜻한 | 安慰 ānwèi 위로 | 鼓励 gǔlì 격려

당신의 위로와 격려가 제 마음을 아주 따뜻하게 해 주었습니다.
您的安慰和鼓励让我心里特别温暖。

따뜻한 편지와 저에 대한 관심에 매우 감사드립니다.
非常感谢您温馨的来信，以及对我的关心。
⊞ 温馨 wēnxīn 따스한 | 来信 láixìn 보내온 편지 | 以及 yǐjí 그리고

저를 위해 해 주신 모든 것에 대해 감사드립니다.
感谢您为我所做的一切。

당신 같은 좋은 친구가 있어서 매우 행복합니다.
有你这样的好朋友我感到很幸福。

* 중국어의 '朋友'는 한국어 '친구'보다 쓰임이 다양해서, '亲爱的顾客朋友们(친애하는 고객 여러분)', '市民朋友们(시민 여러분)', '观众朋友们(관중 여러분)' 등으로도 쓰입니다.

당신 같은 친구가 있어서 기쁘고 위안이 됩니다.
有您这样的朋友，我感到十分欣慰。
⊞ 欣慰 xīnwèi 기쁘고 위안이 되다

당신의 관심과 위로에 대해 진심 어린 감사를 표합니다!
我对您的关心和慰问，表示由衷的感谢！
⊞ 慰问 wèiwèn 위문하다, 위로하고 안부를 묻다 | 由衷 yóuzhōng 진심에서 우러나오는

바쁘신 중에도 저희 어머니의 병환에 관심을 가져주셔서 감사합니다.
感谢您在百忙之中对我母亲病情的关心。
⊞ 百忙之中 bǎimáng zhīzhōng 바쁜 중에 | 病情 bìngqíng 병세

당신의 보살핌은 저에게 매우 의미가 큽니다.
您的关怀对我意义重大。
⊞ 关怀 guānhuái 배려, 보살핌

바쁘신 중에도 저희 어머니를 뵈러 와주셔서 감사합니다. 현재 어머니는 다 나으셨으니, 걱정하지 않으셔도 됩니다.
谢谢您能在百忙之中来探望我的母亲，现在她已经痊愈，您不用再担心。
⊞ 探望 tànwàng 방문하다 | 痊愈 quányù 완쾌되다

저에 대한 보살핌에 특별히 감사드립니다. 당신의 관심에 매우 감동했습니다.
我特别感谢您对我的照顾，您的关心让我深为感动。
⊞ 照顾 zhàogù 보살피다 | 深为感动 shēnwéi gǎndòng 매우 감동이 되다

입원 기간 동안, 많은 분들이 여러 번 방문해 주셔서 많은 격려와 위로가 되었습니다. 저와 저희 가족 모두 깊이 따스함을 느꼈습니다.
我住院期间，大家多次来探望，总是给我以最大的鼓励和安慰，我和我的家人都感到很温暖。

➕ 安慰 ānwèi 위로

제 아내가 병으로 입원해 있을 때, 여러 지도자분들과 친구들이 관심과 위로를 보내주셔서 제 아내에게 큰 위로가 되었습니다!
在我妻子生病住院期间，承蒙各位领导和亲朋好友的关怀和慰问，给了我妻子莫大的安慰！

➕ 承蒙 chéngméng ~을 받다 | 关怀 guānhuái 배려, 보살핌 | 莫大 mòdà 막대한

제가 병이 나 입원해 있는 동안 저에게 세심한 관심과 보살핌을 주신 것에 대해 깊은 감사를 드립니다.
衷心感谢您在我生病住院期间给予我无微不至的关怀和照顾。

➕ 无微不至 wúwēi búzhì 세세한 것까지 신경을 쓰다

저와 저희 가족들에게 정성 어린 도움을 주신 데 대해 특별히 감사드립니다.
在此，我要特别感谢您给了我和我们全家人悉心的帮助。

➕ 悉心 xīxīn 온 마음으로, 정성을 다하여

이렇게 열정적으로 보살펴주신 데 대해, 다시 한 번 깊은 감사를 표합니다.
对于您如此热情的照顾，再次表示深深的感谢。

TIP 개인적인 도움과 관련된 표현

- 关怀 guānhuái 배려(하다), 보살피다, 보살핌
- 鼓励 gǔlì 격려(하다)
- 款待 kuǎndài 환대(하다)
- 慰问 wèiwèn 위문(하다), 위로하고 안부를 묻다
- 接待 jiēdài 접대(하다)
- 探望 tànwàng 방문(하다)
- 盛情 shèngqíng 정성스러운
- 深切 shēnqiè 깊은
- 温暖 wēnnuǎn, 温馨 wēnxīn 따뜻한

- 关心 guānxīn 관심(을 갖다)
- 安慰 ānwèi 위로(하다)
- 体贴 tǐtiē 자상하게 돌보다, 보살피다
- 惦记 diànjì 생각해주다
- 照顾 zhàogù 보살핌, 보살피다
- 好客 hàokè 손님 접대를 잘 하다
- 诚意 chéngyì 성의, 진심 어린
- 悉心 xīxīn 온 마음으로, 정성을 다하여
- 热情 rèqíng 열정적인

231 맺음말

제가 도와드릴 일이 있으면, 전화주십시오.
如果有什么事需要我帮忙，请致电我。
⊞ 致电 zhìdiàn 전화하다

필요한 것이 있으시면, 무엇이든 저에게 알려주십시오.
如有需要，尽管告知。
⊞ 尽管 jǐnguǎn 무엇이든 | 告知 gàozhī 알리다

제가 도움이 될 만한 일이 있으면, 꼭 알려주십시오.
如有需要效劳之处，务必告知。
⊞ 效劳 xiàoláo (~를 위해) 힘쓰다 | 务必 wùbì 반드시 ~해야 한다

이후에도 계속 연락할 수 있기를 바랍니다.
希望我们以后保持联系。
⊞ 保持 bǎochí 유지하다

이후에도 당신과 지속적으로 연락하며 많은 가르침을 구할 수 있기를 바랍니다.
希望以后能够继续与您保持联系，并能多多向您求教。
⊞ 求教 qiújiào 가르침을 청하다

다음에 서울에 오실 때 보답할 기회가 있기를 바랍니다.
希望下次您来首尔时能有机会答谢您。
⊞ 答谢 dáxiè 보답하다

가까운 시일 내에 보답할 기회가 있기를 바랍니다.
希望近期能有机会答谢您。
⊞ 近期 jìnqī 가까운 시기, 장래 | 答谢 dáxiè 사례하다

나중에 당신의 호의에 보답할 기회가 있기를 바랍니다.
我们希望在将来回报您的好意。
⊞ 回报好意 huíbào hǎoyì 호의에 보답하다

당신의 도움에 보답할 기회가 있기를 바랍니다.
希望能有机会回报您的帮助。

02 축하

 회사 창립/기념일 등에 대한 공식적인 축하메일은 매우 정중하고 격식 있게, 결혼/승진/수상/출산/입학 등에 대한 개인적인 축하메일은 친근하면서도 정중하게 작성합니다.

☆ 祝贺TARA服装股份公司成立十周年

TARA服装股份有限公司：
　　值此贵公司成立十周年之际，我谨代表新华贸易有限公司致以最真诚的祝福和最热烈的祝贺。贵公司在女士服装行业做出了很大的贡献，能与贵公司合作是我公司的荣幸。
　　预祝贵公司在国内外市场上，不断取得更加喜人的成就。也衷心期盼贵我双方继续一如既往地合作！
　　敬上

　　　　　　　　　　　　　　　　　　　　　　　新华贸易有限公司
　　　　　　　　　　　　　　　　　　　　　　　张俊杰
　　　　　　　　　　　　　　　　　　　　　　　2014年11月11日

〈TARA의류 주식회사 창립 10주년을 축하드립니다〉

TARA의류 주식회사 앞:
귀사 창립 10주년을 맞은 이 때, 삼가 신화무역 유한회사를 대표하여 가장 진심 어린 축복과 가장 열렬한 축하를 표합니다. 귀사는 여성복 업계에서 많은 공헌을 하였습니다. 귀사와 협력을 할 수 있는 것은 저희 회사의 영광입니다.
귀사가 국내외 시장에서 지속적으로 더욱 기쁜 실적을 거두시기를 미리 축원합니다. 또한 양사가 지금처럼 계속 협력할 수 있기를 진심으로 바랍니다!
정중히 드립니다.

| 成立 chénglì 설립하다 | 值…之际 zhí…zhījì ~하는 때에 | 谨 jǐn 삼가 | 真诚 zhēnchéng 진심으로 | 贡献 gòngxiàn 공헌 | 荣幸 róngxìng 영광스럽다 | 预祝 yùzhù 미리 축하하다 | 更加 gèngjiā 더욱 | 喜人 xǐrén 기쁜 | 衷心 zhōngxīn 진심으로 | 期盼 qīpàn 기대하다 | 一如既往地 yīrú jìwǎng de 지난날처럼

☆ 祝贺添丁之喜

亲爱的吴希:

　　刚刚听到你喜得贵子，我真为你高兴。你和大伟肯定很开心。祝愿小宝贝身体健康、茁壮成长！相信小宝贝将会带给你和大伟无限幸福。再次祝贺你们，并祝幸福快乐！

金敏晶
2014年11月28日

〈득남을 축하합니다〉

친애하는 우시:

방금 귀한 아들을 낳으셨다는 소식을 듣고 저도 정말 기뻐하고 있습니다. 당신과 따웨이가 분명 아주 기쁠 것입니다. 아기가 건강하고 튼튼하게 자라기를 바랍니다! 아기가 당신과 따웨이에게 무한한 행복을 가져다줄 것이라 믿습니다. 다시 한 번 두 사람을 축복하며, 행복하고 기쁘시기를 빕니다!

▌添丁 tiāndīng 아들을 얻다 | 喜得贵子 xǐdé guìzǐ 귀한 아들을 얻다 | 茁壮 zhuózhuàng 튼튼하다, 건강하다

232 '축하드립니다'

TS전자 주식회사가 삼가 귀사에 열렬한 축하를 보냅니다!
TS电子股份有限公司谨向贵公司致以热烈祝贺！
⊞ 谨 jǐn 삼가 | 致以 zhìyǐ ~를 나타내다 | 祝贺 zhùhè 축하하다

삼가 귀사에 열렬한 축하와 친절한 문안을 표합니다!
谨向贵公司致以热烈的祝贺和亲切的慰问！
⊞ 亲切 qīnqiè 친절하다, 친근하다 | 慰问 wèiwèn 위문하다, 위로하고 안부를 묻다

삼가 귀사에 열렬한 축하와 진심 어린 문안을 보냅니다!
谨向贵公司致以热烈的祝贺和诚挚的问候！
⊞ 诚挚 chéngzhì 진심 어린 | 问候 wènhòu 문안하다

TS전자 주식회사 직원 전원이 열렬한 축하를 표합니다!
TS电子股份有限公司全体人员表示热烈的祝贺！

다시 한 번 축하드립니다!
再次向您表示祝贺！

귀하의 성공에 대해 축하드리는 것을 허락해 주십시오!
请允许我对您的成功表示祝贺！
⊞ 允许 yǔnxǔ 허락하다

삼가 진심 어린 축하를 드립니다.
谨致以衷心的祝贺。
⊞ 衷心 zhōngxīn 마음에서 우러나오는

삼가 축하드립니다!
谨此祝贺！

233 승진 축하

영업부 부장으로 승진하신 것을 축하드리며, 더욱 많은 성취를 이루시기를 축복합니다.
恭喜您荣升销售部经理，祝您取得更大的成就。
⊞ 荣升 róngshēng 영예롭게 승진하다 | 销售部 xiāoshòubù 영업부 | 经理 jīnglǐ 지배인, 부장

사장으로 승진하신 것 축하드립니다.
祝贺您晋升为总经理。
⊞ 晋升 jìnshēng 승진하다 | 总经理 zǒngjīnglǐ 사장, 최고경영자

회사의 사장으로 승진하신 것을 축하드리려 메일을 드립니다.
祝贺您晋升为公司的总经理，特发此函。
⊞ 函 hán 편지

부장으로 승진하셨다니 매우 기쁩니다.
我很高兴得知您晋升为经理。
⊞ 得知 dézhī 알게 되다

승진하셨다니 기쁩니다. 새로운 직위에서 성공하시길 빕니다.
很高兴您得到了提拔，祝您在新的职位上取得成功。
⊞ 提拔 tíbá 발탁되다, 등용되다 | 职位 zhíwèi 직위

오늘 부장으로 승진하신 데 대해 삼가 열렬한 축하를 표합니다.
您今天晋升为经理，谨此表示热烈祝贺。
⊞ 谨 jǐn 삼가

영업부 부장으로 승진하셨다는 소식을 방금 들었습니다. 이에 특별히 축하메일을 드립니다.
刚刚获悉您被选为销售部经理，特写信向您表示祝贺。
⊞ 获悉 huòxī 알게 되다 | 被选为 bèi xuǎnwéi ~로 선택되다

승진하셨다니, 진심으로 기쁩니다.
为您的升职我感到由衷的高兴。
⊞ 升职 shēngzhí 승진 | 由衷 yóuzhōng 마음에서 우러나오는

당신의 승진에 대해 진심 어린 축하를 표합니다.
我对您的晋升表示衷心的祝贺。
⊞ 衷心 zhōngxīn 마음에서 우러나오는

새로운 직위에서 업무가 순조롭기를 바랍니다!
愿您在新职位上工作顺利！

부장으로 승진하셨다니 저도 매우 기쁩니다. 특별히 축하드립니다.
您晋升为经理，我非常高兴，特此奉贺。
⊞ 奉贺 fènghè 축하 드리다

당신의 좋은 소식을 듣게 되어 저희도 매우 기쁩니다. 저희의 가장 진실한 축하를 받아주십시오.
听到您的好消息，我们特别高兴。请接受我们最诚挚的祝贺。
⊞ 诚挚 chéngzhì 진심 어린

234 개업 및 창립기념일 축하

무역회사를 차리셨다는 소식을 기쁘게 들었습니다.
我欣喜得知您已成立了自己的贸易公司。
⊞ 欣喜 xīnxǐ 기쁘게 | 得知 dézhī 알게 되다 | 成立 chénglì 설립하다

귀사의 베이징 지사가 설립된 이 때에 삼가 축하를 드립니다.
值此贵公司的北京分公司开业之际，谨此祝贺。
⊞ 值…之际 zhí…zhījì ~하는 때에 | 分公司 fēngōngsī 지사, 계열사 | 开业 kāiyè 개업, 창업 | 谨 jǐn 삼가

삼가 TS전자 주식회사를 대표하여, 신화무역 유한회사의 개업을 열렬히 축하드립니다!
我谨代表TS电子股份有限公司，对新华贸易有限公司的开业表示热烈的祝贺！
⊞ 祝贺 zhùhè 축하하다

제가 TS전자 주식회사를 대표하여 신화무역 유한회사의 개업에 열렬한 축하를 드리는 것을 허락해 주십시오.
请允许我代表TS电子股份有限公司对新华贸易有限公司的开业表示热烈的祝贺。
⊞ 允许 yǔnxǔ 허락하다

TS전자 주식회사의 성대한 창업을 열렬히 축하드립니다!
热烈祝贺TS电子股份有限公司盛大开业！
⊞ 盛大 shèngdà 성대한

신화무역 유한회사 창립 소식을 기쁘게 들었습니다. 삼가 열렬히 축하드립니다!
欣闻新华贸易有限公司成立，谨此表示热烈祝贺！
⊞ 欣闻 xīnwén 기쁘게 듣다

귀사 창립 10주년을 맞은 이 때, 삼가 TS전자 주식회사를 대표하여 진심 어린 축하를 드립니다!
值此贵公司成立十周年之际，我谨代表TS电子股份有限公司致以衷心的祝贺！
⊞ 值…之际 zhí…zhījì ~할 때에 | 致以 zhìyǐ ~를 표하다 | 衷心 zhōngxīn 마음에서 우러나오는

회사 창립 30주년을 맞은 지금, 삼가 TS전자 주식회사에 가장 진심 어린 축복과 열렬한 축하를 표합니다.
值公司成立三十周年之际，谨向TS电子股份有限公司表示最真诚的祝福和最热烈的祝贺。
⊞ 真诚 zhēnchéng 진심으로

귀사의 창립 10주년 기념일이 곧 다가옵니다. 이에 귀사를 향해 가장 열렬한 축하를 보냅니다!
贵公司马上就要迎来公司成立十周年的大喜日子，在此，我们向贵公司表示最热烈的祝贺！
⊞ 迎来 yínglái 맞이하다 | 大喜日子 dàxǐ rìzi 아주 기쁜 날

삼가 신화무역 유한회사를 대표하여 TS전자 주식회사의 10주년 기념행사에 열렬한 축하를 보냅니다. 앞으로의 10년은 더욱 순조롭고 더욱 발전하시기를 바랍니다.
我谨代表新华贸易有限公司，对TS电子股份有限公司的十周年庆典表示热烈的祝贺。祝贵公司新的十年更顺利、更兴旺！
⊞ 庆典 qìngdiǎn 축하의식, 축전 | 兴旺 xīngwàng 번영하다

귀사가 새로운 10년을 향해 한 걸음 내딛으며, 찬란하고 아름다운 내일을 계속 써 나가시길 빕니다.
祝贵公司向新的十年稳跨第一步，续写光辉灿烂的美好明天！
⊞ 稳跨 wěnkuà 안정되게 뛰어넘다 | 光辉灿烂 guānghuī cànlàn 찬란한

새로운 사업이 순조롭길 바랍니다!
祝您新的事业一帆风顺！
⊞ 一帆风顺 yìfān fēngshùn 일이 순조롭게 진행되다

귀사가 업무상에서 기분 좋은 실적을 거두시기를 미리 축원드립니다!
预祝贵公司在业务上取得更加喜人的成绩！
⊞ 预祝 yùzhù 미리 축하(축원)하다

다가오는 해에는 귀사의 업무 실적이 이전보다 더욱 만족스럽기를 바랍니다.
希望来年贵公司在业务上的成绩比过去更为满意。
⊞ 来年 láinián 내년, 다음 해

저 또한 한결같이 귀사의 발전을 지켜보겠습니다. 가장 진심 어린 축원을 보냅니다.
我也将一如既往地关注贵公司的发展，并致以最诚挚的祝愿。
⊞ 一如既往地 yìrú jìwǎng de 지난날처럼 | 关注 guānzhù 지켜보다 | 诚挚 chéngzhì 진심 어린

TS전자 주식회사의 앞날이 더욱 찬란하고 더욱 발전하기를 진심으로 바랍니다.
衷心地希望TS电子股份有限公司的明天会更加灿烂辉煌、更加兴旺发达。
⊞ 灿烂辉煌 cànlàn huīhuáng 휘황찬란하다 | 兴旺发达 xīngwàng fādá 대단히 번창하다

TS전자 주식회사가 끊임없이 발전하고 더욱 번영하기를 진심으로 축복합니다.
我衷心祝愿TS电子股份有限公司不断发展，更加繁荣。
- 繁荣 fánróng 번영하다

귀사의 사업이 날로 발전하고 새로운 단계로 도약하시길 바랍니다!
恭祝贵公司事业蒸蒸日上，更上一层楼！
- 恭祝 gōngzhù 공손히 축원하다 | 蒸蒸日上 zhēngzhēng rìshàng 날로 번영하다

귀사의 실적이 해마다 늘어나길 바랍니다.
祝愿贵公司业绩年年长。

귀사의 규모가 계속 커지고 업무가 지속적으로 발전하며, 사업이 번영하고 재물이 많이 들어오길 미리 축복합니다!
预祝贵公司规模不断扩大，业务持续发展，生意兴隆，财源广进！
- 规模 guīmó 규모 | 扩大 kuòdà 확대되다 | 兴隆 xīnglóng 번창하다 | 财源广进 cáiyuán guǎngjìn 재원이 많이 들어오다

귀사가 성공적으로 상장된 것을 축하드립니다!
恭喜贵公司成功上市！
- 上市 shàngshì 상장되다

귀사의 사업이 번창하고 오래오래 지속되기를 진심으로 바랍니다!
我们衷心地希望贵公司生意兴隆、长久！
- 衷心 zhōngxīn 마음에서 우러나오는

개업에 행운이 함께 하시고 큰 부가 따르기를 빕니다!
祝开业吉祥，大富启源！
- 吉祥 jíxiáng 운이 좋은, 길한 | 大富启源 dàfù qǐyuán 큰 부의 근원이 열리다

개업하여 번영하시고 재물이 따르기를 바랍니다.
祝您开业兴隆，财物兴旺。
- 财物兴旺 cáiwù xīngwàng 재물이 번성하다

사업이 번성하시고 모든 일이 뜻대로 이루어지시길 바랍니다!
祝您生意兴隆，万事如意！

창업에 복이 깃드시고, 사업이 번창하시길 바랍니다!
祝开业大吉，生意兴隆！

귀사가 좋은 실적을 거두시기를 미리 축원드립니다!
预祝贵方取得骄人的成绩！
⊕ 骄人 jiāorén 자랑스러운

귀사의 실적이 날마다 높아질 것이라 믿습니다.
我们相信贵公司业绩定会蒸蒸日上。

> **TIP** '설립되다/개업하다'를 나타내는 용어

成立 chénglì	설립되다 [국가, 회사 등 규모가 큰 단체에 해당] ◉ 中华人民共和国成立于1949年10月1日。 (중화인민공화국은 1949년 10월 1일에 건립되었다.) ○○○公司成立于1990年。(○○○회사는 1990년에 설립되었다.)
创立 chuànglì	창립되다 [규모가 큰 회사 등 단체에 해당]
开业 kāiyè	개업하다, 창업하다 [큰 회사, 작은 점포 등의 창업과 개업에 해당]

235 결혼 축하

곧 다가올 두 사람의 행복한 결합을 삼가 진심으로 축하드립니다.
谨向你们即将到来的幸福结合致以衷心的祝贺。
⊕ 谨 jǐn 삼가 | 即将到来 jíjiāng dàolái 곧 다가오다 | 致以 zhìyǐ ~를 나타내다 | 衷心 zhōngxīn 진심으로

두 사람의 좋은 날에 가장 진실한 축하를 보냅니다.
值此二位大喜之日，谨致最诚挚的祝贺。
⊕ 值…之日 zhí…zhīrì ~하는 날에 | 谨致 jǐnzhì 삼가 표하다 | 诚挚 chéngzhì 진심 어린

두 사람의 신혼에 가장 아름다운 축복을 보냅니다.
为你们的新婚送上最美好的祝福。

두 사람이 함께 즐겁고 행복한 생활을 시작하길 바랍니다.
愿二位携手开启快乐与幸福的生活。
⊕ 携手 xiéshǒu 손을 잡다, 협력하다 | 开启 kāiqǐ 열다, 시작하다

저희 부부가 함께 두 사람이 행복하고 백년해로 하시길 축복합니다.
我们夫妇一同祝愿二位美满幸福，白头偕老。
⊕ 夫妇 fūfù 부부 | 一同 yìtóng 함께 | 美满 měimǎn 아름답고 원만하다 | 白头偕老 báitóu xiélǎo 백년해로 하다

이 아름다운 결혼식 날, 행복하고 아름답게 살기를 축복합니다.
值此婚礼佳日，祝愿幸福美满。
⊞ 佳日 jiārì 좋은 날

당신과 신랑을 향한 저의 진심 어린 축하를 받아주십시오.
请接受我对你和新郎的衷心祝贺。

두 사람의 생활이 아름답고 행복하기를 바랍니다.
祝愿二位生活美满幸福。

당신과 신부를 향한 가장 진실한 축하를 받아주십시오. 두 사람이 행복하고 원만하며 백년해로 하시길 바랍니다.
请接受我对你和新娘的最诚挚的祝贺，并祝愿二位幸福美满，白头偕老。

두 사람에게 삼가 아름다운 축원을 보냅니다. 당신과 신랑이 영원히 화목하고 건강하며, 행복하길 빕니다.
我们谨向二位致以美好的祝愿，祝你和新郎永远和睦、健康、幸福。
⊞ 和睦 hémù 화목하다

두 사람의 결혼생활이 행복하고 기쁘길 바랍니다.
祝你们的婚姻生活幸福欢乐。
⊞ 婚姻 hūnyīn 혼인 | 欢乐 huānlè 즐겁다

두 사람의 결혼생활이 분명 행복하고 아름다울 것이라 믿습니다.
我相信你们的婚姻生活一定会幸福美好。
⊞ 美好 měihǎo 아름답다

두 사람을 향한 가장 진심 어린 축복을 받아주십시오.
请接受我们对你们最衷心的祝福。

당신과 신부가 영원히 화목하고, 건강하고 행복하며 앞날이 밝기를 바랍니다.
愿你和新娘永远和睦、健康、幸福、前程似锦。
⊞ 前程似锦 qiánchéng sìjǐn 전도가 양양하다

두 사람이 영원히 서로 사랑하고, 서로 손잡고 아름다운 인생을 살아가길 바랍니다.
祝你们相爱永远，携手共度美丽人生。
⊞ 携手共度 xiéshǒu gòngdù 협력하여 함께 지내다

삼가 TS전자 주식회사 전체 임직원을 대신하여 두 사람의 결혼이 행복하기를 축복합니다!
我谨代表TS电子股份有限公司全体同仁，祝福你们新婚快乐!
⊞ 同仁 tóngrén 동료, 동종업체 등의 존칭

두 사람이 일생 동안 서로 사랑하고 같은 마음으로 가정을 이루며, 행복하고 아름답게 살기를 바랍니다!
祝二位钟爱一生，永结同心，幸福美满！
⊞ 钟爱一生 zhōng'ài yìshēng 일생동안 사랑하다 | 永结 yǒngjié 영원히 맺어지다

두 사람이 아름답게 한 가정을 이루게 된 것을 축하합니다.
祝贺你们的美满结合。

두 사람의 생활이 행복하고, 서로 존경하고 사랑하기 바랍니다!
祝福二位生活幸福，互敬互爱！
⊞ 互敬互爱 hùjìng hù'ài 서로 존경하고 사랑하다

TIP 중국의 축의금 문화

중국에도 결혼식 때 축의금을 주는 문화가 있습니다. 축의금은 붉은 봉투에 넣기 때문에, '축의금을 주다' 라는 말을 '送红包 sòng hóngbāo(붉은 봉투를 주다)'라고 합니다. 축의금은 주로 200/400/600/800위안 등 짝수로 넣으며, 좋은 의미의 숫자인 6/8/9 등을 겹쳐 666/888/999위안을 넣기도 합니다. 신랑 신부는 결혼식 당일이나 결혼 전후로, 사탕이나 초콜릿을 몇 개씩 포장하여 주위 사람들에게 축하사탕(喜糖 xǐtáng)을 돌립니다.

236 출산 축하

방금 이 기쁜 소식을 듣고, 모두 매우 기뻐하고 있습니다.
刚刚听到这个好消息，我们都很高兴。

아빠 엄마가 된 것을 축하합니다! 저의 열렬한 축복을 받아주십시오.
祝贺二位荣升父母！请接受我们诚挚的祝福。
⊞ 荣升 róngshēng 영광스럽게 ~의 지위에 오르다 | 诚挚 chéngzhì 진실한

아기의 탄생을 진심으로 축하드리며, 가장 아름다운 축복을 보냅니다!
衷心祝贺宝贝诞生，并致以最良好的祝愿！
⊞ 衷心 zhōngxīn 진심으로 | 诞生 dànshēng 탄생 | 致以 zhìyǐ ~를 나타내다

아들을 낳은 것을 것을 축하드립니다! 아기가 건강하고 씩씩하게 자라길 축원합니다!
恭喜您喜得贵子！祝小宝贝身体健康、茁壮成长！
⊞ 贵子 guìzǐ 귀한 아들 | 茁壮 zhuózhuàng 건강하다, 튼튼하다

아기가 건강하게 자라고, 즐겁고 행복하며 앞날이 무궁하기를 진심으로 축복합니다!
真诚祝愿宝贝健康成长，快乐幸福、前途无量！
⊞ 真诚 zhēnchéng 진심으로 | 前途无量 qiántú wúliàng 앞날이 무한하다

기쁨이 영원히 당신과 함께 하며, 아기가 건강하게 자라길 바랍니다!
愿欢乐永远伴随您，宝宝健康成长！
⊞ 伴随 bànsuí 함께 하다

사랑스런 아기가 날마다 건강하게 자라길 바랍니다!
愿可爱的小宝贝每天健康成长！

237 수상 축하

당신의 팀의 활동이 '대한민국 건축대전 대상'을 수상하였다는 소식에 매우 기쁩니다.
欣然得知最近你们团队的活动获得了"大韩民国建筑大展大奖"。
⊞ 欣然 xīnrán 기쁘게 | 得知 dézhī 알게 되다 | 团队 tuánduì 팀 | 获得 huòdé 획득하다

'대한민국 건축대전 대상'을 수상하신 것을 진심으로 축하드립니다.
衷心祝贺您获得了"大韩民国建筑大展大奖"。
⊞ 衷心 zhōngxīn 진심으로

'대한민국 건축대전 대상'을 수상하셨다는 기쁜 소식을 듣고, 축하를 드리고자 메일을 드립니다.
喜闻您获得了"大韩民国建筑大展大奖"，今日特发邮件表示祝贺。
⊞ 喜闻 xǐwén 기쁘게 듣다 | 邮件 yóujiàn 메일

영예롭게도 '대한민국 건축대전 대상'을 받으셨다니, 저 또한 매우 기쁩니다.
您荣获"大韩民国建筑大展大奖"，让我颇感欣慰。
⊞ 荣获 rónghuò 영예롭게 획득하다 | 颇感欣慰 pōgǎn xīnwèi 매우 위안이 되다

'대한민국 건축대전 대상'을 받으셨다니, 저희 또한 매우 기쁘고 고무됩니다.
您荣获"大韩民国建筑大展大奖"，让我们感到极大的欣慰和鼓舞。
⊞ 鼓舞 gǔwǔ 고무하다

'대한민국 건축대전 대상'을 받으셨다니, 이 자리를 빌어 축하드립니다.
您荣获"大韩民国建筑大展大奖"，特此奉贺。
⊞ 奉贺 fènghè 축하드리다

TS전자 주식회사가 앞으로 지속적으로 발전하고 번영할 것이라 믿습니다.
我相信TS电子股份有限公司今后会继续发展与繁荣。
⊞ 繁荣 fánróng 번영하다

238 입학 축하

장 선생님 측으로부터 아드님이 베이징대학의 합격통지서를 받았다는 소식을 들었습니다.
我从张先生处得知，您儿子已经收到北京大学的录取通知书。
⊞ 得知 dézhī 알게 되다 | 收到 shōudào 받다 | 录取通知书 lùqǔ tōngzhīshū 합격통지서

당신의 아이가 원하던 대학에 합격한 것을 축하합니다. 저 또한 매우 기쁩니다.
祝贺你家孩子考上了理想的大学，真为你高兴。

가장 진심 어린 축하를 받아주십시오.
请接受我最真诚的祝贺。
⊞ 真诚 zhēnchéng 진심 어린

따님의 앞날이 순조롭기를 바랍니다!
祝贵千金未来一切顺利!
⊞ 千金 qiānjīn 따님[남의 딸에 대한 존칭]

학업에 성과가 있고, 빛나는 앞날이 펼쳐지길 바랍니다!
祝学业有成，前程似锦!
⊞ 前程似锦 qiánchéng sìjǐn 전도가 양양하다

날로 발전된 업적을 쌓기를 바랍니다!
芝麻开花，节节高升!
⊞ 芝麻 zhīma 참깨 | 升 shēng 오르다

＊ 芝麻开花,节节高升: 참깨의 꽃은 한 가지에서 기존 꽃 바로 위에 새로운 꽃이 피어나는데, 이것을 어떤 사람의 실력이 점점 높아지는 것에 비유하여 표현함

TIP '祝贺' 앞에 전형적으로 붙는 수식어

- 诚挚的 chéngzhì de, 真诚的 zhēnchéng de **진심 어린**
- 由衷的 yóuzhōng de, 衷心的 zhōngxīn de **마음에서 우러나오는**
- 热烈的 rèliè de **열렬한**
- 亲切的 qīnqiè de **친절한, 친근한**

03 위로

 입원/각종 사고/자연재해/사망 등의 상황에 대해 위로를 할 때는, 상대방을 얼마나 걱정하고 있는지 먼저 표현하고, 어려운 일이 빨리 해결되기를 기원하는 표현을 덧붙입니다. 돌아가신 분에 대해서는 그 분이 얼마나 좋은 분이셨는지 언급하는 것도 좋습니다.

 ☆ 望李老师手术顺利

李老师：

　　我刚刚得知您前天因病住院的消息。得知您要进行手术，我感到十分不安。希望手术过程一切都顺利，并希望此次手术能彻底去除病根。诚挚祝愿您不日就能恢复健康，并在康复期间心情愉快。日内我将去看望您。

　　请多保重！

金敏晶
2014年10月4日

〈이 선생님의 수술이 순조롭기를 바랍니다〉

이 선생님께:

엊그제 병으로 입원하셨다는 소식을 방금 들었습니다. 수술을 하셔야 한다고 들었는데, 많이 걱정이 됩니다. 수술 과정이 모두 순조롭길 바라며, 이번 수술로 병이 깨끗이 나으시기를 바랍니다. 곧 건강을 회복하시고, 회복기간 중 즐거우시기를 진심으로 바랍니다. 가까운 시일 내에 찾아 뵙겠습니다.

건강하십시오!

得知 dézhī 알게 되다 | 住院 zhùyuàn 입원하다 | 消息 xiāoxi 소식 | 彻底 chèdǐ 철저히 | 去除 qùchú 제거하다 | 病根 bìnggēn 병의 근원 | 不日 búrì 머지 않아 | 恢复 huīfù 회복하다 | 康复 kāngfù 건강을 회복하다 | 日内 rìnèi 며칠 내에 | 看望 kànwàng 찾아뵙다 | 保重 bǎozhòng 건강에 주의하다

239 병문안

사무실의 모든 사람들이 걱정하고 있습니다. 하루빨리 건강이 회복되었다는 소식을 들을 수 있기를 바랍니다.
办公室的所有人都在挂念您，希望能尽早听到您康复的消息。
⊞ 挂念 guàniàn 염려하다 | 尽早 jǐnzǎo 되도록 빨리 | 康复 kāngfù 건강을 회복하다 | 消息 xiāoxi 소식

입원 기간 동안 빨리 병이 다 나으시길 바랍니다.
希望您在住院期间能早点把病治好。
⊞ 住院 zhùyuàn 입원하다 | 治好 zhìhǎo 다 낫다

시간이 된다면, 시간을 내어 찾아 뵙고 싶습니다.
如果时间允许，我想找机会去看望您。
⊞ 允许 yǔnxǔ 허락하다 | 找机会 zhǎo jīhuì 기회를 잡다 | 看望 kànwàng 찾아뵙다

입원 기간 동안 잘 쉬십시오. 저희가 이번 주말에 찾아뵙겠습니다.
请在住院期间好好休息，我们将在这个周末去探望您。
⊞ 探望 tànwàng 방문하다

하루빨리 회복하시기를 진심으로 바랍니다.
诚挚祝愿您早日康复。
⊞ 诚挚 chéngzhì 진심 어린 | 早日 zǎorì 빠른 시일 안에

빨리 회복하시길 기원합니다!
祝您早日康复！

건강하시길 빕니다!
祝您健康！

몸조심하시고, 푹 쉬십시오.
望您多多保重，好好休养。
⊞ 保重 bǎozhòng 건강에 주의하다, 몸조심하다 | 休养 xiūyǎng 휴양하다

몸조심하십시오.
请好好保重。

빨리 건강을 회복하시기를 진심으로 바랍니다.
诚挚祝愿您早日恢复健康。
⊞ 恢复 huīfù 회복하다

곧 완전히 건강해지시기를 바랍니다.
希望您不久就能完全康复。

상태가 지속적으로 호전되기를 바랍니다.
希望您身体继续好转。
⊞ 好转 hǎozhuǎn 호전되다

저희 가족 모두 당신이 빨리 회복되시기를 바라고 있습니다.
我们家人都希望您早日康复。

이 편지를 받으실 때에는 이미 많이 좋아지셨기를 바랍니다.
希望在您收到此信时身体已经好了许多。
⊞ 许多 xǔduō 많이

오늘 오전 장 선생님께 듣기로, 상당히 회복되셨다고 들었습니다. 저도 정말 안심이 됩니다.
今天上午从张先生处得知，您恢复得相当不错，我甚感欣慰。
⊞ 得知 dézhī 알게 되다 | 欣慰 xīnwèi 기쁘고 위안이 되다

상태가 좀 호전되셨다니, 안심이 됩니다.
听说您的状况有了好转，我感到很欣慰。
⊞ 有好转 yǒu hǎozhuǎn 호전되다

건강을 회복하신 것에 대한 저의 축하를 받아주십시오. 몸조심 하십시오.
请接受我对您康复的祝贺，保重。

발이 이미 다 나으셨다는 소식을 기쁘게 들었습니다.
我非常欣慰地得知您的脚已经康复。

240 자연재해/갑작스러운 사고

그곳에 쓰나미가 발생했다는 소식을 듣고 매우 마음이 아팠습니다.
得知贵地发生海啸的消息，我感到十分难过。
⊞ 得知 dézhī 알게 되다 | 贵地 guìdì 그쪽 지역[상대방의 지역을 높이는 말] | 海啸 hǎixiào 해일, 쓰나미

댁에 발생한 일을 듣고 저도 매우 안타까웠습니다. 모든 문제가 빠른 시일 안에 해결되기를 바랍니다.
我非常难过听到您家里所发生的事情，希望一切问题能够早日解决。
⊞ 难过 nánguò 마음이 아프다

당신의 고향에 발생한 일에 대해 듣고 저도 매우 안타까웠습니다. 특별히 편지를 보내 진심 어린 위로를 전합니다.
得知您家乡发生的事情我非常难过，特去函表达我深切的慰问。
⊞ 家乡 jiāxiāng 고향 | 去函 qùhán 편지를 보내다 | 表达 biǎodá 표하다 | 深切 shēnqiè 깊은 | 慰问 wèiwèn 위문

난징공장이 화재를 당했다는 소식에 저희도 매우 염려하고 있습니다.
得知南京厂遭受火灾，我们非常担心。
⊞ 遭受火灾 zāoshòu huǒzāi 화재를 입다

그 지역에 지진이 발생했다는 소식을 방금 들었습니다.
我们刚刚得知了贵地区发生地震的消息。
⊞ 地震 dìzhèn 지진

귀국에 쓰나미가 발생하였다니 매우 유감입니다.
得知贵国发生了海啸，我深表遗憾。
⊞ 深表遗憾 shēnbiǎo yíhàn 깊이 유감을 표하다

그 지역의 상황이 너무 심각하지 않기를 바랍니다.
希望贵地区的情况没有那么严重。
⊞ 严重 yánzhòng 심각한

당신과 가족들 모두 평안하고, 무사하시길 진심으로 바랍니다.
我们真心希望您和您全家人都平安无事。

몸조심 하시고 가족들도 잘 보살피십시오.
请好好照顾自己和您的家人。
⊞ 照顾 zhàogù 보살피다

모두들 원래의 생활을 회복할 수 있기를 바랍니다.
希望大家都能够恢复原来的生活。
⊞ 恢复 huīfù 회복하다

동료로부터 최근 출근길에 자동차 사고를 당하셨다는 소식을 들었습니다. 저도 매우 걱정하고 있습니다.
从您的一位同事那里获悉您最近在上班途中不幸遇到车祸，我很挂念。
⊞ 获悉 huòxī 알게 되다 | 途中 túzhōng 도중 | 遇到车祸 yùdào chēhuò 교통사고를 당하다 | 挂念 guàniàn 염려하다

당신의 사고 소식을 듣고 모두 매우 걱정하고 있습니다.
得知您出事故的消息，我们非常担心。

이 소식에 매우 놀랐고 걱정이 됩니다.
我对这个消息感到十分震惊和不安。
- 震惊 zhènjīng 깜짝 놀라다

아주 큰 사고는 아니었다니, 한시름 놓았습니다.
得知事故不是很严重，我松了口气。
- 松口气 sōng kǒuqì 한시름 놓다

> **TIP** '유감', '애통' 등을 표시할 수 있는 단어
>
> - 遗憾 yíhàn 유감스럽다
> - 挂念 guàniàn 염려하다, 괴념하다
> - 伤心 shāngxīn 상심하다, 슬프다
> - 悲痛 bēitòng 비통하다
> - 不安 bù'ān 불안하다, 걱정되다
> - 担心 dānxīn 걱정되다
> - 难过 nánguò 마음이 아프다, 괴롭다
> - 痛苦 tòngkǔ 고통스럽다, 괴롭다
> - 震惊 zhènjīng 깜짝 놀라다

241 조문

오늘 새벽에 아버님이 돌아가셨다는 소식을 듣고 저희도 매우 비통합니다. 편지를 드려 위로의 뜻을 전합니다.
今晨获悉您父亲去世的消息，我们深感悲痛，特写信致慰问之意。
- 今晨 jīnchén 오늘 새벽 | 获悉 huòxī 알게 되다 | 去世 qùshì 돌아가다, 세상을 뜨다 | 悲痛 bēitòng 비통하다 | 致慰问之意 zhì wèiwèn zhīyì 위로의 뜻을 전하다

모친께서 돌아가셨다는 소식을 듣고 매우 마음이 아픕니다.
惊闻您的母亲去世，我感到非常难过。
- 惊闻 jīngwén 놀랍게 듣다 | 难过 nánguò 마음이 아프다

부친께서 돌아가셨다는 소식을 듣고 매우 마음이 아픕니다.
得知您父亲去世的消息，我非常难过。
- 得知 dézhī 알게 되다

장 선생님께서 불행히 소천하셨다는 소식을 듣고 놀라서 비통함을 금할 길이 없습니다.
惊悉张先生不幸逝世，不胜悲痛。
- 惊悉 jīngxī 놀랍게 듣다 | 逝世 shìshì 서거하다, 작고하다 | 不胜悲痛 búshèng bēitòng 비통함을 견디지 못하다

아버님의 소천에 대한 저희의 진심 어린 애도를 받아주십시오. 아울러 가족분들에게도 진심 어린 위로를 전해주십시오.
请接受我们对您父亲去世的衷心哀悼，并向您家人转达诚挚的慰问。
⊞ 衷心 zhōngxīn 마음에서 우러나오는 | 哀悼 āidiào 애도 | 转达 zhuǎndá 전달하다 | 诚挚 chéngzhì 진심 어린

이 비극에 대해 듣게 되어 유감입니다. 당신의 어머님께서 돌아가셨다는 소식을 들었을 때, 비통한 마음을 이루 말할 수 없었습니다.
我非常遗憾得知这一悲剧，当我听到您母亲去世的消息时，悲痛的心情难以言表。
⊞ 悲剧 bēijù 비극 | 难以言表 nányǐ yánbiǎo 말로 표현하기 어렵다

그는 자상하고 지혜로운 분이었습니다.
他是一个慈祥又智慧的人。
⊞ 慈祥 cíxiáng 자상하다

저희가 곤경에 처했을 때 그가 저희를 끊임없이 지지해 주었습니다. 그는 동료들에게 널리 사랑을 받았습니다.
当我们处于困境中他曾给予我们无限支持。他广受同事们的喜爱。
⊞ 困境 kùnjìng 곤경 | 曾 céng 이전에 | 给予 jǐyǔ 주다 | 无限支持 wúxiàn zhīchí 무한한 지지 | 受喜爱 shòu xǐ'ài 사랑을 받다

그 분의 열정과 선량함은 우리 모두에게 깊이 남아있습니다. 우리는 그를 잊지 않고 영원히 기억할 것입니다!
他的热情善良深深感染着我们每一个人。我们不会忘记他，我们会永远怀念他！
⊞ 感染 gǎnrǎn 감염되다 | 怀念 huáiniàn 생각하다, 그리워하다

저를 대신하여 가족들께, 특히 어머님께 위로를 전해주십시오.
请代我向您的家人，特别是向您母亲表示慰问。

삼가 J&T테크놀로지 전체 임직원을 대표하여 이 선생님의 소천에 깊은 애도를 표합니다.
我谨代表J&T科技全体员工对李先生的逝世表示深切的哀悼。
⊞ 谨 jǐn 삼가 | 员工 yuángōng 직원 | 深切 shēnqiè 깊은

특별히 당신께 진심 어린 애도를 표합니다.
我们特对您表达真切的哀悼。
⊞ 真切 zhēnqiè 진실하다

특별히 편지를 드려 깊은 위로를 표합니다.
特去函表达我深切的慰问。
⊞ 去函 qùhán 편지를 보내다

모친께서 돌아가셨다고 들었습니다. 당신과 가족들에게 삼가 깊은 위로를 표합니다.
得知您母亲已逝，我谨对您和您的家人致以深切的慰问。
⊕ 逝 shì 서거하다, 작고하다 | 致以 zhìyǐ ~를 나타내다

이 어려운 시기에 저희가 당신의 애통함을 덜어드릴 수 있기를 간절히 바랍니다.
在这艰难的时刻，我们盼望能分担您的哀痛。
⊕ 艰难 jiānnán 어렵다, 힘들다 | 盼望 pànwàng 간절히 바라다 | 分担 fēndān 분담하다 | 哀痛 āitòng 애통

진심 어린 위로를 표합니다.
我们表示诚挚的慰问。

저희의 가장 깊은 애도를 받아주십시오.
请接受我们最深切的哀悼。

슬픔을 참고 현실에 적응하실 수 있기를 바랍니다.
节哀顺变。
⊕ 节哀顺变 jié'āi shùnbiàn 애통을 참고 변화에 적응하다

TIP '죽음/죽다'를 뜻하는 단어

일반적으로 '죽음'은 매우 비통하고 중대한 일이라, 상황에 따라 단어를 적절히 선택해서 말해야 합니다. 중국어에는 죽음을 뜻하는 단어가 매우 많이 있는데, 그 중에 일반적으로 자주 쓰이는 단어들은 다음과 같습니다.

死 sǐ	'죽다'와 어감이 비슷합니다. 불특정 인물의 사망, 동물의 죽음 등을 가리킬 때 많이 쓰입니다. 例 这次事故到底死了多少人? 이번 사고로 도대체 몇 명이나 죽은 거지? 　　我的狗死了。 내 개가 죽었다.
去世 qùshì / 过世 guòshì	'돌아가시다, 작고하다' 정도의 표현으로, 자신보다 연배가 높은 사람과 낮은 사람 모두에게 사용할 수 있습니다. 例 她的老公去世了。 그녀의 남편은 작고했다. 　　他父亲过世了。 그의 부친은 돌아가셨다.
逝世 shìshì	'작고하다, 서거하다' 정도의 표현으로, '去世', '过世'와 의미가 비슷하지만 조금 더 공식적인 표현입니다. 例 李先生于2014年4月4日在北京逝世, 享年92岁。 　　이 선생님께서 2014년 4월 4일 베이징에서 향년 92세로 작고하셨습니다.
遇难 yùnàn / 丧身 sàngshēn	각각 '변을 당하다', '목숨을 잃다' 정도의 표현에 해당하며, 뜻하지 않게 사망하는 경우에 사용합니다. 例 李先生周五在一次飞机失事中不幸遇难。 　　이 선생님께서 금요일에 비행기 사고로 불행히 변을 당하셨다. 　　英勇男儿为救亲人丧身火海。 　　용감한 남성이 가족을 구하려다 불 속에서 목숨을 잃었다.

夭折 yāozhé	한국어의 '요절하다'와 같습니다. 例 一想起那早早夭折的儿子, 他心里非常难过。 　　일찍이 요절한 아들을 생각하면, 그는 매우 마음이 아프다.
没了 méile / 走了 zǒule	각각 '없어지다', '가다'의 의미로, 죽음을 완곡하게 표현하는 용법입니다. 주로 구어에서 쓰이며, 상황에 따라 '죽음'이 아니라 '실종', '떠남' 등으로 이해될 수도 있습니다. 例 她的孩子没了。 그녀의 아이가 없어졌다. 　　昨天晚上, 他没有和我们说一声再见, 就走了。 　　어젯밤, 그는 우리에게 한 마디 인사도 없이 떠났다.
已逝 yìshì / 已故 yìgù	주로 형용사적 용법의 '돌아가신', '작고한' 등으로 쓰입니다. 例 已故的父亲与母亲如何称呼? 　　돌아가신 부친과 모친의 호칭을 어떻게 불러야 합니까?
长眠 chángmián / 安息 ānxī	각각 '영면하다', '안식하다'라는 뜻으로, 죽음을 완곡하게 표현하는 말입니다. 例 李老师长眠之地 이 선생님께서 영면하는 곳[무덤을 가리킴] 　　走进忠魂安息之地 충혼들이 안식하고 있는 곳을 찾아가다

242 맺음말

금방 이 상황을 극복하실 거라 믿습니다.
我们相信您会很快克服这种状况。
⊞ 克服 kèfú 극복하다 | 状况 zhuàngkuàng 상황

제가 도와드릴 일이 있으면 무엇이든 알려주십시오.
如果有什么事需要我帮忙, 尽管告知。
⊞ 尽管 jǐnguǎn 무엇이든 | 告知 gàozhī 알리다

제가 무엇이든 도움을 드릴 수 있다면 알려주십시오.
如果我能给予任何帮助, 请告知。
⊞ 给予帮助 jǐyǔ bāngzhù 도움을 주다

제가 도와드릴 일이 있으면 알려주십시오. 시간이 된다면 찾아뵙도록 하겠습니다.
如果我有什么地方能帮上忙, 请告知。如果时间允许, 我想找机会去看望您。
⊞ 允许 yǔnxǔ 허락하다 | 找机会 zhǎo jīhuì 기회를 잡아 | 看望 kànwàng 찾아뵙다

이 어려운 시기에 저희가 도움이 될 수 있다면 알려주십시오.
如果我们能在这艰难的时刻对您有所帮助, 请告知。
⊞ 艰难 jiānnán 어려운

이 어려운 시기를 이겨내시도록 최대한 돕겠습니다.
我会尽力帮助您度过这艰难的时期。
➕ 尽力 jìnlì 힘껏 | 度过 dùguò 보내다

어떻게 위로를 해 드려야 할지 모르겠습니다. 부디 이 시기를 굳세게 이겨내시기를 바랍니다.
我不知道该怎样安慰您，但愿您能够坚强地挺过去。
➕ 安慰 ānwèi 위로하다 | 但愿 dànyuàn 다만 ~을 원하다 | 坚强 jiānqiáng 굳세다 | 挺过 tǐngguò 견디다

04 사과

업무상의 과실이 있을 경우, 사과는 정중하고 분명하게 해야 하며 부득이한 일 때문에 문제가 발생하였다면 충분히 설명을 합니다. 아울러 상대방에게 입힌 손해에 대해서 어떻게 보상할 것인지 해결책을 제시하거나, 상대방이 원하는 해결책이 무엇인지 물어보는 것이 좋습니다. 끝부분에는 상대방의 양해 부탁, 앞으로 지속적인 거래 부탁 등에 대한 내용을 쓸 수 있습니다.

☆ 欠佳产品道歉及处理方案

李主管:

　　我们遗憾地得知贵方关于货物质量的意见，对此深表歉意。经调查，我们发现部分玻璃瓶确实与样品存在细微差异。很抱歉给贵方发出不符合质量标准的产品。我们愿意接受贵方的要求，部分质量不符合的产品按降低原成交价格25%的扣价处理。履行贵方今后的订单时，我们一定会特别注意。对此次问题，我们再次表示道歉。敬请贵方的谅解。

　　敬上

东安物产有限公司
金明浩
2014年12月3日

〈불량 제품 사과 및 처리 방안〉

이 과장님께:

제품 품질에 대한 귀사의 불만에 대해 알게 되어 유감이며, 이에 대해 매우 죄송하다는 말씀을 드립니다. 조사해 본 결과, 유리병 일부가 샘플과 확실히 미세한 차이가 난다는 것을 발견하였습니다. 품질기준에 부합하지 못하는 제품을 보내드려 죄송합니다. 귀사의 요구를 받아들여, 품질기준에 부합하지 못하는 일부 제품을 원래 거래가격에서 25% 할인 처리하겠습니다. 앞으로 귀사의 주문을 처리할 때, 반드시 특별히 주의하도록 하겠습니다. 이번 문제에 대하여 다시 한 번 사과드립니다. 귀사의 양해를 구합니다.

정중히 올립니다.

欠佳 qiànjiā 품질이 좋지 않다 | 遗憾 yíhàn 유감스러운 | 得知 dézhī 알게 되다 | 意见 yìjiàn 의견, 불만 | 歉意 qiànyì 유감의 뜻 | 确实 quèshí 확실히 | 样品 yàngpǐn 샘플 | 细微 xìwēi 미세한 | 降低 jiàngdī 내리다 | 原成交价格 yuán chéng jiāo jiàgé 원래의 거래가격 | 扣价 kòujià 할인 가격 | 履行 lǚxíng 이행하다 | 订单 dìngdān 주문서 | 道歉 dàoqiàn 사과하다 | 敬请 jìngqǐng 정중히 청하다 | 谅解 liàngjiě 양해하다

243 사과

각종 사과의 표현은 '153-172'항의에 대한 회신 관련 항목(P.268-289) 참조

제품 발송 착오 건에 대해, 저희는 대단히 죄송하게 생각합니다.
有关货物发错一事，我们感到非常的抱歉。
- 发错 fācuò 잘못 보내다

특별히 편지를 드려 기계 고장 건에 대해 사과드립니다.
我特致信对机器故障一事表示歉意。
- 特致信 tèzhìxìn 특별히 편지를 보내다 | 故障 gùzhàng 고장 | 表示歉意 biǎoshì qiànyì 유감의 뜻을 나타내다

화물 중량 부족 건에 대해 특별히 귀사에 사과드립니다.
有关货物短重一事，特此向贵公司致歉。
- 短重 duǎnzhòng 중량 부족 | 致歉 zhìqiàn 사과(유감)의 뜻을 표하다

이로 인해 끼친 불편에 대하여 깊이 사과드립니다.
对由此造成的不便表示深深的歉意。
- 造成不便 zàochéng búbiàn 불편을 끼치다

지불 연기 문제로 귀사에 끼친 불편에 대해 깊이 사과드립니다.
由于延期付款问题而对贵方造成的不便，我们表示十分抱歉。
- 延期付款 yánqī fùkuǎn 지불 지연

저희의 부주의로 귀사에 불편을 끼쳐 드려 삼가 사과의 뜻을 표합니다.
由于我方粗心给贵公司带来的不便，谨致歉意。
- 粗心 cūxīn 부주의하다 | 带来不便 dàilái búbiàn 불편을 끼치다 | 谨致歉意 jǐnzhì qiànyì 삼가 유감의 뜻을 표하다

저희 회사의 불찰로 귀사에 끼친 불편에 대해 다시 한 번 사과드립니다.
由于我公司的失误而给贵公司带来的不便再次表示歉意。
- 失误 shīwù 실수

이로 인해 당신께 끼친 모든 손실을 저희가 책임지겠으며, 다시 한 번 사과를 드립니다.
我公司愿意承担因此给您造成的一切损失，并再次向您表示歉意。
- 承担 chéngdān 담당하다 | 损失 sǔnshī 손실

당신의 양해와 협력을 얻기를 진심으로 바랍니다.
我们诚挚地希望得到您的谅解与配合。
- 诚挚 chéngzhì 진심으로 | 谅解 liàngjiě 양해 | 配合 pèihé 협력

당신의 적극적인 협력을 얻기를 진심으로 바랍니다.
诚挚地希望得到您的积极配合。
⊞ 积极配合 jījí pèihé 적극적인 협력

이 일에 대한 저희의 사과를 받아주십시오.
请接受我们对此事的致歉。
⊞ 致歉 zhìqiàn 사과(유감)의 뜻을 표하다

저희의 진심 어린 사과를 받아주십시오.
请接受我们真诚的道歉。
⊞ 真诚 zhēnchéng 진심으로 | 道歉 dàoqiàn 사과하다

삼가 사과드립니다.
谨此致歉。

이후에는 이러한 사건이 발생하지 않을 것을 약속드립니다.
我们保证今后不再发生此类事件。

앞으로 이러한 문제가 다시는 출현하지 않을 것입니다.
今后不会再出现此类问题。

오랫동안 기다려주신 것과 저희 업무에 대해 이해해 주시고 지지해 주신 것에 감사드립니다.
感谢您的耐心等待以及对我们工作的理解和支持。
⊞ 耐心等待 nàixīn děngdài 끈기 있게 기다리다 | 支持 zhīchí 지지

저희가 문제를 해결하는 동안, 기다려주시고 양해해 주시기를 부탁드립니다.
希望在我方解决问题期间能得到贵方的忍耐和谅解。
⊞ 忍耐 rěnnài 인내 | 谅解 liàngjiě 양해

업무가 바쁜 관계로 제 때에 도움을 드리지 못해 매우 죄송하게 생각하고 있습니다.
因为工作繁忙，未能给您提供及时的帮助，感到很抱歉。
⊞ 繁忙 fánmáng 바쁜 | 及时 jíshí 즉시, 때맞춰

이 일로 인해 불편을 끼쳐 드렸다면 메일로 알려주십시오. 저희가 필요한 처리를 하겠습니다.
如果由此给您带来不便，请来信告知，我们将会做出相应的处理。
⊞ 来信 láixìn 편지를 보내오다 | 告知 gàozhī 알리다 | 相应 xiāngyìng 해당

귀하의 양해와 협력을 진심으로 바랍니다. 이로 인해 끼친 불편에 대해 진심으로 사과드립니다.
我们诚挚地希望得到您的谅解与配合，由此给您造成不便，我们深表歉意。

05 부탁 및 도움

 상대방에게 도움을 요청할 때는 '번거롭게 해 드려서 죄송합니다' 또는 '~해 주시면 대단히 감사하겠습니다' 등의 표현을 사용하여 고마움을 나타냅니다. 도움에 대한 보답으로, '제가 도와드릴 일이 있으면 연락 주십시오' 등의 표현으로 메일을 마무리하는 것도 좋습니다.

 ☆ **请帮忙推荐汉语培训机构**

尊敬的吴女士：

　　我今天写这封信是要请您帮忙。我们在找一家汉语培训机构帮助员工提高口语水平。若您有这类机构的信息，烦请推荐一家可靠的。非常抱歉占用您的宝贵时间。您如能对此提供协助，我将不胜感激。

　　祝一切顺利。

J&T科技股份公司

李珍熙

2014年11月30日

〈중국어 교육기관을 추천해 주시기를 부탁드립니다〉

존경하는 오 여사님께:

오늘 이 메일을 드리는 이유는 한 가지 부탁을 드리기 위해서입니다. 저희는 회사 직원들의 회화 실력을 높여줄 중국어 교육기관을 찾고 있습니다. 이 분야 업체들에 대한 정보가 있으시면, 번거로우시겠지만 믿을 만한 곳을 한 군데 추천해 주시기를 부탁드립니다. 당신의 귀중한 시간을 빼앗아서 죄송합니다. 이 일에 협조를 해 주실 수 있다면, 대단히 감사하겠습니다.

모든 일이 순조로우시길 빕니다.

推荐 tuījiàn 추천하다 | 培训 péixùn 양성하다 | 机构 jīgòu 업체, 기구 | 员工 yuángōng 직원 | 若 ruò 만약 | 烦请 fánqǐng 번거로우시겠지만 ~해 주십시오 | 可靠 kěkào 믿을 만한 | 占用 zhànyòng 점용하다 | 宝贵 bǎoguì 귀중한 | 提供协助 tígōng xiézhù 협조하다 | 不胜感激 búshèng gǎnjī 대단히 감사하다

244 도움 및 협조 요청

도움을 하나 요청하고자 합니다.
我想请您帮个忙。

특별히 메일을 드려 당신의 도움을 구합니다.
我特写信，请求您的帮助。
⊞ 请求 qǐngqiú 요청하다

협조해 주신다면 감사하겠습니다.
请多给予协助，不胜感激。
⊞ 给予协助 jǐyǔ xiézhù 협조해 주다 | 不胜感激 búshèng gǎnjī 대단히 감사하다

상품 규격 건에 대해 문의하고자 이 메일을 드립니다.
此次写信是为了询问产品规格事宜。
⊞ 询问 xúnwèn 문의하다 | 事宜 shìyí 일, 사안

오늘 이 메일을 드리는 이유는 사실 한 가지 부탁 드릴 것이 있어서 입니다.
今天写信给您，实有一事相求。

저희가 남성셔츠 견본이 급히 필요하오니, 번거로우시겠지만 셔츠를 색상별로 되도록 빨리 발송해 주시면 감사하겠습니다.
我们急需男式衬衫样本，麻烦您尽快发送各种颜色的衬衫，谢谢。
⊞ 急需 jíxū 급히 필요로 하다 | 衬衫 chènshān 셔츠 | 样本 yàngběn 견본 | 尽快 jǐnkuài 되도록 빨리

다음 자료를 보내주실 것을 요청해도 되겠습니까?
能否请您惠寄下述资料：
⊞ 惠寄 huìjì '우편으로 보내주다'의 정중한 표현 | 下述 xiàshù 아래에 서술하는

귀중한 시간을 빼앗아서 대단히 죄송합니다. 가르침을 받았으면 하는 몇 가지 의문점들이 있습니다.
非常抱歉占用您的宝贵时间，我有一些疑问希望得到您的指导。
⊞ 占用 zhànyòng 점용하다 | 疑问 yíwèn 의문 | 指导 zhǐdǎo 가르침

귀중한 시간을 빼앗아서 죄송합니다. 그러나 혼란스러운 문제가 하나 있어, 답변해 주시기를 청합니다.
非常抱歉占用您的宝贵时间，但是我有一个比较迷惑的问题，请您帮助解答一下。
⊞ 迷惑 míhuò 구별하기 어렵다 | 解答 jiědá 답을 주다

이 문제를 해결하도록 도와주셨으면 좋겠습니다.
希望贵方能帮助我们解决这个问题。

이 문제를 해결하도록 도와주십시오.
请您帮我们解决一下这个问题。

상품 품질검사 문제에 대해 당신의 도움을 청합니다.
就产品质检问题，请求您的帮助。
⊞ 质检 zhìjiǎn 품질검사

이 메일을 드리는 이유는, 동안물산 유한회사의 신용상황 관련 자료를 제공해 주셨으면 해서입니다.
我写此信给您，希望您能提供有关东安物产有限公司资信情况的资料。
⊞ 资信情况 zīxìn qíngkuàng 신용 상황

당신의 도움을 받을 수 있기를 간절히 바랍니다.
我非常希望能够得到您的帮助。

편하신 시간에 프로그램 개발 프로젝트와 관련된 최신자료를 저희에게 보내주십시오.
请贵方在方便时给我方寄送有关软件开发项目的最新资料。
⊞ 寄送 jìsòng (우편을 통해) 전해주다 | 软件 ruǎnjiàn 소프트웨어 | 项目 xiàngmù 사업, 프로젝트

당신의 귀중한 시간 및 이 일에 대한 관심에 매우 감사드립니다.
十分感谢您抽出宝贵时间及对此事的关照。
⊞ 抽出时间 chōuchū shíjiān 시간을 내다 | 关照 guānzhào 관심

삼가 미리 감사를 드립니다!
谨此先向您致谢！
⊞ 谨 jǐn 삼가 | 致谢 zhìxiè 사의를 표하다

245 타회사에 자기 회사 소개 부탁

전화로 그 분께 저를 소개해 주실 수 있다면 대단히 감사하겠습니다.
如果您能打电话向他介绍我，我将不胜感激。
⊞ 不胜感激 búshèng gǎnjī 대단히 감사하다

전화로 그 분께 저를 소개해 주시면 좋겠습니다.
希望您能够在电话里向他介绍我。

언제 저희를 동양전자에 소개시켜 주실 수 있나요?
请问什么时候能将我们介绍给东洋电子？

귀사가 목록 중의 상품에 관심이 없으시면, 관심이 있을 만한 다른 회사에 전달해 주십시오.
如贵公司对目录中的商品不感兴趣，请转告可能感兴趣的公司。
⊞ 转告 zhuǎngào 전달하여 알려주다

246 타회사 소개 부탁 및 소개

믿을 만한 슬리퍼 공급업체를 몇 군데 추천해 주십시오.
请向我们推荐一些可靠的拖鞋供应商。
⊞ 推荐 tuījiàn 추천하다 | 可靠 kěkào 믿을 만한 | 拖鞋 tuōxié 슬리퍼 | 供应商 gōngyìngshāng 공급업체

귀사가 이 분야 업체들에 대한 정보를 갖고 있으시면, 번거로우시겠지만 저희가 찾아볼 수 있도록 연락처를 좀 가르쳐주십시오.
若贵公司有这类公司的信息，烦请告知其联系方式，以便我方查询。
⊞ 若 ruò 만약 | 烦请 fánqǐng 번거로우시겠지만 ~해 주십시오 | 告知 gàozhī 알리다 | 以便 yǐbiàn ~하는 데 편리하도록 | 查询 cháxún 조회하다

저희는 중국어 교육 회사를 찾고 있사오니, 괜찮은 회사를 한 군데 추천해 주십시오.
我们在找一家汉语培训公司，请您推荐一家可靠的。
⊞ 培训 péixùn 훈련, 양성

시간을 내셔서 저희가 J&T테크놀로지 기술부 관련 직원과 만나는 일을 주선해 주시기를 희망합니다.
希望您能抽出时间安排一下我们和J&T科技技术部有关人员见面的事。
⊞ 抽出时间 chōuchū shíjiān 시간을 내다

동양전자 영업부 연락처를 알려주시면 매우 감사하겠습니다.
如果您能提供东洋电子销售部的联系方式，我将不胜感激。
⊞ 销售部 xiāoshòubù 영업부 | 不胜感激 búshèng gǎnjī 대단히 감사하다

J&T테크놀로지의 한동수 부장이 당신을 뵙고 가까운 시일 안에 식사를 대접하고 싶어합니다.
J&T科技的韩东秀经理想跟您见个面，并想近日内请您吃饭。

김상호 선생은 이 분야에서 가장 권위있는 인물입니다. 그에게 전화 드리라고 하겠습니다.
金尚浩先生是这方面最权威的人士。我让他给您打电话。
⊞ 权威 quánwēi 권위있는 | 人士 rénshì 인사

김상호 선생이 이 문제를 해결하는 데 도움을 드릴 수 있을지도 모르겠습니다. 김상호 선생의 연락처입니다.
金尚浩先生或许可以帮您解决那个问题，这是他的联系方式：
⊞ 或许 huòxǔ 어쩌면 ~할지도 모른다

이 자료들이 도움이 되기를 바랍니다.
我希望，这些材料对您会有所帮助。

저희가 도움을 드릴 일이 더 있으면 주저 말고 알려주십시오.
如果还有我们可以帮助的，请不要犹豫告知我们。
⊞ 犹豫 yóuyù 주저하다

만약 제가 당신에게 도움이 될 수 있다면, 언제든 알려주십시오.
如果我能对您有所帮助，请随时告知。
⊞ 随时 suíshí 언제든

06 의사 표현

중국인들은 직접적인 화법보다는 상대방의 체면을 세워주는 완곡한 화법을 선호합니다. 의견 묻기/의견 제시/동의/거절 등의 의사 표현을 할 때는, 너무 강한 어조로 들리지 않도록 부드럽고 완곡하게 표현하면서도, 의미가 정확하게 전달되도록 표현하는 것이 좋습니다.

☆ 付款方式澄清

李主管：

根据贵方6月5日的来函，贵方对我方的本意似乎有所误解。我希望能够借此机会澄清误解。我们向贵国出口坚持采用即期信用证付款方式。上次是考虑到贵方所处困境，我们破例接受30天承兑交单方式的。这只是个特例，而不是常例。今后，我公司只能接受即期信用证方式，这点请勿误解。

希望贵方能理解我们的情况，也希望这不会影响到贵我双方的合作关系。

望早日回复。

J&T科技股份有限公司
李珍熙
2014年12月13日

〈지불 방식 확인〉

이 과장님께:

6월 5일에 보내신 메일에 의하면, 귀사에서 저희의 뜻을 오해하신 것 같습니다. 이 기회를 빌어 오해를 바로잡고자 합니다. 저희는 귀국에 수출할 때 줄곧 Sight L/C 지불방식을 채택해 왔습니다. 지난 번에는 귀사의 곤경을 고려하여, 관례를 깨고 30일 D/A 방식을 받아들인 것입니다. 이것은 특별 케이스지, 일반적인 케이스가 아닙니다. 앞으로 저희 회사는 Sight L/C 방식만을 받아들일 수밖에 없습니다. 이 점에 대해 오해 없으시기 바랍니다.
저희의 상황을 이해해 주시기를 희망하며, 또한 이 일이 양사의 협력관계에 영향을 미치지 않기를 바랍니다.
빠른 회신을 기다리겠습니다.

付款 fùkuǎn 지불하다 | 澄清 chéngqīng 분명히 하다 | 来函 láihán 보내온 편지 | 似乎 sìhū 마치 ~인 것 같다 | 借此机会 jiècǐ jīhuì 이 기회를 빌어 | 即期信用证 jíqī xìnyòngzhèng Sight L/C(일람불 신용장) | 考虑到 kǎolùdào ~을 고려하여 | 困境 kùnjìng 곤경 | 破例 pòlì 관례를 깨다 | 承兑交单 chéngduì jiāodān 인수인도조건(D/A) | 特例 tèlì 특수한 예 | 常例 chánglì 일반적인 예 | 回复 huífù 회신하다

247 상대방 의견 물어보기

이 일에 대한 당신의 생각을 들을 수 있기를 기대하겠습니다.
我期待听到您对此事的看法。

기계 고장 문제에 대하여 의견을 제시해 주십시오.
针对机器故障问题，请您提供一些意见。
⊞ 针对 zhēnduì ~에 대하여

건의사항이 있으시면, 저희와 나누어 주십시오.
如果您有什么建议，望与我们分享。
⊞ 分享 fēnxiǎng 나누다

이 일에 대한 귀사의 의향을 알려주십시오.
请告知贵公司对此事的意向。
⊞ 告知 gàozhī 알리다 | 意向 yìxiàng 의향

이 일에 대하여, 귀사의 의견을 설명해 주십시오.
关于此事，请说明一下贵方的意见。

귀사의 의견이 어떠신지 모르겠습니다. 메일로 알려주십시오.
不知贵方意见如何，请函告。
⊞ 如何 rúhé 어떠하다 | 函告 hángào 편지로 알리다

이 문제에 대하여, 어떠한 의견이라도 있으면 제시해 주십시오.
对于此问题，若有任何意见，敬请提出。
⊞ 若 ruò 만약 | 敬请 jìngqǐng 정중히 청하다 | 提出 tíchū 제시하다

귀사와 업무관계를 맺을 수 있을지 모르겠습니다.
我们不知道能否与贵方建立业务关系。

이 일에 대하여 귀사가 어떤 의견이 있으신지 알고 싶습니다.
我们想知道贵方对此事有什么意见。

248 의견 제시

몇 가지 건의할 것이 있습니다.
这里有一些建议：

저희의 제의를 고려해 주십시오.
请考虑我们的提议。
⊞ 提议 tíyì 제의

저희 의견을 고려해 주셨으면 좋겠습니다.
希望贵方能考虑我方建议。

동의해 주신다면 매우 감사하겠습니다.
如蒙同意，万分感激。
⊞ 如蒙同意 rúméng tóngyì 동의해 주신다면 | 万分 wànfēn 매우 | 感激 gǎnjī 감격하다, 감사하다

동의해 주시기를 희망합니다.
希望您能予以同意。
⊞ 予以同意 yǔyǐ tóngyì 동의해 주다

현재 귀사의 건의에 대해 고려하는 중입니다. 아래는 저희의 몇 가지 의문점과 의견입니다.
我们正在考虑贵方的建议，下面是我们的一些疑问和意见：

개인적인 생각으로는, 새로운 포장 디자인은 조금 낭비인 것 같습니다.
根据个人的浅见，我认为新的包装设计有点浪费。
⊞ 浅见 qiǎnjiàn 얕은 견해 | 设计 shèjì 설계, 디자인

저 또한 새로운 포장이 소비자의 요구를 만족시킬 수 없을 것이라고 생각합니다.
我也认为新的包装可能无法满足消费者的要求。
⊞ 消费者 xiāofèizhě 소비자

결제조건에 대해 논의를 좀 하고 싶습니다.
我想同您讨论一下付款条件。
⊞ 付款条件 fùkuǎn tiáojiàn 지불조건

그때는 지불조건에 대해서 일치된 의견을 얻을 수 있기를 바랍니다.
希望到那时我们能在付款条件上取得一致意见。
⊞ 取得一致意见 qǔdé yízhì yìjiàn 의견의 일치를 보다

저희의 건의가 만족스러우셨으면 좋겠습니다.
希望我方的建议能让您满意。

249 동의

귀사의 제327호 주문서에 감사드리며, 귀사가 제시하신 조건에 동의합니다.
感谢贵方第327号订单，我们同意贵方提出的条件。
⊞ 订单 dìngdān 주문서 | 提出 tíchū 제시하다

업무를 촉진하기 위해, 귀사에 5% 할인을 해 드리는 데 동의합니다.
为促进业务，我们同意给贵方5%的折扣。
⊞ 促进 cùjìn 촉진하다 | 给…折扣 gěi…zhékòu ~에게 할인을 해 주다

귀사와 저희 양사의 우호적인 관계를 고려하여, 귀사의 요구를 받아들이기로 결정하였습니다.
鉴于贵我双方的友好关系，我方决定接受贵方的要求。
⊞ 鉴于 jiànyú ~을 감안하여

당신의 생각에 찬성합니다.
我非常赞成您的想法。
⊞ 赞成 zànchéng 찬성하다

250 거절

귀사의 지불 연기 요청에 대해 고려해 보았습니다.
贵方延期付款的要求，我方已予以考虑。
⊞ 延期付款 yánqī fùkuǎn 지불 연기 | 予以考虑 yǔyǐ kǎolǜ 고려하다

죄송하게도 저희는 당신의 제의를 부득이하게 거절할 수밖에 없습니다.
很抱歉，我们不得不拒绝您的提议。
⊞ 拒绝 jùjué 거절하다 | 提议 tíyì 제의

죄송하지만, 현재 이 방면의 정보를 제공해 드릴 수 없습니다. 이러한 정보는 기밀에 속합니다.
很抱歉，现在我们不能提供这方面的信息，这种信息属于机密。
⊞ 属于 shǔyú ~에 속하다 | 机密 jīmì 기밀

저희도 돕고 싶지만, 저희에게는 요청하신 자료가 없습니다.
虽然我们想帮忙，但是我们没有您要求的资料。

위와 같은 이유로, 저희 회사는 귀사의 요구를 받아들일 수 없습니다. 대단히 죄송합니다.
基于上述原因，本公司无法接受贵公司的要求，非常抱歉。
⊞ 基于 jīyú ~에 근거하다 | 上述 shàngshù 상술한

그러므로 저희는 당신의 건의를 거절할 수밖에 없습니다.
因此，我们只能谢绝您的建议。
⊞ 谢绝 xièjué 사절하다

귀사의 요구를 진지하게 고려해 본 후, 저희는 귀사의 이번 주문을 거절하기로 결정을 내렸습니다. 왜냐하면 귀사에서 요청하신 수량을 공급할 수 없기 때문입니다.
在认真地考虑贵公司的要求后，我们做出拒绝贵公司这次订单的决定。这是因为我们无法供应贵公司要求的数量。
⊞ 认真 rènzhēn 진지하게 | 订单 dìngdān 주문서 | 供应 gōngyìng 공급하다

요즘 이곳도 업무가 매우 바빠서, 지금은 시간을 내어 문의하신 문제에 답변해 드릴 수 없습니다.
最近我这里的工作也非常繁忙。因此，现在我不能抽出时间回答您的问题。
⊞ 繁忙 fánmáng 바쁜 | 抽出时间 chōuchū shíjiān 시간을 내다

죄송하지만, 귀사의 의견에 동의할 수 없습니다.
很遗憾，我们不能同意贵方的意见。

죄송하지만, 요청하신 대로 처리하는 것은 어렵겠습니다.
抱歉，我们难以按贵方要求办理。
⊞ 难以办理 nányǐ bànlǐ 처리하기 어렵다

도움을 드리지 못해 매우 죄송하게 생각합니다.
未能给您帮助，我们感到很抱歉。

이번에 귀사에 협조하지 못한 데 대해 죄송한 뜻을 표합니다. 다른 방면에서 무엇이든 도와드릴 일이 있으면 연락주십시오.
对于此次不能向贵方提供协助，表示歉意。如果其他方面有任何我可以效劳的地方，请告知。
⊞ 协助 xiézhù 협조 | 歉意 qiànyì 유감스러운 뜻, 죄송한 뜻 | 效劳 xiàoláo (상대방을 위해) 노력하다 | 告知 gàozhī 알리다

도와드리지 못해 매우 유감입니다. 신뢰할 만한 공급업체를 성공적으로 찾으시기를 바랍니다.
对于无法相助，深感遗憾。希望贵方能成功地找到可靠的供应商。
- 相助 xiāngzhù 서로 돕다, 협조하다 | 深感遗憾 shēngǎn yíhàn 매우 유감스럽게 생각하다 | 可靠 kěkào 믿을 만한 | 供应商 gōngyìngshāng 공급업체

귀사의 필요를 만족시켜 드리지 못한 점, 매우 유감스럽습니다. 그러나 저희의 처지를 이해해 주시기를 바랍니다.
我们很遗憾无法满足贵公司的需要，但是希望您能体谅我们的处境。
- 体谅 tǐliàng 이해하다, 양해하다 | 处境 chǔjìng 처지

저희는 이 문제에 대해서 다시 논의하고 싶지 않습니다.
我们不想再就这一问题讨论下去。

251 내용 확인 및 기존 내용 분명히 하기

5월 6일 메일에서 공지한 사안에 대하여, 다시 한 번 확인하겠습니다.
5月6日我公司曾在邮件中通知的事宜，兹重新确认一下。
- 曾 céng 이전에 | 邮件 yóujiàn 메일 | 事宜 shìyí 일, 사안 | 兹 zī 지금 | 重新 chóngxīn 다시 | 确认 quèrèn 확인하다

4월 5일에 보내신 메일 받았습니다. 메일에서 다음과 같은 내용을 언급하셨습니다.
您4月5日来函收到，在信中您提出：
- 来函 láihán 보내온 편지 | 提出 tíchū 제기하다

가격문의 중 언급하신 선적 요청을 저희가 정확히 이해하지 못했습니다. 즉시 메일로 구체적인 선적 요청을 설명해 주시기 바랍니다.
贵方询价中提及的装运要求我们不清楚，希望立即回信说明具体的装运要求。
- 询价 xúnjià 가격문의 | 提及 tíjí 언급하다 | 装运 zhuāngyùn 운송하다 | 立即 lìjí 즉시

귀사가 지불조건에 대한 설명을 너무 모호하게 하셨다는 것을 반드시 짚고 넘어가야 하겠습니다.
我们必须指出贵方对于付款条件的描述过于模糊。
- 指出 zhǐchū 지적하다 | 付款条件 fùkuǎn tiáojiàn 지불조건 | 描述 miáoshù 묘사하다 | 模糊 móhu 모호한

저희가 지적해야 할 점은, 계약서의 대금결제조건이 충분히 명확하지 않다는 것입니다.
我方需要指出的是，合同中有关付款条件不够清晰。
- 合同 hétong 계약서 | 不够清晰 búgòu qīngxī 충분히 분명하지 않다

대금결제에 있어서 저희의 원칙은 다음과 같습니다.
我们在付款上的原则是：
⊞ 原则 yuánzé 원칙

아래의 포장사항에 대해 확인해 주시기 바랍니다.
现希望贵公司确认下列包装事宜：
⊞ 下列 xiàliè 아래에 열거한 | 包装 bāozhuāng 포장

지불조건에 있어서는 귀사가 오해를 하신 것 같습니다.
至于付款条件，贵方似乎对此有所误解。
⊞ 至于 zhìyú ~에 있어서는

제 기억으로는 이 부분에 대해 승낙한 적이 없습니다.
我们不记得在这方面作出过承诺。
⊞ 作承诺 zuò chéngnuò 승낙하다

그러나 제 기억으로는 저희 쪽에서 승낙을 하지 않았습니다. 이 일은 분명 오해가 있는 듯 합니다.
但我记得我们并未作出承诺，此事显然是有误解。
⊞ 显然 xiǎnrán 분명히

이 점 오해 없으시기 바랍니다.
这点请勿误解。